视野长沙

长沙市决策咨询重点调研课题优秀报告集（2015年卷）

长沙市人民政府研究室◎编著

中国发展出版社
CHINA DEVELOPMENT PRESS

图书在版编目（CIP）数据

长沙市决策咨询重点调研课题优秀报告集（2015年卷）：视点长沙 / 长沙市人民政府研究室编著. —北京：中国发展出版社，2016.7

ISBN 978-7-5177-0486-7

Ⅰ.①长… Ⅱ.①长… Ⅲ.①地方政府—行政管理—研究报告—长沙市 Ⅳ.①D625.641

中国版本图书馆CIP数据核字（2016）第068405号

书　　　名：长沙市决策咨询重点调研课题优秀报告集（2015年卷）：视点长沙
著作责任者：长沙市人民政府研究室
出 版 发 行：中国发展出版社
（北京市西城区百万庄大街16号8层　100037）
标 准 书 号：ISBN 978-7-5177-0486-7
经　销　者：各地新华书店
印　刷　者：三河市东方印刷有限公司
开　　　本：710mm × 1000mm　1/16
印　　　张：26
字　　　数：378千字
版　　　次：2016年7月第1版
印　　　次：2016年7月第1次印刷
定　　　价：60.00 元

联 系 电 话：（010）88919581　68990692
购 书 热 线：（010）68990682　68990686
网 络 订 购：http://zgfzcbs. tmall. com//
网 购 电 话：（010）88333349　68990639
本 社 网 址：http://www.develpress. com. cn
电 子 邮 件：370118561@qq. com

《视点长沙（2015年卷）》
编委会

提高决策参谋服务水平
建设省会一流政府智库

（代　序）

当前，城市和区域的竞争越来越表现为战略和智慧的竞争，智库的发展程度已成为衡量一个地区软实力水平的重要标志。特别是作为地方政府而言，要实施科学有效的管理，打造职能科学、结构优化、廉洁高效、人民满意的现代政府，必须高度重视各类智库特别是政府智库建设，不断提高决策的科学化、民主化水平。

一、把服务发展大局作为政府智库建设的立足点

党的十八大和十八届三中全会提出要加强中国特色新型智库建设，建立健全决策咨询制度。积极适应时代发展新变化，更好地服务党委政府科学决策，是智库建设的基本原则，更是政府智库建设的重中之重。

政府智库是服务决策的重要支撑。智库不是纯粹的理论研究，使命在于服务决策。随着经济社会转型加快，政府决策的难度和风险不断加大，正确的决策越来越离不开科学、系统的研判与谋划，加强政府智库建设已成为提高科学决策能力的现实选择。近年来，长沙以社会需求为导向，积极打造新型智库建设的“智”高点和升级版，大力加强政府智库建设，政府智库在服务决策咨询、方案评估、政策解读等方面发挥了重要作用。

政府智库是汇聚民智的重要载体。人民群众的智慧是无穷的。政府智库积聚了大量优秀研究人才，其所形成的研究成果，蕴含着人民的集体智慧。发挥好政府智库的作用，不仅要强化政府主导，更要发动社会参与。近年来，长沙市政府研究机

构主动作为、大胆创新，既发挥了“思想库”的功能，推出了一批省级、市级优秀研究成果；又担当了“人才库”的重任，培养和造就一批德才兼备的专业人才和管理团队，为率先建成全面小康、加快实现基本现代化提供了智力支撑。

政府智库是强化沟通的重要渠道。让研究成果更多转化为决策参考，获得公众认知，是智库的一大社会功能。随着互联网技术的迅猛发展和信息传播方式的深刻变革，社会公众对政府工作知情、参与和监督意识不断增强，对行政机关依法公开政府信息、及时回应公众关切和正确引导舆情提出了更高要求。政府智库立场客观、公正，对强化与社会、与民众沟通具有重要促进作用。近年来，长沙大力推进政府智库与民间智库、社会公众的沟通与联系，站在群众角度提政策观点，为不同群体的利益诉求和价值观念提供了交流平台，促进了社会和谐稳定。

二、把提升研究能力作为政府智库建设的着力点

日趋复杂的国内外经济形势及利益多元化的社会格局，考验着地方政府的决策能力。政府智库要坚持问题导向，以提升研究能力为重点，在参谋服务中敢于担当，主动作为。

围绕经济发展新常态加强对策研究。新常态要有新思维。习近平总书记在十八届五中全会上提出创新、协调、绿色、开放、共享的五大发展理念，对破解发展难题、增强发展动力、厚植发展优势具有重大指导意义。当前，长沙正处在全面小康向基本现代化迈进的攻坚期、产业转型升级的关键期、新旧发展动力的转换期，摆在我们面前最重要的任务就是推进产业转型创新发展和宜居品质城市建设。如何寻求新的发展支点和动力，如何围绕经济结构战略性调整、国家级战略平台和宜居品质城市建设等建言献策，是政府智库研究工作的重点方向。近年来，长沙市政府研究室紧紧围绕产业发展和城市建设，推出了一批高质量研究成果，如《长沙市新材料产业发展研究》《长沙市房地产开发建设品质的调查与思考》等，为新常态下转型创新发展提供了有益参考。

围绕社会治理新要求加强精准研究。创新社会治理是推进国家治理体系和治理能力现代化的重要方面。政府智库要始终坚持“社会治理精细化”的要求，强化问题意识，把握好经济社会发展的规律和特点，着力提升社会治理研究的精准性，使

研究成果既“连天线”，更“接地气”。近年来，长沙高度重视社区治理工作，但在城镇化加快推进、城乡二元结构深刻调整的新形势下，社区建设与全面深化改革的目标要求，与居民群众的现实需求还有差距。长沙市政府研究室结合现实需要，推出的《新形势下创新城市社区治理体制机制的调查》研究成果，对创新基层治理方式具有重要指导意义。

围绕网络信息新技术加强储备研究。政府智库不能沦为政策的解读者，而应通过高质量的“前瞻性建言”，储备重大研究课题，努力做战略“谋划者”。在信息时代背景下，政府智库要充分借助互联网优势，采取大数据技术手段，充分挖掘潜藏在民间和政府部门中的大数据，加强科学性分析和储备性研究，为提高政策有效性和城市服务效率等提供便利和依据。近年来，长沙市政府研究室借助国务院发展研究中心建立起来的政策咨询协作平台，与国内兄弟城市在信息共享、决策咨询等方面建立了常态化交流机制，重点对城市发展过程中的一些共性问题进行储备性研究，既吸收了外地经验，也很好地传播了“长沙声音”。

围绕回应群众新期盼加强问题研究。政府智库必须时刻坚持以人民为中心的发展思想，从社会稳定、人民幸福的角度出发，加强问题研究，满足群众多元需求，让群众拥有更多的幸福感与获得感。要针对人民群众反映强烈的突出问题和新需求、新期待，在食品药品安全、生产安全、生态环境保护、征地拆迁等重大理论和实际问题上“为民请命、敢于发声”。近年来，市政府研究室开展的《把农村建设得更像“农村”》《让人民群众共享拆违控违成果》《探索实施垃圾分类减量处理的调查与建议》等一批重大课题，为解决“三农”和民生等问题提出了有分量、有见地的意见和建议，也得到了政府有关部门的采纳。

三、把发挥优势特色作为政府智库建设的关键点

有人称智库是继行政、立法、司法、新闻之后的“第五种权力”载体。加强政府智库建设，要从时代发展的高度进行审视，并遵循经济社会发展规律，规范和引导其健康发展。

充分体现创新性。政府智库建设不是经验做法和机构人员的简单叠加，而是各类平台和要素的优化组合，迫切需要推进资源的有效配置与不同智库主体的协同创

新。对长沙而言，按照市委确定的2017年率先建成全面小康、2022年实现基本现代化阶段性目标的战略部署，政府研究机构必须强化“借船出海”的意识、摒弃“单打独斗”的思维，在注重培养自身研究力量的同时，向各类研究主体，特别是社科类研究机构、党委研究部门“借力”，寻求更多的研究资源支持，促进各类智库要素优化互补。

始终注重实效性。参谋辅政之要贵在实干重在实效。政府智库既是一种社会责任，又是一种公共服务，其生命力在于释疑解难。推进政府智库建设，必须紧密结合人民群众最关心最直接的切身利益，找准“题眼”，精准攻关，提出具有前瞻性、战略性、可操作性的对策建议，积极为破解发展难题开出“良方”，为社会有序治理提供“钥匙”。

切实增强专业性。真正具有前瞻性、实用性的智慧与谋略，离不开长期的专业积累和先进的研究方法作支撑。要坚持走专业化路子，加强研究积累，着力建设学习型、专业型团队，特别是要在研究能力和专业领域上要打造优势、形成特色，努力做到人无我有、人有我特、人特我精。要掌握现代化的研究方法，重视互联网时代需求和特征，善于运用云技术、大数据等新技术手段，不断加强基于数据分析的决策咨询能力，真正为党委政府提供具有高瞻远瞩的大谋略与充满真知灼见的大智慧。

总之，要以科学咨询支撑科学决策，以科学决策引领科学发展，必须做到善用、善待、善管政府智库，充分发挥政府智库在提高政府治理水平方面的潜能。全市各级政府研究机构要主动适应政府建设的新形势新要求，着力提高综合研判和战略谋划能力，为推动长沙的政府智库建设走在前列做出贡献！

胡衡华

2016年5月6日

目录
Contents

领导“视点”篇

当好领头雁　建好核心区
着力打造创新驱动发展增长极

——长沙市在长株潭国家自主创新示范区建设中的地位、作用与发展对策研究

中共湖南省委常委
长沙市委书记　易炼红

内容提要：建设长株潭国家自主创新示范区是国家交给湖南的重要任务，也是长株潭三市面临的重大发展机遇。长沙要按照省委、省政府的统一部署，在长株潭国家自主创新示范区建设中担负主导和引领作用。要以培育创新主体、提升创新能力、打造创新产业、推进创新合作为主要任务，不断加强组织保障、突出规划引领、完善政策体系和优化发展环境，努力将示范区打造成创新驱动发展引领区、科技体制改革先行区、军民融合创新示范区、中西部地区发展新的增长极。

国家自主创新示范区是先进创新区域的典型代表，是国家创新体系的重要组成部分，肩负深化科技体制改革、探索科技与经济紧密结合的重任。建设国家自主创新示范区是我国加快实施创新驱动战略、加快建设创新型国家的重大举措，获批长株潭国家自主创新示范区，三市担当重大使命，面临难得发展机遇。长沙作为湖南的省会城市，有着明显的综合基础优势和巨大的创新创造潜力，应立足自身特点，科学精准定位，在推进长株潭国家自主创新示范区建设中充分发挥龙头作用，当榜样、做表率，与兄弟城市共同打造全省乃至中部地区创新驱动发展

调研报告系湖南省社会科学成果评审委员会2015年度重大（或重点）课题成果。

新的增长极。

一、建设长株潭国家自主创新示范区的重要意义

抓住一个战略机遇就可能赢得一个时代。沿海城市对外开放战略成就了深圳、广州等珠三角城市的率先发展，浦东开发战略重塑了上海的辉煌，长株潭获批国家自主创新示范区，迎来了转型创新发展的重大战略机遇。长沙要充分认识建设长株潭国家自主创新示范区的重大意义，打好主动战，抢抓大契机，在省委、省政府的统一部署下，合力将长株潭城市群创新创造创意提升到一个新的水平，为全省创新驱动发展做出更大贡献。

（一）有利于为长沙创新驱动发展汇聚高端资源

2014年，长沙以全省1/18的土地面积和1/10的人口，创造出全省28.9%的经济总量、28.0%的公共财政预算收入、24.8%的固定资产投资、31.4%的社会消费品零售总额、37.2%的金融机构存款、51.5%的金融机构贷款、40.5%的进出口总额。从中部省会城市来看，通过地区生产总值、公共财政预算收入等8项指标首位度平均排位，排位依次为：武汉（1.3）、长沙（2.6）、合肥（3.4）、南昌（4.3）、郑州（4.6）、太原（4.9），长沙首位度和总量排位总体居第2位，仅次于武汉；从全省发展来看，引领带动作用日益增强，主要指标首位度在全省处于较高水平，在长株潭国家自主创新示范区建设中的龙头地位和核心作用毋庸置疑（表1、表2）。长沙高新区是全球工程机械重要生产基地，拥有中联、三一等世界级企业。中联重科、三一重工进入全球工程机械前十强，拓维信息、蓝思科技、红太阳光电、长城信息等企业在全国占有重要地位。2013年，长沙高新区在全国129家国家高新区中综合排名14名、创新能力排名10位。聚焦长沙高新区这一核心区域，并以点带面放大辐射全市的示范效应，举全市之力推进国家自主创新示范区建设，有利于集中资源、形成合力、协同推进，将长沙的转型创新发展上升到国家战略层面，在先行先试中争创新优势、实现新跨越，形成自主创新可借鉴、复制、推广的“长沙经验”和“长沙样本”。

表1　　2014年中部六省会城市主要经济指标及平均首位度分析

（单位：亿元、亿美元、%）

	地区生产总值	公共财政预算收入	固定资产投资	社零总额	金融机构存款余额	金融机构贷款余额	进出口总额	平均首位度
武汉	10069.48	1101.02	7002.85	4369.32	16268.71	14463.40	264.29	1.3
郑州	6782.98	833.88	5259.65	2913.61	13955.6	10868.3	464.3	4.6
南昌	3667.96	342.21	3434.25	1429.21	7296.23	6329.26	122.26	4.3
合肥	5158	500.34	5302.6	1666.75	9269.58	8666.79	200.87	3.4
太原	2531.09	258.85	1746.09	1411.13	10144	7945.33	106.71	4.9
长沙	7824.81	632.80	5435.75	3162.07	11266.1	10712.82	125.66	2.6

表2　2013～2014年湖南省及长沙市主要经济指标情况　　（单位：亿元、亿美元）

指标		地区生产总值	第三产业增加值	第二产业增加值	工业增加值	公共财政预算收入	固定资产投资	社会消费品零售总额	金融机构存款余额	金融机构贷款余额	进出口总额
湖南省	2013年	24501.7	9855.1	11517.4	10001	2023.6	18381.4	8940.6	26876	18141.1	251.6
	2014年	27048.46	11417.83	12481.88	10749.88	2259.93	21950.77	10081.95	30255.58	20783.1	310.27
长沙市	2013年	7153.13	2915.01	3946.97	3352.34	532.02	4593.39	2801.97	10148.8	9633.02	98.93
	2014年	7824.81	3261.09	4245.68	3574.93	632.8	5435.75	3162.07	11266.1	10712.82	125.66

（二）有利于为长株潭全面协同创新提供强大支撑

长株潭地区是我省科技创新的高地，也是创新驱动发展的核心动力源、科技创新资源的核心聚集区。目前三市产学研结合模式在全国领先，被称为“自主创新长株潭现象”，科研机构、创业创新平台占全省比重均在70%以上；集聚高新技术企业1199家，占全省高新技术企业总量60%以上；以企业为主体的产业技术创新战略联盟31个，成员单位超过700家，创造了全省70%的科技成果；2014年完成高新技术产业销售收入、利税分别占全省的90%、95%（表3）。近5年，长株潭国家高新区高新技术产业增加值年均增长36%以上，带动全省年均增速达到33.6%，居全国第一。湖南加快实施创新驱动发展战略的重点在长株潭，潜力在长株潭，增长极在长株潭。建设长株潭国家自主创新示范区，进一步打开了长株潭城市群面向全球聚集高端科技要素的通道，将在项目投资、产业布局、创新资源聚集、政策先行先试等方面获得国家重点支持，对推进区域协同创新、促进转型升级具有重大而深远的意义。

表3 长株潭三市科技创新核心要素资源分布情况 （单位：个、亿元）

	科研机构	科技人员	创业创新平台	高新技术企业	产业技术联盟	高新技术产业销售额	高新技术产业增加值
长沙	96	420000	840	873	20	6212	2232
株洲	13	180000	200	195	7	—	466.88
湘潭	—	130000	99	131	4	1575.6	487.4

（三）有利于为区域产业转型升级形成示范效应

创新驱动是落实中部地区崛起、西部大开发及“两型社会”综合配套改革实验区等发展战略的关键。湖南有“东部沿海地区和中西部地区过渡带、长江开放经济带和沿海经济开放带结合部”的区位优势。落实国家创新驱动发展、中部地区崛起和西部大开发及“两型社会”综合配套改革实验区等发展战略都客观要求加快建设长株潭自主创新示范区。推进长株潭自主创新示范区建设，并以此为平台扩大与省内外园区的战略合作，通过“飞地经济”等合作模式建立分园、产业基地，辐射带动全省创新发展，全面融入“一带一路”发展战略，将有利于探索形成成熟的新机制、好经验，在中西部地区扩大“长沙模式”的示范效应。

二、长沙市与其他国家自主创新示范区发展现状比较分析

从已批复的8个国家自主创新示范区发展模式分析，主要可分为一区多园型、单一园区型、城市为基本单位型、城市群为主体型等四种模式。长株潭自主创新示范区作为国务院批复的第6个自主创新示范区，是以城市群为主体的自主创新示范区（表4），肩负着探索新常态下城市群转型创新发展新路径的历史重任。与国内其他国家自主创新示范区及所在城市相比，长沙作为湖南的首位城市、省会城市和“一带一路”重要节点城市、长江中游城市群中心城市，同时拥

有三大国家级战略平台，良好的基础、叠加的优势、历史的机遇集成交汇，在国家自主创新区竞相发展中形成了相对优势。必须顺应城市发展规律，把握时代发展趋势，将自身的发展放在全国自主创新示范区建设发展的战略大局之中，扬长避短，在新常态下找准新坐标，实现错位发展。

表4　我国现有国家自主创新示范区基本情况一览表　（单位：平方公里）

名称	获批时间	发展模式	国家定位	规划面积
中关村示范区	2009.3	一区多园模式	深化改革先行区，开放创新引领区，高端要素聚合区，创新创业集聚地，战略产业策源地	488
东湖示范区	2009.12	单一园区模式	世界一流高技术园区，国家战略性新兴产业集聚区，科技创新资源辐射区和自主创新机制示范区，中部崛起增长极	518
张江示范区	2011.3	一区多园模式	开放创新先导区，战略性新兴产业集聚区，创新创业活跃区，科技金融结合区，文化和科技融合示范基地	296
深圳示范区	2014.6	城市为基本单元	创新驱动发展示范区，科技体制改革先行区，战略性新兴产业聚集区，开放创新引领区和创新创业生态区	397
苏南示范区	2014.10	城市群为主体	创新驱动发展引领区，深化科技体制改革试验区，区域创新一体化先行区和具有国际竞争力的创新型经济发展高地	28000
天津示范区	2014.12	一区多园模式	创新主体集聚区，产业发展先导区，转型升级引领区，开放创新示范区	224.7
长株潭示范区		城市群为主体	创新驱动引领区，科技体制改革先行区，军民融合创新示范区，中西部地区发展新的增长极	140
成都示范区	2015.7	单一园区模式	创新驱动发展引领区，高端产业集聚区，开放创新示范区和西部地区发展新的增长极	500

（一）发展成效明显，但经济总量偏小

雄厚的经济实力是推进自主创新示范区建设发展的基础和前提。纵向看，长株潭三市尤其是长沙经济持续快速发展，连续23年保持了两位数的增长速度，发展质量明显提升，综合竞争力、城市影响力迈上了新台阶，2014年长沙经济总量达7824.81亿元，在全国省会城市中排名第7位。但横向看，与长株潭自主创新示范区之前的其他7个国家自主创新示范区所在城市相比，长沙及长

株潭城市群的经济总量仍然有较大差距（表5），三市经济总量1.16万亿元，仅为北京的54.2%、上海的49%、深圳的72.2%，略高于武汉和南京。而长沙的经济总量分别为北京、武汉、上海、深圳、南京的36.7%、77.7%、33.2%、48.9%和88.7%。做大经济总量，增强整体实力仍然是长沙和长株潭城市群发展的首要任务，必须加快转型创新发展的步伐，在注重质量的前提下，保持较快的增长速度。

表5　　2014年8城市重要经济指标及增速比较　（单位：亿元、亿美元、%）

		北　京	武　汉	上　海	深　圳	南　京	天　津	成　都	长　沙
地区生产总值	绝对值	21330.8	10069.5	23560.9	16002	8820.8	15722.47	10056.6	7824.8
	增幅	7.3	9.7	7	8.8	10.1	10.0	8.9	10.5
规模以上工业增加值	绝对值	—	3453.4	—	6501.1	2999.4	—	—	3042.1
	增幅	6.2	10.9	4.5	8.4	9.5	10.1	—	12
固定资产投资	绝对值	7562.3	7002.9	6016.4	2717.4	5430.8	11654.09	6620.4	5435.8
	增幅	7.5	16.7	6.5	13.6	6.6	15.1	1.8	18.3
公共财政预算收入	绝对值	4027.2	1101	4585.6	2082.4	903.5	2390.02	1025.2	632.8
	增幅	10	15.6	11.6	20.3	8.7	15.0	14.1	17.9
社会消费品零售总额	绝对值	9098.1	4369.3	8718.7	4844	3958	4738.65	4468.9	3162.1
	增幅	8.6	12.7	8.7	9.3	13	6.0	12.0	12.9
进出口总额	绝对值	4156.5	264.3	4666.2	4877.7	572.2	1339.12	588.4	125.7
	增幅	-3.3	21.4	5.6	-9.2	2.6	4.2	10.4	26

（二）创新优势明显，但扶持力度有待加大

长沙推进自主创新有着鲜明优势，突出体现为高校科研成果与产业、企业的结合度较高，涌现了一批与研发成果直接对接的龙头企业。但政策扶持作用发挥不够，多渠道融资投入总量偏少。从政策层面看，长沙先后出台了《关于强化企业自主创新能力建设加速转型创新发展的意见》《关于加快科技创新大力推进创新型城市建设的意见》等三十多项政策文件，但和北京、武汉、上海、深圳、南京等地相比，还没有形成系统的政策体系，扶持力度有待进一步增强。从研发投

入看，2010～2014年，长沙市R&D经费分别为91亿元、112.1亿元、134.4亿元、153.7亿元、171亿元，年均增长17.08%，呈逐年增长态势，但投入绝对额较小，如2013年R&D经费仅为北京、武汉、上海、深圳、南京、天津、成都的12.97%、59.8%、19.79%、26.85%、65.03%、35.9%、76.2%（图1）。2014年长沙市规模以上民营工业企业全部R&D经费内部支出为60.61亿元，企业作为研发投入的主体重视不够，投入远远低于国际企业界5%的普遍标准，也没有达到北京、武汉、上海、深圳、南京、天津和成都等地的同期水平。从金融支撑看，金融与科技创新融合发展滞后，私募股权投资市场发展相对不足，风投、天使人基金、产业基金等还处于起步状态，知识产权质押融资、产业链融资等融资创新亟待加强。目前长沙市共有境内上市企业46家（图2），2014年直接融资总额仅471.7亿元；株洲、湘潭分别有11家、4家，无论是上市企业数，还是直接融资总额，与北京、上海、深圳相比均有很大差距。

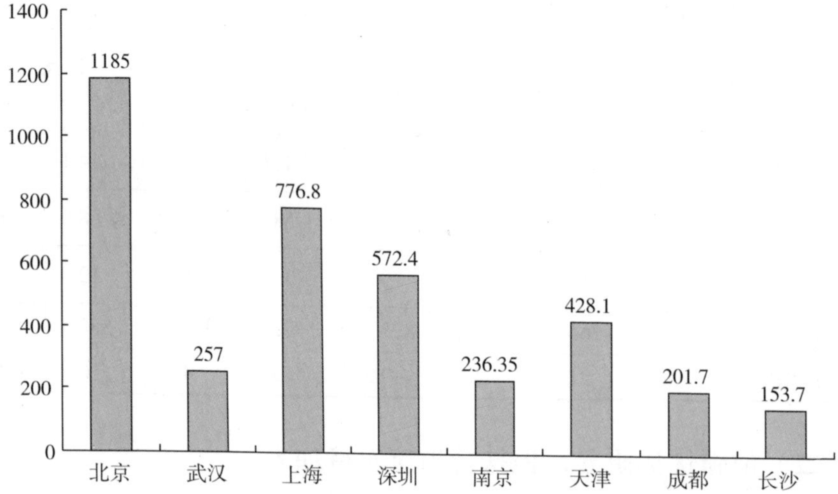

图1　2013年8个自主创新示范区所在城市R&D经费投入情况比较

（三）创新要素丰富，但区域核心竞争力不强

通过近几年的快速发展，长沙的自主创新资源要素加快聚集，但缺乏鲜明的特色，没有形成比较优势，区域竞争能力有待加强（表6）。

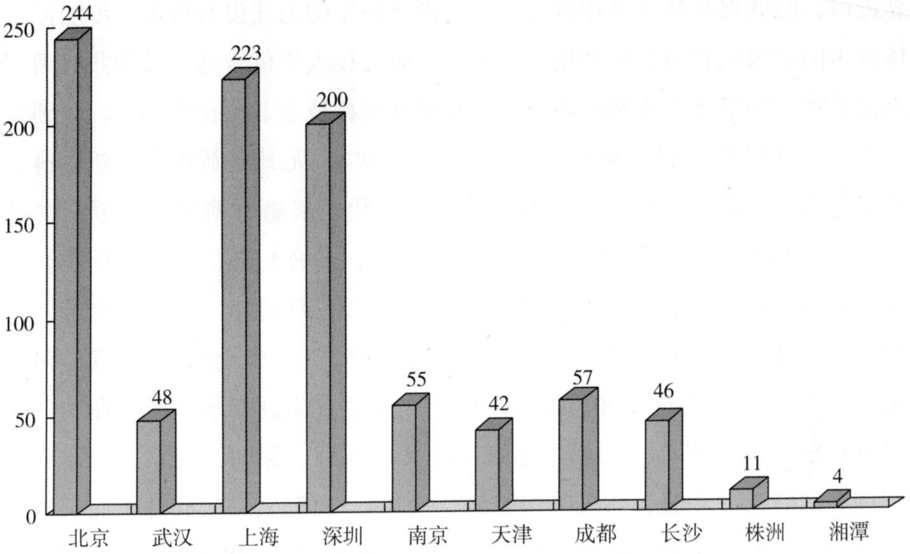

图2　长株潭城市群与其他自主创新示范区所在城市境内上市公司比较

表6　2013年长沙与其他自主创新示范区所在城市创新要素状况比较

	北京	武汉	上海	深圳	南京	天津	成都	长沙
国家级重点实验室（家）	155	23	43	12	24	9	15	16
国家级工程技术研究中心（个）	62	16	16	26	24	9	9	17
国家级科技企业孵化器（个）	28	18	22	12	7	17	6	11
高等院校（所）	89	80	68	6	53	55	53	55
两院院士（人）	911	62	196	—	83	37	36	54
科技人员（万人）	68.1	—	43.3	39.7	—	43.2	—	42
国家科技进步奖（件）	38	30	36	9	19	11	—	13
R&D占GDP比重（%）	6.08	2.74	5.7	4	3.3	2.8	2.21	2.03

一是一流创新团队与核心技术缺乏。初步拥有了两院院士54名、国家“千人计划”人员82人、湖南“百人计划”人员113人、科技人员42万人的创新人才队伍，但掌握核心技术、有重大科技成果，能带领形成创新型团队的高层次科技领军型人才不多，工业设计、文化创意、研发服务、咨询策划、互联网等领域人才短缺。工程机械的发动机、底盘、液压件等，电子信息产业的集成电路芯片等基

本靠进口，储能材料技术差距较大。二是创新研发能力建设有待进一步加强。突出体现为国家级创新研发平台偏少，全社会研发投入比例较低。长沙共有国家级重点实验室、国家级工程技术研究中心和国家级科技企业孵化器44个，分别为北京、上海、武汉等地的17.96%、54.32%、77.19%，尤其是新能源、新材料、高新技术等方面创新平台不多，不利于新型工业化、战略性新兴产业创新发展。研发投入占GDP的比重约为2.03%，低于北京、上海4.05、3.67个百分点。三是发明专利授权数量不多。尽管长沙的专利实力不断提升，2014年全市万人有效发明专利拥有量达15.6件，高出全国平均数10.7件，居全国省会城市第4位；完成版权登记量占全省的90%以上。但相比其他自主创新示范区所在城市，发明专利授权量仍然偏小。2013年北京、武汉、上海、深圳、南京、天津、成都分别拥有62671、15901、48680、49756、19484、24856、33256件，而长沙只有11448件（图3），分别为北京、上海、深圳、成都总量的18.3%、23.5%、23%、34.4%。

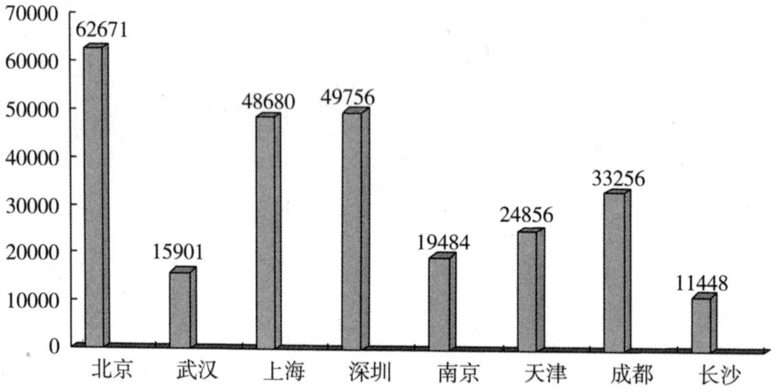

图3　2013年长沙与其他自主创新示范区所在城市发明专利授权数量比较

（四）产业发展加快，但竞争实力不强

通过近年来的持续健康发展，我市机械制造、新材料、汽车及零部件、生物医药、文化创意等产业发展加快，以工业园区为代表的产业综合效益较好（表7）。但在自主创新形成竞争优势方面，长沙落后较多。

表7　　2014年长沙市5区9园主要经济指标情况

指 标	规模工业总产值		规模工业增加值		工业投资	
	绝对值	增幅	绝对值	增幅	绝对值	增幅
长沙经开区	1626.28	10.4	445.21	11.0	112.51	9.5
长沙高新区	1281.03	9.0	348.79	10.3	103.84	25.2
宁乡经开区	783.95	16.1	201.32	14.0	119.84	18.6
浏阳经开区	708.79	31.5	231.37	19.7	104.23	26.0
望城经开区	667.11	25.6	177.13	15.8	98.04	39.9
金洲工业集中区	562.18	22.7	133.58	17.8	96.34	39.5
金霞经开区	416.05	30.3	92.41	13.4	36.48	18.4
隆平高科技园	350.39	16.7	83.44	13.5	19.51	21.3
雨花经开区	317.54	32.8	80.03	18.3	45.26	58.2
浏阳工业集中区	232.65	31.7	63.88	17.8	72.49	61.3
天心经开区	230.03	12.9	72.03	12.4	26.24	18.2
暮云经开区	59.78	5.7	15.68	6.6	29.89	74.7
岳麓工业集中区	3.49	29.0	—	—	12.08	34.2
星沙产业基地	21.24	57.3	—	—	—	—
合　计	6724.56	14.7	1825.64	13.4	876.76	29.4

一是主导产业规模不大。2010～2014年，我市规模工业增加值年均增长18.74%，其中2014年规模工业增加值总量和增速均排全国省会城市第六位，初步形成了工程机械、汽车及零部件、食品、新材料、电子信息、生物医药等六大产业集群，其中新材料、工程机械、食品、电子信息已发展为千亿产业集群（表8）。但相比其他城市还有差距，如电子信息产业方面，2014年上海市产值达6252.34亿元，高出长沙4.32倍。同时，长沙高新技术产业开发区和各地龙头产业园区的发展情况相比，还有较大差距（表9）。二是产业链条还不完整。长沙工业本地上下游产品配套能力较差，一些企业的原材料、销售“两头在外”，大部分关键核心部件和原材料需要从外地、国外采购，没有形成相对完整的产业链条，直接导致了企业生产成本上升，产业整体竞争力不足。如60%以上的工程机械零部件需从外省配套，仅有30%的汽车及零部件企业本地配套率过半。三是“多点支撑”基础不牢。这些年，虽然我市在产业引进和培育方面下了很大功夫，促成了一些新兴产业蓬勃兴起，但培育有个过程，短期内难以替代传统产业的既有优势。比如，近年来我市上海大众、广汽三菱、广汽菲亚特、比亚迪等汽

车及零部件生产企业发展较快，但2014年上海市汽车制造产业产值高达5319.03亿元，是长沙的8.86倍。

表8　　2014年长沙市六大产业集群产值及增幅　　（单位：亿元、%）

	工程机械	汽车及零部件	食品	新材料	电子信息	生物医药
规模工业总产值	1807.43	600.50	1514.73	1900.12	1174.57	305.08
增幅	−3.2	31.0	10.7	20.9	20.6	30.4
规模工业增加值	476.30	147.11	835.24	495.70	373.46	91.92
增幅	−2.7	27.8	8.7	19.0	24.1	26.2

表9　　2013年各地重点开发区高新技术企业主要经济指标比较

（单位：个、人、万元、万美元）

开发区	企业数	从业人员	总收入	出口总额
北京中关村科技园	15455	1898756	304974331	3361667
武汉东湖新技术开发区	2883	419022	65172074	1047288
上海市张江高科技园区	2806	722450	113689130	3127534
深圳高新技术产业开发区	1485	419616	46560424	1685553
南京高新技术产业开发区	365	203336	43108773	803246
天津新技术产业园区	3175	342824	56744498	1058244
成都高新技术产业开发区	1626	272326	48147024	1648577
长沙高新技术产业开发区	846	214835	33859676	246990
株洲高新技术产业开发区	215	107439	13447951	111767
湘潭高新技术产业开发区	271	81049	11599979	86128

（五）创新水平提升，但成果保护不够

近年来，长沙市出台系列政策举措鼓励支持自主创新，加大对创新人才、平台、企业的扶持力度，创新水平大幅提升，创新成果不断涌现，但保障机制还不健全，对自主创新成果的保护还需加强。一是知识产权意识有待提升。据初步统计，长沙市有5825家企业申请了专利，4002家企业获得专利授权，仅占全市企业总数的小部分，大部分企业没有申请过专利、没有自己的商标、没有自主知识产权，还处在有“制造”无“创造”的“非知识产权”状态，或者未能及时有效将生产中的技术、工艺创新成果进行专利申报，在现有的国家自主创新示范区所在城市中处于相对落后水平。二是产权维权任务艰巨。近三年来，尽管长沙开展

了一系列维权专项整治，查处侵权假冒案件4013起，涉案金额4.14亿元，但侵权行为还时有发生，“山寨货”“贴牌产品”及消费过程中图便宜、图省事现象突出，挤兑了部分创新产品，不利于公平竞争。同时，维权时间长、成本高、赔偿低，打官司耗时、耗力、耗钱，且获得的赔偿与研发经费相差甚远，严重影响了自主创新热情的提升，不利于技术革新、产业发展。此外，知识产权管理不到位、服务不专业、成果转化不理想等问题也需要高度重视。

（六）发展潜力巨大，但顶层设计不够

长沙市拥有“两型”社会建设综合配套改革试验区、湘江新区等重大国家战略平台和省会优势，但因顶层设计相对欠缺，导致潜力挖掘和优势发挥不够充分。一是园区产业布局有待优化。经过多年的发展调整，全市园区产业布局逐步走向有序，但整体规划水平不高、产业集聚发展目标不明确的问题仍然较为突出。二是创新要素共享有待加强。长沙创新要素丰富，但技术、人才、资金等创新要素的共享机制尚不健全，共享平台不多，集聚效应不强。三是区域协同创新有待提升。全市已有产业技术创新联盟20家，但产学研合作存在层次不高、深度不够、资金不足、动力不强等问题，部门与科研机构间条块分割依然存在，缺乏统一协调，产学研脱节现象仍然比较严重。四是管理体制机制有待完善。园区与政府责权不明，部分园区授权不到位，事、权、责的不匹配造成园区招商引资、项目建设、服务企业、对外交往等方面的诸多不便，增加了审批、决策的复杂程度，降低了行政服务质量和行政管理效率，与园区经济的高速发展和规模急剧扩大构成了较大的冲突。

三、长沙建设长株潭国家自主创新示范区的总体思路

创新驱动机理表明，创新是以增值、增效为核心的价值创造过程，它不是随意均匀分布于整个经济系统中，而是趋于在某些部门及其周围环境中聚集，大量的创新活动以集聚形式出现，科技、市场、文化是创新的三大核心驱动力（图

4）。创新的实现需要产学研的深度合作，创新效率的提高必须通过机制创新、政策项目引导来实现，而构建适宜创新的文化氛围对于创新的实现具有事半功倍的效果。因此，提高区域自主创新能力是一项系统工程，需要通盘考虑，整体设计。

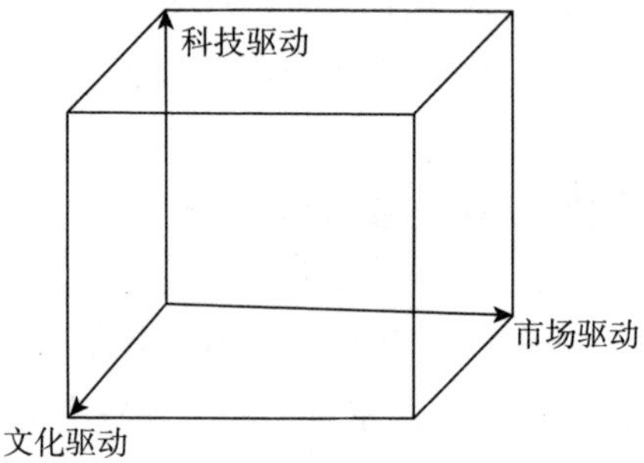

图4 创新的驱动机理

长沙是长株潭自主创新示范区建设的龙头，既要注重与湘潭、株洲错位发展、差异发展，突出自身优势，形成长沙自主创新体系，推动产业创新发展，又要加强与其他城市沟通，打破行政壁垒，推动协同发展，实现区域内创新要素、资源共享。必须找准战略定位，搞好顶层设计，制定行动计划，打造核心增长极。

（一）战略定位

——发挥龙头作用的核心区。以长沙高新区为基础，努力将长沙建设成长株潭自主创新示范区的核心区，长沙技工贸总收入、高新技术产业增加值等主要经济指标增幅高于三市平均水平2个百分点以上；每万人拥有有效发明专利数、全市高新技术企业数在长株潭三市总数占比分别保持在70%、75%以上。

——引领创新发展的孵化器。率先探索依靠创新驱动经济社会发展的新模式，大力推动技术创新、科技体制机制创新、管理创新、商业模式创新和军民融合创新，加大关键科技原创创新，打造创新市场主体不断完善、创新创意要素加快集聚、创新创业生态环境优良的全国重要的创新中心和中部创客中心，科技与金融、技术、人才高度融合，打造科技创新成果加快市场化、产业化的新洼地。

科技创新对经济增长的贡献率达到75%以上。

——集聚高新产业的新硅谷。坚持高端化、智能化、特色化、绿色化发展，以先进智能制造、新材料、移动互联网、创新创意、新能源汽车、节能环保、生物医药为重点，打造10个以上的千亿产业集群，构建具有全球竞争力的现代产业体系。

——实施国家战略的领头雁。协同推进湘江新区、长株潭自主创新示范区、长株潭两型社会建设综合配套改革试验区、长江中游城市群等国家战略，全面深化改革开放，整合各层级各类政策，放大政策优势，加强项目对接，形成叠加效应，引领中部崛起，打造“一带一部”转型创新发展新的增长极。

（二）发展目标

按照省里“核心先行、拓展辐射、全面提升”的“三步走”战略，科学把握时间节点，实现“一年打基础、三年见成效、五年上水平、十年全面建成国家自主创新示范区”的目标。

——2017年近期目标。未来三年，长沙高新区营业总收入翻番，年均增长27%以上；军民融合企业数量、产业总收入翻一番；新引进和培育创新创业人才1万名以上，新认定高新技术企业年均达250家，新增创业主体24万个以上，累计新增城镇就业54万人；到2017年，全市年均新增城镇就业20万人，高新区营业总收入7500亿元以上，高新技术产业增加值占GDP比重达30%以上，全社会研发投入占GDP比重达到2.5%以上，每万人拥有有效发明专利数20件以上，企业拥有专利授权数10万项以上。

——2020年中期目标。长沙高新区营业总收入在2014年基础上实现翻两番，达到1.3万亿元。全市高新技术产业产值占规模以上工业总产值比重达52.5%，高新技术产业增加值占GDP比重达37%，全社会研发投入占GDP比重达4.5%，全市科技进步贡献率超过65%，规模以上工业企业和独立研发机构研发投入超过400亿元，占地区生产总值3%以上；高新技术企业超过1500家；每万人有效发明专利拥有量达30件，每万名劳动力中研发人员数达180人。

——2025年远期目标。自主创新能力显著增强，军民融合创新成效明显，创新驱动引领作用凸显，区域辐射带动能力极大提升。实现长沙高新区营业总收入在2014年基础上翻三番，达到2.6万亿元；全市高新技术产业增加值占GDP的比重达40%以上，全社会研发投入占GDP比重达5.0%以上。创新驱动发展的体制机制全面建立，建成一批国际顶尖科技创新平台，涌现一批拥有关键核心技术的国际创新龙头企业，形成多个国际一流的产业集群，聚集大批产业领军人才，建成国际一流科技园区和创新中心，成为具有全球影响力的创新创业核心区、增长极（表10）。

表10　长沙加快推进长株潭自主创新示范区建设发展主要预期目标

指　标	2014年	2017年	2020年	2025年
1. 科技进步贡献率（%）	54.3	55	65	75
2. 全社会研发投入占GDP比重（%）	2.2	2.5	4.5	6.0
3. 每万人拥有有效发明专利数（件）	15.6	20	30	40
4. 国家级技术创新平台（个）	47	55	60	70
5. 高新技术产业产值（亿元）	6427.4	8000	10000	15000
6. 高新技术产业增加值占GDP比重（%）	28.5	30	37	40
7. 战略性新兴产业主营业务收入（亿元）	3804.37	5000	8000	14000
8. 年均新认定高新技术企业数量（家）	240	250	270	300
9. 年均新增创业主体（万个）	5	8	10	12
10. 年均新增城镇就业人数（万人）	16.91	20	25	30

（三）主要任务

一是壮大创业主体，激发创新活力。以推进“大众创业、万众创新”为示范区建设的强大动力，激发全社会在示范区的创造激情与创造活力。

（1）加快小微企业孵化。落实《长沙市小微企业创业创新基地城市示范三年行动计划（2015—2017）》，实施众创空间星火工程、创业基地提升工程、企业孵化强基工程，打造中部创客之都。加强公共创新平台和创业综合平台建设，从创意激发、创客聚集、初创孵化、成长加速，形成全周期载体服务。小微企业年均新增两万户，年均增幅达15%。通过“育苗造林”式培育，扶持小微企业升级为高新技术企业，推动更多高新技术企业上市（表11）。

表11　2015～2017年长沙市小微企业创新创业示范基地城市建设主要目标

指　标	累计目标	指　标	累计目标
新增创业主体数量（户）	24万以上	城市新认定高新技术企业数量（户）	540以上
新增小微企业数量（户）	6万以上	高新技术产业增加值占GDP比重（%）	30以上
小微企业营业收入（万亿元）	2.86	城市技术合同成交数（项）	9000以上
小微企业营业利润（亿元）	1140	城市技术合同成交额（亿元）	90以上
小微企业实现税金（亿元）	541	小微企业技术合同成交数（项）	3335
城市拥有专利授权数（项）	10万以上	城市技术合同成交额（亿元）	30
小微企业拥有专利授权数（项）	1.7万	全社会研发投入占GDP比重（%）	2.5以上

（2）强化企业主体地位。支持企业建立研发准备金制度，加大研发投入，建设一批产业创新研究院，打造产业技术创新战略联盟，探索完善战略联盟合作机制，大力推进联盟内各主体开展协同创新、集成创新。

（3）培养创新型企业家。完善企业家数据库，建立多层次的人才培训体系，建立健全企业家创业发展的支持服务体系，营造创新型企业家的良好成长环境。

二是培育产业集群，构建产业体系。紧紧瞄准全国进口多的短缺产品，选择有资源、有技术、有市场、有基础的行业，精心引进培育支柱产业，实现长株潭三市产业优势互补、差异化发展。

（1）集群发展高端制造业。落实“中国制造2025”规划纲要和“互联网+”发展战略，结合湖南省、长沙市“十三五”产业发展规划要求，坚持差异化发展原则，实施智能制造三年行动计划。借鉴固高科技等模式，由市经信委牵头，联合中南大学、湖南大学等高校和科研机构，发挥固高等研究院汇聚产业、科研、金融等资源，坚持“系统推进、高起点发展、改革创新、市场导向、全面开放”原则，采取“理事会+专家（咨询）委员会+研究总院（含四大中心）+若干分院”模式，成立国内领先、国际一流的智能制造研究院。研究总院实行市场化管理，由外聘的专业运营团队组成，政府予以政策支持，为智能制造产业发展提供咨询支撑，提供智能制造建设的顶层设计和总体组织，及智能制造产业的标准制定和标准服务。重点建设“协同创新、投资孵化、产业服务、基础研究”四大中心（图5、图6），以工程机械、工业机器人、检验检测、汽车及零配件为重点，培育重点企业，推动装备制造加快向智能化、高端化转变，到2018年底我市制造业重点领域智能化水平显著提升（表12）。到2020年建成具有较大国际影响的智能制造成果转化基地和产业孵化基地。

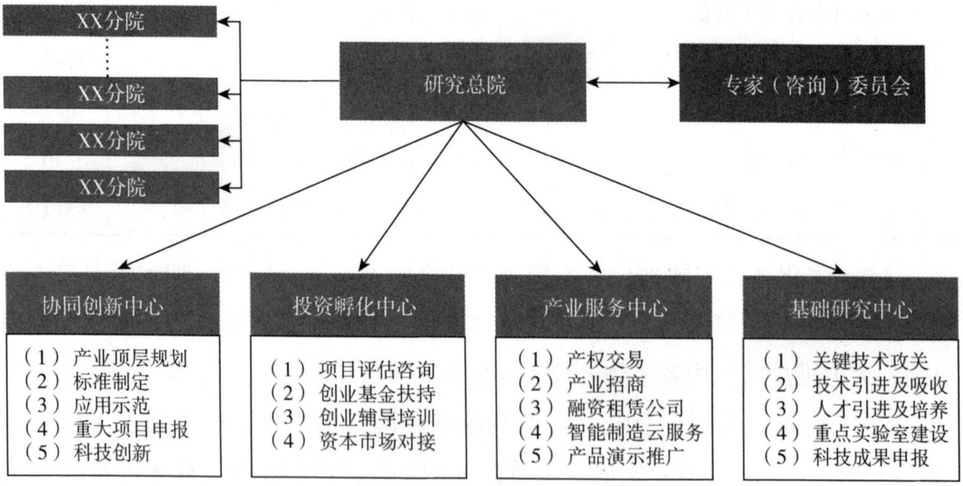

图5 研究院组织架构

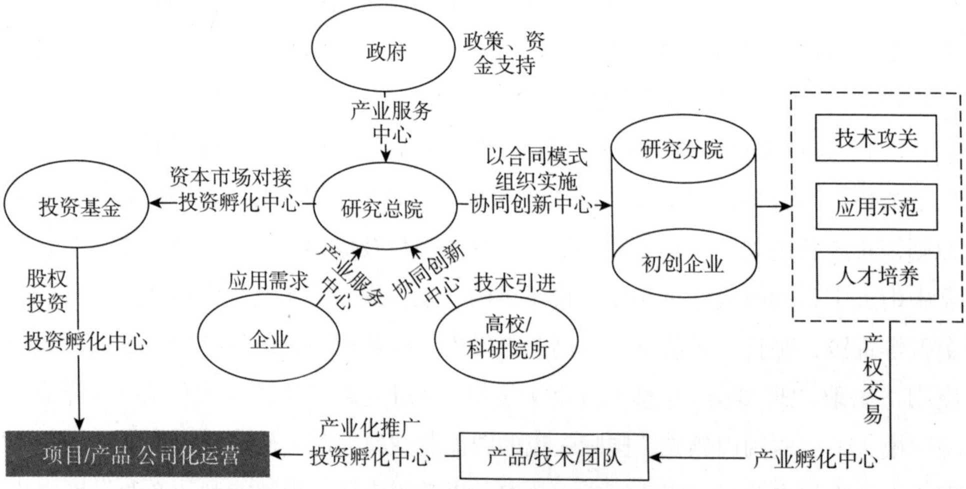

图6 研究院运行流程

表12 2018年长沙市制造业发展主要预期指标

类别	指 标	2018年
创新能力	规模以上制造业研发经费内部支出占主营业务收入比重（%）	1.26
	规模以上制造业每亿元主营业务收入有效发明专利数1（件）	0.70
质量效益	制造业质量竞争力指数2	84.5
	制造业增加值率提高	比2015年提高2个百分点
	制造业全员劳动生产率增速（%）	7.5左右（“十三五”期间年均增速）
两化融合	宽带普及率3（%）	70
	数字化研发设计工具普及率4（%）	72
	关键工序数控化率5（%）	50
绿色发展	规模以上单位工业增加值能耗下降幅度	比2015年下降18%
	单位工业增加值二氧化碳排放量下降幅度	比2015年下降22%
	工业固体废物综合利用率（%）	73

（2）培育发展新兴产业。实施材料产业发展三年行动，实施“6343”工程，即：发展储能材料、有色金属材料、碳材料、精细化工材料、绿色建材、磁性材料6大产业链；建设长沙高新区国家新材料成果转化及产业化基地、宁乡金洲新区国家级节能环保新材料高新技术产业化基地、望城经开区国家有色金属新材料精深加工高新技术产业化基地3大产业集聚区；建设技术、项目、融资、产业促进会4大平台，到2017年底材料产业总规模3000亿元台阶。构建绿色环保产业体系。大力发展移动互联网产业。推动创新创意产业融合集群发展，打造中部创新创意产业基地，形成“创新创意长沙”品牌。

（3）加快发展现代服务业。发展技术咨询、工业设计等生产性服务业，打造科教和高新技术服务高地。开拓物联网产品应用市场，拓展金融物流、保税库物流、供应链管理业务，打造中南地区最大物流基地。运用信息化、连锁经营、电子商务手段，提高现代商业承载力，打造区域消费中心。

三是提升创新能力，推动融合发展。

（1）推动科技体制改革。深化科研院所转制改革试点，推进技术研发机构市场化、企业化改革。加大市场评价技术成果的比重，完善以产品成果与市场实绩为主的科技成果奖励评价办法，深化科技成果处置权、收益权改革，形成科技成果市场定价机制，将科技成果（知识产权）转化效益作为高校、科研院所职称评审的重要依据，推动科技成果转化。

（2）推动科技人才集聚。实施“高层次人才聚集工程”，在重点产业领域引进和培养“高层次科技人才、高水平创业人才、高素质管理人才和高标准技术人才”等“四高”创新人才。强化“引智重在引团队”意识，完善创新团队支持政策，变重奖创新企业为重奖创新团队，对领军型创新创业团队给予重点支持。对创新人才实施技术入股、股权奖励、期权、分红权等多种形式的激励，吸引海内外专家来长开展科技研发、技术创新和项目合作，合力开展关键技术原创创新。坚持“以政策吸引人才、以服务留住人才”，着力营造最优创新环境和服务，让引进人才、本土冒尖人才更好地在长沙专心致志创新创业。

（3）推动科技金融创新。强化资本运营作用，引导金融资源向科技领域倾斜。推动创业投资、银行信贷、融资路演、科技项目管理等联动合作，构建多元化、多层次、多渠道的资本市场支持创新体系。加快推进科技成果市场化，完善技术成果产权转移转化的财政金融激励机制，建立健全技术产权交易市场，实行纯知识产权质押融资，协同打造区域性科技金融结合示范区。

（4）推动军民融合创新。紧紧围绕“努力打造军民融合产业创新高地”的目标，大力推进产业转型创新融合发展。建立军民融合技术协同创新体系，推进军民共建共享重点研究平台和科研设施。加快实施军民融合重大科技成果转化与产业化项目，重点推进北斗导航等“民参军”项目建设。支持军事科研院所、军工集团公司所属实验室面向社会开放。建设军民融合科技创新产业园，打造国家级军民结合产业示范基地，逐步构建全要素、多领域、高效益的军民融合深度发展格局。

四是推进开放合作，增强竞争实力。

（1）搭建合作发展平台。加快发展“众创空间”等新型创业服务平台，建设认定一批具有示范带动效应的创客空间。支持学术组织、产业组织和公益组织搭建各类创新交流合作平台，构建长株潭研发公共服务平台与中试平台。继续办好和创新举办具有国际影响、长沙特色等系列节会、论坛活动。

（2）深化区域创新合作。突破行政管理体制障碍，推动建立省统筹、市为主、多部门协调的工作机制，完善城市、园区、部门之间的创新协作体系。加强与长三角、珠三角、长江中游城市群、成渝经济区、大西南地区的跨区域开放合作，深度对接融入长江经济带，拓宽发展新空间。

（3）提升国际合作水平。实施国际科技合作计划，加强国际合作平台建设，深化国际产业、贸易、科技合作与交流，加快融入全球创新网络。鼓励企业并购、合资、参股国际研发企业或设立海外研发中心和产业化基地。引进500强企业、知名大学、研发机构等在长设立全球性或区域性研发中心。支持企业承接"一带一路"沿线国家基础设施建设。

五是创新园区管理，形成协同优势。

（1）形成一区多园格局。以长沙高新区为核心，按照"目标集中、资源集聚、创新集成、产业集群、功能集合、土地集约"的原则，研究构建"园区共建、平台共通、要素共用、数据共统、利益共分、成果共享"的长沙推进长株潭自主创新示范区新的"一区多园"格局，在国家、省的支持下，将范围扩大到包括麓谷园区、望城经开区、宁乡经开区、宁乡高新区、岳麓科技园区等在内的多个园区，实现多赢。

（2）创新园区运营模式。探索园区物业运营模式创新与金融创新有效结合的新途径，开展地产信托投资基金试点。由基金或证券商委托商业物业运营服务商进行运营，按市场机制进行产业淘汰，盘活物业存量，优化物业资源配置，开创产业园区专业物业运营服务新模式。

（3）推进园区协同发展。积极推进园区间优势合作共建。鼓励园区之间建立长效合作机制，结合园区重点产业，形成优势互补、分工协作的产业空间格局。创新管理体制，推进园区共建、带动式发展，共享共建园区利益，提高共建园区的经营效率，形成多圈层辐射效应，放大辐射带动作用，增强创新驱动发展后劲。

四、长沙推进长株潭国家自主创新示范区建设的保障措施

推进长株潭国家自主创新示范区建设，长沙要充分发挥先行先试优势，有机整合湘江新区、自主创新示范区、两型社会建设综合配套改革试验区等系列国家

扶持政策，不断强化组织协调、规划引领、政策支持、服务保障和环境改善，确保高标准、高水平、高要求推进。

（一）加强组织保障

借鉴其他国家自主创新示范区的建设经验，建议举全省之力，支持示范区发展。

一是健全工作机构。在市级层面成立高规格的国家自主创新示范区建设推进委员会，由市委书记任顾问，市长任主任，有关市领导及高新区主要负责人担任副主任，市科技、发改、经信、财政、编制、金融、国土、规划、知识产权等市直有关部门和园区为成员，统一领导和协同推进示范区建设工作。推进委员会办公室设长沙高新区，由长沙高新区管委会主任任办公室主任，市科技局局长、长沙高新区分管同志任办公室副主任从相关部门抽调精干力量，加强统筹协调，分解工作任务，落实各单位职责，确保高效有序推进。

二是加强工作协调。明确部门责任，积极争取省委、省政府在土地、税收、项目资金等方面重点支持示范区建设。建立联席会议制度，实行示范区重大事项调度机制，研究解决重大问题，并将有关工作纳入全市目标绩效考核。着力加强顶层设计，实施差别化、精准化的区域产业发展政策，明确主导产业发展方向，发挥优势，突出特色，引导区域产业“错位”发展、“无缝”衔接，优化产业布局，避免结构趋同和同质化竞争。

三是加强工作调度。积极协调省级层面，加强与国家部委对接，落实建立部、省会商和部际协调机制。建议省委、省政府将长沙高新区作为长株潭国家自主创新示范区的核心区，实施集中一点制战略，以协同创新为纽带，举全省之力，集中政策、资金、项目、人才、改革等创新创业要素，打造示范全省、辐射中部、影响全国的创新高地。

（二）突出规划引领

坚持从顶层设计入手，牢固树立自主创新示范区建设“一盘棋”“共同体”的理念，充分发挥长沙综合基础优势和创新资源优势，坚持错位发展、融合互动，切实抓好长株潭国家自主创新示范区规划布局、产业引导、政策激励和组织协调，大力推进长株潭三市协同创新。

一是科学制定规划。制定《长沙推进长株潭国家自主创新示范区建设中长期规划》，建议以长沙高新区麓谷园区为核心区，将核心区规控范围扩展至140平方公里，将全市省级以上高新区、经开区、工业集中纳入示范区建设范围，构建“聚焦核心、一区多园”发展格局。研究提出建设国家自主创新示范区的指导思想、战略目标、主要任务等。同时，结合规划制定，建立绩效评估、动态调整和监督考核机制。

二是明确阶段任务。制定《长沙推进长株潭国家自主创新示范区建设三年行动计划（2015—2017）》，提出国家自主创新示范区建设第一阶段的主要任务、空间规划、重点领域和保障措施，按“路线图、时间表、任务书”推进。

三是推动项目建设。坚持抓当前与利长远相结合，抓住关键，重点突破，组织实施建设示范区的第一批示范项目。在收集整理的基础上，涵盖创新平台载体建设、新兴产业发展、军民融合发展、文化科技融合、科技金融、科技体制改革等方面，全力推动先行先试示范项目实施。

（三）完善政策体系

政府政策是影响自主创新的重要因素。在自主创新过程中，政府可以通过财政政策、税收政策、金融政策、知识产权保护政策、产业政策以及其他协调性政策等来调节自主创新的速度和规模（图7）。因此，制定实施积极而完备的政策体系激励企业或产业形成自主创新动力至关重要。

一是全面落实各级优惠政策。一方面，要抓紧抓好对系列国家级新区发展政策的研究及落地工作，尽早将国家已经全面推广和同意在示范区先行先试政策措施在高新区实施。通过多种形式，将国务院同意推广的“股权奖励分期缴纳个税、有限合伙制创投企业所得税优惠、非独占许可使用权转让所得税减免优惠与中小高新技术企业向个人股东转增股本应缴个税分期缴纳”等中关村“新四条”先行先试政策，落实到长沙高新区。另一方面，要立足精准、管用，创造性出台省级、市级层面配套政策，着力构建一整套在示范区先行先试的支持股权激励和科技成果转化、科技金融改革创新、鼓励创新创业财政税收政策试点、政府采购自主创新产品、放宽市场主体准入、组织申报国家科技重大专项、高层次人才引进和培养试点等方面形成完善的政策体系，以政策创新营造创新创业的优越环境。全面梳理现有的市级优惠政策，该修订的修订，该撤销的撤销，该执行的严格执行到位，为长株潭国家自主创新示范区建设提供强大的政策支持。

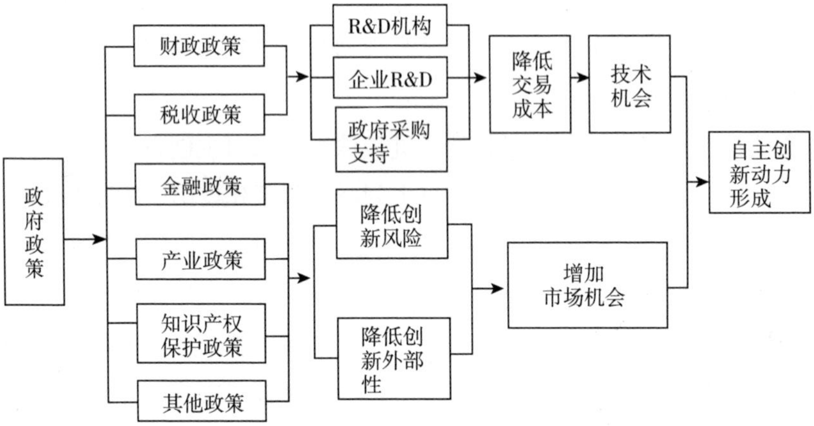

图7 自主创新动力形成过程

二是严格落实知识产权政策。加大对优质专利成果产出的激励，着力完善科技成果、知识产权归属和利益分享机制，为创新主体特别是研发人员获得合法收益提供制度保障。不断完善知识产权估值、质押和流转体系，推动专利权作价入股资本化、知识产权专利许可费收益权证券化及专利保险等，推动知识产权金融发展。以政府购买服务的方式为遭遇知识产权纠纷的企业提供智力和资金援助，大力打击各种侵权行为，全面提振企业知识产权保护信心，营造公平竞争、诚实守信的市场环境。紧紧围绕支撑创新、促进运用、加强保护，抓紧布局、建设、整合一批基础信息利用、无形资产评估、科技成果转化交易、知识产权维权援助的公共平台，全面提高知识产权公共服务能力。

三是给予鼓励创新政策。加大原始创新、集成创新和引进消化吸收再创新的力度，形成“宽容失败、鼓励创新”的考核导向机制，改变基础研究急功近利追求“短平快”的现状。对企业、高校及科研机构获得国家、省级重点研究中心、实验室的，给予适当资金支持。对经国家主管部门批准的国家级企业研发机构，最高可给予100万元的一次性奖励。对拥有自主知识产权的国有企业改制，给予重点引导和扶持。对长沙高新区企业申报的各类计划项目不进行名额限制。

四是给予人才引进政策。建议在落实国家人才专项计划、省人才培养计划时给予倾斜，支持长沙引进、培养一批掌握高端产业核心技术的高端人才和创新团队，赋予长沙高新区在个人所得税优惠、人才绿色通道方面更大自主权；支持长沙国家海外高层次人才创新创业基地和综合服务平台建设，改善高层次人才创新创业环境，着力打造“长沙创新谷”。技术转让（入股）所得的净收入（股权），按不低于70%的比例奖励科研负责人、骨干技术人员等重要贡献人员和团队。符合条件的高校、科研院所等事业单位科技人员，允许在示范区创办科技型企业并持有股份；离岗在示范区转化科技成果或创办科技型企业的，5年内保留编制。

五是给予财税优惠政策。将长沙高新区现行财政体制再适当延长；建议省直部门每年安排专项资金原则上不低于30%用于支持示范区创新与发展。建立财政资金投入的“后评估机制”，对企业在开发的新技术、新产品、新工艺过程中发生的研究开发费用，给予适当补贴；积极引导企业充分用好用足税收政策，落实技术开发投入政策、新产品财税返还政策、技术开发装备折旧政策、进口关税和进口环节增值税免税政策。完善政策，对处于孵化期、成长期、成熟期的创新型企业予以分类扶持。

六是给予土地供应政策。对符合土地利用总体规划和产业规划的产业项目优先保障用地；鼓励实行长期租用、先租后让、租让结合的用地供给方式，加快办理产业园区用地手续，减轻企业用地成本。建议省财政厅将高新区上缴省级财政的新增税收和土地出让收入全额返还园区；省国土资源厅将示范区的年度征地计划指标单列，保障项目用地需求。对高新区内科技研发用地，优先安排用地计划，对自用的土地房产可通过工业用地招拍挂方式进行出让，可以采取定向挂牌方式供应土地，并在出让合同中明确建成项目不得转让要求。

七是给予优先扶持政策。严格落实《长沙市两型产品认定管理办法》，认真做好全市两型产品推广使用工作，在采购两型产品时实施相关优惠政策。在招标采购中，采用最低评标价法评审的项目，在评审时给予《长沙市两型产品目录》产品10%的价格扣除。采用综合评分法的项目，在政府采购类项目中，对价格、技术和商务项分别给予对应总分值的4%～8%幅度不等的加分；在工程采购类项目中，给予1～3分的加分。对不具备市场竞争力，但符合国民经济发展要求和先进技术发展方向的首次投向市场的两型产品，可以采用协议定向采购方式由政府进行首购。大力培育和扶持本土企业做大、做强、做精、做优。鼓励同类和相近企业进行联合、整合，做大体量和规模，提升自身实力和研发能力，增强市场竞争力，以支撑产业的持续发展。鼓励龙头企业不断将特定的生产工艺分离出来，形成一批专业化配套企业，积极支持中小企业进入龙头企业的供应网络，提高龙头企业的本地配套率。

（四）加大融资力度

推动创新创业离不开金融的支持和参与，加强科技与金融融合创新发展，优化创新创业的投融资环境，建立多元化投资体系，对促进“大众创业、万众创新”意义重大。

一是调整财政资金使用方式。作为全国第一批促进科技和15个小微企业创业创新基地示范城市之一，要以科技金融为抓手，以突破双创企业融资瓶颈为目标，充分发挥财政资金“四两拨千斤”的效应，设立自主创新示范区建设专项资金，重点支持创新团队建设；改变以直接拨款为主的科技经费和产业引导资金支持方式，重点支持以工业技术研究院为主的产业研发平台和产业关键核心技术攻关。开展科技金融服务体系建设系列探索和实践，建立金融手段支持研发和产业化的财政支持机制，在即将实行的园区融资总额控制中对示范区适度放宽融资额度。优化政府投资方向，通过投资补助、基金注资、担保补贴、贷款贴息等，优先支持引入社会资本的项目。加强对社会资本的带动、引导力度。

二是设立产业发展投资基金。整合长沙市产业发展专项资金，设立支持类基金、引导类基金、跟投类基金三类长沙市产业投资基金。投资基金2015～2017年共筹集15亿元，力争到2020年总规模达50亿元。由市长任主任，常务副市长任副主任，成立长沙市产业投资基金管理委员会，作为投资基金运行的最高决策机构（图8）。按照“政府引导、分类管理、市场运作、科学决策、防范风险”的原则，实施产业资金基金化运作，投资基金应保证一定比例资金专项用于与园区及社会资金合作，设立创业投资子基金、科技成果转化基金等市场化子基金。引导类子基金一般应按照投资基金出资不超过10%、园区出资不超过20%、社会资本出资不低于70%的方式共同发起设立。跟投类基金市区政府原则上不超过20%。通过对重大项目实施直接投资、与园区合作设立符合园区产业定位的子基金、通过跟进投资等方式投资我市新兴产业等，引导和推动长沙产业结构调整和转型升级。

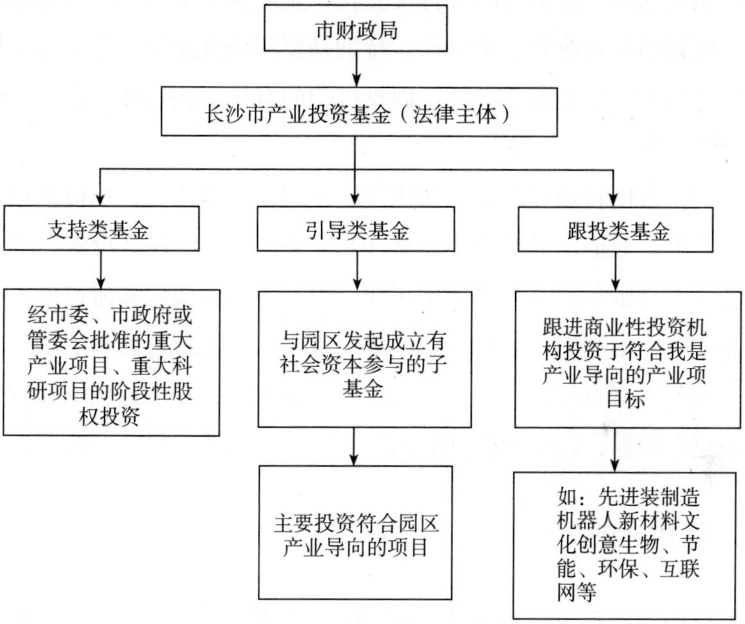

图8　长沙产业投资基金组织架构图

三是完善科技金融服务平台。大力发展互联网金融，促进规范有序发展，研究许可互联网企业参与证券业务及设立股权众筹融资平台，开展股权众筹融资试点，鼓励科技小微企业和科技创新产品提高P2P平台和股权众筹融资平台开展小额融资。鼓励商业银行研发和推广新型融资模式、服务手段、信贷产品及抵、质押方式，加大向企业直接投资力度；引导企业采用直接融资办法筹集发展资金，开发麓谷共同创业基金、高新区中小企业转贷引导基金等金融工具，通过天使基金、风险投资基金（VC）、私募股权投资（PE）等，拓宽科技型企业融资渠道，积极推动科技保险和知识产权质押贷款业务。

四是充分发挥银行主渠道作用。按照“风险共担、限额补贴、征信先行、专业运作、监管创新”的原则，以企业融资信用信息征集为基础，不断深化引入由多家商业银行共同参与的银政合作模式，多元化地满足中小企业的融资需求；支持银行扩大放贷规模，对解决企业融资问题有突出贡献的机构给予风险补偿和奖励。大力推动商业银行与高新园区合作，研究开发符合创业企业成长规律和特点的新型金融产品和对接模式，发挥科技和金融各自的资源优势，共同支持创新企业发展；建议选择不同类型的银行设立科技企业金融事业部，制定专门考核机制，扩大对创新创业企业的信贷投入。特别是要积极鼓励和支持银行机构开展投贷联动等运行机制，促进商业银行与创投机构的合作，积极探索建立金融支持双创工作的长效机制。

五是大力探索创新融资方式。加快发展多层次资本市场，积极推动示范区企业上市工作。推广政府与社会资本合作（PPP）模式，使社会投资和政府投资相辅相成。创新信贷服务，支持开展排污权、收费权、购买服务协议质（抵）押等担保贷款业务，探索利用工程供水、供热、发电、污水垃圾处理等预期收益质押贷款。支持示范区重点建设项目开展股权和债券融资，在示范区率先探索发行园区基础设施建设债券，让社会投资汇成促发展、促创新、促转型的澎湃浪潮。

（五）优化发展环境

决定和影响企业自主创新活动的各种动力要素可区分为企业内部动力要素和企业外部环境要素两大类（图9）。良好的创新环境和基础设施是推动企业创新的核心资源。推动自主创新，不能单纯依靠优惠政策，关键是不断完善长沙的创新环境和基础设施。

一是弘扬创新文化。融合湖湘文化“敢为天下先”的精神，大力营造“敢为人先、勇于探索、鼓励创新、宽容失败”的文化环境。强化“大众创业、万众创新”意识，通过鼓励发明创造、举办创新创意沙龙、实施创新成果产业化等一系列创新活动，让创业创新者受尊敬、有回报。加大宣传，强化典型带动，在全社会树立创业创新光荣的理念，逐渐形成全社会尊重创新、主动创新的核心价值观，营造尊重知识、崇尚创新创业的社会氛围，让“大众创业、万众创新”成为

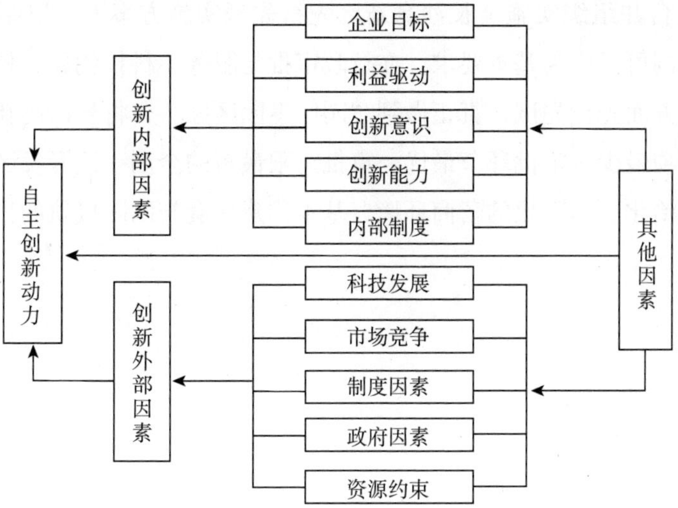

图9　自主创新影响因素

新常态下长沙经济发展的新动能，成为扩大就业的有力支撑，成为发展分享经济的重要推手。

二是完善服务平台。按照专业化管理、市场化运作的模式，设立多层次、多类型的科技创业服务中心、软件产业园、大学科技园等孵化器。采取政府购买服务的方式，整合社会专业资源和培训基地，组建长沙市创业创新学院，探索线上和线下结合的服务方式，多方面、多层次提供系统的创业创新培训。在内六区各成立一个众创空间，为创新创业人员提供优质服务。支持长沙市中小企业服务中心整合运用政务信息和平台数据、创业创新载体信息、服务资源信息，利用大数据和云计算等手段，与市生产力促进中心等各类服务平台互联互通，构建“PC端+移动远端+线下服务”的长沙市创业创新O2O云服务平台，为全市创业者提供政务服务、创业辅导、创新众包、要素对接等一体化、一站式、全方位的公共服务。

三是优化法制环境。大力推行依法行政，积极推进《长株潭国家自主创新示范区条例》加快出台，用法治保障示范区的先行先试、保障自主创新、推动创新创业、规范政府行为。强化创新创业相关法律法规的实施，加强执法检查监督，保证科技创新法律的贯彻执行。学习借鉴上海自贸区经验开展先行先试工作，探索出台并推行自主创新责任清单和负面清单，切实减少政府对企业生产经营的行政干预。出台并组织实施《长沙高新区先行先试实施方案》，以制度创新为核心，以可复制可推广为基本要求，在行政审批与服务、科技创新、科技金融和扩大开放等四方面先行先试，真正做到“园区事园区办”，将长沙高新区打造成为行政审批事项最少、审批环节最优、审批时限最短的全国一流开发区。积极营造市场化、法治化、国际化的营商环境，基本构建一套与国际接轨的投资贸易规则体系。

以工业转型升级打造长沙发展新动力

中共长沙市委副书记
市 人 民 政 府 市 长 胡衡华
湖南湘江新区党工委书记

新常态下，如何立足实际尽快培育、壮大新的动力，是推动一个地区持续发展、率先发展的首要课题。当前，长沙处于工业化中后期，工业仍是实体经济的主体，是经济社会发展的第一推动力。但长沙在工业转型过程中老动力减弱、新动力不足问题也日益凸显。必须立足现有基础和特色，顺应产业变革趋势和要求，实现转型发展、创新发展，打造工业持续发展新的动力。

一、“十二五”长沙工业发展基本情况

（一）长沙工业发展总体趋势良好

1. 工业总量呈现持续壮大趋势

近年来，全市工业总产值持续攀升，由2011年的7108亿元增加到2014年的9496.2亿元；工业总量在全国省会城市排位与经济总量的位置基本一致，名列第六（图1）。工业增加值由2011年的2662.47亿元增加到2014年的3574.93亿元，其中规模以上工业增加值由2014.16亿元增加到3042.05亿元；工业增加值占GDP比重达45%，对全市经济的贡献率达47 %以上。

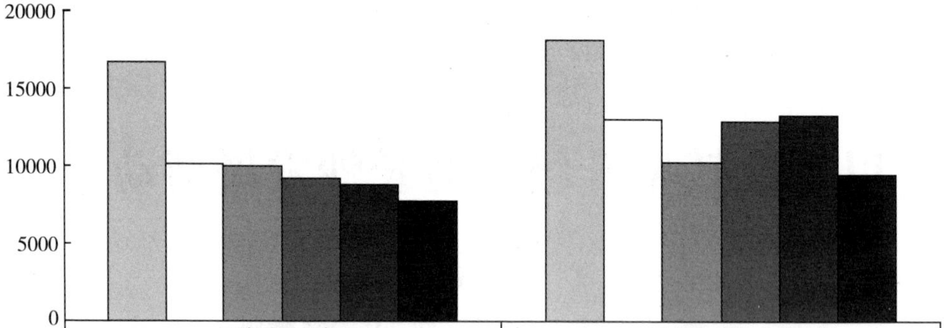

	经济总量（亿元）	工业总产值（亿元）
广州	16700	18184.92
武汉	10069.48	13000
成都	10056.59	10201
杭州	9201.16	12945.28
南京	8820.75	13239.73
长沙	7824.81	9496.2

广州 武汉 成都 杭州 南京 长沙

图1　长沙工业总产值在全国省会城市排名情况

2. 工业增速呈现逐步趋缓特点

2011年以来，全市规模以上工业增加值增速分别为22%、16.8%、14%、12%（图2），呈现出前高后低的特点。与此同时，全市GDP增速分别为14.5%、13.0%、12.0%、10.5%，二者变化基本吻合，说明发展步入新常态，增速从“高速增长”向“中高速增长”转变。但总体来看，仍具有较为明显的规模优势和速度优势。

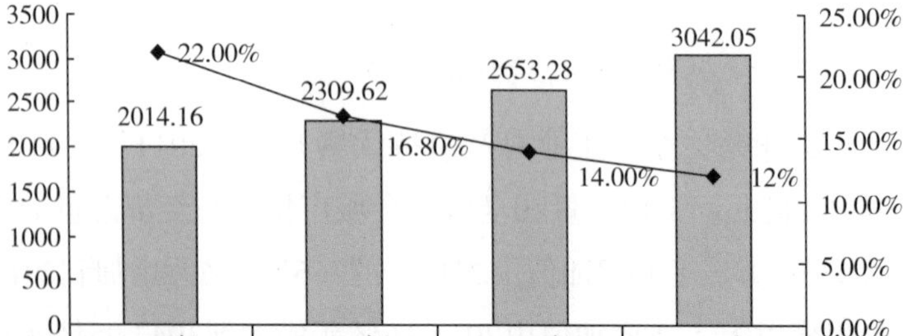

	2011年	2012年	2013年	2014年
规模以上工业增加值（亿元）	2014.16	2309.62	2653.28	3042.05
增速（%）	22.00%	16.80%	14.00%	12%

图2　2011～2014年规模以上工业增加值及增速

3. 工业结构呈现多点支撑格局

从工业内部结构看，已由“十二五”前的工程机械一业独大，向工程机械、新材料、烟草食品、电子信息、汽车及零部件和生物医药等六大产业竞相发展的多点支撑转变（图3、图4）。2014年，六大产业集群完成规模工业产值6958亿元，增长11.9%，占全市规模工业总产值的73.5%。特别是2014年新材料产业总产值达1902亿元，已超越工程机械成为全市第一大产业，标志着全市多点支撑的发展格局已初步形成。

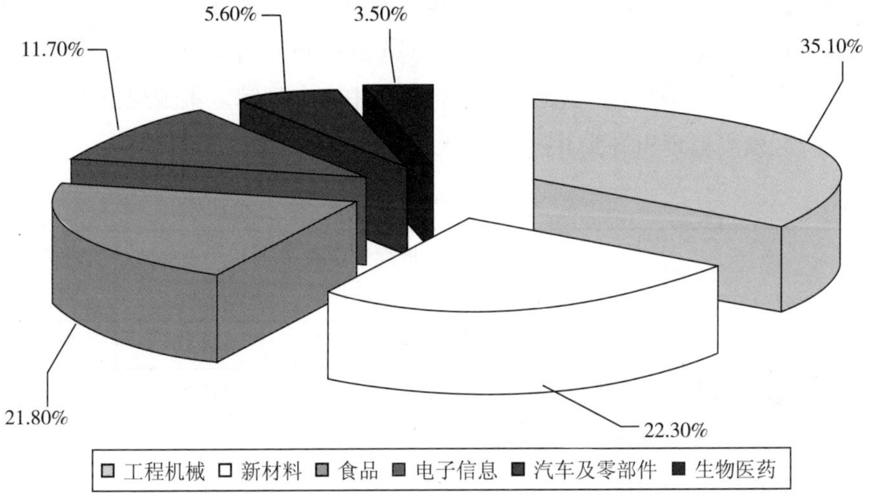

图3　2012年工业主导产业产值分布图

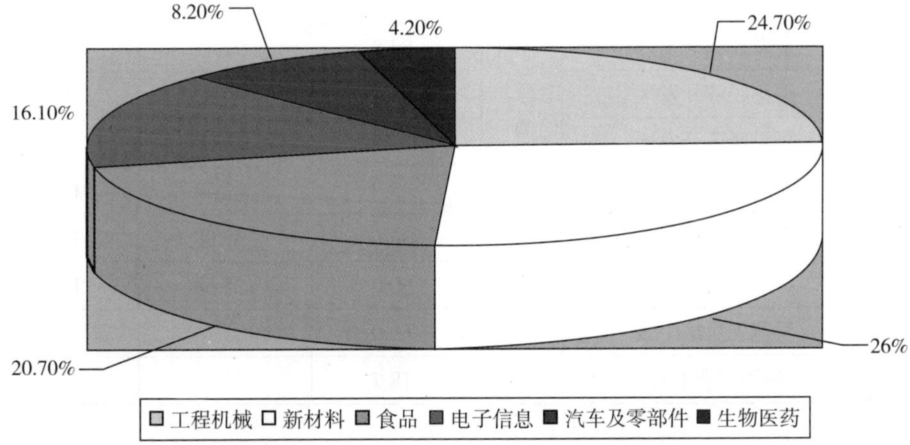

图4　2014年工业主导产业产值分布图

4. 园区经济呈现竞相发展局面

作为工业发展的主战场，园区的承载功能和集聚效应不断增强，全市工业逐步向园区集中，企业向园区聚集，形成了“五区九园”发展格局（表1）。“十二五”期间，全市共有宁乡经开区、浏阳经开区和望城经开区3个园区新晋升为国家级园区，园区竞争力不断提升。园区规模工业产值由2011年的3908亿元增加到2014年的6724亿元（图5），占全市规模工业总产值比重达到70.7%。长沙高新区、长沙经开区成为首批产值过千亿的园区，浏阳经开区、宁乡经开区、望城经开区和宁乡高新区等园区规模工业增加值均过百亿。上海大众、比亚迪汽车、蓝思科技、统一食品、格力电器等重大工业项目先后落户园区，富士康、中兴、博世、富士通等知名企业在长沙设立研发中心。现园区集聚规模工业企业近900家，园区发展呈现出齐头并进的趋势，后劲不断增强。

表1　“五区九园”基本情况

	园区名称	级别	已批规划面积（km^2）	2014年增加值（亿元）	增长速度（%）
五区	长沙高新技术产业开发区	国家级	101.0	348.79	10.3
	长沙经济技术开发区		100.0	445.21	11
	宁乡经济开发区		60.0	201.32	14
	浏阳经济开发区		46.1	231.37	19.7
	望城经济开发区		59.6	177.13	15.8
九园	天心经济开发区	省级	5.8	72.03	12.4
	金霞经济开发区		84.8	92.41	13.4
	雨花经济开发区		23.0	80.03	18.3
	暮云经济开发区		9.5	15.68	6.6
	隆平高科技园		3.0	83.44	13.5
	浏阳工业集中区		36.6	63.88	17.8
	宁乡高新区		90.0	133.58	17.8
	岳麓工业集中区		60.0		
	星沙产业基地		18.7		

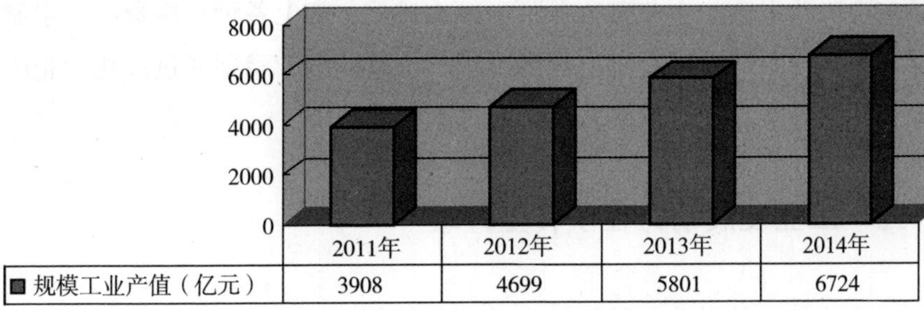

图5　2011～2014年园区规模工业产值

（二）长沙工业发展呈现新的特点

1. 相持：增长动力进入转化相持阶段

新常态下，受产业转型升级的影响，工业发展新旧动力此长彼消，增速与失速因素并存，在一定阶段内呈现出胶着状态。一方面，工程机械等传统主导产业增长动力明显放缓，增速不断下降；烟草等行业受市场和计划影响，难以快速增长。另一方面，电子信息、节能环保等产业快速增长，但因规模较小，短期内难以弥补现有支柱产业下滑的缺口。总体来看，新旧动力转换交替将面临一个较长的过程。

2. 分化：不同行业呈现加速分化态势

一些科技含量高、市场前景好的产业增长迅猛，而部分产业受市场和要素等因素制约，发展面临困境。2014年，新材料和食品烟草产业分别完成产值1900.5亿元和1514.7亿元，分别增长20.5%和10.7%；汽车、电子信息产业分别完成产值600.5亿元和1174.6亿元，增速分别达31.0%和20.6%；生物医药产业增速达30.4%。特别是工业机器人、集成电路、增材制造、移动互联网、检测检验等新兴产业发展迅猛，加速了产业内部格局的分化，也有力推进了产业升级步伐。

3. 调整：产业结构进入深度调整时期

新一代信息技术、“互联网+”的快速发展，带来了产业结构内部深度调整，一些新的产品和业态不断涌现，形成了新的产业发展动力，也倒逼了工程机械等传统产业向数字化、网络化、智能化、服务化转变。此外，国家宏观政策深度调整，给招商引资、企业融资等带来较大挑战，加上各种环境资源要素制约加剧，对企业“两型”发展提出更高的要求。这些问题，亟须通过深化国企改革、推进传统产业升级、加快培育新兴产业等举措来解决。

（三）工业发展动力在于转型升级

1. 从贡献看，转型升级保障了工业平稳增长

2014年，全市规模以上工业增加值3042.05亿元，与2011年的2014.16亿元相比，增长51%；规模以上工业增加值占GDP的比重稳步提升，由2011年的35.84%提高到2014年的38.88%。在传统行业增长放缓、企业效益明显下滑等诸多因素影响下，增长的根本动力就来自于转型升级，正是通过技术升级、业态升级和发展创新，才保障了工业发展动力，实现了全市工业经济平稳增长。

2. 从质量看，转型升级加速了产业结构优化

通过推进产业转型升级，全市产业结构发生了深刻变化，现已形成了新材料、工程机械、电子信息、食品烟草四大千亿产业集群；汽车及零部件和节能环保产业产值去年增速均超过30%，有望形成新的千亿产业集群，产业集群效应正逐步显现。同时，优势产业的发展带动了产业链的延伸，如围绕工程机械、新能源汽车等产业形成了配套产业集群，终端产品也不断涌现，工业向高端化、轻质化发展的趋势明显。

3. 从成效看，转型升级奠定了“长沙智造”基础

随着转型升级的推进，“长沙制造”开始向“长沙智造”大步迈进。特别是大批创新要素向高端制造领域集中，在智能制造、新材料、节能环保、生物医药等方面，集聚着诸多自主创新的科技成果。以生物医药产业为例，全市拥有生物医药领域国家级工程（技术）中心6家、省部级企业工程（技术）中心41家，累计获专利授权792项，发明专利授权217项，各类高技术要素和科研资源在长沙形成“扎堆效应”，为长沙工业转型升级提供了强力保障。

二、工业转型升级面临的困难和问题

（一）外部发展环境形成制约

从国际发展环境看，新的发展格局正在形成。一方面，后金融危机时代，发达国家正采取措施，促进高端制造业回流；另一方面，中低收入国家开始以更低成本，承接劳动密集型产业转移，对我国制造业发展产生了巨大的挤压效应。此外，欧美国家一方面实施工业4.0等战略提升制造业竞争力，一方面又不断利用技术壁垒和贸易壁垒保护本国工业，因此，加快技术创新、推进转型升级的竞争已上升到国际层面。从国内发展环境看，传统发展模式难以为继。当前我国正处在“三期叠加”的关键阶段，增速换挡的压力和结构调整的阵痛相互交织。同时，宏观政策继续偏紧，对招商引资、优化市场环境提出更高要求和新的考验，转型升级面临更多制约。从区域发展环境看，城市之间竞争日趋激烈。与中部其余五个省会城市相比，虽然长沙各项经济增长指标靠前，但仍面临着“标兵引领、追兵迫近”的竞争压力。2014年长沙规模以上工业增加值增长12%，低于合肥（12.3%）排第二；增加值位列武汉（3453.4亿元）、郑州（3094.0亿元）之后排第三（图6）。南昌2014年财政总收入占地区生产总值的比例达17.4%（长沙为12.8%），税收在财政总收入中的占比达90.1%（长沙为81.5%），在质量上优于长沙。

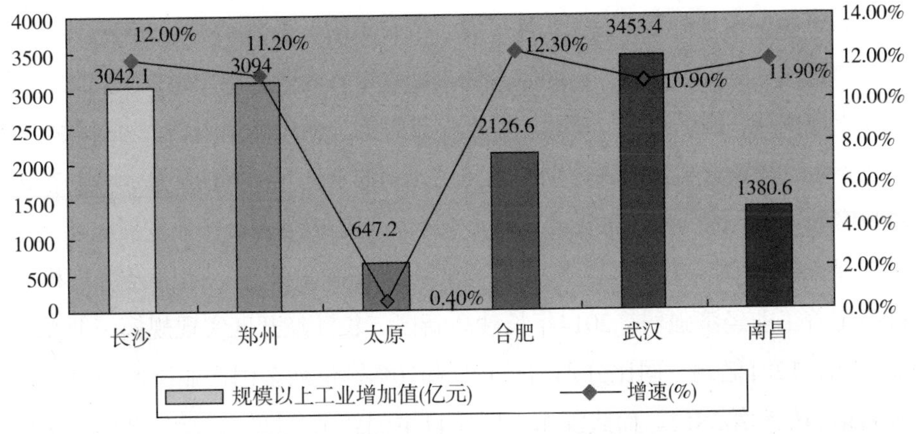

图6　中部六省会城市规模以上工业增加值及增速比较

（二）内在转型要求更加迫切

一是新的增长动力不足。从投资拉动看，2014年全市完成工业投资1745.4亿元，分别比武汉、沈阳、南京、合肥少861亿、748亿、407亿、165亿；工业投资占全市投资的比重仅为32.1%，低于南京、沈阳、武汉、合肥等城市（图7），工业投资力度不足。从外需拉动看，长沙外向型经济规模偏小，以2013年为例，进出口总额为98.93亿美元，占GDP的比重为8.6%（图8），在全国26个省会城市中居第23位。从消费需求看，在“供给创造需求”的互联网时代，消费业态创新已成为主流，而长沙通过创新适应个性化、多样化消费的能力不强。从新兴产业看，尽管生物医药、电子信息等产业增长较快，但由于三一、中联等工程机械龙头企业体量巨大，不增反减，新兴产业的增长仍难以弥补传统优势产业下滑的缺口。如生物医药目前产值占全市的比重仅为3.2%，支撑带动作用有限。

二是产业竞争能力不强。工业产品创新不够，由于研发经费不足，难以实现产品和技术的不断创新，长沙工业产品大都停留在中低附加值层面上。产业聚集度不够，全市园区规模工业增加值占全市的比重仅为60%，而苏州、成都等城市都超过80%；产业同质化严重，在全市37个工业行业类别中，其中12个行业在10个以上园区都有涉及，食品工业和工程机械两个行业甚至每一个园区都涉及，同质化程度达到85%。支柱产业和主导产业在本地配套率较低，关键原材料、零部件主要从省外、国外购买，其中工程机械主导产品、新材料、电子信息产业本地配套率低于30%，汽车关键零部件产品90%以上依赖进口或从其他区域购买。

三是资源要素日益趋紧。受土地资源、资金供给、人力成本等的制约，粗放式外延式增长越来越难以为继。以园区为例，近年来各园区基础设施投入加大，但由于工业土地倒挂，园区财税分成比率降低，抵押能力受到诸多限制，可持续投资能力严重不足，建设资金紧缺，分别形成几亿元到数十亿元不等的负债，而目前因国家对政府融资平台的严控，融资难、融资成本高问题成为园区产业发展重要问题。

四是园区整体实力偏弱。作为工业的主战场和主阵地，园区经济规模大小直接决定着工业经济强弱。2014年长沙高新区、长沙经开区实现规模工业总产值1628亿元、1281亿元，同比分别增长11%和10%，位列全国产业园区持续发展总体排名第24位和第38位。而武汉东湖国家自主创新示范区、武汉经开区的规模工业总产值分别达到5800亿元、5060亿元，增速分别为25%和26.77%，居中部第1和第2，在全国的国家级产业园区中排名第4位和第8位；2014年合肥高新区规上工业产值1025.9亿元，增速达16.2%，虽然规上总产值低于长沙高新区和长沙经开区，但其战略性新兴产业产值、进出口总额等发展较快，创新能力综合评价在国家高新区中排名第11位，在国家级产业园区中排名第15位，位居长沙高新区和长沙经开区之前。

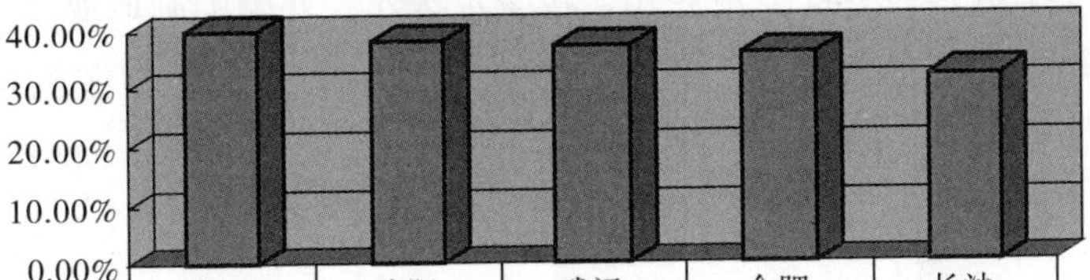

	南京	沈阳	武汉	合肥	长沙
■工业投资占全市投资比重	39.60%	38.00%	37.20%	36.00%	32.10%

图7　2014年国内部分城市工业投资占全市投资比重

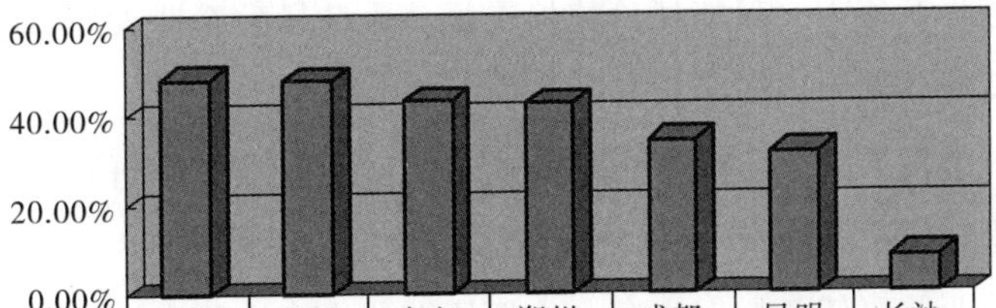

	杭州	广州	南京	郑州	成都	昆明	长沙
■进出口总额占GDP比重	48.30%	47.70%	43.10%	42.70%	34.30%	31.60%	8.60%

图8　2013年国内部分城市进出口总额占GDP比重

（三）企业发展环境面临挑战

一是盈利水平下降。企业同时面临原材料、用工成本和费用增加、资金回流慢、利润下降等多方面的压力，增产不增效。2014年全市规模以上工业每百元主营业务收入成本费用达87.0元，比2013年增加1.5元；利润为6.8元，比2013年下降0.8元；成本费用增加1.8%，利润下降10.5%。资金周转率下降，应收账款平均回收期为52天，比2013年增加2天。

二是投入压力较大。转型升级企业需要较大投入，但因当前受宏观经济下行形势影响，企业盈利能力下降，部分企业正常运行都面临一定的压力，大部分企业无法承担转型升级需要的巨额资金。同时，企业融资成本高问题仍然存在。虽然目前针对企业的金融产品不少，但各种贷款的隐性成本较高，企业平均融资成本达到10%左右，按每百元6.8元的盈利水平计算，如果企业贷款就意味着亏损扩大。

三是市场需求萎靡。部分行业产能过剩问题十分突出，市场需求将持续萎靡。汽车产业今年来也集体面临销量大幅下跌的考验。很多企业因对市场信心不足，加之缺乏足够的资金、技术、人才支撑，而不愿、不敢转型升级。甚至有的企业主认为：不转型是等死，转型是快死。如浏阳制造业基地一企业为市内一主机企业新产品做配套，新生产线落成后，迟迟未能与主机企业达成供货协议，企业发展陷入困境。一些新兴企业虽然发展势头较好，如检测检验、工业机器人等，但都是以个性化柔性定制为主，受市场需求影响大，不能形成规模效应。

四是核心竞争力偏弱。近年来，我们虽然培育了中联重科、三一重工、蓝思科技等一批品牌企业，但从全市来看，企业自主创新能力和品牌国际化程度不高等问题依然存在，在国际国内叫得响的品牌屈指可数。因为缺乏知名品牌，产业缺乏核心竞争力，只能拼价格换市场，由此导致企业大而不强、效益不高，特别是在消费品领域，属于长沙的知名品牌少之又少。

五是发展后劲不足。目前我市规模以上工业企业研发投入占主营业务收入比重仅为1.3%，远低于国际公认5%以上的投入强度，特别是近年来受市场因素影响，企业首要任务是保生存，大幅压缩非生产性开支，对企业研发的投入大幅减少，仅三一、中联两家企业减少的研发投入就在30亿元以上，由此导致自主研发成果减少。目前工程机械骨干企业发明专利只占行业世界专利的1%。而对于一些中小企业而言，因企业的管理机制、分配机制和激励机制滞后，难以吸引高端人才，导致企业的研发机构不健全、创新能力弱，企业发展后劲不足。

三、长沙工业转型升级的路径选择及对策建议

（一）明确长沙工业转型升级的路径

1. 坚持创新发展

以“中国制造2025”战略实施和长株潭国家自主创新示范区建设为契机，着

重突破制约产业发展的核心技术，培育具有自主知识产权的产品和知名品牌。不断打通产学研金用的通道，健全科技创新孵化体系，培育新的经济增长动力源。着力培养和引进掌握高端产业核心技术的高端人才和创新团队，推动形成创新创业合力。

2. 坚持高端发展

坚持高端、高效、高辐射的产业发展方向，以提升产业竞争力为核心，加快推动产业向高端发展。尤其是要坚持高端引领、主攻高端技术、发展高端产品、突破高端环节，推动工业提档升级。要紧密结合长沙实际，以高端制造、新材料、电子信息、节能环保等产业为重点，强力推进产业向高端发展，切实增强产业的核心竞争力，形成长沙发展的新优势。

3. 坚持集群发展

始终坚持把园区作为工业发展的主战场，进一步提升服务功能，深化体制机制改革，加快园区“二次创业”，为产业集群发展提供强力平台。要以现有的四大千亿产业为先导，以优化结构、集聚发展为路径，以创新驱动、转型升级为动力，进一步做强龙头企业、拉伸产业链条、健全市场体系，加速发展高端制造、电子信息、移动互联网等产业集群，着力培育其他新兴产业集群，打造更多的千亿产业集群。

4. 坚持融合发展

加快信息化与工业化深度融合，实体产业与金融业深度融合，制造业与现代服务业深度融合，特别是依托新一代互联网、大数据、云计算等技术的发展，加速互联网与传统产业的融合，推动产业围绕价值增值纵向延伸、横向嫁接、跨界融合，创造更加高端高质高效的新业态、新模式。加快推进军民融合产业发展，支持民企参与国防建设，鼓励军民两用技术转化、应用。

（二）强化长沙工业转型升级的保障

1. 政策要注重精准发力

一是推进措施上强化统筹调度。强化新常态下经济发展的形势研判，传导转型升级压力，形成发展合力。突出抓好区县（市）、园区、重点企业的指标统计和形势分析，及时采取相关调控政策措施，保障工业经济平稳运行。

二是绩效评价上实施分类考核。对国家级园区和省级园区、工业集中区，要根据园区的不同定位，实行个性化的分类考核，引导园区把工作着力点集中到打造区域竞争特色、加快重点项目建设和推动产业转型升级上来。特别是要立足新常态，支持小微企业创新创业，提高对智能制造、移动互联网等高成长性考核的占比，形成政策推动力。

三是政策引导上注重精准扶持。要统筹科技、工业、文化创意、现代物流等财政引导资金，通盘考虑，统筹使用，并建立有效的竞争机制和评估考核机制，真正精准扶持、效益优先。充分发挥长沙产业投资基金的作用，由无偿使用转为有偿股权投入和发放低息贷款，股权投入适时退出，贷款限期偿还，加快周转，在推动企业转型的同时壮大产业基金。帮助企业融资，以工信部牵头实施的"助保贷"工程为抓手，做大资金池，争取国家更多的配套资金。发挥财政资金的最大效应，重点向战略性新兴产业倾斜，向科技型、初创型、成长型的企业倾斜，重点支持工业机器人、先进储能材料、磁性材料、检验检测、移动互联网等产业发展，形成长沙新的产业增长极。开展自主创新产品和"两型"产品认定，对纳入目录的自主创新产品和"两型"产品，在同等条件下政府优先采购，引导和带动企业采购、社会采购，实现用采购换技术、用市场换产业。

2. 创新要强化市场导向

一是创新要瞄准市场应用。今后，国内市场对终端消费品自动化、信息化和智能化的要求将不断提高，要针对长沙制造终端产品偏少的问题，坚持以应用研究为创新重点，把创新落实到产品供给上，坚持创新创造供给、供给引领需求，引导企业注重市场和消费心理分析，推动企业直接参与高端产品与终端消费品制造，加快发展新型显示、智能手机、北斗导航应用产品，大力发展工业化住宅、再制造、生物医药等新型产品和服务，延伸产业链条，提升产业效益和抗风险能力。

二是创新要依靠市场力量。围绕打造价值链、产业链、创新链、资源链"四大链条"，聚合市场、技术、资本、人才"四种要素"，建立创新联盟+创新基地+创新基金+创新人才"四位一体"推进机制，加强先进技术的引进、整合和优化，推进与各高校、科研院所、龙头企业的深度合作，协同开展技术攻关，推动科技成果转化。要以长沙智能制造研究院组建为契机，分产业组建各种研究院，加强产学研用的结合。要重点引进、培养人才和核心团队，搭建一个有资金、人才、技术保障的各个产业平台，为企业解决关键技术提供支持。

三是创新要强化市场手段。整合分散财政投资，采用产业投资基金注资、股权投资、固定资产投资补助等方式，实施“关键核心技术攻关计划”，优先支持行业骨干企业和产业联盟合作项目，鼓励行业骨干企业与科研院所等单位整合资源、联合攻关、重点突破。

3. 产业要找准主攻方向

一是大力发展战略性新兴产业。要坚持新技术、新模式、新业态、新产业“四新”发展方向，加速战略性新兴产业发展，打造工业经济发展新引擎。紧紧围绕高端制造、新材料、汽车及零部件、电子信息、生物医药、节能环保等现有特色产业，培育和壮大主机和龙头企业，引进和发展一批上下游配套企业，拉长产业链，提升产业竞争力。认真落实“中国制造2025”行动纲要，重点发展工业机器人、节能环保、北斗导航、检测检验、增材制造等新兴产业，特别是落实好移动互联网、智能制造、新材料等产业行动计划，以智能制造统领整个制造业发展，以“互联网+”作为带动“四新”产业的主抓手，提升产业竞争力。

二是巩固壮大优势产业。针对制约工程机械、新材料、食品烟草、电子信息四大千亿产业集群发展的瓶颈问题，加强产业核心技术科技攻关力度，焕发产业新活力。要进一步强化市场导向，向细分市场要增长动力。进一步延伸产业链，向产业链的高端和终端发展。加强优势产业行业标准、地方标准的制订，抢占行业发展话语权；以名品、名企、名牌为主攻方向，培育一批省级、国家级质量奖企业。

三是提升改造传统产业。充分发挥战略、规划、政策的引导作用，发挥技术标准、法律法规和市场机制的约束作用，加大淘汰落后产能力度，继续化解过剩产能，推动企业兼并重组，改造提升传统产业。加速传统产业向高端高竞争力高附加值方向提升改造，以烟花、传统制造等行业为重点，加强新设备、新材料、新产品、新工艺的研发和推广应用，推动传统产业创新产品、创新管理、创新商业模式，增创发展新优势。

4. 园区要扭住项目建设

要始终把项目建设作为园区工作的重要抓手，狠抓项目不放松，以项目促产业。

一是抓好项目引进。严格顺应市场导向及产业发展趋势来招引项目，进一步完善产业链。以园区二次招商和产业链招商为重点，切实加强战略性项目和企业的引进，尤其要针对产业链的关键缺失环节开展补链型招商，重点引进装备制造、电子信息、汽车等重点产业链的上下游重点目标企业，打造具有国际竞争力的重点产业链，切实加强对园区招商引资的考核。

二是抓项目调度。针对园区引进的对全市经济发展有重大影响的大项目，切实加强项目调度，做好跟踪，主动协调、解决项目建设中遇到的困难和问题，争取如期投产，早日发挥经济效益。

三是抓项目保障。重点保障土地、能源的需求，协调督促相关职能部门保障重大项目开工建设的水、电、路、油、气、讯等供应。全方位提升园区规划建设管理品质、公共服务品质、产业配套品质。进一步完善公共服务配套，激活企业管理机制，提升企业的投资强度和产出效益，以园区的服务提质促进产业转型升级加速。

5. 融合要突出重点领域

一是推进信息化和工业化融合。抢抓制造强国战略实施的机遇，把智能制造作为主攻方向，聚力信息技术在制造业的集成应用，推动制造方式向智能制造、网络制造、绿色制造、柔性制造转变，生产组织模式向个性化、定制化、专业化、小型化转变。重点发展工业机器人、终端设备、检测检验等产业，以信息化带动制造业智能化。

二是加速信息化与传统产业融合。把信息技术与传统产业的融合作为切入点，加快推进产业跨界融合发展，培育新业态新模式，发挥信息化在商业模式创新和业态创新中的作用，以“互联网+”为重点，以移动互联网、北斗导航、超级计算等产业为依托，推进电子商务新型生产性服务业蓬勃发展，大力发展O2O、B2C等新型商业形态，鼓励传统产业牵手互联网，为产业发展注入新的活力。

三是加快推动制造业与服务业融合。顺应“互联网+”大趋势，引导制造企业发展现代物流、工业设计、融资租赁、信息科技、品牌营销等生产性服务业，推动制造业从以产品为中心向服务端延伸，促进制造和服务一体化，全面提升产品附加值。大力发展现代物流、中介服务、技术咨询等服务组织，着力构建完整的服务型制造业体系。

四是推动实体经济与现代金融的融合。积极支持科技银行发展，鼓励金融部门创新金融产品支持实体经济发展，鼓励企业通过上市、直接融资、PE、VC、种子基金、天使基金等融资模式筹集发展资金，以资本力量推动实体经济快速发展。

牢固树立五种意识
推动重大项目建设

中共长沙市委常委、常务副市长　陈泽珲

项目建设是新常态下促发展的“铁抓手”、稳投资的“牛鼻子”。要始终牢固树立五种意识，形成“年年引大项目、月月上新项目、天天谋好项目、时时在抓项目”的氛围，以项目建设推动长沙转型创新发展。

一、要树立机遇意识

在经济发展新常态的大背景下，全面推进供给侧结构性改革的大环境下，项目建设要求更高、难度更大。要准确把握新机遇，围绕供需两侧发力，坚持以打攻坚战的办法推进项目建设。

一是发展新规划带来新机遇。“十三五”开局之年，国家、省里将有一批重点改革、重要政策、重大项目落地实施。长沙市“十三五”规划共谋划了4大类、53大工程、约2000个“十三五”重大项目，总投资2.8万亿元。其中，2016年，共铺排重大项目808个（含续建、新建），年度计划投资2600亿元。要把学习好、解读好、落实好“十三五”规划作为一项重要任务，结合本单位、本部门实际，找准扩大有效投资、推进重大项目的切入点和突破口，明确主攻方向，做到心中有数、铺排有序。

二是投资新方向带来新机遇。当前，有效投资依然摆在“稳增长”的重要位置，国家发改委认真落实促投资、稳增长政策，打出投资“组合拳”，积极推进

“11+6+3+1”重大工程建设。要坚持站高一步、看远一步、想深一步，全面对接国家稳增长的投资方向，认真组织研究，有针对性地抓好项目储备，最大限度争取更多“国批”“省批”项目，以新兴产业项目培育新动能，以技术改造项目促转型升级，以优化投资结构扩大有效需求。

三是国家新政策带来新机遇。自2014年中央经济工作会议召开以来，围绕去产能、去库存、去杠杆、降成本、补短板五大任务，国家层面正在逐步健全完善产业、土地、财政、金融、环保、价格等政策体系。“十三五”及今后一段时期，国家还将在“一带一路”、长江经济带、中部崛起等方面出台一系列有力举措，部署一系列重大项目。长沙要充分发挥三大国家级战略平台的聚集效应，全面抢抓机遇，把政策优势转化落实到具体的项目上来。

二、要树立危机意识

当前，从纵向和横向相比、从内部和外部来看，长沙重大项目投资都还存在一些突出的现实问题，必须时刻保持危机感，自我警醒、自我加压、自我发展。

一是区域竞争压力加大。近年来，武汉、合肥、郑州、南昌等周边省会牢固树立“抓发展必须抓项目”的理念，把项目建设摆到更加突出的战略位置，抓紧、抓实、抓好，形成了“百舸争流”的竞争态势。2015年，武汉在经济总量过万亿的基础上实现8.8%的经济增长，关键就在于抓好了一批“高大上”和“高精尖”的项目；合肥通过实施一批大项目、新项目，其中京东方液晶面板项目总投资达400亿元，有效拉动GDP增幅居全国省会城市第2位。新的竞争态势下，项目建设是区域经济竞争比拼的“杀手锏”。长沙必须把项目建设作为拉动投资增长、推动转型发展的支撑点、着力点和起跳点，讲担当、凭智慧、靠胆识，去拼、去干、去闯，实现项目建设总量、体量、质量“三量齐升”，以项目建设的新成效构筑区域竞争的新优势。

二是项目建设后劲不足。从目前情况来看，长沙市重大项目支撑力度仍然不足，缺少大项目支撑，大的投资项目仍集中在交通基础设施上，而这方面投资受国家政策影响较大。同时，受拆迁、土地等影响，招商引资项目落地难；一些项目进驻后并未实质性开工，没有形成投资量；有的项目建设进度慢，投产达效率低，难以形成现实的增长点。因此，一定要发挥园区的主力军、主战场作用，在招大引强上着力，大力引进世界500强区域总部和分支机构，要重点引进投资50亿元以上的项目，力争引进投资过100亿元、200亿元甚至300亿元的更大项目。

三是社会投资意愿下降。2015年，长沙市PPP项目投资占比不高，受经济下行压力加大的影响，企业自筹或垫付资金用于项目建设的意愿下降，利用外资、债券等进行基础设施投资的比重过低。中央就金融机构支持企业发展提出了具体要求，国家发改委将继续定向发行长期专项债券用于项目建设。要进一步放宽市场准入，更好地运用现代金融工具为项目建设融资，大力支持符合条件的企业上市融资，在重大基础设施、公共服务等领域中全面推广PPP模式，激励社会资本参与重大项目建设。

三、要树立争先意识

当务之急，要尽快分解落实今年重大项目建设任务，挂图作战、倒逼工期，在“抢”字上下功夫、在“抓”字上做文章、在“实”字上求效果，保障项目提质、提速、提效。

一是前期工作要争先。各项目建设责任单位是项目前期工作的第一责任人，要增强目标必成意识，做到只为完成目标去努力、不为完不成目标找理由。要明确专人，集中精力，扎实认真地抓好项目前期工作，积极主动地加强与审批单位对接，加快项目手续办理。要全面打开重大项目绿色通道，大力推行网上审批、并联审批，让数据多跑路、客商少跑腿，确保在现有基础上再提速50%。加快实施园区行政审批制度改革，真正做到“园区的事园区办”，组织一批条件成熟的项目集中开工。

二是项目调度要争先。要抓好开工、竣工、投产三个节点，把握体量求实在、进度求实质、财力重实效三个关键，坚持政策撬动、问题交办、奖惩措施三个抓手，加大推进力度，强化调度频次，建立健全项目谋划、招引、落地、推进为一体的工作机制。2015年所有新建项目必须在三季度前开工，考核仍按季度，但具体到项目要确定开工月份，按照时序节点定期加强调度，以时间节点定格工作任务、倒逼工作进度、检验工作实效，做到精准管理。

三是项目投资要争先。有项目建设及投资任务的单位要优先保障项目建设资金需求，按建设进度，尽快拨付到位、尽早发挥效益。同时，要创新思维思路、方式方法、体制机制，广泛开展专业招商、小分队招商、二次招商、点对点招商，大力加强政银战略合作，积极推行PPP模式，进一步撬动国资、民资、外资进入长沙，以固定资产投资“开门红”，保障项目建设有序推进。

四是要素保障要争先。坚决清除对制约项目建设的一切“拦路虎”和“绊脚石”。要素供应部门要放开手脚、创新思路，切实履职尽责，靠前服务、优质服务，加强调度，采取一切有效的措施保障项目要素供应，决不能因要素保障问题影响项目进度。当前，重中之重是要勤调度、快协调，实施“清零”行动，加大腾地力度，优先保障项目建设用地。

四、要树立效益意识

重大项目建设要正确处理好眼前与长远的关系、形象与效益的关系、目标与序时的关系，更加关注项目的产出和效益，确保每一个建成的重大项目都能发挥最大的经济效益和社会效益。

一是要加强项目管理。要认真执行项目法人责任制、招投标制、工程监理制、合同管理制和工程质量终身责任制，抢抓有利时机，科学组织施工，严控质量标准，加强安全生产，努力把每个项目都打造成优质工程、精品工程。尤其是要高度重视抓好影响全局、事关根本的重大项目，重点推进中国通号、中兴通讯、千山慢病、北汽福田、湖南机器人等产业项目和地铁、城际铁路、南北横线等重大基础设施项目建设，形成亮点纷呈的新态势。

二是加强成本控制。强化成本效益意识，要体现在发展思路上，更要落实到具体问题上。坚持按价值规律办事，养成算计成本效益的良好习惯，学会定量分析，在推进项目建设的同时节约更多资源。要牢固树立集约节约用地的理念，珍惜土地资源，加强合同规范和双向约束，严格执行项目用地规定。强化投资强度、就业人数、财政税收、投入产出等指标概念，努力以最小化的成本和代价，让每一个项目都产生实实在在的效益。

三是加强投资统计。投资统计是稳定项目投资的基础，是检验投资效益的利器。坚持“两手抓，两手都要硬”，一手抓投资项目调度和服务，一手抓投资统计改革和巩固。要坚持依法统计，5000万元以上的项目联网直报，对5000万元以下项目的统计工作全面加强，确保抓大不放小；拆迁项目要应统尽统；新开工项目必须做到及时申报入库。特别要准确把握投资走势，紧跟项目序时进度，确保重点项目投资及时入库、不重不漏。

五、要树立责任意识

项目推进的每个环节，要形成无缝对接的责任体系，做到责任落实到位，问题解决到位，督查考评到位。

一是责任落实到位。要切实增强推进重大项目建设的紧迫感和责任感，强化重大项目投资计划的严肃性，进一步分解细化、落实到位，加强调度和服务，明确每个项目的责任单位、工作时限和工作要求。各区县（市）、园区要担当项目建设的先锋，各相关部门要立足职能抓项目、促项目，疏通各种“肠梗阻”“中梗阻”，打破各种“玻璃门”“弹簧门”，全面优化项目建设的营商环境、施工环境。

二是问题解决到位。要善于运用新的理念、新的思维、新的方式抓项目，采取“专项调度、跟踪问效、挂号销号、问题清零”等办法破解项目难题。实行“问题清单”交办制度，每一个问题都要建立清单台账，明确责任单位、办理要求、办结时限等，要分门别类研究原因、提出对策，逐一攻破。做到问题解决一个、销号一个，对未及时销号的责任单位要进行通报。

三是督查考评到位。对重大项目建设要全程跟踪，加强督查。针对储备、新建、续建、竣工四类项目，通过采取不同督查方式，保证转化率、开工率、竣工率、达产率，实现“四督四保”要求。要照“谁申报、谁负责、谁调度、考核谁，绩效成绩归谁”原则，分清调度考核责任。坚持问题跟踪到底，责任追究到底，严肃问责“不作为、慢作为、乱作为”，未按时间节点开工、未按节点完成任务的要倒查责任，真正以项目建设论英雄、排座次、定奖惩。

抓项目、稳投资，关键在于抓落实。必须迅速行动，集中精力，精准发力，持续用力，努力取得更大突破，达到更好水平，实现更高目标，以重大项目建设成效为全年工作开好头、起好步。

发力供需两端
全力推进新型工业化

中共长沙市委常委、副市长　张迎春

新常态下，经济下行压力持续增大，工业发展面临前所未有的压力和挑战。党的十八届五中全会提出创新、协调、绿色、开放、共享的发展理念，推进供给侧改革，为工业发展指明了方向。长沙工业要在新一轮发展中抢占先机，必须充分发挥经济韧性好、潜力足、回旋余地大的优势，在供需两端发力的同时，更加注重供给侧结构性改革，全力推进新型工业化进程。

一、看现状——有压力、有动力、有希望

2015年长沙市完成规模工业总产值1056.52亿元，同比增长10.6%；规模工业增加值3228.21亿元，同比增长9.2%；工业投资2153.35亿元，同比增长23.4%。如不含中烟、中联和三一，2015年全市规模工业增加值2187.15亿元，同比增长13.3%，实现了全市工业经济稳住、进好、调优。

（一）有压力

2015年以来，全国、全省、全市经济下行压力继续增大，12月份，中国制造业采购经理指数（PMI）为49.7%，仍处于临界点下方；全国工业生产者出厂价格同比下降5.9%，连续46个月负增长。企业融资难、招工难、成本上升的压力较大，利润减少，企业盈利能力逐步下降。

（二）有动力

1. 有动力在“新”

国家推出一系新战略、新布局、新政策，企业创造出一系列新产品、新技术、新工艺，新型工业化处在“五化同步”战略之首，“一带一路”“中国制造2025”“互联网+”等行动计划和战略密集推进，以及智能制造、小微企业扶持、技术改造等一系列扶持措施的密集推出，新风扑面、月异日新。

2. 有动力在“广”

工业领域很广阔，涉及产业发展、项目建设、能力打造、行业服务、市场策划等方面；工业资源很广泛，2015年长沙开展的几个专项行动和活动整合了各类战略资源，部委、省市的政府资源，IBM、CEC等行业资源，国防科大、中南大学、湖南大学等院所、高校的科研资源，基金、创投等金融资源；工业平台很广大，国家小微企业创业创新基地城市示范、自主创新示范区、智能制造产业转型升级平台、军民融合示范区、移动互联网生活之都、各类研究院平台等。

3. 有动力在“实”

有实的谋划，制定了长沙智能制造3年行动计划、新材料3年行动计划等“2计划、2平台、3专项”，举办了中国制造长沙在行动、非公经济发展论坛、上市公司二次招商等众多大型系列活动；有实的洽谈，到赴北京、深圳、上海等地上门招商，开展了中兴、福田、中电、固高、埃夫特、联通、比亚迪、3D金属打印机、长丰、58众创等系列商务谈判和招引工作；有实的落地，2015年计划投资5000万元以上项目931个，年度完成投资5000万元以上项目642个，年度累计新竣工投产5000万元以上项目338个，完成投资348.4亿元，当年新增产值670亿元，一系列大的工业项目、工业平台启动建设、落实落地。

（三）有希望

1. 增长有希望

上海大众、克莱斯勒吉普项目、蓝思科技二期相继投产，中兴研究院、联通云计算基地、福田底盘、比亚迪等重大项目陆续开工，中粮可口可乐、华润、洋河、康师傅等一批名企重大项目落户，网讯通、中国通号、环境装备产业园、机器人产业集聚区等一批项目密集动工，智能制造、移动互联网、小微两创、新材料等几个行动计划将释放政策红利，都将带来增长希望。

2. 结构有希望

全市工业从一业独大向多点支撑实质性转变，2015年六大产业集群实现规模工业增加值2367.21亿元，同比增长6.9%，占全市的73.3%，六大产业集群除工程机械外均实现增长；电子信息、生物医药、新材料产业分别增长17.4%、14%、11%，高于全市平均水平；汽车及零部件2016年有望突破1000亿元，多点支撑业已形成。

3. 升级有希望

智能制造中电-IBM研究总院挂牌成立，开展了全国舆情分析和企业调研，长沙处在这个舆情模板的中心，长沙工业的韧性、潜力、回旋余地仍然较大，新能源、新材料、智能制造、大数据、移动互联网等新型战略性产业的蓬勃发展，固高长沙机器人研究院正式签约，都将有力促进长沙制造业的转型升级。

二、看形势——韧性好、潜力足、回旋余地大

中央和省、市委经济工作会对“十三五”和2016年宏观形势进行了科学分析研判，时和势总体有利，艰和险不容小视。国际层面，世界经济增长尽管依然疲弱，仍然充满不确定性，但其复苏态势仍将延续。美国等发达国家宽松货币政策转向正常化，新兴市场国家加快经济发展方式转变、推进结构性改革，全球大宗商品价格从泡沫状态回归常态，我国国际话语权、规则制定权不断上升，为产业发展提供了诸多机遇。国内层面，我国经济处在增速换挡、结构调整阵痛、动能转换困难相互交织的阶段，有效供给不足和有效需求乏力并存，经济下行压力仍然比较大，但我国仍处于可以大有作为的重要战略机遇期，经济形有波动、势仍向好，稳中有进的总基调没有改变。习总书记对稳定经济增长等10个方面更加注重的重点论述，特别是加强结构性改革，积极的财政政策加大力度，稳健的货币政策灵活适度，着力去产能、去库存、去杠杆、降成本、补短板，将为经济发展

创造良好环境、提供难得机遇。全市层面，尽管稳增长、调结构、促升级的改革任务很繁重，压力和困难的确不小，但长沙跟全国、全省一样，经济发展长期向好的基本面没有变，工业经济韧性好、潜力足、回旋余地大的基本特征没有变，经济持续增长的良好支撑基础和条件没有变，完全有信心、有能力、有条件保持产业持续健康发展。

（一）发展有韧性

1. 工业规模抗风险能力增强

产业规模达到“万亿俱乐部”，占全省的30%以上，共有规模以上企业2601家，年产值100亿元以上的企业7家。近年来，长沙市每年新入规工业企业都超过了200家，有较强的物质和企业基础，形成了较强的适应能力和调整能力。

2. 产业类型适应经济波动能力增强

未来一段时间，全国去产能、清理“僵尸企业”的重点是在钢铁、煤炭、水泥、玻璃、石油、石化、铁矿石、有色金属等八大行业，相对而言，长沙市“僵尸企业”行业不多，产业结构逐步从传统的单点发力向战略并重的多点支撑转变。例如，汽车产业陆续投产；以蓝思科技、晟通科技等企业为龙头的有色加工和电子信息制造业成为全市工业的主要支撑和增长点，工业机器人、3D打印、公共检测等新型行业逐步兴起；化学制品业、金属制品业和食品制造业等快速增长；智能制造水平日益提升；三一、中联加快转型，工程机械配套企业转型有空间、有可能，原来与三一、中联做配套的企业，稍加改良和引导，可转向格力、盾构等企业做配套。

3. 领导产业发展能力增强

各部门、区县（市）、园区在组织领导推动产业发展中，积累了经验，锤炼了本领，市场意识、规则意识不断增强，推动产业发展的能力不断提升。面对全国、全省工业经济持续下行的巨大压力，全市各部门、区县（市）、园区不等不靠，始终与企业在一起，主动出击，顶住压力，积极作为，规模工业增加值增速从4月跳水至7.3%后逐步回升至12月的9.2%，在全国回落、全省微升的情况下，全市工业实现了逆势上升。

（二）发展有潜力

1. 对接国家战略有潜力

长沙作为“一带一路”重要节点城市、“一带一部”首位城市和长江中游城市群中心城市，同时拥有全国“两型”社会建设综合配套改革试验区、国家自主创新示范区、国家级湘江新区，长沙获批全国小微企业创业创新基地城市示范，都将有利于我市在更大范围、更广领域、更高层次吸引汇集人流、物流、资金流、信息流和产业流。

2. 市场空间有潜力

工信部预测，2016年装备工业生产、出口增速将加快回升，其中汽车工业增速继续回暖趋稳，机械工业运行延续分化走势，船舶工业将逐渐好转，智能制造继续加速发展，高端装备创新发展将会出现新起色。市委、市政府提出“建设能量更大、实力更强、城乡更美、民生更爽的长沙”，“十三五”长沙经济总量要跨入“万亿俱乐部”，城市容量要迈入500万人口以上的特大型城市行列，城市基础设施、产业发展等领域投资需求很大，全省、全市的地产品推广使用还有非常大的空间，等等。

3. 增长新动能有潜力

改革的活力持续迸发，新兴产业加快发展，创新驱动发展战略深入实施，“大众创业、万众创新”已成燎原之势。湘江新区、国家自主创新示范区、小微企业创新创业试点示范城市，有先行先试、资金支持、部委指导甚至是产业优先布局的优势，增长新动能不断增强。2015年，中兴研究院、联通云计算基地、福田底盘、比亚迪、网讯通、中国通号、环境装备产业园、机器人产业集聚区等一批重大项目陆续开工，都将带来新的增长点。

（三）回旋有余地

1. 区域有回旋余地

5个国家级园区、9个省级园区对全市有70%的贡献，但初步统计还有近50%的企业没有进园区，2016年要建立大数据和工业云。

2. 政策措施有回旋余地

国家制定“中国制造2025”“大众创业，万众创新”和“互联网+”行动计划，中央已出台并还将出台一系列稳增长、促发展的政策措施，特别是全面拉开结构性改革的大幕，政策的叠加效应、乘数效应将不断释放出来。长沙也启动了相应的产业发展行动计划，新技术的发展和应用会带来很多新的产业发展机遇，2016年智能制造将迎来黄金期，智能制造政策红利将持续释放，制造业线上线下（O2O）将进一步深度融合，工业软件将加速云化，工业大数据为制造业带来的巨大价值将日益凸显。

3. 统计数据有回旋余地

三个匹配数据可以支撑工业增长：一个是用电，以往工业用电和工业增加值的同比是1∶1，但是现在通过用电效率的提升，用电6%~8%的增长可以支撑10%以上规模工业的增长；第二是今年1~12月货物周转量增长9.68%，可以支撑规模工业增长；第三是虽工业税收负增长，但与降成本、利润压缩不无关系。另外，二、三产业虽不重复统计，但可以加大本地成果转化和投产力度，把三产业的技术成果在长沙实现工业产品化，按照工业企业的标准申报为规模以上工业企业，例如，移动互联网有产品的可以统计到规模工业，这一块是大有潜力可挖。

三、看发展——两端发力，稳住调优

“十三五”期间，长沙要坚持新型工业化第一推动力不动摇，以稳住、调优、进好为总基调，把握三大机遇（即：湘江新区、长株潭自主创新示范区、长江中游城市群建设），落实三大战略（即：中国制造2025、互联网+、创新创业），推动三大转型（即：产业、园区和企业转型），全面推进“13518”战略，突出双引擎，实现“双中高”目标（即：工业经济保持中高速增长和产业迈向中高端水平），为长沙率先建成全面小康社会和实现基本现代化提供关键支撑。“十三五”期间，全市力争实现工业总产值1.8万亿元；构筑1个高端、智能、高效、绿色的现代产业新体系；推进传统优势产业、战略性新兴产业、生产性服务业和服务型制造等3个梯次发展层级；实现支柱产业发展、标志性园区发展、领军企业培育、重点项目推进、转型提质等5大目标体系；落实1个“财政资金支持+战略性新兴产业+产业转型升级+小微企业创新创业”的政策支撑体系；开展智能制造、移动互联网发展、产融融合、工业强基、小微两创、园区转型提质、绿色制造、开放合作8大专项行动。其中2016年，规模工业增加值增长9.5%，新材料产业力争实现产值2200亿；工程机械产业力争实现产值1700亿元；汽车及零部件产业力争产值过千亿；食品产业力争实现产值1700亿元；电子信息产业力争实现产值1600 亿；生物医药产业力争实现产值400 亿元；新增规上企业200家以上。

（一）突出抓项目，发力需求侧

当前稳增长，关键靠投资与消费。

1. 加大项目建设促投资

要把扩大投资总量作为重点，坚持抓早、抓快、抓实、抓新，建好长沙工业和信息化项目库二期，完善项目调度推进机制，形成年年引大项目、月月上新项目、天天谋好项目、时时在抓项目的浓厚氛围。要把工作项目化、项目责任化，签约项目尽快开工、在建项目加快投产、投产项目尽快达效，适时开展以重大产业项目进度、智能制造项目进度观摩打分。

2. 加大产品应用促消费

抓好“两型”产品的推广应用，搭建更多平台，积极协助企业抓住国家“一带一路”“长江中游城市群建设”等战略机遇，积极开拓新市场和海外市场，帮助企业积极参与各类政府投资项目，开拓本地市场。

3. 加大招商引资促增量

要招大引强，选优选精。特别是跑步进京，盯住央企，盯住中国电子信息联合会、轻工业协会等中字号行业协会，举办“2016年中国500强企业高峰论坛”，将借力给力的招商工作做得更细。要二次招商，以企招企。全面摸清已有企业的增资扩产或转型发展需求，以及总部集团的产业链和布局信息，盯紧选择一批市场需求旺盛的企业作为二次招商对象。例如，加加做到天花板后，借助自身品牌效益、销售网络进行并购重组，走高效扩张升级之路；例如，已经具有参军能力的民企，压力最大是研发投入大、时间长、支持少，完全可以走国际合作、收购并购之路，引进新企业、新技术，缩短研发时间，引发国家关注和配套资金支持，走一条快速转型升级之路。要落实落地，达产达效。盯住签约和在建项目不放，确保早日建成、早作贡献。

（二）突出提效率，发力供给侧

1. 抓去产能、去库存

“去产能”是推进供给侧结构性改革的关键一招，化解产能过剩最迫切的是处置好“僵尸企业”，要抓住这个“牛鼻子”，建立一个亩产效益或者建立一个能耗、环保、质量、安全、效益为标准的考核模块，对全市规上企业进行全面摸底，理清思路举措，摸清“僵尸企业”名单，大力推进企业兼并重组、债务重组、破产清算，逐一开展指导和突破，实现市场出清。要密切对接国家对外“走出去”战略，推动我市三一、中联等优势企业和产品“走出去”。

2. 抓降成本、求实效

要抓好国家层面降企业成本政策的落地。中央经济工作会提出要帮助企业降低成本，将在降低制度性交易成本、人工成本、企业税费负担、“五险一金”、企业财务成本、电力价格、物流成本等方面研究出台政策。要主动对接、重点研究落实问题。例如，原就有企业研发费用加计扣除、高新技术企业所得税减免政策等，但政策落实落地力度不够。要抓好政府层面降低企业制度性交易成本。要降低收费，全面清理工业企业的收费目录，挖掘地方企业降费的空间潜力；要优化服务，真正让企业快捷、方便办事，不增加隐性和间接的成本；要提供“三公”产品，就是公益性、公共性、公平性产品，例如公共的技术平台、公共的研发平台、公共的检验检测平台等，让所有的企业享受公平、公开、透明的服务，用财政资金“四两拨千斤”，着力解决企业制度性交易成本降低的问题。要抓企业层面生产效率提升降成本。现在是工业企业薄利润的时代，实体企业很难，关键是要引导企业提高管理降成本、创新技术降成本。

3. 抓补短板、见行动

主要是落实智能制造三年行动计划，2015年是开局，2016年是关键。要明确工作目标。推进示范工程，对全市2015年第一批30个智能制造试点项目方案、技术和工艺等方面深入分析，形成改造方案，加快工程推进，尽快做到可参观、可示范、可推广；推进普及工程，把第一批示范企业的方向、模式推广至第二批的200家，可以是智能化工厂、生产线或工位，为广大中小企业模块化、标准化作示范；推进落地工程，加快智能制造领域新兴产业的发展，落地一批拥有核心知识产权的关键零部件、装备主机和系统集成的智能制造企业和项目，2016年孵化20个以上团队，引进5个重大项目；推进宣传工程。就是大节会、大课堂、“五个一”，大节会就是举办一次全国智能制造大会或论坛；大课堂就是把“课堂搬到车间”，对全市抓产业的同志进行一次全员培训；“五个一”就是每月推行“一活动、一宣贯、一案例、一挂牌、一简报”。要突出重点任务。把纵向做优，在垂直产业中选择符合智能制造方向的标杆企业项目进行试点，进一步推进智能制造试点示范，近期选择3～5家有需求的企业作为样板，由政府支持并主导，由长沙智能制造研究总院负责总体方案设计，以此形成典型模式；把横向做大，在产业链横向上打造转型支撑服务平台以促进产业转型升级，进一步加快长沙智能制造工业云平台的建设，打造一个集服务创新、技术创新、知识提炼于一体的开放、聚合平台，形成政府、产业、资本、学研等聚集的生态链条；把共性做强，以长沙智能制造研究总院为依托，强化共性解决方案提供能力及以融资租赁为核心的智能装备共享，促进大量中小微企业能够低门槛、低成本的实现制造转型升级。要打造长沙模式。就是工业企业的生态管理模式。即：组织形式上，要构建产业生态发展共同体，地方政府和中央企业与国际公司通过创新合作模式，构建政、产、融资源紧密结合的产业生态发展共同体，实现资源共享、能力共享、利益共享；工作抓手上，建设长沙智能制造工业云、长沙智能制造指数体系、解决方案中心3个共性平台；推进步骤上，开展标杆企业示范→搭建共性服务平台→形成固定运营框架→完善行业产业管理体系。要形成工作机制。以全市智能制造工作推进小组为基础，形成固定工作机制，推动智能制造工作，统筹解决智能制造工作中的重难点问题，市政府主要领导原则上每季度组织召开一次会议、与中电领导进行一次会晤，分管领导每月就长沙智能制造研究总院工作及智能制造示范推广工作进行一次调度。

4. 抓强基础、降资费

全国工业和信息化工作会议提出要大力实施“宽带中国”战略，加快建设高速、移动、安全、泛在的新一代信息基础设施。因此，长沙要加快调整宽带网络建设，推进网络提速降费，助推互联网战略实施。一是加快光纤网络和4G网络建设，统筹提高城乡宽带网络普及水平和接入能力。到2016年年底，城区实现全光纤网络覆盖，80%以上家庭具备100Mbps（兆比特每秒）光纤接入能力；95%以上的行政村通光纤宽带，乡镇宽带用户平均接入速率达到20Mbps；二是各区县市、园区要加大对通信运营企业网络基础设施建设的支持力度，加快铁塔、基站及相关配套设施的建设进度，实现共建共享；三是加强应用基础设施建设，实现互联网信源高速接入，促进应用基础设施与骨干网络协同发展；四是引导和推动基础电信企业通过推出降低流量包资费、开放纯流量资费、订制个性化套餐、定向流量优惠、闲时流量赠送、降低套餐外流量资费等多种方式降低宽带资费水平；五是有序开放电信市场，通过市场竞争促进服务水平的提升和资费水平的下降；六是提高电信企业运营效率，为消费者提供高速优质服务；七是深入推进实施信息惠民等工程，提升公共服务水平；八是依法建网、依法用网、依法管网，保障信息网络安全。2016年一季度，召开全市的“宽带中国”工作推进会，研究财政投入信息化建设、施工无法进场等问题。

（三）突出破难题，全力稳增长

1. 破解融资难题

要妥善解决债务，抓住中央和省里财政政策机遇，用好产业基金、工发资金、地方融资平台、债券市场等工具，通过向上争资、银行融资、社会筹资、项目经营、发行企业债券等途径，妥善解决园区负债问题。要实行工发资金“拨改投”，主要发挥“杠杆”作用和“雪球”效应，将工业发展专项资金“由事前向事中事后转变、由分散使用向相对集中使用转变、由无偿使用向有偿无偿综合使用转变、由重点支持企业向提供三公产品转变”，鼓励银行、证券、企业和社会资金多元投入，构建多种资本共同参与的“奖、补、购、投、池、市”的融资体系。要加大上市融资，引导帮助企业对接新三板等多层次资本市场，做实中小企业多层次金融服务。

2. 破解用地难题

要充分整合利用闲置工业用地，在土地指标分配中不断提高产业用地的比例，新增建设用地指标要向战略性新兴产业等重点产业、基地和项目倾斜，建立产业用地“绿色通道”。对园区用地一级开发和储备上的体制、机制、政策和融资瓶颈问题，要加强与开发性金融机构的合作，创新性地开展产业用地储备工作，调整园区的经营性用地比例，允许园区的经营性用地比例不高于35%。在盘活闲置用地上，宁乡经开区推行“腾笼换鸟型、战略并购型、借窝下蛋型、整改提升型”等多种措施，取得了良好效果，值得学习推广。

3. 破解项目手续办理难题

深入推进园区行政审批制度改革，着力简政放权，确保在2016年建立和推行清单制度；要优化审批流程，在手续的“并联审批”特别是“先批后审”流程再造上进行试点和探索，对特别重大、抢时间节点的重点产业进行扶持，特事特办，构建项目立项、可研、土地手续等建设审批的“绿色通道”，逐步实现项目建设中的质安监、环评、能评、水利、文保、防雷等前置审批事项由“事前审批”向“事前介入、事中申请、事后审批”转变；要完善政务服务体系，健全行政服务、规划展示、一站式审批等政务性服务平台，探索政府部门间合作服务模式，建立负面清单制度，优化政务服务流程。

4. 确解政策难题

要梳理政策，在2015年梳理政策的基础上，继续对现有政策进行梳理；要精准制定政策，出台移动生活、民参军、检验检测等3个具体政策，并不断研究制定适合工业发展的新政策、实政策；要督查落实，大力推广应用“2计划、2平台、3专项”，继续做好每月“五个一”，抓好各项政策的督查、落实和效果评估；要争取政策，“跑部”进京，建立与国家工信部、发改委、科技部、商务部等部委的业务与政策对接机制，争取国家和省里在军用技术转化和应用、要素市场化配置综合配套改革试点、战略性新兴产业、智能制造、创新创业等供给侧改革领域试点示范政策和重大项目支持，争取配套资金和奖励资金。前不久，工信部强调2015年推进供给侧改革，将掀起新一轮技术改造升级，作为一项工程来抓，要求各地方政府认真思考产业与金融的结合问题，充分发挥资本支撑产业的能力。今后用于工业发展的财政资金将改为用于工业发展的奖励资金，具体为3种方式：①贴息；②后补助；③股权投资。其中，后补助的意思是，以前是中央确定项目，地方做配套；而现在是地方先干，再报中央，中央再给地方配套补助。所以，长沙今后也要根据工信部的做法调整工作思路。

（四）突出强管理，全力上台阶

1. 着力提高经济监测分析研判能力

要抓好监测，逐月推进不放松。建立重点企业监测机制，月初了解生产计划，月底掌握生产进度。对生产形势不好、产值下滑的企业，要深入企业了解具体情况，进行重点帮扶；每月25～28日进行调度，准确把握好2月份的报表数据，开好局、起好步；要抓好重点，稳住骨干不泄劲。促进中烟、三一、中联等产值超500亿元的第一梯队骨干企业兼并重组、加快转型，促进晟通科技、蓝思科技等行业龙头企业继续保持快速增长势头，跟进大众、格力电器、杉杉新材、基伍手机、比亚迪、三菱、菲亚特等企业生产进度，充分释放产能；要抓好培育，新增申报不遗漏。2016年要新入规企业200家以上，在追求新入规企业数量的同时，更要注重追求新入规企业对工业经济增长的贡献率；要抓好年报，分类指导不盲目。保持总量合理，进行分类指导，抓好企业成本费用调查；要抓好评估，用电协调不滞后。保持工业用电增速平衡，建立用电监测、调控机制，加强与电力公司之间的沟通协调，改进工作流程。

2. 着力提高领导产业发展能力

抓工业经济特别是园区发展，按部就班就是错，敢于突破就能赢。各部门、区县和园区都要进一步提升重实干的韧劲，不断增强战略定力和发展耐力，提升战略思维能力、抢抓机遇能力、精准施策能力、防控风险能力，提高领导产业发展的本领，努力学习研究新的产业、新的技术、新的工艺，成为产业发展的行家里手，做到干一事、成一事。对项目投产、招商引资、产业转型、企业入规、上市融资等各项硬任务，坚持抓快、抓早、抓实，以“钉钉子”的精神抓落实，一以贯之、一抓到底、一气呵成。充分调动党员干部干事创业和市场主体投资兴业的积极性，努力在推进产业结构性改革中保持经济中高速增长、实现产业中高端发展。要加快建立工业技术研究院和机器人等各个重点产业领域研究分院，加快科技成果孵化转化，促进技术人才、创新团队、资金等推广和运用，建立全领域、全覆盖的产学研金打通机制和推广机制。

3. 着力提高领导园区发展的能力水平

在“做大”上，要用行政或用经济、股权手段整合园区，减少恶性竞争，实现错位发展、有序发展。探索不改变行政区划，用经济手段、股权方式、公司化运作方式把地域相邻、产业相近的园区整合起来，争取长沙的国家级园区排名与长沙在省会城市间、城市间排名相适应。在“做强”上，对全市规上企业建立数据库，建立工业云数据，建立规上企业亩产效益考核数据，实行亩产税收、亩均工业增加值、单位能耗工业增加值等3～4个核心指标进行综合评价；可以借鉴江浙一带的体系，把企业定位优先发展类、鼓励提升类、整治改造类、落后淘汰类（或叫僵尸企业），实行差异化要素挂钩与引导模式。在“做专”上，加快都市工业园区转型，优化绩效考核导向和指挥棒作用，对国家级园区兼顾增幅与绝对值双挂钩办法；对城区园区，可弱化增加值、强化专业性考核，强化精巧型都市园区的考核。例如，隆平高科园要按照微型高新园区的标准做出影响，打造成“湖南的漕河泾”；岳麓工业园强化全国检验检测第4城的考核；推进天心经开区和暮云经开区两园合一，握紧拳头在“十三五”打造国家级地理信息科技产业园，争取国家测绘地理信息局和国测集团支持，引进类似阿里巴巴高德软件有限公司、中国科学院电子有限责任公司、各类测绘企业入园，实现“打翻身仗、打造全国有影响的特色园区”的目标。

根据《在2016年全市经济和信息化工作务虚会上的讲话》整理

全面推进依法治教
促进教育治理现代化

——关于长沙市依法治教工作的调查

中共长沙市委常委、市委秘书长　夏建平

教育是人民群众最关心、最直接、最现实的利益问题之一。党的十八大报告提出“深化教育领域综合改革”；党的十八届三中全会明确了教育改革的攻坚方向和重点举措；党的十八届四中全会通过《关于全面推进依法治国若干重大问题的决定》，对依法治教同样提出了新的更高要求。为贯彻落实党的十八大、十八届三中、四中全会精神，全面推进长沙依法治教工作，加快实现教育治理体系和治理能力现代化，适应全市人民对教育改革发展的热切期盼，确保长沙教育发展“走在前列”，市教育局与市政府研究室深入长沙高新区和9个区县（市）进行了专题调研。现将调研情况报告如下，供市委、市政府决策参考。

一、长沙推进依法治教的基本成效

全市现有各级各类学校2764所，在校学生约182.9万人，教职工13.3万人，依法治教水平的高低直接关系到全市近200万个家庭的幸福和社会的和谐稳定（表1）。

近年来，在市委、市政府的高度重视和坚强领导下，全市始终坚持以办人民满意的教育为导向，积极探索依法治教的政策措施，大力推进教育强市建设，成效明显。义务教育均衡发展获国家评估肯定，基础教育满意度在中国社科院公布的《公共服务蓝皮书（2014）》中居全国38个主要城市第7位，依法治教成为全市教育改革发展的强大动力。

表1　全市各级各类学校发展状况一览表　（单位：所、人）

	高等院校	普通中学	普通小学	中等职校	特教学校	幼儿园	总计
学　校	55	292	937	52	4	1424	2764
学　生	662100	364653	481333	86670	1283	232802	1828841
教职工	53530	28279	22894	4019	227	24198	133147

——具有长沙特色教育法治体系初步形成。制定了《长沙市中长期教育改革与发展规划纲要（2011—2020年）》，提出了依法治教的要求；率先全国制定地方性教育法规《长沙市城市中小学幼儿园规划建设管理条例》，启动《长沙市学前教育条例》《长沙市民办教育管理与促进办法》等地方性教育法规、规章立法工作，制定《长沙市教育法制工作规则》《长沙市教育局行政处罚裁量权基准》等教育法制文件，有效规范了全市教育法治工作。各区县（市）也相继出台一系列推进依法治教工作的制度措施。到目前为止，全市已初步形成以教育规划纲要为龙头，地方性法规、规章及系列部门制度为支撑的依法治教政策法规体系。

——教育协调发展格局实现依法保障。在学前教育方面，市政府先后制定实施《关于进一步加快学前教育发展的若干意见》《长沙市学前教育发展三年行动计划（2011–2013）》等，依法大力推进公办幼儿园和民办普惠幼儿园建设。2011～2014年，全市新、改、扩建公办幼儿园204所，认定普惠性民办幼儿园515所，全市公办和普惠性民办幼儿园比“十一五”末增加近3倍，占总数的56.9%（图1），农村每个乡镇都有1所以上公办中心幼儿园。在义务教育方面，突出教育均衡发展，制定出台进一步加快农村义务教育发展和推进基础教育集团办学、城乡教育一体化发展等文件，着重抓好合格学校建设，先后建成省合格学校1279所，率先全省提前三年完成合格学校建设任务，城乡教育差距逐步缩小。在职业教育、高等教育方面，先后出台《关于建设教育强市推动创业富民的决定》《长沙市职业教育五年发展规划（2008–2012年）》《关于促进高等职业教育改革和发展的意见》等文件，以职业教育模式创新提升人才培养质量，成为全国职业教育先进集体。在民办教育方面，出台《关于促进民办教育发展的若干意见》，全市合法民办学校（教育机构）共1625所，较好满足了群众多样化教育需求。在终身教育方面，以社区教育为抓手，搭建“长沙终身教育学习网”等平台，建设社区教育四级培训网络，全市社区学校街道（乡镇）覆盖率达91.4%。

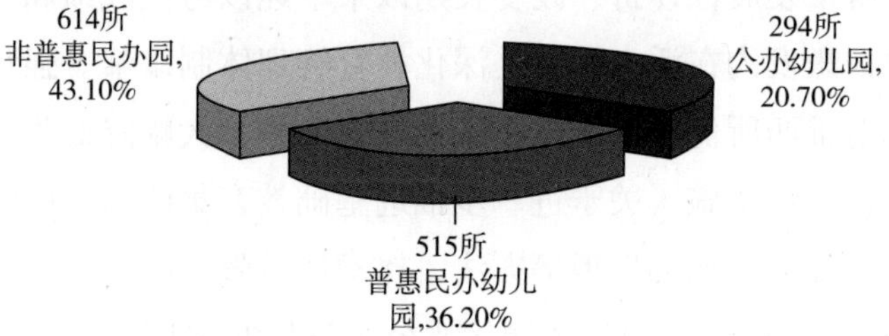

图1 2014年长沙市学前教育机构发展情况对比分析

——教育公平发展目标逐步成为现实。2006年，全市实施义务教育“一费制”免费入学，进一步加大对家庭困难学生的资助，仅2014年全市投入免费入学和学生资助8.5亿余元，受惠学生140余万人次。针对反映突出的进城务工人员子女入学问题，制定并实施平等接受义务教育工作措施和入学指南，实现100%在公办学校接受义务教育，与城区学生同等享受“一费制”全免。到2014年，进城务工人员随迁子女入学人数达9.5万余人，占城区义务教育阶段学生总数30.48%（表2）。大力开展关爱留守儿童阳光行动，全市义务教育阶段6.85万名留守儿童入学率100%。高度重视特殊教育发展，制定实施《长沙市特殊教育提升方案（2015—2017年）》，全市三类残少儿童入学率达87.6%，基本实现残疾少儿可读尽读，成为国家特殊教育改革实验区。

表2 2010～2014年长沙市进城务工人员子女在长沙接受义务教育情况

情况 / 年份	城区义务教育阶段学生总数	进城务工人员随迁子女人数								所占比例
		芙蓉区	天心区	雨花区	开福区	岳麓区	高新区	市直学校	总人数	
2010	233843	12992	8801	23427	5401	10686	1277	5371	67955	29.06%
2011	262425	15354	8834	25594	7275	12624	2012	7822	79515	30.3%
2012	270403	17638	9242	29183	6892	13426	2461	9661	88503	32.73%
2013	292513	19689	10170	29789	7241	12590	3008	9745	92200	31.52%
2014	312251	21422	10647	29517	7436	13775	3940	8977	95174	30.48%

——教育领域综合改革依法有序推进。坚持以法治思维和法治方式推进教育领域综合改革。一是深化中考中招改革。全面实行小学免试就近入学，初中免试就近、微机派位或划片入学，高中坚持等级制录取、取消“空降班”、逐步取消择校生，切实保障教育公平。二是深化教育质量评价体系改革。推行普通中小学教育质量发展性评价，改变长期以来单纯以考试成绩和升学率评价教育质量的倾向，激发内在活力。三是深化教育管理体制改革。强化教育公益属性，将麓山、南雅两所优质国有民办学校改为公办，大幅降低收费标准，赢得社会广泛好评。制定实施《关于进一步推进基础教育集团办学的意见》，采取委托管理、对口支援、捆绑发展等方法，探索优质教育资源低成本推进新建校和薄弱校提质改造新模式，4年新增优质公办学校20多所，城区义务教育阶段优质学校达75%。

——教育行政管理措施依法得到落实。把依法行政的各项工作措施落实到教育管理的全过程。一是严格规范教育行政行为。严格执行权力清单和责任清单制度，市教育局行政职权从原来的130项精简到50项，精简率达61.5%。全面实行审批项目“进窗办理”和“限时办理”制度、行政处罚裁量权基准制度和执法案卷评查制度。制定《长沙市教育局重大行政决策程序规则》，2015年中考中招制度改革等重大教育行政决策广泛征求公众意见，促进了依法科学民主决策。二是严格规范各类办学行为。制定违反师德教师处理实施细则，实行教育收费重点监控制度，开通市、县（区）、学校三级教育阳光服务平台，重点查处群众反映强烈的办班补课、家教家养、滥发教辅资料、违规招生、违规收费等热点问题。三是严格落实依法治校措施。依法治校工作全面纳入学校整体工作规划，市属高校章程建设基本完成，中小学校章程建设分层推进，部分区县实现了“一校一章程”，创建省级依法治校示范校15所，居全省前列。学校治理方式加快转变，校务会成为大多数学校的日常决策机构，教职工代表大会作用进一步发挥，民主监督机制基本建立。学校矛盾纠纷预防调处机制初具雏形，大部分学校聘请了法制副校长，部分城区学校聘请了法律顾问，作用日益凸显。学生参与学校民主管理的渠道逐步拓展，家长委员会、社区等参与学校管理的社会参与机制开始逐步建立。

二、当前制约依法治教进一步发展的突出瓶颈因素

从全面推进依法治国的更高要求和新常态下群众对依法治教工作的新期盼来考量，我市依法治教工作仍有较大差距，特别是一些重大瓶颈因素严重制约着全市依法治教工作的深入推进。

（一）依法治教顶层设计有待加强

依法治教涉及政府、教育行政主管部门、其他涉教部门、学校、学生、家长、其他社会组织等多元主体。目前，关于依法治教工作全国还没有全面、系统的总体目标和阶段性任务、重点内容、工作载体、保障措施，各主体责、权、利的界定还不清晰，急需加强法治规划引领。如学生课后托管机构规范问题，市政府、市纪委相关文件明确属家政服务，由工商牵头监管，教育、卫生等部门配合，但这一政策在区县没有理顺职能，也就没有落实。目前，教育法律责任追究机制尚不健全，当发生违背教育法律法规的现象时，特别是对于违反教育法律法规的单位和个人，很难严格追责。同时，全市在学前教育、民办教育等领域的立法进程有待加快。

（二）依法治教综合环境有待优化

一是教育保障难以依法执行到位。在教育经费上，部分区县（市）没有完全落实“两个比例、三个增长”教育法定投入，特别是新的预算法实施后，财政对教育的预算和拨款额度不再与财政收入挂钩，以致教育经费安排的不确定因素增加，缺乏刚性保障。在教职工编制上，编制核定比较滞后，学校目前只能根据学生预测数先期聘任教师，待编制核定后再通过公招引进教师、分配编制，导致城乡出现了新的代课教师；编制总量严重不足，城区进城务工随迁子女、学校和就学人数日益增加，而编制总量不能突破，只能采取聘任教师的方式解决问题，再加上城乡寄宿制学校等还必须配备一定的教辅人员，编制矛盾更加突出。目前，长沙教育系统代课教师逐年递增，全市达8296名（含区县），占教师总数的

18.29%；个别区县（市）的代课教师数高达1400名，高占比45%以上（表3）。在教师待遇落实上，尚未依法落实到位，一些区县（市）教师待遇与市直教师待遇有差距；教师与公务员待遇不平衡，市属学校基本做到了与公务员同等待遇，但有的区县尚未落实，个别区、县教师年终绩效奖与公务员差距还较大；代课教师与在编教师同工不同酬，月工资大多在3000元以下，有的“五险一金”等社会保障也没有全面落实。

表3　　长沙市教育系统临聘教师情况表

单位	在职教师总数	聘任人数	占比
市直学校	7491	1730	23.09%
芙蓉区	2323	426	18.34%
岳麓区	2823	661	23.41%
天心区	1534	453	29.53%
开福区	1692	647	38.24%
雨花区	3086	1400	45.37%
望城区	3500	424	12.11%
长沙县	5970	610	10.22%
浏阳市	8637	946	10.95%
宁乡县	7011	846	12.07%
高新区	880	153	17.39%
合计	45346	8296	18.29%

二是学校自主办学限制较多。突出表现为：在人事管理上，学校人员聘任、调配、职称评定等都很受制约。教师招聘虽实行全市统一公开招考，但在笔试成绩、年龄等方面都有限定，使一些学校看重的教学能力强的业务骨干因年龄偏大或在笔试上没有优势无法引进；岗位设置缺乏灵活性，固定的学校专业技术人员结构比例，影响了优秀人才的引进、晋升和待遇的落实；职称评审只认可人社部门组织的收费培训考核，既加重了教师的经济负担，又造成与教育部门的重复培训。在收入分配上，结构工资实行总量控制，学校的支配空间太小，导致学校难以很好地调动职工积极性。在经费使用上，学校办学具有相对的特殊性和自主性，相应经费的开支不同于行政开支，而目前实行机关事业单位统一管理，致使学校内部工作调配及活动组织缺乏激励机制，一些正常的教育教学研究活动经费难以支出等。在教育教学上，各种名目的进校园、进课堂活动较多，一些政府部

门要求学校配合开展的非教育教学活动现象仍然存在，影响学校正常教育教学。

三是学校权利保护相对滞后。校园安全责任“无边界”，一旦发生校园或学生安全事故，无论是否为学校责任，学校一般都会成为追责、赔偿的主体，导致学校在开展校外综合实践活动、体育锻炼活动等方面畏首畏尾。无原则的“校闹”，严重干扰教育教学，侵犯教师权益，迫切需要建立部门联动、责权明晰的强力打击“校闹”的长效机制。

四是依法治教合力有待加强。突出体现为涉教部门在简政放权、行政效能上还有较大的差距。目前全市涉教部门约为20个，涉及与教育发展的相关管理事项30余项，亟待“松绑”。

五是教育行政执法力量薄弱。市、区（县）两级大多没有专门的教育行政执法机构，大部分区县教育行政部门没有专门的教育法制机构，编制安排、专业人员、工作经费等都比较缺乏，导致教育行政执法的职责不够清晰、方式相对滞后、力量比较单薄。

（三）涉教服务市场秩序有待规范

一是涉教服务门类繁多。目前，除教育部门核批的教育培训机构外，还有人社部门核批的技能培训机构、残联核批的残疾人技能培训机构、工商部门审批登记的教育咨询机构和一些众多的新兴民办机构，缺乏明确的定性和统筹管理，有的管理处于盲区。

二是无证办学现象堪忧。据不完全统计，全市无证办学或超经营范围办学机构约有2253个（表4），其开办和停办随意性大，缺乏统一管理，名称使用上不规范、经营业务不明确（涉及托管、中小学生课程、大中专学生自考助学和成考函授、社会各阶层劳动技能、就业创业、人文素养等培训）。另外，市内工商部门审批登记的教育咨询公司一千多家，且70%以上超范围从事文化培训。还有一些家长组织生源借用场地聘请教师课外培训、一些外地教师利用周末依托培训机构以“家教”为名结伙组织课外培训，流动性大、隐蔽性强，打击处理难度大，成为教育培训市场新的乱源。

三是民办培训机构良莠不齐。一些培训机构虚假宣传，如有的打着师资力量雄厚的口号，实际聘请的是兼职大学生，且教师队伍流动性大。民办培训机构之间互相诋毁、互挖师资和生源的现象也时有发生，影响了教育服务市场形象。

表4　长沙市与教育相关的无证或超经营范围办学机构统计表（2015年5月20日）

区县（市）	幼儿园	培训机构	托管机构	合 计
芙蓉区	14	50	150	214
天心区	35	40	300	375
岳麓区	90	80	138	308
开福区	32	16	80	128
雨花区	95	105	131	331
高新区	22	5	60	87
长沙县	12	36	369	417
望城区	13	44	8	65
浏阳市	13	82		95
宁乡县	11	222		233
总 计	337	1916		2253

（四）依法治校整体水平有待提高

一是学校治理结构需要进一步完善。依章程办学的现代学校制度尚未完全建立，有的学校民主氛围不浓，权力过于集中，重大决策程序执行不到位、民主程度不高，教代会、校务公开流于形式，没有发挥应有作用。

二是学校办学行为需要进一步规范。有的学校未严格依法落实教育教学要求，未严格遵循教育规律，违规教育收费、违规补课、违规设重点班（实验班）、违规跨区域招生等问题依然存在。

三是依法执教意识需要进一步强化。部分教育行政管理人员、教师法治意识淡薄，缺乏基本的法律常识，个别学校或教育教学机构在制定内部管理规定时出现侵犯教师、学生正当权益的现象。

三、全面推进依法治教的对策建议

教育改革发展是率先建成全面小康社会和实现现代化的基础性工程。必须将依法治教作为全面依法治国重大战略的迫切任务来抓，坚持“以建立现代学校制度、建设儿童友好型城市为目标，以规范各类涉教权利主体为核心，以完善学校现代治理能力为重点，坚持问题导向，厘清权责边界，加强教育依法行政、依法办学、依法治校、依法执教、依法评教，着力解决依法治教中的突出问题，办好人民满意教育，使长沙教育更加规范、公平、高效。”

对策一：抓好依法治教顶层设计

一是明晰依法治教战略目标。遵循教育发展规律，坚持问题导向，高起点、全方位规划依法治教工作战略目标，制定近期依法治教实施意见和行动计划，明确长沙依法治教的总体目标、主要任务和工作重点，探索具有长沙特色的依法治教新路径。二是科学编制教育发展规划。准确把握教育改革发展的新任务、新要求，组织编制好长沙教育事业发展“十三五”规划，特别是统筹谋划、分类指导关系教育改革发展的系统性、全局性问题，增强工作的前瞻性和主动性，推动全市教育优质、均衡、科学发展。制定“儿童友好型城市”发展规划，创建“儿童友好型城市”。三是加快完善教育法制体系。及时推进教育规范性文件的立、改、废、释，加快构建层次分明、相互衔接、功能完备、科学合理的教育政策法规体系。特别是针对当前法律法规规定相对薄弱的学前教育、民办教育、学校安全等领域，加快制定地方性法规和政府规章，以良法推动善治。

对策二：依法规范涉教权力运行

一是加强教育依法行政。系统梳理教育行政职责权限，划定行政行为边界。研究制定涉教部门“权力清单”和“责任清单”，从越位点退出，把缺位点补上，着力提高涉教部门尤其是教育行政部门的管理服务效能，探索形成长沙依法治教负面清单管理新模式。二是规范涉校检查评比。清理行政部门涉校检查项目，建立检查清单，严格规范各类检查行为，除政策法规要求开展的检查外，一律不得进入学校检查，尽可能减少学校教学之外的负担，为学校安心办学、尽心育人创造良好环境。三是解除额外课程负担。清理各类知识进课堂、“小手牵大手”活动，凡无法律法规和国家教育部规定的，一律不得进入课堂，减少对教育内容的干扰、课程时间的挤压，让学校根据教育需求优化课程设计、安排教学内容、引导学生发展。

对策三：规范学校教育办学行为

一是推进各级各类学校依法治校。理顺办学体制，建立规范有序、均衡发展的办学机制，切实规范教育办学行为。把依法治校作为评价学校的重要内容，制定评价、考核办法，健全监督机制和第三方评估，开展依法治校示范校创建，持续推进信息公开，以点带面推动全市依法治校工作。二是完善现代学校法人治理结构。把学校章程作为学校改革发展、实现依法治校的基本依据，全面形成“一校一章程”格局。明确建立教育法律顾问制度，由教育行政部门统筹聘请学校法律顾问，提高学校依法科学民主决策和应对法律纠纷的能力。充分发挥社会中介评估组织在学校治理中的作用，支持家长委员会、社区等社会力量参与学校治理，强化教职工代表大会作用发挥。健全中小学校长负责制，完善民主决策程序，构建依法办学、自主管理、民主监督、社会参与的现代学校制度。三是提升广大教师依法执教水平。强化教师法治意识，把法治教育纳入教师培养培训内容，引导教师依法依规做好学生管理工作，不触碰师德“红线”。构建教师队伍建设标准体系，从教师专业素质、管理服务和保障监督等方面逐步完善，规范和引导教师更加专业发展。

对策四：落实学校自主办学权力

一是深入推进管办评分离。落实学校办学主体地位，加快培育第三方专业教育评价机构，扩大社会参与度，建立健全客观、专业的评价及反馈机制，依法履行管理和服务职责，激发各级各类学校依法自主办学活力。二是试点推行学校自主招聘。理顺教师招聘管理职能，城区教师招聘审批、职称评定、岗位培训等审批权限进一步下放，重点落实学校自主招聘用人权，根据学校发展需求科学确定教师招聘制度，逐步推行学校依法自主公开招聘教师，引进优秀人才，完善激励机制，优化教师结构，确保教育需求。三是扩大学校经费使用自主权。充分考虑教育发展实际，改革教育经费拨付和管理方式，提高教育经费预算的科学性，给予学校经费使用一定的灵活性，增强学校教学、学术研究的自主性。同时，加强教育内部审计，公开财务收支情况，接受公众监督，提高经费使用透明度。四是强化学校教师管理激励。建立科学合理的教师绩效评价体系，完善教师动态薪酬制度，扩大学校对教师的管理激励权限，给予更多激励政策支持。借鉴上海等地做法，推行骨干教师教学激励计划，预算专项激励经费。按照《教育法》《教师法》的有关规定，恢复教师评优评先奖励制度，营造良好的尊师重教氛围。

对策五：维护学校及师生合法权益

一是完善校园意外事故纠纷调处机制。把法治作为解决校内矛盾和冲突的基本方式。探索建立学校意外事故第三方调解，成立市、区（县）两级公益性调解委员会，有效化解矛盾纠纷。健全学生安全和伤害事故的应急处理机制和报告制度，建立应对各类突发事件的工作预案，增强预防和妥善处理事故的能力。二是突出治理“校闹”行为。推进校园安全立法，明确借校园意外事故敲诈勒索甚至打砸抢行为的法律责任。开展联合安保，严厉打击扰乱学校教学秩序、危害校园公共安全的“校闹”行为。多方化解教育风险，强制推行学校责任保险和学生意外伤害保险制度，依靠正当合法的渠道保障学生权益。三是依法解决教职工编制待遇等问题。理顺教师编制管理权限，探索建立变“学校人”为“系统人”管理机制，各区县（市）根据省里的定编指导性意见和最低编制保障线，结合本地财政状况、教育事业发展需要和生源变化情况核定区域教职工编制，推进区域人才调剂、有序流动。实现区域教师同工同酬，确保教师待遇不低于同级公务员并不断提高，依法保障临聘教师的应有待遇和发展出路，逐步解决新的代课教师问题。四是建立健全师生申诉机制。建立学生、教师与学校、教育行政部门争议解决机制和机构，研究制定学生、教师申诉办法，规范学生、教师申诉程序，保障师生申诉的法定权利。

对策六：规范扶持民办教育发展

一是严格民办教育准入。完善民办学校准入标准、审批程序以及学校设立、变更、注销登记等，加强民办学校教育教学质量评价和监督，健全民办学校年度检查，将年检结果作为政策扶持、评优评先、招生指标下达和财政奖补的重要依据。加强对民办学校招生宣传和收费等行为的监管，推行联合执法、联管联控，深入开展非学历高等教育清理整治，深化艺术考试培训市场整治，杜绝违法违规办学行为。二是加快民办教育立法。借鉴合肥等城市做法，出台促进民办教育发展相关规定，健全民办学校营利性、非营利性分类管理，支持各类办学主体通过独资、合资、股份制等多种方式开展民办教育，实现教学质量与市场规则平衡，从法制上规范扶持全市民办教育发展。三是落实教育公平措施。赋予民办学校与公办学校同等法律地位，做到民办学校与公办学校平等支持，在土地、税费等方面落实民办学校优惠政策。设立民办教育发展专项资金，试点推进民办教师在评先评优、职称评定、社会保险等方面同等享受公办教师待遇，依法保障教育公平，促进各类教育协调发展。

对策七：强化依法治教工作保障

一是强化教育改革发展经费保障。坚持教育优先发展战略，加大政府投入力度，给予教育发展更多的政策倾斜和财政支持。健全教育财政投入监督机制，形成各级政府教育投入的刚性约束。继续拓展教育投入来源渠道，吸引社会资源合理配置到教育领域。完善以绩效为导向的教育经费分配机制，确保教育经费投入总量逐年递增和资金使用安全规范，为教育改革发展提供可靠的财力支持。二是强化教育行政执法保障。借鉴青岛等地做法，成立专门的教育行政执法机构和执法队伍，建立健全权责清晰、分工明确的执法工作机制，积极探索科学合理的执法模式，认真梳理执法事项和依据，完善教育执法考核标准，实现督导与执法有机联动，有效行使教育行政处罚权，实现教育行政执法常态化、规范化。三是强化依法治教人才保障。全面实施人才强市战略，着力推进教育法治人才培养机制创新，改革培养方式，加强协同创新，坚持德育先导，切实提高依法治教人才培养质量。着力构建人才竞争比较优势，优化人才发展环境和工作待遇，提升人才吸引力，为全面推进依法治教提供人才支撑。四是完善教育督导机制。构建督政、督学、评估监测三位一体的教育督导体系，加强督学责任区和督导信息化建设，启动实施素质教育督导评估五年规划，推进直属学校挂牌督导工作，加强学校教育教学工作督导和教育质量评估监测，强化结果运用，为改进教育教学、管理和决策提供科学依据。

对策八：探索建立教育执法问责机制

一是加大涉教政策法规落实考核。将依法治教纳入对地方政府和相关部门绩效考核的重要内容，加强对重大教育政策、法律法规实施情况的跟踪研究和分析评估，及时发现依法治教新问题，提出改进新建议。二是强化政策法规落实责任追究。依法制定责任追究办法，明确问责的责任主体、客体界限、重点内容和具体要求，严格各级政府和部门职责，对发生违反教育政策法规的重大事件、妨碍义务教育实施、造成重大社会影响等问题进行严格问责。紧扣教育法律法规实施的薄弱环节，联合有关部门重点加强督查，推动工作改进、问题解决和法律制度完善与实施。

深化商事制度改革
不断释放发展活力

长沙市人民政府副市长　何寄华

推进商事制度改革是党中央、国务院关于全面深化改革的一项重大决策。从各地实施改革的成效来看，社会投资活力大大增强，市场主体快速发展，政府简政放权力度加大，服务效能明显提升，为新常态下经济社会发展创造了新机遇、注入了新动力。我们看到商改在释放巨大改革红利的同时，也要注意推进过程中的一些困难和问题，在一定程度上影响了改革成效。

一、商事制度改革中存在的主要问题

（一）认识方面的问题

从社会认知来看，由于商事制度改革实施时间不长，部分媒体对改革宣传更侧重于突出改革红利，社会群众对改革理解不够全面，很多经营者误认为办理了工商营业执照就可以开始生产经营，导致无证（照）生产经营现象增多，增加了事中事后监管难度。从政府职能部门来看，部分行政审批机关没有及时转变思想观念，依然习惯于过去的先证后照、以审代管的管理方式，对“先照后证”的重大作用和意义缺乏透彻理解，甚至出现落实改革政策“缩水走样”“开倒车”现象。

（二）资源方面的问题

其一，基层行政资源不足。商事制度改革开展以来，登记审批工作量大大增加，所涉及的部门如工商、质监、卫生、物价、环保等，都普遍反映存在“人手少、任务重”的困难。其二，存在“信息孤岛”现象。商改把更多的管理职能交给了社会和市场，用信用对市场主体经营行为进行约束和规范。但各部门、各地区之间商事主体信息还没有实现完全共享，全国统一的信用信息公示平台有待建立，“一处违法、处处受限”的市场调节和社会制约机制尚难发挥作用。

（三）审批权限方面的问题

目前，“先照后证”并未从根本上改变特许经营项目需要许可审批的本质，“宽进”只是审批与登记在时间顺序上的“换位”，“办照易、办证难”瓶颈还是没有彻底突破。其一，审批项目过多。由于现行的行政审批制度有着极为庞大的法律、法规体系支撑，涉及商事主体经营资格的行政审批大多都是依法设定，这些审批项目市一级商改主体“动不得”，因此在地市级层面，商改后置审批项目清理只能采取合并、搁置的办法，浅层面的迂回。其二，审批层级过高。工信、发改、金融、教育、邮政等部门的审批权限全部在省级以上主管部门，受制于上级职能部门设定的许可审批条件、审批环节和权限要求，也导致了部分商事主体在后置许可审批环节滞留。

（四）法律法规配套方面的问题

“谁许可、谁审批、谁监管”原则下的属地监管、实地监管、信用监管成为商改后续监管的核心。但现实情形中，“职责边界模糊，执法领域交叉”造成的推诿现象仍然存在；商改要求的常态化、系统性市场后续监管模式没有完全建立，基础信息认领、办理信息反馈、监管信息抄告不及时、不落实。目前我国缺乏统一的《商事登记法》，实务大多依靠工商总局颁发的规章，很多操作细节靠各地工商部门自行把握，导致标准不一、操作不易。同时，国家法律、法规层面对原前置项目的监管主体、监管职责等均未作修改，基层行政执法存在法律适用把握不准的问题。

二、进一步深化和规范商事制度改革建议

（一）强化宣传引导

宣传部门应组织媒体就前置审批制度改革相关政策规定进行深入、全面的宣传，引导社会正确认识“先照后证”，理智看待注册资本，增强经营者守法经营意识和群众风险防范意识。各相关部门要加大宣传教育力度，进一步解放思想，在思想上、行动上真正理解、支持、推动商事制度改革，切实为群众办理相关业务提供便利，履行相关职责。

（二）积极整合资源

其一，加强基层力量投入。实现监管工作“重心下移”，加强基层的监管力量配备，将“人、财、物”向基层倾斜，确保基层的主要精力集中在市场监管工作上。其二，尽快建立健全全国统一的信用激励惩处体系。建立经营异常企业名录、违法信息披露制度，积极推进相关行政部门间的信用信息共享应用，实行工商营业执照、组织机构代码证和税务登记证“三证合一”登记制度的改革，并逐步实现“一证”；建立商事登记主体电子证照库，畅通公众查询商事主体诚信状态、优良诚信记录和相关监督部门对其发出警示信息的渠道，打破信息孤岛，避免信息不对称和资源浪费，为建立社会共治的监管模式和社会诚信体系打好基础。

（三）深化简政放权

建议国家层面按照“应减则减，能放则放”的原则，进一步削减许可审批项目、下放审批权限。将食品流通许可、酒类流通许可等“治标不治本”的审批事项以及食盐零售、卷烟零售、鲜茧收购、棉花加工等带有计划经济色彩的审批事

项，予以搁置，转由事后监管、市场调节解决。将省级以上涉企审批权限进一步下放地市，让审批关口前移；市级进一步下放市级审批权限至区（县），切实解决审批与监管分离的问题。

（四）完善法律法规

修改完善相关法律法规，在全国范围内实行“先照后证”，加强对无照经营的监管。其一，明确审批内容。我国现行的《公司法》《合伙企业法》《个人独资企业法》等法律，规定未取得营业执照不得以公司名义、合伙企业名义、个人独资企业名义从事相关经营活动，但未对需要办理营业执照的具体经营活动进行明确。建议在法律层面上对需要办理营业执照的具体活动加以明确，并在国家层面尽早制定出台《前置审批事项目录》，真正实现企业“法无禁止即可为”，同时避免工商机关的越权。其二，明确监管职责。部分省市针对无证无照经营查处中的职责不清问题做出了明确规定，有的是以政府文件形式，有的是以政府规章形式，这都在一定程度上缓解了无照经营查处中的执法交叉和混乱问题。建议明确工商部门和其他行政审批部门、执法部门之间的职责划分。建立对无证（照）经营行为监管情况通报制度，加强各部门之间配合协作，使监管更加到位。同时，要加快修订各职能部门的许可、监管相关法律法规，使之与商事制度改革步调保持一致。在对设定行政许可相关条款进行修改时，同步明确规定执法机关，按照“谁审批、谁监管”的执法要求，真正做到许可部门与监管部门的协调统一。

论公权力与私权利之间的动态和谐平衡

——以公安行政执法中的具体问题为视角

长沙市人民政府副市长
市公安局党委书记、局长　唐向阳

法国启蒙思想家卢梭在《社会契约论》中写道："任何国家权力无不是以民众的权力（权利）让渡与公众认可作为前提的。"这一论断说明，在社会文明的历史进程中，公权力并非生来即有，其因私权利的让渡而产生。公权力来源于私权利，实践中却常常会侵犯私权利。为了更好地保护私权利，保障社会正义，维持正常秩序，促进社会和谐，笔者拟以公安行政执法的具体问题为视角，对公权力与私权利的动态和谐平衡作出探析。

一、阐析公安行政执法中公权力与私权利的四种关系

公安行政执法具有特殊的强制性，其范围具有广泛性，几乎涉及社会生活的方方面面，覆盖整个社会。毋庸置疑，公安机关行政执法权的行使直接影响着公民、法人和其他组织的私权利。自古以来公权力和私权利就是一对矛盾，两者既统一又对立、既相互依存又此消彼长。总体上讲，在公安行政执法中公权力与私权利主要体现着四种关系。

（一）公权力与私权利具有统一关系

隐私权是公民的一项重要私权利，一般是指公民享有的对其个人与公共利益

无关的私人信息、私人活动和私人空间等私生活安宁利益自主进行支配和控制，不得他人侵扰的具体人格权。隐私权于1890年经美国法学家提出以后，逐步得到世界各国的认可。我国在2009年《侵权责任法》颁布后，也已将公民隐私权列为一种独立的人格权加以保护。当前实践中，在宾馆房间门口等区域安装摄像头引起了诸多争议。《侵权责任法》规定，侵害隐私权应当承担侵权责任。公安机关对于酒店、宾馆安装的摄像头的监管，主要依据来自于《公安部关于加强旅馆业治安管理工作的通知》。该通知的目的在于加强对桑拿洗浴按摩场所的治安管理，严厉打击涉黄涉赌违法犯罪活动，其实质在于运用公权力对社会公共利益予以保护。从该文件的内容来看，限定了监控的范围和具体位置，其实质是限定了公权力的行使范围，在行使公权力之时，更好地保护公民隐私权。这与《侵权责任法》关于隐私权的保护没有冲突。同时，长沙市人民政府还出台地方政府规章规定旅馆、宾馆的客房等涉及个人隐私的场所和部位禁止安装摄像头，否则予以处罚，切实保障公民隐私权，实现了公权力与私权利的统一。

（二）公权力与私权利具有对立关系

公权力与私权利相依共生，但处理不当又会相互对立，甚至发生冲突。如在公安机关对足浴场所的管理当中，对于足浴场所门窗玻璃的管理主要依据公安部下发的《关于进一步加强对桑拿洗浴按摩场所治安管理工作的通知》。该文件属于公安部的规范性文件，其效力较低，且《娱乐场所管理条例》中并未将足浴场所纳入娱乐场所管理。因此，上位法规定的缺失以及上位规定效力级别较低，为多数人所不知。公众产生质疑并投诉乃情理之中。同时，如果公安机关在执法中存在解释不到位、执法不规范等现象，则更加会加剧业主对执法检查的抗拒和投诉，引发公权力与私权利的对立和冲突。

（三）公权力与私权利具有博弈关系

在公安行政执法的实践中，公权力与私权利还存在着互相博弈的关系。对于公安民警进入出租屋、宾馆等私人空间查验居民身份证的执法行为，群众反映比较强烈，正是公权力与私权利博弈的充分体现。根据《居民身份证法》规定，人民警察依法执行职务，遇有“有违法犯罪嫌疑的人员，需要查明身份的”或“法律规定需要查明身份的其他情形”，经出示执法证件，可以进入出租房屋、宾馆房间等私人空间查验居民身份证。但是对于“违法犯罪嫌疑”及“有违法犯罪嫌疑需要查明身份”的具体情形，目前我国尚无相关法律作出明确规定。于是，在公安机关行政执法工作中，公权力的行使与私权利的保护，主要依据对公共利益和私权利的平衡。如果公安民警进入出租屋、宾馆查验居民身份证时，是为了保护公共利益，那么私权利应当对公权力作出妥协；如果公安民警任意进入出租屋、宾馆等私人空间查验居民身份证，则是对公权力的放大和膨胀，侵害了私权利，私权利必然会进行反抗，以维系公权力与私权利的平衡。

（四）公权力与私权利具有消长关系

公权力与私权利之间还有着此消彼长的关系。以公安行政执法中对赌博违法犯罪行为的认定为例。赌博是我国法律禁止的行为。一般是指以钱财为赌注，使用某种方式或者工具比输赢来非法获取钱财的违法犯罪活动。法律关于赌博的概念规定较为宽泛，需要相关的认定标准加以限制，否则，必然会产生公权力的放任和滥用，不可避免地侵犯公民的私权利。故相关司法解释和裁量权基准规定，不以营利为目的，亲属之间进行带有财物输赢的打麻将、玩扑克等娱乐活动，不予处罚；亲属之外的其他人之间进行带有少量财物输赢的打麻将、玩扑克等娱乐活动，也不予处罚，使得公权力行使有一定的限制，私权利也有着一定自由度。法律法规对于赌博违法犯罪行为的认定范围越宽泛，公权力越强大，私权利越受限制，法律法规对于赌博违法犯罪行为的认定范围越狭窄，则私权利越强大，公权力越受限制。若只强调维护社会治安秩序，而忽视私权利的保障，则会影响社会的和谐稳定。若只强调私权利的自由而不依法作为，则会让赌博之风蔓延，两者之间处于消长状态。

二、探析保障公权力与私权利动态和谐平衡的四个原则

公权力来源于私权利，公权力的运行应以保障私权利的实现为目的，两者

在本质上是统一的，这为公权力与私权利的动态和谐平衡提供了理论基础。公安行政执法公权力与公民、法人和其他组织私权利的冲突也是可以调和的。当公权力可能侵犯私权利并有不断扩张情况出现时，可以用更为严格的法治手段进行规制。把握“四个原则”，加强公安法治建设，大力推进依法行政，是保障公权力与私权利动态和谐平衡的基石与法宝。

思考之一：把握合法性原则是保障公权力与私权利动态和谐平衡的基本前提

权力合法性的依据在于法律授权。法律授予公权具有双重含义，一方面给权力主体行使一定权力的主体资格，另一方面也为权力主体设定了一种义务和责任。权力的功能就是保障权利，权力主体必须依法在授权范围内行使其权力，否则构成越权或渎职。公安执法广义上的法律依据包括宪法、法律、法律解释、行政法规、地方性法规、自治条例和单行条例、国务院部门规章和地方政府规章等一切规范性法律文件。各级公安机关内部规范性文件的规定不得违法限制、剥夺公民、法人或者其他组织的权利，不得违法增加公民、法人或者其他组织的义务。否则，规定及依该规定所作的具体行政行为均无效。实践中越权执法、滥用自由裁量权等不作为、乱作为行为都因缺乏法律依据或不合法律规定而无效。

思考之二：把握尊重与保障人权原则是保障公权力与私权利动态和谐平衡的关键所在

人权是人依据其自然属性和社会属性所应享有的权利。任何人所享有的权利不是抽象的，而是由国家宪法和法律规定并加以保障的。2004年3月修改《中华人民共和国宪法》，将人权保护的概念“国家尊重和保障人权”写入宪法是中国法制史上的重大突破。以人为本，以保障私权利为本是现代法治社会的发展特征。公安执法中的尊重和人权保障应当树立正确的权力归属观，坚持执法为民，确立维护社会治安秩序与保障人权并重的现代价值观，公安机关行使公权力必须以法律明确赋予为限，公民行为只要法律未禁止就不得对其行为进行处罚和追究。公安机关作为公权力的行使者，必须清醒地认识到手中的权力源于人民。

思考之三：把握正当程序原则是保障公权力与私权利动态和谐平衡的中心环节

正当程序原则正是防止特别公权力滥用的有效武器。在公安行政执法应当遵循法定程序，即法律规范确定的程序。在我国公安行政执法中，由于法律渊源的广泛性，法定程序不仅限于法律、法规、规章所设定，相关法律解释及国务院各部委的其他规范性文件所设定的程序，原则上也应视为法定程序。当前公权力侵犯私权利问题，大都是由程序不规范造成的。没有程序公正，就很难保证实体公正。正当程序以其特有的功能弥补了实体法控制权力的不足，达到了公权力与私权利的平衡。

思考之四：把握比例原则是保障公权力与私权利动态和谐平衡的有效途径

比例原则是指行政机关在可以采用多种方式实现某一行政目的的情况下，应当采用对当事人权益损害最小的方式，这样做才是适当和合理的。公安机关在适用行政强制措施时，在考虑措施、手段的妥当性之外，只要有选择，还应考虑措施、手段的必要性，即只有在采取非强制手段确实不能达到行政目标的条件下，才能实施行政强制，并且所决定采取的手段必须是最温和的手段，必须是给行政相对人造成损失最小的手段。如：在公共秩序或公安安全进行的专项整治活动中，也不能一律全面检查，而要运用相关专业知识，结合事态发展规律，以避免造成大面积人权过度侵害。同时，如公权力行使给私权利造成损害的，必须全面、充分、合理地履行补偿义务，从而平衡“私有财产神圣不可侵犯”与“实现社会公共利益”之间的矛盾。

三、结语

法国启蒙思想家洛克说：“人类为了弥补自然状态的缺陷，捍卫自身的自然权利，于是签订契约自愿放弃自己的部分权力，交给人们一致同意的某个人或某些人，从而出现国家。这就是立法和行政权力的原始权利和这两者之所以产生的原因。” 因此，权力来源于权利。现代法治的核心是限制公权力、保障私权利。对于公权力讲，法无授权即为禁止；而对于私权利来讲，法无禁止即为合法。公权的设立之目的在于保障私权，公权力不得任意侵犯私权利，行使公权力的目的恰恰是为了保护公民、法人和其他组织的私权利。

实施最严环保行动
实现生态文明梦想

——长沙环境保护现状及建设生态文明示范城市对策思考

长沙市人民政府副市长　黎春秋

建设生态文明是党的十八大和十八届三中全会明确的重大战略决策，是推进可持续发展、实现全面小康的重要现实途径，也是落实十八届四中全会推进依法治国、用严格的法律制度保护生态环境的目标指向。全面盘点长沙生态环境现状，探求全市在生态环境保护治理中的主要问题及内在原因，科学、全面规划长沙生态环境保护与治理的主要目标、实现路径和工作措施，妥善应对生态环境污染带来的重大挑战，为进一步加强环境保护与治理、建设生态文明社会，早日把长沙建成全国生态文明示范城市提供有效参考，具有十分重要的意义。

一

近年来，在市委、市政府的高度重视和强力推进下，坚持以适应人民群众对美好生态环境的追求为己任，以“打造更具国际品质和湖湘文化标识的现代化大都市”为目标，以大爱保护环境、以铁腕治理污染，效果明显，环境质量整体逐步好转。

（一）水环境质量呈改善趋势

——主要流域水环境质量不断改善。近年来，在市委、市政府的高度重视和统筹部署下，全市上下以落实省政府湘江治理“1号重大工程”为契机，推进境内湘江长沙段及浏阳河、捞刀河、靳江河、沙河、龙王港、沩水河等6条一级支流治理，大力整治重点水污染源，加强保护治理能力建设，建立完善保护治理长效机制，取得明显成效。全市饮用水水源地水质达标率由“十一五”初期的77%提升到2014年的100%。湘江长沙段年度水质均符合II类标准，浏阳河长沙段榔梨断面年度水质为III类，水质良好，达到水环境功能区标准要求。

——污水处理能力和效果明显提升。从2008年开始，连续实施两个“环保三年行动计划”，大力整治排污口，加强污水管网建设，推进污水处理厂提标提质和扩容扩建工程。截止到2015年10月底，全市新建城市污水处理厂10家、县城污水处理厂4家、乡镇污水处理厂76家，污水处理能力从2006年的39万吨/日提升到137万吨/日，污水处理率上升到96.8%（图1），居中西部省会城市前列。

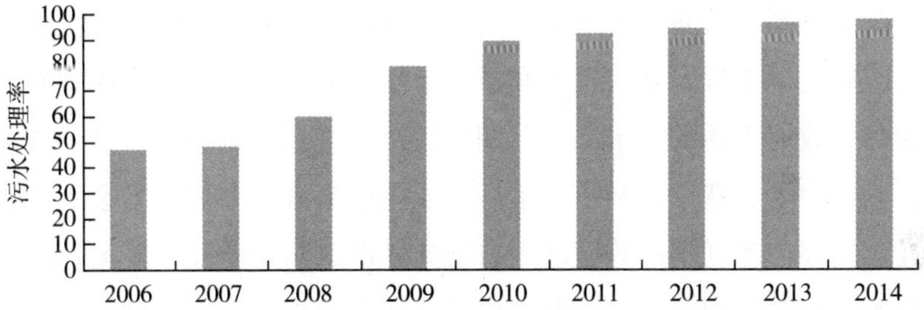

图1 2006～2014年长沙污水处理率发展变化情况

——重点污染源得到有效控制。先后关停并转各类重点涉水、涉重金属污染企业及“五小”非都市型小企业、造纸企业等共计445家，每年减少化学需氧量（COD）排放约1000吨；全市规模化养殖场治理基本完成，主城区生猪养殖全面退出，并在农村划定畜禽养殖禁养区、限养区及适养区；加强湘江库区整治，全面规范河道采砂，拆除非法砂场140家；对湘江长沙段93艘水上餐饮船舶、89家水上餐饮及茶水经营户无证经营、违法排污行为进行了严厉打击。同时，严格市场准入，先后否决高污染、高水耗项目425个，涉及投资额100亿元。

——最严水资源管理制度抓紧实施。从2013年开始，先后制定实施《长沙市水资源管理条例》《长沙市最严格水资源管理制度实施方案》和《长沙市境内河流生态补偿办法（试行）》等一系列政策措施，明确各区县（市）为责任主体，分年度对区县（市）工作目标进行量化考核。目前，共设立了城镇集中式饮用水水源保护区4处，严格保护饮用水功能区水质安全。实行水资源开发利用控制、用水效率控制、水功能区限制三条红线指标管理，在湘江四大支流实施断面考核与生态补偿。

（二）大气污染防治成效明显

——环境空气质量有所改善。大力开展工业大气污染、机动车排气污染、扬尘污染、油烟等挥发性有机物污染防治，主要污染物排放总量得到一定控制。按照《环境空气质量标准》（GB3095-2012）新标准评价，2015年前10个月，长沙市空气质量达标天数为207天，比2014年增加20天，优良率为69.2%，增长6.7个百分点。按GB3095-1996旧标准评价，长沙空气质量优良率达到94.63%。

——工业污染减排和淘汰落后产能成效明显。突出抓电力、水泥两大重点行业大气污染减排，完成了华电长沙电厂等3家电力企业和5家新型干法水泥厂8条生产线脱硫脱硝工程，全市电力和新型干法水泥行业已实现脱硫脱硝设施全覆盖，国家和省政府下达的“十二五”期间10个大气污染物减排项目全部完成。淘汰水泥、铅锌冶炼、造纸、制革等落后产能企业31家，完成了国家下达的淘汰任务；搬迁、关停市政沥青厂等城区人口密集区严重污染企业，督促长沙卷烟厂、坪塘南方水泥有限公司、湘江关西涂料等工业企业强化污染治理，确保污染物达标排放；全市19家水泥立窑生产线已全部停产；宁乡县34家耐火材料企业均已停产整治。

——机动车排气污染治理加快推进。出台了《长沙市机动车排气污染防治条例》，强化机动车排气定期检测，建设排气检测站23个、检测线70条。截至2015年10月23日，今年累计对39.2万辆机动车进行排气检测，检测合格率为87.2%。开展机动车环保标志核发工作，累计发放环保黄绿标志70.7万套，其中绿标68.8万套、黄标1.9万套。

——扬尘污染防治长效机制形成。建立并实施扬尘污染联合执法制度，由市住建委牵头，市城管、环保、交警等部门共同配合，协同联动，开展常态化执法专项行动。出台了《长沙市绿色施工导则》和《长沙市工程建设文明施工实施意见》，严格控制建筑施工扬尘。实行渣土运输重大变革，首批600台新型智能环保渣土车投入使用。强化渣土运输管理，实施渣土运输核准制度，严格渣土运输时段、路线审批，强化专项巡查，严厉打击违规运输行为。开展“清洁城市”大行动，按照“五无五净”标准努力提升城区保洁水平；突出抓好城乡接合部环境综合整治，提高道路硬化和闲置土地绿化水平；强化垃圾和秸秆禁烧工作。

——清洁能源得到推广利用。2009年以来，累计推广新能源与清洁能源公交车2641台，推广清洁能源出租车7648台；城区三环以内燃煤锅炉基本拆除，节能与新能源技术广泛推广，削减二氧化硫约2.1万吨、烟尘4000吨。2014年全市二氧化硫年均值23微克/立方米，低于国家标准（60微克/立方米）62%。完成城区109座加油站和169台油罐车油气回收改造。积极推进汽车、涂料、石化等重点行业有机物污染治理工作。提高垃圾中转站（含餐厨垃圾处置中心）和填埋场处理设备密封性，加强周边的绿化，提升空气自净能力和防护能力。

（三）城市声环境质量基本保持稳定

——城区区域声环境质量总体稳定。在城区快速扩张、多项重大市政工程施工、机动车急剧增长等背景下，主城区声环境质量总体保持稳定并呈局部改善的态势。2014年，市区域环境噪声监测124个点位，昼间噪声平均等效声级为54.7分贝，区域环境噪声总体水平为二级，满足国家声环境质量标准要求，区域声环境质量处于一般水平以上的占总监测面积的91.94%，其中处于好和较好水平的区域占55.65%（图2）。

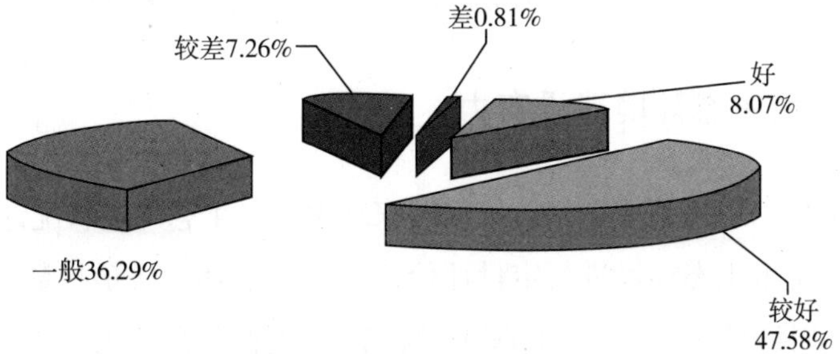

图2　2014年长沙市区域环境噪声等级面积分布情况

——“静音”专项行动取得阶段成果。以城区重点区域和交通干线为主，大力开展 “静音”专项治理行动。“三考”期间，全市开展了两次大型的“静音”联合执法行动，共检查噪声排污单位110家次，被责令限期整改单位12家，1家建筑工地被责令立即停止施工，4家单位被暂扣音响设备，5家单位被责令立即停止经营。在考试期间，全市环保系统对全市81个考点进行守点与巡查，有效控制了城区重点区域、重点时段的噪声污染。

（四）固体废弃物处置积极推进

——生活垃圾处置走在全国前列。全市1165个村按照“户分类、村收集、镇中转、县处理”的集中处理模式和“户分类减量、村分类利用、少量镇中转填埋”的分散处理模式，全部建成固体垃圾收集处理系统，农村基本看不到固体垃圾，成为全国农村生态环境保护典型示范城市。大力推动城区餐厨垃圾集中回收处置，餐厨垃圾收集处理量330吨/天，年处理量达9.9万吨，处理率100%，步入资源化、减量化、无害化轨道，居全国领先水平。

——工业固废处理利用率保持中上水平。2014年，全市工业固体废弃物产生量预计100万吨左右，贮存量4万吨左右，处置量约10万吨，综合利用量87万吨，综合利用率86.03 %。电力行业固体危险废物处理率达到100 %。

——长沙危险废物处置中心试点火。总投资3亿元的长沙危险废物处置中心项目，是集“焚烧、填埋、利用”于一体的危险废物综合处理处置基地，于2013年12月23日破土动工，系中央专项资金投资的大型公益环保项目，属全国规划的66个危废处理项目之一，每年可处理危险废物约4.6万吨。该中心今后可处理来自长沙、株洲、湘潭、岳阳、益阳等湖南10个地州市的危险废物。

（五）绿色生态环境建设有力

——区域生态环境整体良好。依据国家环保部《生态环境状况评价技术规范（试行）》对全市生态环境进行定量评价，长沙生态环境质量指数（EQI）约为57.87，处于“良好”等级。其中森林覆盖率、受保护区占国土比例、生态用地比例、氮氧化物、碳排放强度等均优于国家生态文明建设试点示范区指标考核标准。

——绿色生态品质显著提升。全市大力实施“三年造绿大行动”，以“十大”绿化工程为重点，加大绿色城市建设力度。截至2015年9月底，全市共投入资金32.88亿元，完成造林绿化面积25.59万公顷，其中“绿色城市”建设完成投资21.62亿元，新建绿地面积391公顷。目前全市共有自然保护（小）区16处（省级自然保护区1处），风景名胜区5处（国家级风景名胜区2处），省级以上森林公园11处（国家级森林公园5处），省级以上湿地公园10个，森林覆盖率53.48%，建成区绿化覆盖率40%。创建国家级生态乡镇56个、生态村79个，长沙县通过国家生态县考核验收，望城区通过省级生态区考核验收。

——重大生态修复工程建设成效明显。梅溪湖“退田还湖”及生态修复工程成为靓丽的城市新景观，占地6000亩的洋湖垸生态湿地公园全面完工，对年嘉湖、跃进湖、天际岭樱花湖等城市湿地系统进行了生态修复，建成了西湖文化园、巴溪洲水上公园、湘江风光带、橘子洲、“两山一湖”（天马山、凤凰山、桃子湖）等一批高品质环境生态工程，基本实现了“显山露水透绿”，山水洲城的独特景观更加彰显。

二

尽管我们在环境保护与生态建设方面做了大量的工作，但与国家加强生态文明建设的新要求、人民群众对环境保护治理的新期盼仍有较大差距，将长沙建设成为全国生态文明示范城市任重而道远，必须找准制约环境保护与生态建设的重大瓶颈和主要问题，对症下药。当前突出表现为以下五个方面。

（一）环境保护历史欠账较多

一是传统粗放发展留下隐患。受多重因素的制约，长沙的传统产业仍占较大比重，技术工艺落后、清洁生产水平不高、环境资源消耗多、污染物排放量大等问题仍然较为突出。2014年，造纸行业化学需氧量、氨氮排放量分别占全市工业排放量的45.7%和32%，火电、水泥两行业二氧化硫、氮氧化物排放量分别占全市工业排放量的25.8%和61.1%，部分地区污染物排放总量超过环境容量。传统粗放的发展模式给我市环境安全带来极大隐患。

二是环境污染治理相对滞后。生态环境具有不可逆转性，一旦遭到破坏，很难在较短时间内得到完全恢复。尽管我市连续实施两个环保“三年行动计划”，但要实现水、气、土壤等环境质量根本性好转，需要一个长期、高投入的过程。湘江长沙段流域仍有20个排口未实现截污，浏阳河城区段、龙王港等支流水质仍未消除劣V类，城区段配套污水管网严重滞后、局部污水处理率不高。空气质量短时间内难以达到国家二级标准，特别是秋冬季节雾霾天气时有发生。同时，受治理技术、资金投入等瓶颈制约，铬盐厂、电镀厂、化工厂等原有高污染工矿企业退出后的重金属污染治理任重道远。

三是生态安全体系尚不完善。区域生态保护的生态红线制度不健全，全市环境功能区划未完全覆盖，大气、土壤、噪声等环境功能区划缺失，已划定的重要生态功能区因缺乏产业准入环境标准而未得到有效保护。尚未有效落实规划环境影响评价政策，导致环境影响评价的源头防范作用难以充分发挥。

（二）环境保护体制机制不顺

一是政策法规不完善。我市在生态环境保护与治理的法制建设上相对滞后。突出体现为强制执行权力缺失和部分领域法律法规不健全。法律赋予环保部门监督管理、项目审批、排污收费、行政处罚和现场检查等职能，而未赋予环保部门相应的强制执行权力，造成执法保障相对乏力。同时，养殖业污染治理、农村生活污染治理、秸秆垃圾焚烧、化肥农药农膜防治等农村环保工作无法可依，废旧电子产品再生利用产业法律法规不健全。

二是责任体系不健全。生态建设与环境保护“党政同责、一岗双责、齐抓共管”的责任体系尚未全面形成，对区、县（市）和街道（乡镇）生态建设和环境保护工作只明确了政府的管理和监管责任，未明确党委在环境保护方面的具体职责，责任虚化。环境保护责任分解体系不健全，市、区县（市）、乡（镇）三级环境保护监管网络中，乡（镇）、村（社区）两级的工作责任未能落到实处，成为死角。同时，领导干部自然资源资产离任审计、生态环境损害责任追究制等考核评价机制尚未破题，党委、政府对生态环境保护的责任落实、责任考核尚未达到应有位置。

三是协作联动不顺畅。环境保护与治理缺乏整体统筹，市级层面缺少环境保护及应急的组织架构，部门间环境保护协调联动不顺畅，遇到环境突发应急事件，极易导致处理措施不及时。湘江流域治理、大气污染联防联控、区域（流域）环境纠纷和突发环境事件处理，还是环保部门单兵作战，没有形成强大的治污合力。企业、市民及社会各界对生态环境的诉求不断提高，但主动投身生态保护和污染治理的责任意识和自觉担当还较为缺失。

（三）环境保护能力匹配不强

一是环保投入仍然滞后。尽管我市在重大流域治理方面持续投入了大量的资金，但在一些基础性领域投入不足。如农村污染治理方面，市级财政对乡镇污水处理厂管网建设补助8万元/公里，而实际所需资金约50万元/公里；一个2000吨的乡镇污水处理厂运行费用约为40万元/年，其余由乡镇承担；市级财政对垃圾收集处置体系运行补助1.2万元/村·年，而每村垃圾转运及设施维护费用约10万元/年。在乡镇、村财力仍然较为薄弱的情况下，投入不足既影响了主动作为的积极性，也严重影响了运行效果。在黄标车淘汰退出方面，全市黄标车保有量7.36万辆，共需淘汰退出补贴资金5.3亿元，其中中央财政补贴资金3.2亿元，实际安排到位资金仅1000万元，成为重大瓶颈。

二是硬件配置比较薄弱。环境监管缺少相应的在线视频设备和网络信息技术支持，监测站点的标准化建设达标率不高。环境监管技术用房严重不足，因场地不够无法安装环保部配发的仪器设备，完全不适应新形势下环保发展要求。没有设立环境信息中心、环境污染事故应急指挥中心等机构，数字环保建设远落后于中东部省会城市和部分地级城市。

三是环保队伍建设滞后。目前，市级环保系统共有干部职工226人，其中机关编制人数44人，2014年新成立机动车排气监管中心、核与辐射和固体废物监督管理站、环境交易所、环境科学研究所，分别新增人员编制21个、3个、6个、13个，但人员老化、结构不优的问题仍然较为突出；环保专业技术人员匮乏，市环境监测中心站专业技术人员比例为67.9%，远低于环保部85%的要求，与相关省会城市比较存在较大差距（表1）。部分区县（市）环保部门也严重缺编，乡镇和街道缺少专职环保机构和专门力量。环保队伍建设与生态环保的新要求、日益繁重的新事业、责任重大的新任务、铁腕治污的新决策不相适应。

表1　2013年长沙、武汉、杭州、郑州四市基本市情与环保人员编制数量对比表

比较类别		长沙	郑州	武汉	杭州
基本市情	面积（平方公里）	11800	7446	8494	16600
	人口（万人）	722	1100	1022	666
	2013年GDP（亿元）	7150	6202	9051	8343
市级环保部门编制（人）	机关	44	96	52	140
	监察支队	57	158	49	85
	监测站	78	95	127	132
	环境信息（应急）中心	0	10	10	10
	宣教中心（站）	4	10	14	12
	合 计	183	369	252	379

（四）环境违法处置难以落实

一是地方利益保护仍然普遍存在。地方尤其是基层政府出于经济发展、税收和就业目的，对辖区内环境污染较为严重的大户企业始终不能下定决心去责令停止经营，更不愿意对其提起诉讼，而是网开一面，存在有法不依、执法不严、违法不究的现象。

二是监管执法滞后影响及时处置。我市环境信息基础设施建设落后，大部分为10年前配备，对环境监测、环境监察数据传输的支持能力有限，移动执法系统平台仅对国控36家企业进行监控。“数字环保”系统未建立，不能有效为环境审批、环境监察、污染源综合管理等日常工作的开展提供数据支撑，造成监管效率低下、时间滞后，严重影响对环境违法行为进行及时有效的打击和处置。同时，现有的环境执法体制下，力量不够、权威不够，严重地影响了执法的效果。

三是违法成本较低导致威慑不够。原有的排污费征收和处罚标准偏低，远低于治污成本，一些企业“宁可受罚也不愿治污”，难以形成强有力的威慑，达到促使企业削减排放的目的。如高污染企业每吨废水的治理成本一般在1.2～1.8元，偷排每日的净收益往往能达到几十万元。巨大的经济诱惑驱使铤而走险，不按规定履行企业环境污染治理的主体责任。

（五）低碳绿色发展有待提升

一是产业结构低端特征比较明显。2014年，我市规模以上工业增加值占GDP的45.7%，六大高耗能行业综合能源消费量293.09万吨标准煤，占全部规上工业能耗的63.9%，而增加值比重仅为15%左右。

二是低碳生活节俭消费理念滞后。部分市民节约水、电、天然气等资源的意识不强。餐馆就餐食物大量剩余。一次性消耗品使用范围广、消耗量大。车辆使用频率高，绿色低碳出行少。各类行政、企事业等公共部门、办公场所浪费现象严重。

三是公众参与环境保护意识不强。环境宣教队伍能力建设和发展水平不平衡、总体力量还比较薄弱、功能不足等问题仍存在；区县级现有宣传手段仍单一，不能满足向社会公众进行环境警示教育的要求；在现有教育体系中，生态环境保护教育不足；公众参与环境保护工作的主动性还不够。环保志愿组织发展不够，参与公共环保领域的行动不多。全市注册的环保志愿组织只有6个，每年组织环保志愿活动40次左右。

三

2014年年底召开的中央经济工作会议指出，我国环境承载能力已达到或接近上限。这是中央有史以来就生态环境保护发出的最严厉警告。2015年1月1日，新修订的、被业界称为“史上最严”《中华人民共和国环境保护法》正式实施。2015年9月，中共中央、国务院印发《生态文明体制改革总体方案》，明确提出要“构建以改善环境质量为导向，监管统一、执法严明、多方参与的环境治理体系”。长沙应以此为新动力、新契机，按照市委、市政府确定的生态环保顶层设计的新要求，下决心实施“最严环保行动”，坚决做到源头严防、过程严管、后果严惩，通过持续不懈的努力，把长沙建成全国生态文明示范城市，让长沙更加

“宜居宜业、精致精美、人见人爱”。具体对策建议如下：

对策一：建立坚强有力的保障机制

坚强有力的保障机制既是前提，也是基础。

一是进一步加强对生态环保工作的领导。在长沙市生态环境保护委员会统筹下，明确市、区（县、市）、街道（乡镇）三级和市直各部门生态环境保护职能职责，明确实行生态环境保护党政同责，科学决策重大环保问题，各级各部门认真履职，协调推进重大环保项目建设，构建“大环保”格局。

二是进一步加大对生态环保事业的投入。明确各级财政每年用于生态环境保护的总投入增幅不得低于当年GDP增长速度，并作为年度环保考核的核心指标。实行生态环境保护各类资金优化整合，坚持财政统筹、分类支出、跟踪管理，确保投资效率。设立长沙市污染治理基金，专项用于重点生态环境污染治理，重点加大对乡镇污水处理厂、农村垃圾处置等基础性、普惠性项目的补贴。

三是进一步加快对生态环保人才队伍的建设。完善“市—区（县、市）—乡镇（街道）”一体化环保监管体系；大力引进环保专业人才，遵照新《环境保护法》规定，涉及环境保护相关职能的市直部门均明确环保专干，所有乡镇（街道）均设立环保机构，配备2～3名具有执法资格的环保专职人员，使全市环保队伍和环保专业技术人员在规模和质量上均达到省会城市先进水平。

四是进一步加紧对生态环保科技的应用。成立环境信息中心、应急指挥中心，推进环保数字化、信息化建设，建设环境监测、监察和监控基地，搭建全市环境监管信息平台，实现市区两级数据共享。加强环境应急能力建设，成立环境应急管理机构，建立环境风险源数据库，完善环境应急机制。提升环保科技创新能力，加强科学研究，推广污染防治和生态保护技术。

对策二：坚持科学严格的源头控制

把强化源头控制作为强化生态保护的根本措施来抓。

一是严守生态红线控制。按照国家要求划定生态保护红线，实行一级、二级分区管控，落实管控措施，坚决做到一级区严格禁止一切与生态保护无关的开发建设活动，二级区严禁有损生态功能的开发建设活动，决不以牺牲生态环境为代价追求一时的经济增长，决不以影响未来发展为代价谋取眼前利益。

二是严格市场开发准入。建立开发行为的约束制度，实施主体功能适应性评价，对不同主体功能区的产业项目实行不同的市场准入和标准，制定禁止开发区域、限制开发区域的活动准入清单，优化开发区域、重点开发区域的产业负面清单，严守资源环境生态红线。

三是严把环境评价关卡。抓紧探索开展区域发展、人口、贸易、能源、城镇化、工业等政策环评，从源头预防环境污染和生态破坏。严格执行《规划环境影响评价条例》，强化规划环评，开展区域开发等综合性规划和工业、能源、水利、交通、城建、自然资源开发等专项性规划环评，实现环境规划与经济发展规划、城乡总体规划和国土利用规划“四规合一”。

对策三：实施务实高效的治理措施

坚持以铁腕治理环境污染，既采取立竿见影的措施，又研究可持续的制度安排，集中打好四大攻坚战。

一是强力推进大气污染治理，共造一片蓝天。以控煤、控车、控尘、控污等项目为重点，综合治理工业源、面源和移动源。提高工业锅炉准入标准，加强汽车、涂装等重点行业挥发性有机物排放控制；加大机动车排气污染防治，加快淘汰黄标车和老旧机动车，严格执行国家车用燃油标准，研究实施机动车增长控制政策，实施公交优先战略，倡导绿色出行方式；强化扬尘污染控制，实施建筑工地、渣土运输扬尘污染控制标准化管理；加强油烟污染防治，强化餐饮企业排污许可管理；大力发展清洁能源；加强秸秆和垃圾禁烧管理。

二是强力推进水体污染治理，共护一泓碧水。突出抓好湘江保护与治理“一号工程”，实现城区配套管网全覆盖、排污口全截污，推进圭塘河、浏阳河、捞刀河、沩水河污染整治，全力开展饮用水水源保护工作。加快城市污水处理厂建设和升级改造，尾水排放达到国家“一级A”标准；加强农村生活污水集中处理和农业面源污染控制，推行清洁养殖、生态养殖。加强城市湖泊保护，坚决杜绝“填湖填水”行为，合理规划建设城市湖泊，完善城市排水网管建设。实施最严水资源管理制度，落实湘江岸线属地责任制管理。

三是强力推进土壤污染治理，共守一方净土。加强工业“三废”治理，进一步减少工业污染物排放，特别是加强重金属污染整治力度。对生活垃圾、工业垃圾、建筑垃圾、医疗废弃垃圾等固体废弃物实行分类收集、分类处置和资源化利用。力争到2020年，实现全市生活垃圾无害化处理率达100%、危废和医废就地处理率98%以上。完成市危险废物和医疗废物处置中心建设，筹建第二城市固体废物处理场。开展固体废物的综合利用，大力发展静脉产业。

四是强力推进噪声污染治理，共享一份宁静。设置噪声环境功能区，从源头上控制噪声传播。完善道路系统、改善路面状况、建设降噪路面，防治交通噪声污染；严格限制建筑机械的作业时间，将噪声控制贯穿建筑施工的全过程；建立噪声污染源申报登记管理制度，防治工业噪声；控制社会活动场所噪声强度。

对策四：创新导向鲜明的环保政策

充分发挥市场机制在环境保护中的决定作用，以经济杠杆引导资源利用和环境保护。

一是资源有偿使用政策。全面实施生产和生活用水、用电、用气阶梯价格制度。开展重要生态资源产权登记，明确生态资源所有者、使用者、保护者的法定责任和权益。进一步推广水体、矿产、森林、湿地等自然资源有偿使用和使用权转让，将矿区环境治理和生态恢复纳入生产成本，在农村地区先行试点水资源使用权转让交易。

二是生态补偿政策。制定基本农田、主要河流水源地、重要湿地及生态公益林等生态补偿标准。设立生态补偿专项资金，加大生态保护地区财政转移支付力度。实现补偿方式多样化，形成生态补偿长效机制。先行在长株潭绿心地区、湘江新区核心区域及重要生态廊道范围内的行政村开展生态补偿工作，探索生态补偿新模式。

三是排污权交易政策。严格执行排污许可管理和总量控制制度，探索排污权交易模式。在全市所有工业企业实施二氧化硫、化学需氧量、氨氮、氮氧化物、铅、镉、砷等污染物的排污权有偿使用和交易。

四是绿色环境经济政策。落实绿色金融政策，对研发和生产治污设施，开发和利用新能源，从事生态保护与建设的企业和项目提供低息贷款；对不符合产业政策和环境违法的企业和项目，金融机构停止信贷和融资。继续推行环境风险企业管理制度，鼓励、引导涉重金属、危险化学品和危险废物等三类及以上风险企业购买环境责任保险。

对策五：加快绿色低碳的循环发展

坚持以产业转型创新为切入，加快形成绿色低碳循环发展的新方式，夯实环境基础。

一是大力促进产业转型升级。坚持产业结构转型升级与经济形态、增长模式转型相协同，着力构建绿色低碳循环发展的现代产业体系。大力培育汽车及零部件、电子信息、新材料、文化创意等新的千亿产业集群；加快发展移动互联网、电子商务、3D打印、北斗导航等新兴产业；提质工业园区，调整产业布局，形成东部以高铁新城、临空经济区以及金霞物流区为主的开放经济走廊，西部以高新技术产业，南部以新能源产业和环保产业为主的三大产业集聚区，构筑高度聚集的现代工业体系。

二是精心培育节能环保产业。积极推动新能源和可再生能源、资源循环利用产业发展，培育发展性能先进、经济高效的大气污染控制、水污染控制、固体废物处理处置、废物资源综合利用、噪声振动控制等环保设备制造产业。制定节能低碳优惠政策，扶持建设环保产业园区，支持节能环保骨干企业做大做强，打造环保名牌产品。

三是加强能源资源节约利用。落实国家节能减排财政政策，加大工业、建筑、交通、公共机构等重点领域节能减排改造力度，推广清洁低碳技术，加快淘汰落后产能。发展绿色建筑，促进住宅产业化，建设绿色分布式能源项目，推行能源集中供应和区域生态治污，试点厂房屋顶太阳能电站、畜禽养殖场沼气发电。

对策六：落实精准到位的监管执法

严格依法保护环境，规范约束执法行为，加大惩治力度，推动监管执法全覆盖，对各类环境违法行为实施“零容忍”。

一是深入推进综合执法。成立由司法机关和环保部门联合组成的环保联动执法中心，对拒不履行环境行政处理、行政处罚决定的单位或个人，主动商请司法介入，建立“环保执法、司法制止、检察引导、公安保障”四位一体的环保联动执法模式。强化环境保护重点区域、流域的协同监管，开展联合执法、区域执法和交叉执法，着力强化环境监管。

二是规范环保监管执法。加大环境隐患大排查力度，重点检查排污单位污染排放情况、资源开发利用活动对生态环境影响情况以及建设项目环境影响评价、“三同时”制度执行情况，依法严肃查处、整改存在的问题；确定重点监管对象，划分监管等级，健全监管档案，采取差别化监管措施，开展联合执法、区域执法和交叉执法。

三是加强执法队伍建设。建立重心下移、力量下沉的执法工作机制，在乡镇（街道）配备2～3名具有执法资格的环保专职人员，探索建立符合职业特点的环境监管执法队伍管理制度和有利于监管执法的激励制度，切实加强环境监管执法队伍建设。

对策七：进行最为严厉的责任追究

实行环境保护目标责任制和考核评价制度，以环境绩效考核为目标导向，强化各级党委、政府及其部门和相关组织的环境保护责任。

一是建立更全面的责任体系。建构涵盖政府、部门、企业、个人等社会各方面的全方位、立体化责任体系。抓紧建立环境保护党政同责制度，让各级党委自觉担当生态文明建设历史重任。进一步健全环境质量政府负责制，强调各级政府为环境保护的第一责任主体，将环境保护融入社会经济发展各方面和全过程，对本行政区域的环境质量负责。同时明确各相关部门在生态环境保护治理工作中的职责，进一步完善湘江新区、高新区、经开区环境保护和监管职能，实现开发、建设与保护并举。

二是实行更科学的责任考核。将环境质量改善、主要污染物总量控制、重点环保工程、环保投入等目标任务分类下发至各区、县（市）政府和相关市直部门，进行差异性区别考核。建立全市环保工作督查机制，严格按照绩效考核要求，每半年对各区县（市）政府和相关市直单位进行督查排名。探索建立环境保护工作年度述职制度。

三是落实更严厉的责任追究。按照《环境保护法》的要求，严格各级政府、各个部门工作职责责任追究，制订《环境保护的职责规定》和《重大环境问题责任追究办法》，对发生重大事故、连续两年环境质量下降等问题都要问责，建立倒查机制，实施生态环境损害责任终身追究。充分利用好法律授予的环境监管部门查封、扣押等权力，加大环境违法处罚力度，严肃查处超标排污、违法建设等环保违法案件，对违法企业按日计罚上不封顶，形成威慑力。

对策八：形成共同参与的社会自觉

环境保护人人有责。应针对当前社会参与滞后、行动自觉不够的实际，突出抓好三项工作。

一是将生态环保作为国民教育的基础工程。坚持生态环保教育从娃娃抓起，以两型学校建设等为重要载体，将生态环保纳入各层次学校教育的重要内容，列入大中小幼和职业技术学校及各级党校的教学大纲，在国家、省环保部门的大力支持下，探索编制通俗易懂、喜闻乐见、富有地域特色的生态环保读本，使生态环保的理念、行为和责任从小植根在每一个人的心中。

二是使生态环保成为城乡居民的自觉习惯。保护生态环境、建设生态文明是一场生活方式变革。积极开展各种环保教育主题活动，广泛开展绿色家庭、绿色学校、优秀环保人物等评选和宣传，普及环保知识，提倡低碳生活，增强公民环保国策意识、忧患意识、法律意识和参与意识，倡导低碳绿色生活光荣、浪费资源能源可耻的社会风尚。同时，通过阶梯电价、阶梯水价等经济杠杆，引导绿色消费、绿色办公、绿色出行、绿色生活。

三是把生态环保作为媒体宣传的重要内容。支持社会团体、环保志愿者和新闻媒体开展各种形式的环境宣传教育。市管电视、报纸及网络新媒体要开设环保专栏，播发环保公益广告，曝光环境违法行为，营造全社会共同关心生态环保、积极参与生态环保的浓厚氛围。

共同配送：物流业发展新态势

——长沙市物流业发展的思考

长沙市人民政府副市长　廖　健

一、长沙发展共同配送的重要意义

我国GB/T18354-2006《物流术语》对共同配送进行了标准化的定义：由多个企业联合组织实施的配送活动。共同配送强调企业之间的合作，多个企业在资源共享的理念下，利用契约实现互惠互利，共同完成配送任务。2012年以来，商务部、财政部开展了城市共同配送试点工作，探索城市配送体系建设和模式创新，我国试点城市根据各自特点形成不同的配送模式，通过借鉴和创新取得一定的效益。发展共同配送，将为长沙带来了巨大的经济效益和社会效益。

（一）有利于推动物流体系转型升级

物流企业的设备、线路、信息、网点等都存在着过剩或不足的双重难题，不可能在各自企业内部实现效率和规模的最大化。分散多元的物流格局，使物流企业的规模经营、规模效益难以实现，存在设施利用率低、布局不合理等问题。共同配送将避免企业在仓库等建筑物、物料搬运系统设备、人工以及信息系统等方面的“撒网式”投资，又能提高物流企业信息化和智能化程度，推动物流体系转型升级。

（二）有利于促进商贸经济健康发展

近年来，长沙购物商圈形成多点开花的格局，建成了友阿奥特莱斯购物公园等40多个大型百货商场，形成了五一广场等9个区域性商业中心，打造了黄兴路步行街等24条特色商业街区。根据规划，未来还将形成10个专业市场群。零售品消费市场规模不断扩大，对物流业配送量的需求也随之猛增。大力发展运行高效、成本低廉的共同配送，建成现代化、标准化、专业化、信息化的第五代市场，引领全省、中部的商贸物流建设，是提升城市配送能力的必由之路，是促进商贸经济健康发展的根本保障。

（三）有利于提升长沙城市综合品质

长沙现有物流园区、专业配送中心和物流配送中心多为企业自发建设，布局不尽合理。通过发展共同配送，合理布局物流资源，可避免重复建设，最大限度减少土地等要素资源的浪费，进而提升城市空间布局。此外，通过共同配送，提高车辆装载率，可大大减少车辆数量和交通流量，既能缓解交通压力，又能通过减少尾气排放，提高城市空气质量。

二、长沙发展共同配送的机遇及挑战

近年来，长沙物流配送得到迅速发展，为长沙经济社会全面发展提供了有力支撑和物流保障。一方面，公路交通、港口码头、铁路航空等不断完善，为共同配送提供了必要的水陆空立体交通网络；另一方面，传统零售以及电子商务的迅猛发展，为共同配送提供了广阔的市场空间。此外，大数据时代的信息处理技术，也为发展共同配送提供了强有力的技术支撑。

（一）立体交通网络不断完善

公路交通方面：长浏高速、长沙绕城高速南三环东延线、北三环东延线等全面建成通车，完成万家丽高架快速路、过江通道“两桥一隧”的营盘路隧道、福元路立交桥、湘府路立交桥、京珠复线、东二环线改造等工程，极大地提高了物流畅通度。至2014年，全市公路总里程15936.4公里，市行政村通达率达到

100%。

水路航运方面：长沙现有码头主要分布在霞凝港区、暮云港区、铜官港区、新康港区等10个港区。其中霞凝新港是长沙境内规模最大、现代化程度最高的枢纽港，霞凝港水运口岸已通过国家粮食进口指定口岸验收。目前全市通航里程为537公里，其中湘江74公里航道为二级航道。

铁路运输方面：长沙现有京广、石长、洛湛、武广、沪昆5条铁路干线，均为国家一级铁路干线，境内铁路线长度约245.9公里，是全国重要的铁路枢纽。目前，“湘欧快线”实现常态化运营，长株潭城际铁路建设稳步推进，石长铁路复线等也在如期施工，霞凝一类铁路口岸申报工作正在进行。

航空运输方面：长沙黄花国际机场是国内主要干线机场之一，是湖南规模最大的航空港，拥有通往国内、国际（地区）81个城市共120余条定期航线，共有43家中外航空公司在长沙运营。2015年开通“长沙-香港”全货机定期航班，结束了我省航空口岸没有国际全货机定期航线航班的历史。

（二）共同配送市场十分广阔

近年来，长沙城镇化水平不断提升，人民物质生活文化水平不断提高，社会商品购买力迅速增强，零售品消费市场规模不断扩大，对物流中的配送量需求随之猛增。2015年，长沙社会消费品零售总额达3692亿元，同比增长12.1%；电子商务交易总额为3300亿元，同比增长30%；社会物流总收入641亿元，同比增长8.1%。商贸经济迅猛发展，带动传统物流体系进一步发展壮大，为共同配送奠定了坚实的物流基础，同时为发展共同配送提供了广阔的市场空间。随着农村电子商务的快速发展，共同配送空间还将进一步向农村延伸。

（三）现代信息技术日趋成熟

当前，信息处理技术飞速发展，大数据云计算、“互联网+”的运用，以及GPS、北斗等定位系统的不断完善，都为发展共同配送提供了强大的技术支撑。进入大数据时代，物流企业的日常运输线路、运输时间以及客户的物流目的地、货品数量等全部信息都将被记录到数据平台中，通过数据分析后为建立共同配送体系提供充分的、精准的理论数据。与共同配送息息相关的仓储管理系统（WMS）、运输管理系统（TMS）、电子订货系统（EOS）等信息管理系统，以及自动立体化仓库（ASW）、自动导向车（AGV）、射频识别技术（RFID）等装备技术也日趋成熟。

尽管长沙的物流发展达到了一定水平，具备发展共同配送的一定条件，但仍然存在诸多问题和挑战，需要我们加以解决。

（一）城市配送智能化程度不高

从国内外优秀配送模式经验来看，配送普遍采用了先进的机械化、自动化的作业模式。长沙市物流企业问卷调查显示：目前已使用EOS系统（电子自动订货系统）的物流企业仅9.8%，将条形码技术引进使用的企业48.8%，拥有ASS系统（自动分拣系统）的物流企业仅2.4%；而物流企业对信息技术更新渴望表示“非常强烈”的仅4.9%，“强烈”的占34.1%，而48.8%的企业表示“一般”，12.2%的企业表示“不强烈”。这些数据表明，长沙使用信息网络技术的物流企业很少，并未品尝到信息技术带来的便捷。

（二）城市配送专业化水平不高

从长沙现有配送的实际运作情况来看，配送力量弱，配送规模较小，仓库和车辆未得到有效利用，多数配送中心没有达到经济配送规模，造成配送资源的浪费；缺乏增值服务，与配送需求方不能有效地交流信息，致使企业竞争力缺乏，配送效益低下；组织管理水平不完善，面对多品种、小批量、多批次、多客户的配送需求，配送机制还只停留在某一个层面，城市配送显得力不从心；配送周期以及配送路线等缺乏提前的计算和规划，物流人员配送技巧掌握不充分等，这些都制约了整个行业的发展。

（三）城市配送布局不够合理

长沙是中国中部第二大城市，覆盖的配送地区广，所服务的终端客户相对分散，物流需求复杂，为城市配送发展带来困难。大部分物流企业为争夺市场，自立门户，各开渠道，建立各自的配送中心或节点；企业间缺少有效合作，造成部分地区物流基础设施重复建设，部分地区严重不饱满。由于布局的不合理导致使用户有效需求得不到及时满足，同时也增加了企业运营成本。

三、国内外共同配送案例及其启示

共同配送是经长期的发展和探索优化出的一种追求合理化配送的配送模式，也是欧美、日本等一些发达国家采用较广泛、影响面较大的一种先进物流方式。2012年开始，成都、哈尔滨、厦门、青岛等22个城市开展了共同配送试点，经过几年的探索和创新，形成了特有的城市共同配送经验。国内外的共同配送案例，为长沙发展共同配送提供了可供参考和借鉴的启示。

（一）国外共同配送成功案例

通过英国政府支持和欧盟帮助建成的布里斯托尔货运整合平台，运营权授予给DHL公司，共同配送效应良好。该平台几乎实现了100%的JIT准时配送，并且为50%以上的零售商节省配送时间20分钟以上，让76%以上的零售商减少了配送次数，节约运输里程达到264000公里，缓解了城市交通拥堵，改善了空气质量。由14家物流企业联合成立的德国不莱梅物流中心，建立了统一配送系统，在配送车上安装GPS 装置，实行统一调度，提高货运效率，每天能减少货运400辆车次，节省运力80%，效益非常可观。日本的日立、东芝等电子企业通过共用配送系统，不仅加快了资金周转，且有效降低了物流成本。

（二）国内共同配送的成功典型

2014年，成都全面启动城市共同配送试点工作，按照“先主后次，分类突破”的推进步骤，先期开展连锁零售业的集中配送，率先突破超市卖场、便民连锁、百货零售等主要商业业态，逐步覆盖电子商务、批发市场、专业卖场、餐饮等其他业态。2017年将开始试点工作向共同配送模式整体推进实施。根据成都市《关于促进城市共同配送发展的实施意见》，预计到2018年年底，试点商贸流通企业的共同配送率超过80%；中心城区标准化集中配送车辆总数控制在10000辆以内；从事城市集中（共同）配送的专业化、规模化的第三方物流企业达到50家以上；投入标准化仓储设施300万平方米以上；标准化集中配送车辆单车使用效率较非标准化货运车辆提高3～4倍，中心城区货运车辆交通总量减少30%～40%，尾气排放减少15%～20%，综合物流成本降低约20%。

哈尔滨市公布了2014年9月份共同配送试点示范企业运行情况通报。快速消费品共同配送成本比传统配送成本下降了1%、冷冻食品下降了10.4%；冷藏食品下降了14.7%；生鲜食品下降了11.6%；药品基本持平；电子产品上升了11.3%；其他商品下降了0.2%。共同配送相对于传统配送而言大部分的商品成本都有所下降，特别是冷冻、冷藏、生鲜食品的下降比例都在10%以上，因此可判断，共同配送还有巨大的潜力可挖。

（三）对长沙发展共同配送的启示

实施共同配送管理必将成为现代物流的发展趋势，这对提高长沙物流业的整体服务水平、增强其竞争力、降低成本等都有着重要的意义。首先，政府需要营造良好的发展环境。借助相关政策支持、资金扶持等，支持培育几家规模较大、智能化和专业化较高的物流企业，鼓励企业走共同配送发展之路。其次，企业要转变竞争观念。随着经济的高速发展，企业不再是单独的市场个体，而是行业区域化的整体或者说是盟友。为整合配送资源，降低配送成本，企业要对整个物流系统包括用户、配送资源等进行统一的组织、联合。这些做法带来了企业间关系的变化，使企业的边界日益模糊、业务外包的比例日益增加，“企业竞争”将转变为“共同配送竞争”。最后，要充分运用先进信息管理技术。共同配送的竞争，关键点之一是专业信息技术的运用。信息技术的飞速发展和广泛应用，必将促使现代物流进入共同配送管理时代，共同配送链条上的各企业通过加强自己所处链条核心竞争力的培养，并与其他企业成为一个协调发展的有机体，从而达到全面提高企业竞争力的目的。

四、长沙发展共同配送的对策与措施

长沙共同配送要围绕城市配送体系建设，坚持市场运作、政府引导、示范带动、梯次推进的原则，以提高配送效率、降低物流成本、缓解城区交通拥堵为目标，以公共配送中心等基础设施为载体，着力提升城市配送标准化、信息化、智能化、集约化水平，加快构建布局合理、技术先进、便捷高效、绿色环保、安全有序的城市共同配送体系。

（一）推广先进配送模式

建立配送联盟。通过增加运力投放、放宽通行许可、加大资金投入等手段，鼓励商贸、物流等大中型企业转变运营模式，积极引导建立共同配送联盟。按照“集中存储、统一库管、按需配送、计划运输”的要求，促使第三方物流企业或供应商为商贸企业、社区门店、市场入驻商户等开展共同配送。将农产品、日用品、副食品、冷链、医药、网购、快递等重点行业纳入联盟，集中开展分片区域共同配送，通过同业异业共同配送来加快城市配送效率。打造垂直供应链。鼓励物流企业加强与供应链相关企业合作，强化行业自律，加强互促互信，形成商业共同体。打造“厂商（基地）—公共配送中心—社区门店”的垂直供应链，促进产配销一体化共同配送。有效整合资源。依托物流园区推广货运配送班车，整合入驻物流企业资源，以便开展干线与支线结合的城区集中配送，并促进城区、城际和城乡一体化配送的有效衔接。鼓励大型连锁零售企业通过集中采购提高统一配送率，改变供应商分散配送到各个门店的模式，利用其现有物流系统统一配送到企业所属门店及其他社会企业，积极向社会提供第三方物流服务。

（二）培育壮大市场主体

通过支持部分物流企业率先发展，以点带面，实现全面发展。扶持龙头企业。筛选出一批实力强、信誉好、品牌优的物流和商贸企业作为城市共同配送实施主体。积极引导第三方大型物流企业整合中小物流企业或配送中心共同进行配送，鼓励优势第三方物流企业通过兼并重组、参股控股等方式做大做强。着重培育5家左右大型配送龙头企业和20家左右配送骨干企业作为共同配送发展的示范。鼓励商贸企业剥离和外包物流业务。促进物流企业和商贸企业无缝对接，整合物流服务商、生产商（农产品基地）、供应商、零售商等企业物流资源，建立互利互惠、长期稳定的共同配送联盟，统一作业标准、规范流程，推动两者业务融合，提高共同配送企业的规模化和协同化水平，形成覆盖广泛、操作快捷的共同配送网络。建立评估机制。建立实施主体配送服务质量考核评估档案，对配送服务质量施行动态监管，并将评估结果作为政府支持共同配送项目的重要参考依据。

（三）提升物流配送专业化水平

加强物流标准化建设。制定适合长沙的物流仓储建设、出入库作业、服务准则等共同配送标准。加快推进托盘标准化和集装箱标准化试点工作，督促物流企业认真贯彻执行。大力推进供应商管理库存（VMI）模式，引导共同配送企业全程标准化管理。推行企业服务标准公开化，加强鼓励和监督。推广先进的物流信息化装备，促进共同配送企业使用射频识别、智能标签、电子订货、数据交换、智能分拣、线路优化、信息定位、可视化、集装单元化等先进技术，逐步实现仓配一体化发展和立体化存储、机械化搬运、信息化管理，提高物流装备现代化水平，推进自动化物流发展。强化物流信息化建设。推动先进物流信息系统和装备设施的广泛应用。鼓励企业运用仓储管理系统（WMS）、运输管理系统（TMS）、电子订货系统（EOS）等信息管理系统，以及自动立体化仓库（ASW）、自动导向车（AGV）、射频识别技术（RFID）等装备技术。建设共同配送企业及相关物流节点的信息化运营平台，加强共同配送企业之间的信息交流，实现物流、商流、资金流之间资源共享、数据共用、信息互通。在这个过程中不断搭载各种增值服务和政府公共服务信息，促进货源、车源和物流服务等信息的高效匹配，力争实现随时跟踪随时查信息。促使各物流企业之间实现车辆和交易成本的公开化、集约化、信息化。

（四）建设电商物流“最后一公里”共同配送体系

推进电子商务与物流快递协同发展。支持在空港等地建设全市快件分拨中心，鼓励建设服务中部地区的区域性仓储配送中心，加快推进全市电商物流一体化共同配送。支持建设物流快递公共配送中心。整合现有末端配送网点等资源，合理规划物流快递公共配送中心建设，力争到2020年主城区实现物流快递区域共同配送覆盖率达到50%。支持街道社区、物业公司等城市末端配送网点建设。鼓励实施主体整合电商企业、各类社区便民店、物业公司、街道社区公共用房、底层闲置居民房等资源，建立共同配送联盟，按照服务半径适度、方便快捷、不重复配置的原则，在有条件的城市社区、学校等改造建设物流快递末端配送网点，推行“网订店取（送）”，鼓励搭载各种便民利民的增值服务，在难以建设末端配送网点的社区设置公共自助提货柜，以此解决电商物流共同配送“最后一公里”难题。

未来中国农村土地制度改革的方向
——长沙市宁乡县大成桥镇鹊山村土地合作经营的探索与实践

长沙市人民政府副市长　陈　中

宁乡县大成桥镇鹊山村是我国南方地区典型的农业村落，以种植水稻为主，全村人口4182人，耕地4205亩。2014年以来，鹊山村积极探索以土地合作社为平台的土地合作经营模式，实现全村4205亩耕地的规模化经营，经过一年多的实践，该村土地合作经营机制不断完善，农业生产效益大幅提升，农业农村发展呈现出勃勃生机。在鹊山村的影响和带动下，长沙市目前已有136个村也在探索开展土地合作经营，涉及4.3万户，合作经营土地面积14.84万亩，其中宁乡县大成桥镇仅用两个多月时间就实现了整镇推广。

一、困境与求变

我国实施家庭联产承包制以来，极大地激发了农业农村的发展活力，促进了农业生产力水平不断提高，致富了农民，繁荣了农村。但一些客观存在的矛盾和问题随着时间的推移也在不断积累和显现。这些矛盾和问题在土地合作经营前的鹊山村都能找到缩影。

（一）农村人地矛盾日益突出

土地“细碎化”现象普遍存在。二轮延包多采取“肥瘦搭配”的方式分田，鹊山村平均每户虽只有4至5亩地，却都分散在六七个地方，多的达十几处，最小的田块不足1分地。“有人无田”“有田无人”的现象越来越多。随着婚迁、就业、生死等自然更替，大量流入人口和计划外生育人口没有分到土地，而人口迁出、减少的家庭土地没有适时调整，出现人地分配的严重不平衡。鹊山村在籍人口中就有849人没有分到地，涉及600户，占全村总户数的一半以上。人地分配的不平衡，加上农村外出务工人员增多，产生了“有田无人种、有人无田种”的问题。实施土地合作经营以前，鹊山村已有80%的耕地只种一季水稻，还出现了90亩左右的抛荒。而一些能种田、想种田的农户，又找不到适合耕种的土地。2014年之前，鹊山村生产规模最大的一户只有十几亩，都是捡别人不种的田，分散在十几个地方。

（二）传统土地流转弊端逐渐暴露

传统的土地流转主要存在四个方面的制约。其一，土地分散，集中流转难度大。一块田涉及几十个农户，流转方必须逐个签订协议，有几户不愿流转就无法集中连片流转。2014年以前，鹊山村也曾积极引导土地流转，但效果十分有限，基本没有形成连片的大户。其二，稳定性差，流转行为短期化。目前，长沙市土地流转期限一般为3～5年，大多数采取一年一签的形式，流转双方基础设施和生产经营投入意愿都比较低。其三，风险集中，规模流转隐患大。土地流转让生产经营风险主要集中于流转方，一旦经营不善，容易引发连锁反应。如湖南圣毅园公司在长沙流转土地7038.54亩，后因经营不善无法支付土地流转租金，土地平整难以恢复，导致大面积流转土地出现抛荒现象。其四，利益流出，农民权益难保障。土地经营权一次性转出的方式，实质上让分散的农户失去了对土地的主导权，经营收益分配倾向于流转方，大部分农民参与土地流转不是增收而是减收。目前，长沙地区一般耕地流转价格为400斤稻谷左右，占平均粮食产量不到1/4，规模经营的收益增量多为土地流转方所得，不时发生农民因对流转价格不满而毁约的情况。

（三）农业生产力提升空间有限

以户为单位的家庭经营，农民生产组织化程度低，生产成本相对较高，生产效率难以提升。以2014年长沙地区农资和工价计算，单户购买零售农药、化肥、种子、农机平均成本达425元/亩，如请人打药、机收，则会超过500元/亩，每亩地每年平均用工达6人/天。受家庭成员素质影响，农业生产技术提升缓慢，甚至出现退化。鹊山村2014年以前，水稻种植以直播为主，基本没有冬季农业，土地产出极低。受家庭经济条件限制，普遍对农机设备投入少，机械化、设施化水平低。2014年初，鹊山村全村仅有收割机3台，大型耕田机2台，小型耕田机18台，没有插秧机和自动打药机械。

（四）农业可持续发展面临挑战

包产到户让部分农户逐渐产生“重小家轻大家”的意识，参与农村公共基础设施建设的积极性下降，大量农田基础设施年久失修。2014年年初，鹊山村共有21口山塘无法使用，占全村总数的30%；800亩耕地因沟渠不畅无法有效灌溉，占总耕地面积的19%；全村机耕道里程仅有12公里，超过80%的耕地大型机械无法到达。同时，因生产方式粗放，过度依靠化肥提高产量，耕地地力明显下降。

如何破解这种发展困境，是一直困扰着鹊山村干部群众的难题。经过近半年干群思想的激烈交锋，大家一致认为根本问题在土地上，只有改变土地经营的方式，才能改变农业生产方式，才能改变农村的现实。

二、探索与实践

只有在困境中求变，才能获得新生。经过前前后后九百多次大小会议，并逐个逐户征求意见，鹊山村终于摸索出一条全新的土地合作经营之路。土地合作经营是以家庭联产承包责任制为基础，以土地所有权、承包权、经营权“三权分置”为前提，以加快推进农业规模化、现代化为目标，由村级组织引导，农民自愿、依法、有偿以土地承包权入股组建土地合作社，对土地进行统一整合、开发、经营的新型土地经营机制和模式。鹊山村的具体做法如下。

（一）充分发挥农民主体作用

明确农民主体地位，由村集体组织对全村土地进行重新摸底，对农民的土地承包权和经营权予以确权登记颁证，并以此作为土地合作经营的基础和依据。坚持让农民充分参与，在鹊山村土地合作经营过程中，农民既是土地合作社的股东，也可以参与具体生产经营，确保了土地的承包权和经营权始终在农民的主导之下。充分保障农民收益，让全体村民既享受土地合作社基本分红、经营分红，又可享受其他收益，把土地合作经营收益最大限度留在了农民手中。

（二）搭建土地合作经营平台

在鹊山村村支“两委”的引导下，村民以土地承包权入股组建土地合作社，并以组为单位选派股东代表成立议事委员会，负责土地合作社的具体管理和经营。以土地合作社为平台，将全村4205亩耕地的承包权和经营权集中起来，再将土地经营权流转给具体生产经营者。土地合作协议期限为11年，与30年责任制剩余时间一致。土地合作社的资金来源为土地流转收入、村集体筹集资金注入、各级财政投入、社会捐助资金等，并按一定比例分享流转经营者所获财政补贴资金。土地合作社采取“基本分红+二次分红”的收益分配方式，基本分红实行按人口分配，其中有田有人的300元/亩/年，“有人无田”和“有田无人”的按150元/亩/年，对基本分红之外的部分，再按土地承包权入股比例进行“二次分红”。土地合作社将土地所有权、承包权和经营权所有者紧密联结起来，为三者利益有效表达和矛盾协商解决提供了平台，较好地理顺了土地“三权”权利和利益关系。

（三）开展专业化的土地经营

在对全村土地进行整合的基础上，鹊山村通过聘请专家对全村土地进行统一规划，提高了土地利用的科学性。按照规划，全面加强农田基础设施建设，2014年以来，鹊山村共筹集基础设施建设资金1000万元，大力开展土地整理、农田水利建设和机耕道等基础建设，有效改善农业生产条件，提升了土地价值。实行土地经营权竞价流转，土地流转价格以300元/亩/年为基础，每三年调整一次，采取公开竞价的方式，价高者得，让土地价值的提高转化为土地合作社的经营收益。

（四）加快转变农业发展方式

发展土地合作经营的最终目的是破解发展瓶颈，推进现代农业发展。鹊山村在土地合作经营的基础上，根据当地实际，建立了“专业合作社+新型职业农民+社会化服务体系”的新型农业生产经营体系。由农民自愿以现金入股组建专业合作社，对全村4205亩土地进行统一流转，并划分成60个50～100亩的生产片区，再采取竞价方式租赁给新型职业农民耕种。专业合作社不参与具体生产，主要负责制定生产标准和提供社会化服务。由全体村民投票选择60名新型职业农民，负责具体生产经营，并通过组织专家授课、现场指导、学习培训、经验交流等方式，有效提升职业农民科学种田能力。为支持新型职业农民发展规模生产，专业合作社下设农业机械服务、农资服务、技术技能服务、烘干仓储加工服务“四大服务体系”，提供统一的农资供应、生产技术、农业机械和烘干存储加工服务，有效促进了农业的规模化、机械化和标准化。

经过一年多的实践，土地合作经营展示出了强大的生命力，推动鹊山村发生了巨大变化。一是农业生产形势全面好转。全村4205亩耕地全部实现双种双收（稻稻、稻油），双季稻种植面积从800亩增至2800亩，水稻平均亩产达920公斤，2015年全村粮食产量3500余吨，较往年多产1400吨，增幅达66.7%。农民从“不愿种”变为“抢着种”，年初的职业农民招标大会上有100多户抢着报名。二是农田基础设施有效改善。村集体和农民参与基础设施建设热情高涨，一年多的时间，鹊山村完成了2公里村道、5公里组级公路硬化、25公里水渠衬砌、15口骨干山塘扩容、400亩土地平整，水渠、机耕道延伸到了每一个生产片区，整村土地已全部可实行机械化耕作。同时，由于统一使用生物农药，实施测土配方施肥，农村生态环境也得到有效保护。三是农业发展水平大幅提升。农业生产经营方式快速转变，规模化、标准化、机械化、市场化水平大幅提高。现有60户新型职业农民生产面积都在50亩以上，均为集中连片种植，实行统一标准，全面应用良种、良法、良技，享受从农资供应到加工销售的全程社会化服务，农业机械化率大幅提高，农民实现了轻松种田。四是农民收入明显增加。通过发展规模经营和全程社会化服务，农民双季种植每亩可节约土地翻耕、病虫防治、机械收割、劳动工日成本约270元；由于品种合适、管理规范、技术到位，2015年全村亩平增产粮食250斤，1400亩油菜亩均产量150斤，农民每亩平均增收节支达959元。其中，租种160亩耕地的新型职业农民谢喜良，采取稻油轮作，2015年纯收入达14.4万元。此外，农民还可享受土地合作社和粮食合作社的各项分红，综合收入明显提高。五是农民组织化程度显著提高。鹊山村通过引导村民开展土地合作经营，充分发挥农业的社会组织功能，利用土地合作社、专业合作社的股权联结和收益分红机制，将分散的农户有效组织起来，成为紧密的利益共同体，让农民无论身在何处都能实现权益的有效保障。

三、启示与建议

习近平总书记在党的十八届三中全会上明确提出，土地所有权、承包权、经营权“三权分置”是我国农村土地制度改革的基本思路。但“三权分置”并非对土地“三权”的割裂，而是在巩固“三权”统一性的基础上，对“三权”关系的重新理顺和有效表达。传统的土地流转一定程度上割裂了土地“三权”的统一性，而土地合作经营则是在坚持“三权”统一性的基础上，科学的理顺“三权”关系。经过一年多的探索与实践，我们感觉到：土地合作经营是一种更加高效的土地经营机制和模式，是对家庭联产承包责任制的有效补充和完善，是我国未来农村土地制度改革的方向。土地合作经营的优势主要体现在以下四个方面。

（一）全程由农民主导

土地合作经营的主体是农民，生产经营和收益分配由农民主导，而土地流转的主体是经营权流转方，各项权益和收益都偏向于流转方。鹊山村的实践证明，只有以农民为主体，才能确保农民的土地权益，提高农民参与的积极性。

（二）为农民提供更多选择

土地流转中，农民要么选择不流转，要么选择流转后土地交由他人经营。而土地合作经营中，农民既是土地合作社的股东，也可以通过入股专业合作社参与经营，还可以租赁土地继续种植。

（三）经营方式更加多样

土地合作经营后，土地合作社可以对集中的土地进行整体流转或分片流转，在流转对象、流转规模、流转方式上更加灵活多样。

（四）生产经营稳定性更高

土地合作经营以相对固定的经营实体——土地合作社替代单一农户，开展土地集中流转的稳定性和抗风险能力更强，让土地经营权流转方可以放心长期流转，加大投入。

（五）土地流转整体性更强

通过土地合作社对整村土地进行集中整合，对想要继续耕种口粮田的农户，可由村集体协调到其他区域种植，有效提高了土地流转区域的整体性，解决了土地流转中少数农户不愿流转就无法集中连片经营的问题。

当前，土地合作经营仍处于探索阶段，一些体制机制的形成尚未成熟，建议在积极稳妥推广的基础上，充分发挥基层创造力，鼓励各地因地制宜探索适合于当地的经营模式，不断完善土地合作经营机制。

一是要充分发挥基层主动性。特别是要调动镇、村一级的积极性，动员干部进村入户开展深入细致的宣传、解释、推动工作。

二是要切实加强政策引导。赋予土地合作社更多政策权限，加大对土地合作社发展的支持力度，依法维护土地合作社的合法权益。支持土地合作社参与和承担农村基础设施建设，允许财政资金投入形成资产转化为土地合作社所有或交由土地合作社管理。加强宣传和舆论引导，浓厚土地合作经营的工作氛围。

三是要建立健全社会化服务体系。提升农村土地规划服务，积极发展土地整理、改良和生态修复的专业性服务，提高土地整理和开发的科学性。完善农村金融服务体系，发展农村土地承包权和经营权抵押、担保服务。健全农业保险服务体系，鼓励发展针对土地合作经营的农业保险，降低规模经营的自然和市场风险。

四是要构建科学的监管机制。建立与土地合作经营相配套的监管机制，明确土地合作经营的监管职责，以农村经济经营管理机构为基础，强化基层农经机构建设，增强监管服务职能。加强监管人才队伍建设，大力培养专业人才，引导到基层农经管理机构服务。

始终将狠抓落实
作为“三服务”的生命线

长沙市人民政府党组成员
市人民政府秘书长　谭　勇
市政府办公厅党组书记

实践让我们深切体会到，提升“三服务”水平重在落实、贵在落实、难在落实。在市委、市政府的正确领导下，市政府办公厅紧紧围绕率先建成全面小康、加快实现基本现代化的总目标，认真践行“三严三实”，把握新常态、谋求新作为，始终将狠抓落实作为“三服务”的生命线，围绕中心，服务大局，履职尽责，攻坚克难，着力打造市政府的“坚强前哨、巩固后院”。在2015年全省政府系统秘书长、办公厅主任会议上，市政府办公厅作为市州唯一代表作了典型发言。

一、提升服务抓落实

政府办公厅作为市政府的中枢机构和综合部门，首先要当好真抓实干的“排头兵”。为此，我们着力在政务服务“提质提效提速”上下功夫。

（一）围绕政府科学决策，力促参谋服务提质

对“三重一大”事项，组织开展会前沟通，进行充分酝酿；对政府拟出台的

重大政策，牵头深入开展调查调研，广泛听取各方意见，进行充分研究论证，提出决策备选方案；对部门提请市政府研究的议题，严格进行前置把关，做到情况不清楚、依据不充分、条件不成熟、意见不一致“四个不上会”，既确保会议程序严谨规范，又有效提高了决策质量，较好地解决了政府决策“议而难决、久拖不决”的问题。比如，研究高铁新城管理体制和机构设置方案时，我们组织有关单位前往上海虹桥商务区管委会实地学习，反复协调，提出方案提交市政府专题研究。目前，高铁新城管理体制运行顺畅、效果良好。

（二）围绕凝聚各方力量，力促统筹协调提效

对市委、市政府部署的综合性中心工作，积极牵头统筹，主动协调各方；加强与几大家办公厅全天候、无障碍沟通，统筹安排重要会议、重大活动、重点工作；对事关改革发展全局的中心任务，科学制定总体方案，精心组织付诸实施，协调解决具体问题。为推动“史上最大规模拆违控违”行动，我们积极协调规划、城管、国土、群众工作等部门加大疑难问题处置力度，研究出台做好涉拆群众生产生活帮扶等一系列政策措施，有力保障了拆违控违顺利推进和社会和谐稳定。

（三）围绕优化工作流程，力促日常运转提速

大力倡导极端负责、勇于担当、雷厉风行、任劳任怨的奉献精神，强化精益求精、高质高效的服务理念。全面实施文电会务、应急管理、督查督办、电子政务等改革创新，“文山会海”问题得以整治，机关运转效率明显提高。特别是修订公文处理细则，实行公文文责自负、限期办结、逾期催办、单项考核等“五项改革”，公文流转提速50%以上。

二、突出重点抓落实

大力弘扬勇于担当、攻坚克难的工作作风，紧盯制约全市改革发展的大事、

要事、难事、急事，统筹重大事项，协调疑难问题，以“钉钉子”的精神推动工作落实常态化。

（一）谋划发展盯大事

坚持将政府办公厅工作置于全市发展大局来谋划和推动，在服从和服务全市改革发展中争先创优、干事创业。为抓好政府年度工作任务落实，我们在市人代会闭幕当天就立即组织市政府全会，对《政府工作报告》确定的目标任务进行分解，将责任落实到单位，并实行季度通报、半年讲评、年度考核，有效确保了各项任务落地、落实不落空。面对宏观经济下行压力持续增大的新形势，我们将稳增长作为当前首要任务，办公厅党组成员积极协助市政府领导联系具体项目，并实行跟踪调度，做到千斤担子众人挑、人人肩上有任务。

（二）推进改革办要事

当前改革进入了攻坚期、深水区，我们积极承担政府职能转变和机构改革、国有企业改革、财税体制改革、商事登记制度改革等重大改革事项的统筹协调职责。比如，针对社会投资信心不足、动力不强的问题，强力推进商事登记制度改革，完善“多证合一”“一证一码”、规范商事主体经营场所登记等重点工作内容，为各类市场主体营造宽松便捷的发展环境，有力促进大众创业、万众创新。多次组织专题会议研究深化投融资体制改革，将企业投资城建项目改为备案制，并依法依规全部下放到区县（市）备案，加快推动磁浮工程等一批PPP项目，有效激发了社会投资活力。

（三）化解矛盾解难事

新常态下，需要政府协调解决的“疑难杂症”不断增多，多是一些“绕不开、躲不过”的“老大难”问题。作为服务政府和政府领导的参谋助手，我们在矛盾问题面前，不推诿、不懈怠，知难而进，迎难而上，把啃硬骨头当作自己的份内之事、应尽之责。2015年，市政府办公厅牵头协调处理各类疑难、遗留问题

1600余个，形成“长府阅”会议纪要140多个；解决影响重大项目建设问题1000多个，确保了地铁、磁悬浮、机场扩建、上海大众等重大项目建设顺利推进；科学应对处置复杂舆情，会同宣传部门妥善处置大学城区域因地铁修建移栽树木、抗战老兵林协顺坠楼身亡等群众关切的舆情热点，得到市委、市政府领导充分肯定和社会公众好评。

（四）敏锐应对处急事

围绕构建统一指挥、反应灵敏、协调有序、运转高效的突发事件应急体系目标，从风险隐患排查整改、突发事件信息报送、完善应急联动系统、加强应急队伍建设、完善应急物资储备、强化应急责任落实等方面综合施策，全面提升应急管理工作水平。及时修订完善应急预案，组织地铁救援、道路交通、消防灭火、危化品环境污染事故等应急演练10余场，成功处置突发事件110余起。如2015年11月18日芙蓉区晚报大道地面塌陷引发天然气泄漏，正值天津港特大爆炸案发生不久，若处置不当很容易形成舆情热点，引发周边群众恐慌，领导们都感到压力很大。对此，市政府办公厅在第一时间指挥调度，第一时间现场督导，24小时内便有效处置，得到了市政府领导充分肯定。《中国应急管理》第五期专题刊载了长沙构建现代应急处置体系的先进作法。

三、健全机制抓落实

为从根本上解决踢皮球、打太极，慢落实、缓落实、不落实、假落实的顽疾，我们着力在优化工作运行机制上求实效。

（一）健全责任机制

大力改革创新督查机制，修订完善了《长沙市人民政府督查工作制度》《关于进一步加强政府督促检查工作的意见》等制度规定，进一步明确工作落实的主体责任、督促责任，以及落实单位的领导责任、直接责任。针对湘江治理保护

“一号工程”工作任务重、社会关注度高的实际，我们对湘江长沙库区截污工程挂牌督办，会同有关单位对完成任务困难的截污工程逐一研究落实责任方案，于2015年12月20日实现湘江长沙城区段101个排污口全部截污，如期兑现政府向广大市民作出的庄严承诺，全面完成省政府“一号工程”目标任务。

（二）完善联动机制

横向参与协调建立“四大家”秘书长联席会议制度，切实加强市直部门之间的衔接沟通；纵向协调进一步健全区县（市）政府系统办公室工作联系制度，上情下达、下情上报的渠道更加畅通。在市政府办公厅内部，我们建立了厅务会制度，定期总结部署阶段性工作，研究解决重点难点问题，全厅上下形成了聚焦工作落实、聚焦问题解决的良好导向。

（三）落实考评机制

以政务督查、绩效考核为手段，加强检查考核，敢于较真碰硬，实行工作问效、行政问责、党纪问廉“三位一体”。加强与纪检监察、绩效、审计等单位的协同配合，对不作为、乱作为、落实不力的行为开展暗访督查，盯紧不落实的事，严查不落实的人。如在重大项目建设过程中，市政府督查室协同市监察局对未如期开工的重大项目责任人进行了责任追究，有力推动了重大项目建设进程。

经济“视点”篇

资料详细、针对性强。
请经信委研阅。
胡衡华 10/9

已阅。有针对性、
借鉴性。要好好研究。
张迎春 9/7

打造高端制造业的重要增长极

——长沙市新材料产业发展研究

长沙市人民政府研究室

新材料产业是一个十分重要的基础性、先导性产业，其研发水平及产业化规模是衡量一个国家经济发展、科技进步和国防实力的重要标志。特别是2008年世界金融危机以来，随着虚拟经济的去泡沫化和实体经济的再次回归，制造业尤其是新材料产业发展面临着空前的机遇，全国各地争相把发展新材料产业作为提升区域竞争力的重要举措。近年来，长沙的新材料产业逐步发展壮大，2014年首次超越工程机械跃居第一大产业，但要实现提质增效、由大变强则面临着一系列问题和瓶颈，如何在全球产业发展格局中找准自身定位，形成发展新优势也是一个全新课题。为此，我们梳理了国外新材料产业发展基本情况和主要趋势，重点分析了北京和宁波关于新材料产业发展的相关情况，并对长沙新材料产业发展进行探析，提出了相关建议，供领导决策参考。

一、全球新材料产业发展的总体趋势

与传统材料相比，新材料产业具有技术高度密集、研究与开发投入高、产品的附加值高、生产与市场的国际性强以及应用范围广、发展前景好等特点。按照应用领域来分，一般把新材料归为以下12大类（图1）。当前，全球新材料产业发展主要呈现出以下特点。

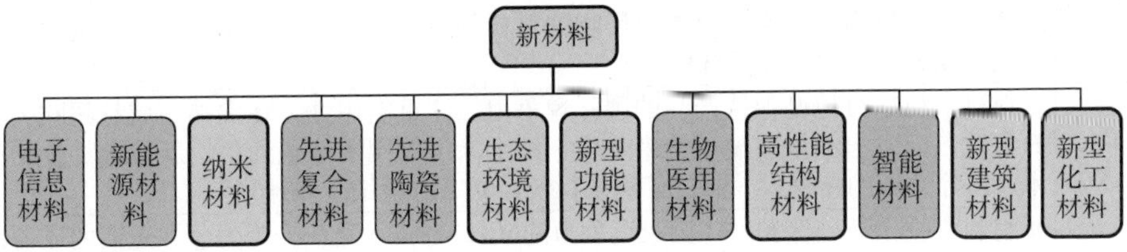

图1　新材料产业应用分类

1. 市场规模更大

全球新材料的市场规模随着制造业和高新技术产业的蓬勃发展而迅速扩大。2000年全球新材料市场规模为4000亿美元，到2014年已接近1.6万亿美元。

2. 产业融合更紧

基础产业正在向新材料产业拓展，上下游合作更加紧密，产业结构呈现垂直扩散趋势。

3. 创新要求更高

新材料产业的发展正从革新走向革命，开发周期正在缩短，创新性已成为新材料产业发展的灵魂。

4. 环保意识更强

在强调多功能、智能化、低成本和长寿命的同时，节能环保已被列入新材料的主要发展方向，成为新材料产业未来发展的主流。

新材料被认为是21世纪最重要和最具发展潜力的高新技术领域之一。金融危机以来，各国纷纷将新材料产业作为推进经济复苏与转型的战略性新兴产业，争相在新一轮产业布局中抢占先机，新材料产业已经成为新一轮发展的制高点（表1）。

表1　部分发达国家新材料产业发展状况

国家	发展情况
美国	凭借其强大的科技实力，新材料产业全面发展，全球领先。其新材料产业主要分布在五大湖区和太平洋沿岸地区；陶氏公司、道康宁、杜邦等公司都是全球领先的材料公司。制订了21世纪国家纳米纲要、光电子计划、光伏计划、下一代照明光源计划、先进汽车材料计划等
西欧	欧洲新材料产业整体发展水平较高，主要分布在西欧的德国、英国和法国等老牌发达国家，拥有一批实力雄厚的新材料跨国企业，如拜耳、默克、巴斯夫
俄罗斯	一方面力求继续保持某些材料领域在世界上的领先地位，如航空航天材料、能源材料、化工材料、金属材料、超导材料、聚合材料等；另一方面大力发展对促进国民经济发展和提高国防实力有重要影响的材料领域，如电子信息工业、通信设施、计算机产业等所用的关键新材料
日本	材料科技战略目标是保持产品的国际竞争力，注重实用性，在尖端领域赶超欧美。日本重点开发出纳米玻璃、纳米金属、纳米涂层等用于信息通信、新能源、生物技术、医疗领域的新材料。制订了纳米材料计划、21世纪之光计划等
韩国	把材料科技作为确保2025年国家竞争力的6项核心技术之一。为力争在短期内成为世界新材料科技产业强国，韩国在2025年构想中列出了为未来建立产业竞争力开发必需的材料加工技术清单，包括：下一代高密度存储材料、生态材料、生物材料、自组装的纳米材料技术、未来碳材料技术、高性能结构材料等

二、国内新材料产业发展的基本情况

“十二五”以来，我国一直大力发展战略性新兴产业，国务院《关于加快培育和发展战略性新兴产业的决定》将新材料产业定性为“国民经济的先导产业”。自2010年以来，中国新材料产业规模一直保持稳步增长，由2010年的6500亿元增长至2014年的1.6亿元左右（图2），年均增速25%左右。到2015年年末，全产业规模将达两万亿元，是“十一五”末的3倍。

目前，国内许多城市出台支持战略性新兴产业发展的意见，且相当一部分城市把新材料产业作为其重中之重来推进。据调研掌握的情况，我们重点选取新材料产业发展较好的北京市和宁波市进行梳理和分析，以期对我市新材料产业发展提供借鉴。

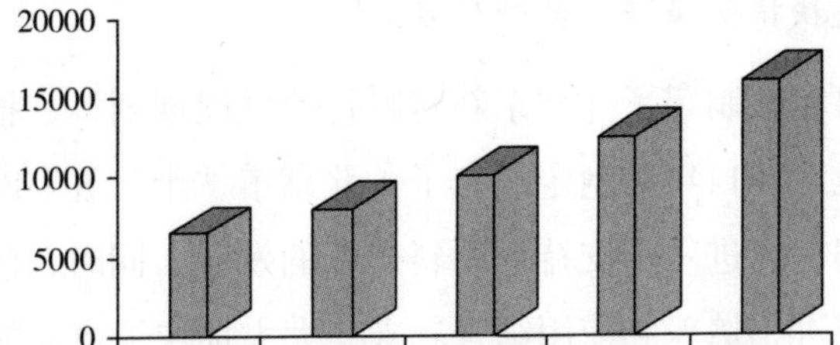

	2010年	2011年	2012年	2013年	2014年
产值（亿元）	6500	8000	10100	12500	16000

图2　“十二五”期间全国新材料发展情况

北京经验：高端化+精细化+集群化+持续化

北京是全国新材料产业的核心城市。新材料产业是其主要战略性新兴产业之一，涉及领域广泛，产品种类繁多，拥有燕山石化、安泰科技等一大批国内乃至全球具有较强竞争力的龙头企业和骨干企业。北京的主要做法如下。

1. 以科技创新助推产业高端化发展

每年投入大量资金支持新材料的研发工作，除政府推动外，北京市的众多新材料企业也在创新过程中发挥重要作用，一些企业集“产、学、研”于一体，具有科技成果转化和商品化速度快的优势，根据需要可以实现多种不同形式的创新。

2. 以转型升级推进产业精细化发展

积极推进原材料产业调整升级，向新材料产业方向发展。大力发展石化新材料产业，推进产业链向下延伸；推进冶金产业结构调整，重点发展高端金属材料，逐步形成完善的高端金属材料研发和生产体系；按照低碳、循环、绿色的理念发展新型建材，重点支持保温、抗震、节能、防火等建筑新材料的开发和产业化。

3. 以合理布局引导产业集群化发展

积极引导全市的新材料产业形成布局合理、特色鲜明、多点支撑、绿色安全的产业发展格局。着力打造中关村科学城新材料创新高地，建设北京石化新材料科技产业基地和北京永丰国家新材料高新技术产业化基地，培育大兴新能源材料、顺义高性能金属和新型建筑材料、昌平先进电池和高端金属材料、怀柔特种金属功能和纳米材料等特色材料产业聚集区。

4. 以政策扶持保障产业持续化发展

早在2001年就制定了《北京新材料行业发展规划》，把新材料产业列为重点高新技术产业。2011年又制定发布了《北京市“十二五”时期基础和新材料产业调整发展规划》，进一步支持新材料产业的发展。同时，注重把新材料产业的发展与人才的引进、培养和使用结合起来，大大加快了产业的发展。

宁波经验：科技城+核心区+延伸区+联动区

新材料产业是宁波重点培育的8大战略性新兴产业之一。宁波的主要做法如下。

1. 突出科技城的引领功能

把新材料科技城建设作为推进新型工业化和新型城市化的重要结合点，全力建设“四区一中心”：即创新驱动先行区、新兴产业引领区、高端人才集聚区、生态智慧新城区和国际一流、国内领先的新材料创新中心，引领宁波新材料等战略性新兴产业发展（表2）。

表2　宁波新材料科技城发展状况

创新能力	核心区集聚国家级新材料领域科研机构5家，各类研发机构300家，创新平台30家，创新创业载体在300万平方米以上，研发经费支出占地区生产总值的比重达到5%，掌握200项拥有自主知识产权的核心关键共性技术
产业规模	新材料产业产值占高新技术产业产值的比重超过50%，推动新材料领域科技成果转化不低于1000项，累计培育新材料领域创新型初创企业超过2000家，引领全市新材料产业产值超过2000亿元、战略性新兴产业产值超过7000亿元
人才集聚	新材料科技城内新增自主申报入选国家“千人计划”人才15人、省“千人计划”人才50人以上，入选市“3315计划”超过150人，科技人员占从业人数比重不低于30%
城市功能	新材料科技城内公共配套设施基本完善，生态环境明显改善，智慧技术得到较大程度应用，宜居宜业新区初步显现

2. 增强核心区的集聚功能

该区块由宁波国家高新区、宁波高教园区北集聚区、镇海新城北区等3个区块组成，规划总用地面积约55平方公里，以高端资源密集区建设为载体，加快推进高端研发、创业孵化、总部基地等功能建设。

3. 强化延伸区的孵化功能

延伸区是与核心区紧密联系的产业化功能区，以江北高新技术产业园区、鄞州经开区、象山滨海区块为重点，加快推进产业园、加速器等建设，引导处于快速成长期的企业实现产业化。

4. 发挥联动区的辐射功能

联动区是与核心区有效联动的新材料产业集聚区，先期以北仑滨江区块、鄞州创业创新基地、宁波石化经开区、浙江省“千人计划”余姚产业园区、慈溪新兴产业集聚区区块、奉化滨海区块为重点，主动接受核心区辐射，推进优势新材料产业集聚发展。

三、长沙市新材料产业发展的现状分析

（一）基本情况

“十二五”时期，长沙的新材料产业快速发展。2011年，印发《关于加快培育发展战略性新兴产业的意见》，将新材料产业作为七大战略性新兴产业之一重点扶持发展，并实现跨越式增长，涌现出一批在全国有影响力的企业。目前，长沙已成为中部地区重要的新材料产业基地，产业链条不断完善（表3）。2014年，全市新材料产业总产值首次超过工程机械，达到1900亿元（图3、图4），占全市规模工业总产值的比重达20%，全市规模以上新材料企业达451家。2014年，制定《长沙市材料产业发展三年行动计划（讨论稿）》，提出实施“5343”工程，即发展储能材料、有色金属材料、碳材料、精细化工材料、绿色建材5大产业链；

表3　长沙市材料产业链情况

类别	主要产品及产业链条
金属材料	形成了从铝锭→铝材、铝箔→铝塑复合板、铝制品零部件及其应用的铝材深加工产业链
先进储能材料	形成了从电池原材料→电池关键材料→动力电池产业链。主要产品为锂离子电池材料、续化带状泡沫镍、无汞电解二氧化锰、镍氢电池负极材料等先进电池材料和锂离子动力电池、镍氢动力电池、铅布铅酸电池等
化工材料	主要产品为合成洗涤剂、涂料（含汽车油漆）、烟花化工产品、工程塑料等
建筑材料	形成了从玻璃纤维、高分子材料→新型建材→卫生洁具、轻质楼盖材料、保温材料的新型建材产业链

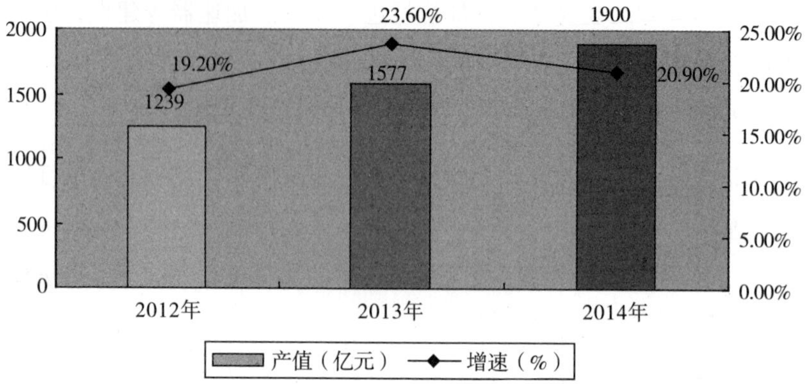

图3　长沙市新材料产业规模工业产值及增速情况

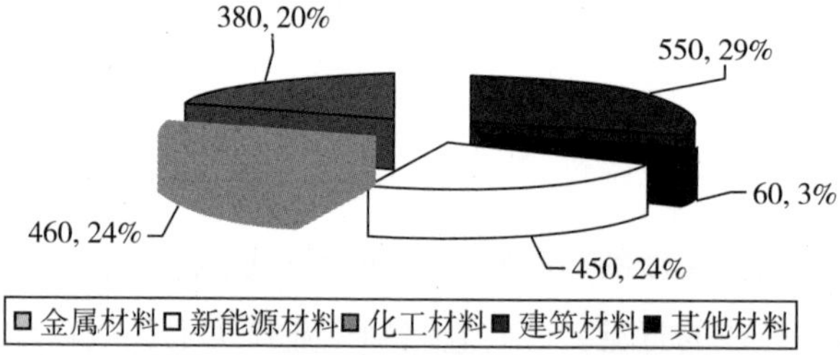

图4　长沙市新材料产业产值构成情况

建设长沙高新区、宁乡金洲新区、望城经开区3大材料产业聚集区；搭建技术、项目、融资、产业促进会4大平台，2017年总产值仍达3000亿元台阶。

（二）突出问题

目前，虽然我市新材料产业发展态势较好，但问题也不容忽视。

1. 从点上看，龙头企业不多

缺少有相当规模和实力的龙头企业，致使产业的总体竞争力不强，专业分工所带来的集群效应难以得到体现。

一是企业产值少。虽然拥有以晟通科技为龙头的规模以上新材料企业451家，但年产值20亿元规模以上的企业仅9家，占1.96%（表4）；年产值10亿元以上的企业也不足20家，占比偏低。

二是研发投入少。企业自主加大科技研发投入的积极性不高。以望城经开区为例，有科技投入的企业16家，其中投入上千万元的占主营业务收入2%以上的只有2家。

表4　2014年部分重点新材料企业产值

企业名称	2014年产值（亿元）
湖南晟通科技集团有限公司	305
远大住宅工业有限公司	86.94
湖南红太阳光电科技有限公司	84.28
湖南金龙国际铜业有限公司	77.3
长沙新振升集团有限公司	52.9
湖南经阁投资控股集团有限公司	35.59
湖南湘江涂料集团有限公司	26.09
湖南稀土新能源材料有限责任公司	21.89
湖南杉杉新材料有限公司	20.1
湖南航天磁电有限公司	5

三是终端产品少。缺乏自主知名品牌产品，终端产品、高技术产品较少。尽管晟通科技、金龙铜业等重点企业研发了轻量化汽车、电缆等产品，但仍处于产业链的前端和中低端。

2. 从线上看，产业延伸不够

一是缺乏产业联盟。材料下游产品市场空间拓展不够，先进储能材料及器件企业与电动汽车企业之间、复合材料企业与工程机械和交通装备制造企业之间尚未形成紧密的产业联盟，材料企业与装备制造企业的配套能力不强。

二是缺乏对接配套。产业链条短，很多配套产品依赖外购或进口。例如晟通科技生产的电解铝远销国内外，却未能被本地金龙铜业、航天磁电等企业所采用；泰嘉新材料所需弹簧钢、硬质合金钢等原材料在本地无配套供应，需要从瑞士进口。

三是缺乏拓展能力。产业内部发展不平衡，核电产业、生物质能等领域尚处于起步阶段；产业外部市场拓展能力有待提高，尽管拥有国际国内领先的C/C航空刹车材料、动力电池材料等技术水平，但未能实现成果转化效益最大化。

3. 从面上看，激励机制不优

缺乏持续的政策支持和稳定的资金投入，一些高新技术的研究成果受困于客观发展条件，难以成长为高技术产业的新增长点。

一是政策方面。由于高新技术关键新材料的特殊要求，决定了单纯依靠市场力量难以保证高新技术及其产业化的实施，离开政府的引导和支持很难实现跨越式发展。新产品进入市场的初期，政府尚需要对新材料的生产企业和用户制订一些激励措施，以加快材料本地化的进程。

二是资金方面。80%以上的新材料企业都是中小型企业，需由政府推动建设一个完善的科技金融服务体系，帮助解决科研成果产业化的融资问题。

三是人才方面。产、学、研、用结合的长效协作机制需进一步完善，缺乏人才定期流动机制，主导产业所需的关键材料及核心技术受制于人，成为产业发展的瓶颈。

（三）需重点关注的行业

当前，虽然长沙市新材料产业主要产值来自于金属材料、化工材料和建筑材料行业，但一些新兴的新材料行业也开始发力，具备高成长性和广阔的市场空间，需要重点予以关注。

1. 先进储能材料

随着电力系统、新能源发电（风能、太阳能等）、清洁能源动力汽车等行业的飞速发展，为先进储能材料产业带来了广阔的市场空间。目前，国内储化学储能技术发展较快。在长沙，拥有杉杉户田、科力远、比亚迪、众泰等一批龙头企业，在储能材料技术研究与运用方面有较大的优势，如果及时加以扶持引导，将会形成新的产业热点，成长为新的发展支撑。

2. 磁性材料

磁性材料主要包括永磁材料、软磁材料、信磁材料、特磁材料等，能覆盖大量的电子、电气产品，是材料行业的基础。随着电子、电气工业的快速崛起，我国已经成为全球最大的磁性材料生产、消费国，未来全球一半以上的磁性材料都将用于供应中国市场。目前，我市生产磁性材料的企业主要有航天磁电、湖南稀土新能源材料等企业，航天磁电主要从事“航天磁”品牌的高性能永磁材料器件科研生产，年产能两万吨，主要应用在汽车、节能家电、新能源产业、工业电机、医疗、计算机、通讯以及航空航天、国防工业等各种直流电机应用和高端音响领域，市场前景较好，具有很高的成长性。

四、加快长沙新材料产业发展的对策建议

从长沙实际来看，将新材料产业作为新的支柱产业来重视和支持，其势已成，其时已至。建议重点抓好以下工作。

（一）抓规划，强统筹

坚持从顶层设计入手，切实抓好新材料产业的规划布局、产业引导、政策激励和组织协调。成立长沙市新材料产业发展协调小组，由分管副市长挂帅，市经信委牵头，加强对产业发展的宏观指导，健全产业发展推进实施机制。加快制定《长沙市新材料行业发展规划》和《长沙市新材料产业发展三年行动计划（2015—2017）》。结合规划制定，建立绩效评估、动态调整和监督考核机制。按照企业主导、政府支持、自主经营、自负盈亏的模式，以股权化、公司制为原则，积极引进协同创新主体，对重大技术问题提供咨询和指导服务。

（二）扶龙头，促重点

一是重点发展先进储能材料。坚持龙头企业带动，依托杉杉户田、瑞翔科技、雅城新材、海纳新材、海容新材、浩润科技等一批骨干企业打造锂离子电池关键材料产业链，依托科力远集团、湖南科霸、神舟科技、维邦新能源等骨干企业打造动力电池能量包、太阳能风能离线应用系统产业链。

二是重点发展磁性材料产业。加强产业培育，依托航天磁电、湖南稀土新能源材料、省稀土院等骨干企业和院所，打造磁性材料产业链，带动上下游产业协同发展，形成磁性产业集群。

（三）搭平台，增后劲

1. 搭建产业集聚平台

重点打造河西新材料产业走廊，将长沙高新区、宁乡经开区打造成先进储能材料、复合材料和磁性材料产业基地、新型建筑材料产业基地，将望城经开区

打造成有色金属材料深加工和磁性材料产业基地，将隆平高科技园打造成先进储能、硬质合金材料产业基地。尤其是要以重大企业为龙头，带动产业链条的拉伸，生产制造出更多的终端产品，进一步提升产业质效。

2. 搭建科技研发平台

依托现有高校重点实验室、有关研究院所等研究机构，建立公共服务、研发设计等平台，在储能材料、有色金属材料、碳材料、精细化工材料、绿色建筑材料等领域实现技术突破；充分利用科交会等平台，积极引入已具备产业化条件的科技成果来长转化，着力建设高水平的新能源新材料成果转化基地。

3. 搭建对外交流平台

充分发挥行业协会、产业联盟组织及产学研用创新联盟组织的作用，加强新材料企业与科研院所、先进装备企业、金融机构等对接，加快行业信息交流，建立以优势企业为龙头，联合产业链上下游核心企业的产业联盟，形成以新材料为主体、上下游紧密结合的产业体系；加快建设跨区域公共技术平台、产业信息交流平台、政府间合作平台等公共平台，促进地区间新材料产业资源共享；加强长沙经济带、长江中游城市群、长株潭城市群的城际合作，实现优势互补、错位发展、互利共赢。

4. 搭建项目储备平台

抓住国家级湖南湘江新区和长株潭自主创新示范区建设的历史机遇，统筹并充分利用市内已有的各类项目平台系统，实施动态跟踪、分级管理的项目储备制度，实施和储备一批产业规模化优势培育、传统优势产业转型升级、生产性服务业发展、工业化和信息化融合等方面的重大项目。

（四）优服务，破瓶颈

1. 给予鼓励创新政策

加大原始创新、集成创新和引进消化吸收再创新的力度，形成“宽容失败、鼓励创新”的考核导向机制，改变基础研究急功近利追求“短平快”的现状。对企业、高校及科研机构获得国家、省级重点研究中心、实验室的，给予适当资金支持。对湖南航天磁电等有自主知识产权的国有企业改制，给予重点引导和扶持。

2. 给予人才引进政策

继续深入实施“3635”人才计划，加速引进领军人才、高级经营管理和研发人才、专业技术骨干人才等经济社会发展紧缺急需和战略型人才；对全职创业的高层次人才领衔的产业化前景好、能带来巨大经济和社会效益的创业项目，给予项目启动资金。

3. 给予财税优惠政策

充分发挥财政资金“四两拨千斤”的效应，建立财政资金投入的“后评估机制”，对新材料生产企业在开发的新技术、新产品、新工艺过程中发生的研究开发费用，给予适当补贴；设立产业投资基金和风险补偿基金，形成多元化投入机制；积极引导企业充分用好用足税收政策，落实技术开发投入政策、新产品财税返还政策、技术开发装备折旧政策、进口关税和进口环节增值税免税政策。

4. 给予土地供应政策

对符合土地利用总体规划和产业规划的新材料产业项目，优先保障用地；鼓励实行长期租用、先租后让、租让结合的工业用地供给方式，加快办理产业园区用地手续，减轻企业用地资金压力。

5. 给予优先扶持政策

制定《长沙市新材料产业产品指导目录》，开展新材料企业认定，鼓励我市企业大胆购买和使用本地企业研发生产的设备。大力培育和扶持本土新材料企业做大、做强、做精、做优。鼓励新材料产业中同类和相近企业进行联合、整合，做大体量和规模，提升自身实力和研发能力，增强市场竞争力，以支撑产业的持续发展。鼓励龙头企业不断将特定的生产工艺分离出来，形成一批专业化配套企业，积极支持中小企业进入龙头企业的供应网络，提高龙头企业的本地配套率。

课题组组长：唐曙光

课题组副组长：周海毅

课题组成员：李荣裕　叶步林

抢占产业竞争制高点
增创长沙制造新优势

——长沙市高端制造业发展思路研究

长沙市人民政府研究室

制造业是国民经济的主体和基石，集中反映了一个国家或地区的科技水平和发展实力。高端制造业作为制造业的核心，决定着制造业的综合竞争力，具有技术密集化、附加价值高、成长空间大等特点。大力发展高端制造业对于抢占新一轮工业转型升级先机，打造长沙经济“升级版”意义重大。为适应新一轮科技革命和产业变革，引导和推动长沙高端制造业实现率先发展，我们在了解长沙高端制造业发展情况的基础上，提出了今后一个时期高端制造业发展的目标、重点和举措，供领导决策参考。

一、长沙高端制造业发展的基础现状

（一）长沙高端制造业发展的基本情况

“十二五”期间，长沙的工程机械、智能制造、电子信息、新材料、生物医药、汽车及零部件、节能环保等高端制造业发展势头迅猛，为经济社会发展提供了强力支撑。

1. 新材料

2014年，以晟通、杉杉、博云为代表的新材料产业完成规模工业总产值1900亿元，比上年增长20.9%，占全市规模工业总产值的20.1%，成为全市第一大产业。目前已形成先进储能材料、先进复合材料、金属新材料、先进硬质材料四大特色优势的新材料产业集群。先进储能材料、先进硬质材料在全国领先，先进复合材料、金属新材料进入全国第一方阵。

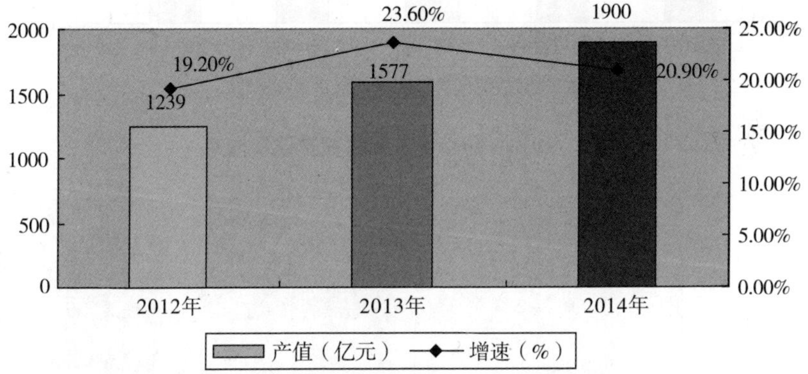

图1　新材料产业规模工业产值及增速情况

2. 工程机械

2014年，全市工程机械产业完成规模工业总产值1807亿元，占全市规模工业总产值的19.1%；完成增加值476.3亿元，占全市规模工业增加值的15.7%。其中，混凝土机械、液压静力压桩机、汽车起重机国内市场占有率分别达80%、70%、30%以上。中联、三一、山河三大龙头企业均居全球工程机械50强。三一的混凝土泵车和中联的塔式、轮式起重机在全球领先。

3. 电子信息

2014年，以蓝思科技、拓维信息、长城信息等为代表的电子信息产业收入突破1500亿元，增长26%。其中，电子信息制造业实现工业总产值1174.57亿元，首次突破1000亿元，近三年分别增长29.2%、41.4%、20.6%。目前，全市电子信息企业达1800多家，其中规模以上218家，产值过亿元87家、过50亿元（中电48所）和过100亿元（蓝思科技）各1家。

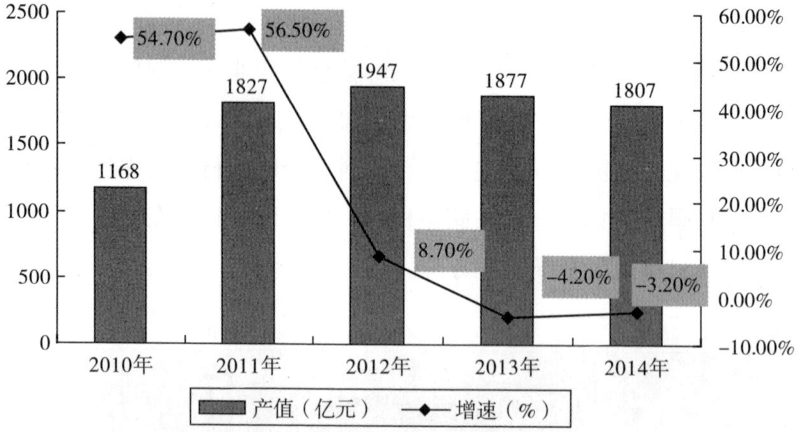

图2　2010～2014年工程机械产值及增速

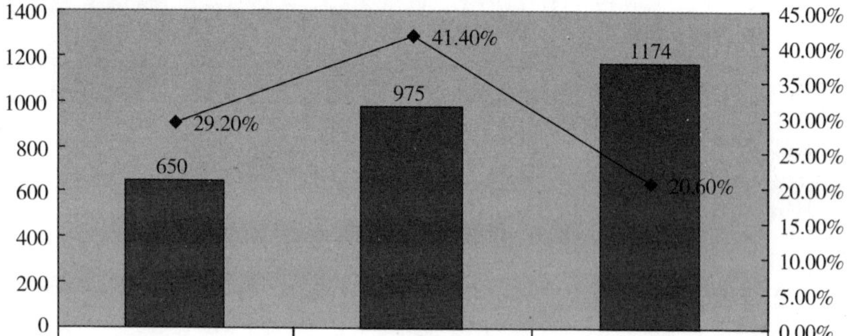

	2012年	2013年	2014年
产值（亿元）	650	975	1174
增速(%)	29.20%	41.40%	20.60%

图3　电子信息规模工业产值及增速

4. 节能环保

2014年，以远大住工、永清环保、凯天环保等为代表的节能环保产业完成总产值765亿元，占全市规模工业总产值的8.1%，比上年增长31.2%。我市现有的节能环保生产、研发与服务型企业初步形成了掌握核心技术、自主研发生产、规模逐渐扩大、涉及领域不断延伸、技术水平逐步提高的发展态势。

5. 汽车及零部件制造业

集聚大众汽车、广汽三菱、广汽菲亚特等3家世界知名汽车企业，比亚迪等4家中国汽车20强企业。2014年，实现总产值600.5亿元，增速达到31%，高于全市规模工业增速17.7个百分点。长沙已成为全国第六大汽车生产基地、全国首个具备完整车系制造能力的城市，整车产能120余万辆，形成了以轿车、越野车、轻中重型载货车、客车、专用车、新能源汽车六大整车为核心的汽车产业集群。特别是新能源汽车异军突起，在电动汽车动力电池、控制系统等技术方面占据优势，比亚迪汽车项目已实现1500辆纯电动大巴的产销。

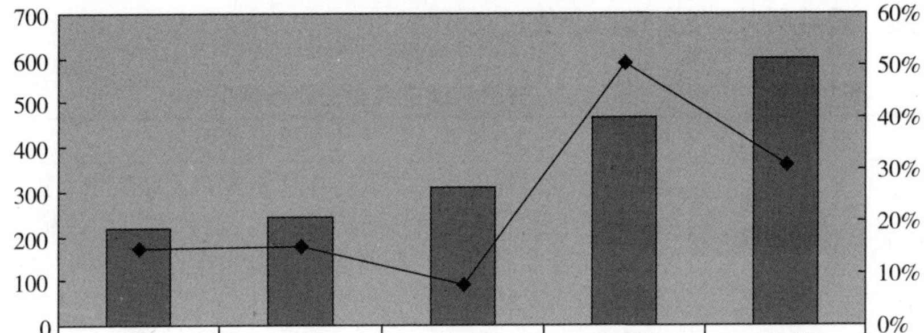

	2010年	2011年	2012年	2013年	2014年
产值（亿元）	216	245	311	468	601
增速(%)	15%	15.30%	7.80%	50.50%	31%

图4　汽车及零部件规模工业产值及增速

6. 生物医药

2014年，以浏阳经开区、长沙高新区等集聚区为主体的生物医药产业完成产值305亿元，增长30.4%。近年来，还先后培育和引进了九芝堂、九典、安邦、尔康、方盛等市场前景好、科技含量高、发展后劲足的医药企业，全市现代中药和现代种苗技术处于全国领先水平，基因工程处于中部领先水平。

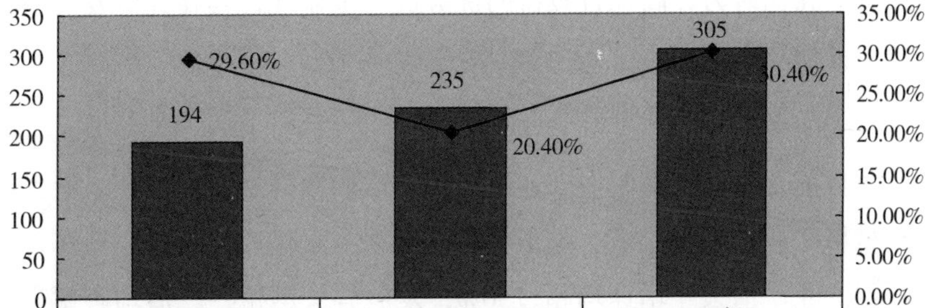

	2012年	2013年	2014年
产值（亿元）	194	235	305
增速(%)	29.60%	20.40%	30.40%

图5　生物医药规模工业产值及增速

7. 智能制造

以3D打印、工业机器人为代表的智能制造关键技术国内领先，具有较好的发展潜力。2014年，华曙高科增材制造园区正式启用，这是国内首个集装备与材料于一体的研发及产业化基地，长沙成为国内3D打印技术新高地。长沙从事机器人应用技术及核心部件开发的企业达到三十多家。其中，长泰机器人、三一智能、爱威科技等5家企业产值过亿元。

表1　智能制造主要企业产品情况

主要企业	主要产品或服务
长沙长泰机器人	重型铸造全过程应用生产线、中厚板焊接系统应用、机器人汽车多功能生产线、危险品智能制造成套设备、白色家电中的机器人应用生产线等，产品覆盖面全，产品要求高，技术难点高，同时每种产品都引领着行业的前端技术
华恒机器人	机器人焊接系统、焊接专机、搅拌车滚筒焊接生产线、焊接配件，主要是为工程机械行业进行弧焊机器人配套，产品线单一
蓝天焊接	非标工装及焊接自动化设备、机器人工作站、抛光机及电子信息装备生产线、工业烟尘治理设备

（二）长沙高端制造业发展的主要特点

1. 从总体看，规模效益持续提升

2014年全市高端制造业实现总产值6863亿元（占规模以上工业总产值9496亿元的72.27%），与2012年相比增长42.1 %，年均增幅达12.9%。高端制造业高附加值、高辐射力、高综合效益的优势进一步显现，其在经济发展中的核心增长极作用更加凸显。

2. 从趋势看，集群特征日益明显

目前，全市高端制造产业里呈现出产业集群加速的特征。七大产业中，目前新材料产业、工程机械、电子信息已经跻身千亿产业集群；汽车及零部件和节能环保产业产值去年增速均超过30%，发展势头迅猛，产值均有望突破千亿元，产业集群效应正逐步显现。

3. 从结构看，龙头带动作用突出

从全市高端制造业发展历程来看，龙头企业发展壮大带动了产业整体发展和产业链延伸。如，以三一、中联等主机企业为核心，形成了工程机械配套集群；以上海大众、广汽三菱、广汽菲亚特、比亚迪等企业为核心，形成了长沙的汽车及零部件产业集群；晟通集团2014年实现产值305亿元，占新材料产业的16%。

4. 从后劲看，创新能力逐步增强

当前，长沙的创新要素主要集中在高端制造领域。特别是在智能制造、新材料、节能环保、生物医药等方面，集聚着诸多自主创新的科技成果。以生物医药产业为例外，全市拥有生物医药领域国家级工程（技术）中心6家、省部级企业工程（技术）中心41家，累计获专利授权792项，发明专利授权217项，各类高技术要素和科研资源在长沙形成“扎堆效应”，为高端制造业可持续发展奠定了坚实基础。

（三）长沙高端制造业发展的突出问题

1. 产业竞争力有待增强

当前，全市高端制造业大而不强的现象仍普遍存在，部分产业缺乏核心技术，导致在市场缺乏话语权，市场风险大。如蓝思科技、介面光电等电子信息龙头企业主要业务均为电子产品部件的加工、制造，核心技术全部或部分不为企业所掌握，一旦市场发生变化，企业就容易陷入困境。

2. 部分产业发展后劲乏力

受宏观政策收紧和外需放缓的影响，全市工程机械产业呈现出整体下滑的趋势。2013年5月以来，我市工程机械产业规模增速处于负增长的状态，2013年、2014年规模工业总产值分别负增长4.2%和3.2%，尽管三一、中联都在国内外开拓细分市场，但短期来看，增长仍然缺乏足够的支撑。

3. 终端产品的优势品牌不足

高端制造业“有产品、无品牌”的问题仍然突出。近年来，我们虽然培育了一批品牌企业，但企业自主创新能力和品牌国际化程度不高等问题依然存在，在国际国内叫得响的品牌屈指可数。因为缺乏知名品牌，产业缺乏核心竞争力，只能拼价格换市场，由此导致企业大而不强、效益不高。

4. 科研成果转化率不高

目前，长沙拥有银河系列计算机、杂交水稻等一大批国际领先的科研技术成果，但还存在产学研金脱节现象，本地研发优势没有转化为产业优势。以新材料产业为例，我市在新材料领域拥有的部分关键技术在国内甚至国际都具有领先优势（如黄伯云院士所拥有的碳/碳复合材料关键技术），但由于成果转化机制不畅等问题，暂未形成较好的产业规模。

5. 产业体系不健全

目前，全市的高端制造业中，部分产业有的有龙头无数量，有的有数量无龙头，有的是既无数量也无龙头，没有形成完整的产业体系。如工业机器人产业，全市15家机器人产业重点企业，年产值只有5.6亿元，产值最高的湖南五新重型装备有限公司也只有1.6亿元。同时，很多龙头企业的总部和研发机构不设在长沙，没有凸显高端制造的特征。

6. 产业服务体系滞后

部分园区的科技企业孵化器建设和扶持力度还需加强；中高级专业创新型人才甚至是熟练工人的培养力度依然不大；以政府为主导、企业为主体、产学研相结合的研发体系尚不健全；技术服务、信息共享、人才培训、金融服务、行业协会等公共平台建设需进一步加强；风险投资、担保机构、上市培育等投融资机制缺乏等。

二、长沙发展高端制造业面临的机遇与挑战

当前，新一轮科技革命和产业变革与我国加快转型创新发展形成历史性交汇，长沙高端制造业发展面临着前所未有的机遇和挑战。

（一）四大机遇

——制造强国、工业强省的时代机遇。国家实施制造强国战略，推进《中国制造2025》，工信部决定连续3年分类开展智能制造试点示范专项行动。省里正在研究出台《湖南省贯彻〈中国制造2025〉建设制造强省“五个一”工作方案》，重

点培育壮大装备制造等优势产业。这些都为长沙高端制造业发展带来重大利好。

——产业融合、转型发展的战略机遇。融合发展是时代的发展趋势，特别是新一代信息技术与制造业的深度融合，将促进制造模式、生产组织方式和产业形态的深刻变革，给高端制造业发展带来重要机遇。加之我国相比其他国家更加旺盛而又更具差异化的市场需求，为制造业转型升级提供了良好的战略纵深，尽管中国的制造业在未来10年内都将面临转型，但不同行业和领域的转型不可能“一二三、齐步走”，而是成波次地次第推进，必然为长沙的制造业向高端化迈进提供较大的缓冲空间。

——内需扩大、产业转移的承接机遇。当前，经济全球化、产业梯次转移，国内产业正在加快向中西部地区转移。长沙是“一带一部”城市，区域综合实力居全国省会城市前列，辐射半径大、人口多、消费旺，将成为拓展内需市场的主要战场和承接国际国内产业转移的前沿阵地，为高端制造业提供强劲的发展动力。

——区位优越、区域崛起的平台机遇。长沙是全国重要高铁枢纽城市和国家级综合交通枢纽城市，京广高铁、沪昆高铁和规划建设中的厦渝高铁在此交汇，为高端制造业集聚发展提供区位优势。长沙作为“一带一路”重要节点城市、长江经济带和长江中游城市群中心城市，拥有国家级湖南湘江新区、国家自主创新示范区、全国两型建设综合配套改革实验区三大国家战略平台，在产业布局上获得重点倾斜，在政策制定上给予先行先试，平台叠加效应将为高端制造业快速崛起提供有力保障。

（二）四个方面的挑战

——区域竞争和人才技术争夺更趋激烈。高端制造业是一个地区的核心竞争力，全国许多城市将高端制造业作为优先重点发展的产业，“北、上、广、深”率先发展，天津、武汉、重庆抢先一步，合肥、南昌等也在“招贤纳才”，区域竞争白热化、同质化，人才、技术争夺十分激烈。有的城市甚至来我市挖企业（沈阳想引走长泰机器人）。长沙高端制造本来规模不大、发展不优，关键产业高端人才缺乏，如果不引起高度重视、采取有力措施，必将面临人才、技术流失风险，盛极一时后被外地挖去人才而日益衰落的“动漫衰落现象”就有可能重演。

——核心技术与科技成果转化能力欠缺。核心技术就是核心竞争力。我市高端制造业拥有的核心技术不多，关键零部件大多需要进口，一些大型企业仍处在产业链中加工组装环节，缺少核心技术的现象尚未有效突破，尤其是用于研发核心技术的投入严重不足。2013年深圳研发投入占GDP的比重为4.0%，华为公司研发投入占营业收入高达14%，而我市研发投入占GDP比重仅为2.15%，居全国省会城市第13位，特别是企业自主研发投入只占企业主营业务收入1.3%，仅约为四川绵阳（3.51%）的1/3。更令人忧虑的是，2015年上半年，我市技改投入增速仅2%。据统计，近年来长沙每年有省部级以上科技成果约600件、授权专利1万多件，但就地转化率低。如湖南大学每年有近300项发明专利，能够在长沙就地转化的不到10项。

——协同配合与基础配套有限。长沙高端制造业的配套服务相对滞后，高端生产性服务业总量偏小，三一重工等大多数高端制造业仍处于产业链的低端生产制造环节，相关配套的设计与研发服务不仅总量小，且增加值占比也偏低，2013年全市规模以上工业企业R&D占其主营业务收入的比重仅为1.46%，对长沙高端制造业的发展未能形成强有力的支撑。同时，与发展高端制造业相配套的基础设施、基础条件不够。如发展智能汽车，道路还过于复杂；发展智能公交，还没有良好的信息服务系统；发展智能机器人，还没有国家一流的机器人研究院。

——粗放发展模式的惯性阻力。近年来，随着新一代信息技术广泛渗透，推动关键领域技术持续突破、不断融合和加速应用，正在引发制造业发展理念、技术体系、制造模式和价值链的重大变革。而长期以来，长沙与许多地方一样，形成了依靠资源和要素投入、依靠模仿式规模扩张、依靠政策刺激的畸形市场，存在着粗放发展的惯性思维。同时，长沙是内陆城市，接受开放创新的理念和消化吸收先进的技术“慢半拍”。据市科技局调查，全市规模以上工业企业有82.5%未开展科技研发活动，有85.2%未形成自主知识产权科研成果。管理、技术、金融等创新任重道远。

三、加快长沙高端制造业发展的对策建议

未来5～10年是高端制造业发展的重要战略机遇期，必须科学把握行业发展

趋势，前瞻部署，坚定不移推进结构调整和转型升级，既利用好“后发优势”，又发挥好“既有优势”，着力抢占新一轮产业竞争的制高点，增创长沙高端制造业的新优势。

（一）战略目标

实施制造强国战略，到2020年，全市基本形成以创新引领、智能高效、绿色低碳、结构优化为核心特征的产业体系，引导企业成为高端制造的创新引领者、精益求精的品质打造者、严格而灵活的管理者，高端制造业竞争力大幅提升，发展水平位于全国前列，成为全国重要的高端制造研发转换基地和高端制造中心。

产业规模：全市规模以上高端制造业总产值占规模以上工业总产值的80%左右，工业增加值占GDP的35%以上。

产业结构：培育一批年产值超100亿元、超50亿元和超10亿元的高端制造骨干企业，形成有梯次的高端制造企业集群。

技术创新：骨干企业研发经费投入占主营业务收入比例、高端制造专利授权量大幅增长，建设一批国家级研发、测试平台和 家以上具有国际竞争力的核心企业。

人才培养：加快培育和引进一批研发专家和团队、高级经营管理人才、中高级技工队伍，造就一支高素质的企业家队伍，为长沙高端制造业发展提供智力支撑和人才保障。

降低成本：积极发挥政策性金融、开发性金融和商业金融的优势，加大对新一代信息技术、智能制造、新材料等重点领域的支持力度，切实降低高端制造业融资成本和生产成本。

（二）基本原则

——创新驱动。以创新发展为驱动，整合创新资源，加强原始创新、集成创新和引进消化吸收再创新，建设一批高水平的研发平台和技术中心，突破制约产业发展的核心技术，培育具有自主知识产权的国内乃至世界知名的产品和品牌。

——高端引领。以发展智能制造、新材料、新能源汽车、电子信息等高端制造装备及其他战略性新兴产业所需装备为引擎，通过其辐射、带动和支撑作用，引领长沙制造业走高端化、品牌化、国际化发展之路。

——错位发展。依托“五区九园”，按照“突出主业、兼顾其他、错位发展”要求，立足各园区现有优势和产业基础，坚持差异竞争、优势互补，形成特色明显、布局合理、协同配合的产业发展格局。

——两化融合。以市场为导向，以企业为主体，运用现代信息技术改造提升传统产业和企业，把信息技术融入研发设计、生产流通、组织管理等各环节，全面推进信息化与工业化深度融合。

——服务增值。围绕发展技术密集、带动作用强的高端装备，配套发展附加值高的设计研发、解决方案、工程总包、检验认证、运行监控、维修检测、再制造等生产性服务业，整体上拉长做优长沙高端制造业的产业价值链。

（三）重点任务

1. 巩固提升传统优势制造业

依托长沙制造业现有基础，以工程机械、汽车及零配件等传统优势产业为重点，瞄准国际高端装备技术发展方向，积极采用现代技术对产品进行技术改造，推动传统装备制造加快向智能化、高端化转变。

——工程机械。巩固混凝土、工程起重、桩工及开挖、挖掘及铲运等原有大型主机特色产品；开发大型土方、海洋工程和石油、燃气开采机械；引进开发高品质底盘、高质量液压件及液压元件、大马力发动机、重载轴承、变速箱、回转支承等新型功能配套件；发展小型装载机、挖掘机和挖掘装载机等多功能化产品。

——汽车及零配件。大力发展整车制造，重点研发长沙自主品牌轿车、越野车、载货汽车、高附加值专业车等产品，重点支持上海大众、广汽菲亚特、比亚迪等一大批骨干企业发展。大力发展配套产业，重点研发汽车电子、模具、配件等关键零部件技术改造，完善汽车金融、展示交易等配套体系，重点支持博世、住友等零部件制造企业。大力发展新能源汽车，重点发展纯电动汽车、混合动力汽车、插电式混合动力汽车、燃料电池汽车及充电桩等产品，重点支持比亚迪和众泰等企业发展。

2. 培优做强现有高端制造业

长沙现有的很多制造企业属于中间产品和半成品制造者，利润偏低，易受行业周期冲击，抗风险能力较差，必须紧跟消费市场的变化和需求，推动企业直接参与精细化、高端化、生态化终端消费品的制造，推动产业链条向后端延伸发展。着力培育壮大新材料、电子信息、节能环保、生物医药等高端新兴装备，尽快打造长沙高端制造产业新优势。

——新材料。重点发展大功率镍氢动力电池等储能材料、稀土等磁性材料，以及导电功能等高分子材料、飞机机轮刹车用炭/炭复合等航空航天材料、新型墙体等绿色建筑材料、微喷墨打印阵列等3D打印材料。重点支持杉杉新材、科力远、航天磁电、晟通科技、远大住工等骨干企业发展。

——电子信息。大力发展关键电子元器件、电子材料、集成电路等核心基础产业，重点发展导航芯片和模块、通信芯片和模块、接收机组件、显示器件与整机集成以及导航仪、车载终端等基础零部件。重点支持蓝思科技、基伍手机、介面光电、威胜集团、长城信息等核心企业发展。

——节能环保。重点发展大气污染防治设备、城市及工业污水污泥处理设备、危险固体废弃物处置设备、环保节能设备；开发脱硝脱硫、生活垃圾、有毒有机废水处理等先进技术装备；积极推广应用高灵敏度、高稳定性和高可靠性的废水、烟气和尾气、细颗粒物成套监测技术设备。重点支持永清环保等骨干企业发展。

——生物医药及高性能医疗器械。重点研发数字化、网络化诊疗设备及制造技术，发展重大疾病急救、诊疗、康复类数字化医疗设备，发展基层医疗机构用和家用、量大面广的诊疗康复医疗器械。重点支持楚天科技等龙头企业发展。

3. 扶持发展新兴智能制造业

以数字化、智能化为代表的制造技术是制造业由大到强的主攻点和着力点。瞄准市场和技术前沿，实施智能制造三年行动计划，开展流程制造、离散制造、智能装备和产品、智能制造新业态新模式、智能化管理和智能服务六个方面的试点示范，以工业机器人、增材制造、检验检测等为重点，加速产业化进程，打造高端制造新的增长动力。

——工业机器人。重点研发和应用焊接、上下料、搬运、码垛、喷漆、装配等工业机器人，用于特殊环境下的安防、排爆、环保机器人，用于民生的仿人型机械臂，以及电机、驱动器、控制器、传感器、网络控制系统等机器人核心部件，加速实现工业机器人规模化应用。重点支持长泰机械等代表性企业发展。

——增材制造。重点推动采用金属材料、树脂材料的3D打印核心技术、装备及关键原材料的研发，推动相关技术在钛合金快速成型、碳纤维编织等方面的行业应用。重点支持华曙高科等代表性企业发展。

——检测检验。重点加强在线检测、自动测控技术研发与应用，突出远程检测设备制造，强化装备（产品）运行数据与用户使用习惯数据的采集和建模分析，增强在线监测、远程升级、故障预测与诊断等服务水平。重点支持中大检测等代表性企业发展。

（四）保障措施

高端制造业是国家实施制造强国战略的重点布局，也是长沙转型创新发展的重点领域，必须整合优势资源、强化保障措施。

1. 加强全局统筹，抓好顶层设计

成立长沙市高端制造业发展领导小组，由市长任组长，分管副市长任副组长，相关部门为成员。领导小组重点负责研究出台政策意见，制定高端制造业相关发展规划，抓好政策落地，统筹推进高端制造业发展。健全产业发展推进实施机制。建立由市政府分管领导负责，市经信委牵头，相关部门参与的工作协调机制；结合“十三五”发展规划和产业专项规划的制定，建立绩效评估、动态调整和监督考核机制。组建长沙高端制造协同创新研究院。按照企业主导、政府支持、自主经营、自负盈亏的模式，以股权化、公司制为原则，积极引进合作主体，并根据不同产业的特殊需求设立分院或研究中心。

2. 优化空间布局，推动集群发展

集聚是制造业发展壮大的主方向，园区是制造业转型升级的主战场。打造东部高端制造业集聚区。以长沙经开区、浏阳经开区为核心，依托上海大众、蓝思科技和介面光电等企业，重点发展汽车及零配件、电子信息等产业；打造西部高端制造业集聚区。以长沙高新区、宁乡经开区、望城经开区为核心，依托三一重工、中联重科、格力电器、中德有色工业园等企业和平台，重点发展工程机械、节能及环保设备、智能家电、新材料、检验检测等产业；打造南部高端制造业集聚区。以雨花经开区、天心经开区为核心，重点发展工业机器人、新能源汽车及生产性服务业。同时，继续培育农业机械、环卫机械、物流装备等特色基地，努力把长沙打造成国家级的高端装备产业基地，形成长沙在中部乃至全国的比较优势和竞争优势。

3. 深化成果应用，提升创新能力

深入开展技术攻关，加大智能制造、电子信息、新材料等领域科技研发力度，突破智能控制、关键零部件、伺服系统等重大产业技术瓶颈，不断提升产品技术水平。鼓励发展创新设计。发挥国家级、省级重点企业研究院、技术（研发）中心等创新载体的支撑作用，在重点领域开展创新示范，对新获得国家级、省级、市级工业设计中心的企业和新创建的国家级、省级、市级工业设计示范园区，分别给予适当奖励。加强成果推广应用，以湖南湘江新区和长株潭国家自主创新示范区为依托，发挥两个国家级战略平台的联动和集聚效应，重点支持一批重大创新成果进行产业化生产应用。

4. 转变组织方式，增强发展质效

推进标准化制造模式，建立健全装备制造业标准体系，加快推进基础标准、试验标准和产品标准的研究制订。重点推进模块化设计、模块化制造、模块化装配在工程机械、整车制造等成套设备领域的推广应用。推进协同化制造模式。重点支持集成制造企业与零配件生产企业、制造企业与服务企业、设计企业与销售企业开展协同创新协同制造模式，推动企业由单打独斗向全产业链一体化协同制造模式转变。推进智能化制造模式。通过物联网、云计算和大数据等技术对机器设备和生产流程等进行智能化改造，形成完善的工业物联网系统，实现单机生产向连续化生产转变。推进绿色化制造模式。大力提升装备制造产品、工艺、流程等设计、开发水平，应用节能环保材料，强化质量体系认证，在整个装备制造产品生命周期中实现对环境影响最小化，提高资源利用率，降低能源消耗。

5. 创新体制机制，强化政策保障

创新融资机制，以创建小微企业创业创新基地城市为切入点，落实和完善支持小微企业发展的优惠政策；鼓励金融机构加大信贷支持，发挥资本市场融资功能，引导企业利用直接融资、PE、VC、天使基金、种子基金等创新融资模式；设立由产业专项资金和商业银行按适当比例共同出资的“贷款风险补偿资金池”；建立首台（套）技术装备及关键核心零部件保险补偿机制，鼓励我市企业购买和使用本地企业研发生产的首台（套）高端装备。创新人才机制。落实“3635”人才计划，创新人才培养模式，尽快培养、引进一批高端装备领军人才、创业团队；加大对“人才+项目”一体来长发展项目的支持力度，对全职创业的高层次人才领衔的产业化前景好、产出回报率高的创业项目，实行“一企一策”“一事一议”，给予一定比例的项目启动资金扶助，同时实行办公用房和生产厂房租赁补助。加大职业教育培训的支持，培养和引进一大批高级技工人才。创新管理机制。建设多形式、多层次的公共服务平台，鼓励和引导产业链上下游企业、高校、科研院所和其他组织机构形成联合开发、优势互补、利益共享、风险共担的公共服务平台；加快修订政府核准的投资项目目录，落实企业投资主体地位，支持新产业产品进入政府采购目录。建立规划实施的绩效评估、动态调整和监督考核机制，适时调整规划重点发展领域和布局，不断优化高端制造产业发展规划。

课题组组长：唐曙光

课题组副组长：周海毅　彭文滋

课题组成员：黄熊飞　李荣裕　叶步林　唐承燕

将创新创意产业打造成新增长极
——长沙市创新创意产业发展思路研究

长沙市人民政府研究室

创新创意产业是智慧经济的重要形式，是经济发展新常态下最具活力的产业形态，加快发展创新创意产业是新时期国家提升产业竞争力的战略举措。2014年1月，国务院常务会议专题研究推进文化创意和设计服务与相关产业融合发展的政策措施；同年10月，李克强在中意创新周大会明确指出，我们的时代是创新的时代，要让创意促进创新，提升国家产业竞争力。长沙作为中部唯一获批国家级新区的省会城市，先行先试，以创新创意产业为突出重点，探索在“互联网+”全新产业环境下转型创新发展新路径，意义重大。要把发展创新创意产业摆在更加突出的位置，放大现有优势，明晰发展方向，加大培育和支持力度，努力将创新创意产业打造成为长沙新的增长极。

一、创新创意产业内涵、特征与发展趋势

（一）创新创意产业基本内涵及特征

创新创意产业是源于个人创造、技能与才干，通过开发和运用知识产权来创造财富的产业，是科技、文化、创意、资本、制造等要素融合发展的新业态。其主要特征表现为以下几方面。

一是以人的创造力为核心的高端产业。创造性是该产业产品和服务的源泉，

也是价值含量的集中体现，创业者通过知识产权的开发和价值增值交易产生巨大的经济效益，满足消费者的多元化需求。

二是多行业、多领域重组与合作的融合型产业。在传统产业的基础上，以科技为支撑，以创意为核心，打破原有产业界限，实现第二、第三产业“跨界”发展，突出体现为文化创意和设计服务与相关产业的融合发展。

三是以市场为导向的动态成长型产业。以消费需求为主要动力，促进产业运作模式更加动态化，从根本上改变过去固化的稳态工业发展模式，催生出的创意策划、创意设计、创意营销、创意消费的新业态。

（二）创新创意产业发展的新趋势

随着互联网经济的飞速发展，“互联网+”为创新创意产业发展带来巨大活力，呈现出崭新的发展趋势。

一是加速发展的势头迅猛。我国创新创意产业发展规模日益扩大，不少城市提出要加快发展创新创意产业，一些发达城市创新创意产业发展已初见成效，对经济增长的贡献率不断上升。比如，上海市2014年创意产业增加值占全市GDP比重的12%。

二是产业融合的特征突出。不同的产业形态以创新创意为纽带，相互融合，从而使原有的产业附加值明显提高，比如工业与创新创意融合，通过工业设计，使工业产品更符合消费者需求，带动产业升级和价值增值。

三是集群化发展的趋向明显。产业的发展得益于创新创意文化的滋养，各类创新创意企业相伴共生，呈现集群化、集团化的趋势。

四是国际化互动的合作紧密。随着国家和城市之间经济、文化交流的越来越紧密，超越区域和文化界限，以国际化的视野来制定国家或地区创新创意产业发展战略已经成为必然。

二、其他国家级新区创新创意产业发展情况

目前，在国务院批复的12个国家级新区的总体方案中，均有涉及创新产业、

创意产业的相关内容，相对来说浦东、滨海和两江新区在创新创意产业发展方面起步早、发展好。长沙应重点学习借鉴浦东、滨海和两江新区创新创意产业发展的经验。

（一）上海浦东新区创新创意产业发展情况

浦东新区依托产业、区位、体制和政策等优势，统筹规划、突出特色，着力培育创新创意产业集群建设，产业规模迅速扩大。2013年浦东新区创意园区内企业总产值达到1000亿元，占新区GDP的 10.4%，创造就业机会50万人次。

一是加强政府引导。早在2004年，上海市政府就率先提出发展创意产业构想，2005年首次发布了《上海创意产业发展重点指南》，引导创新创意产业发展。浦东新区相继出台《浦东新区推进创意产业发展三年行动计划》《关于加快浦东新区文化产业发展的若干意见》等政策文件，在信用贷款、土地使用、税收优惠、进出口等方面予以优惠和支持，营造良好的产业发展氛围。

二是促进多维融合。充分发挥创新创意产业对旅游、信息、体育、教育、建筑等各行业的渗透作用，促进创新创意产业与科技、制造、金融、贸易、农业的融合发展，带动相关产业附加值和竞争力的提升，形成了一批业务遍布全国乃至海外的创新创意型企业。

三是强化项目带动。引进和建设了一批有重大示范效应和产业拉动作用的创意产业项目，推动政策、资金、人才、信息、土地等要素资源向创意产业重点区域、重点企业（集团）聚集，创新创意产业发展环境不断优化。

（二）天津滨海新区创新创意产业发展情况

滨海新区精心制定《天津创意产业规划（2010—2015）》，依托高新技术产业，以创意为延展和亮点，以多元复合商业为配套和保障，形成了特色鲜明的创新创意产业体系。

一是强化科技支撑。创新创意企业虽然业态各异，但都是以先进科技为引擎，以智力创新为基础。因此滨海新区大力发展高新技术，为创新创意产业提供技术支撑。如，新区内的曙光天津产业基地，每年供应高性能计算机50万台，占该市场份额30%以上，其中“星云”高性能计算机以实测性能每秒1271万亿次计算能力在国内排行第二；蓝鲸存储的巨大存储空间，为影视后期制作处理提供了技术支持；高水平的IDC数据中心专业服务，提供高水平的系统服务等。

二是推动产业集聚。滨海高新区设立多项政策和鼓励办法扶持创意产业集聚，通过建立创意产业园、智慧山创意产业基地、泰达国际创业中心等大型载体平台，加速形成了“科技为支撑、文化为源泉、创意为灵魂”创新创意产业链聚集区，目前在滨海新区的创新创意企业已达数百家。

三是搭建服务平台。为优化滨海新区创新创意产业发展环境，新区建成了创业孵化、融资信贷、版权交易、技术服务、交流展示5个公共服务平台，以及教育培训、研究创作、产业孵化、产品展示和交易、信息交流、创意产业体验六大中心，为创新创意产业发展提供了良好环境。

（三）重庆两江新区创新创意产业发展情况

两江新区落实国家“大众创业、万众创新”要求，按照 “搭平台，聚人才，重服务，促发展”思路，围绕政策、平台、人才等重点，多角度提升新区科技创新能力，依托产业链打造创新链，为创客积极营造创新创业空间。

一是设立亿元创新资金。 两江新区设立首支亿元创新基金，通过市场化运作放大到3亿元，支持新区的科技创新型企业发展。仅2014年，入驻两江科技创新中心的企业注册资本总额就达13.2亿元，实际到位23.8亿元。除创新资金外，新区还对入驻企业予以场地、税收、交通、研发经费等多方面优惠政策。

二是全力打造孵化空间。作为长江上游的创新中心，两江新区不断完善创新驱动发展的体制机制，着力打造企业孵化空间，通过投资基金、创业学院、创业咖啡、智慧金融等，吸引“创客”入驻。“创客”们不仅可以选择入驻政府主导的孵化园，还有专业孵化机构虚位以待。例如，新区在线交易平台——猪八戒网，已聚集1100万名“威客”服务商，网站日均交易金额达800万元，平台累计交易量达54亿元。

三是建立特聘专家制度。两江新区成立之初，围绕重点产业、重大项目和具有竞争优势的领域，积极引进各类人才来新区创新创业。建立了特聘专家制度，选聘全球政府官员、企业高管、技术专家为“特聘专家”。未来还将引进100个创新项目，吸引10个院士团队项目和20个“千人计划”和“万人计划”团队项目，力争集聚各类创新人才1000人左右，以增强科技创新竞争力。

三、长沙发展创新创意产业的现实基础

近年来，我市加快实施创新驱动发展战略，通过不断理顺体制机制，创新创意人才队伍不断壮大，企业自主创新能力逐步增强，大众创业、万众创新氛围日益浓厚，发展创新创意产业既有一定的基础优势，又有明显的薄弱环节。

一是特色产业加快形成，但融合发展明显滞后。我市影视传播、动漫游戏、移动互联网等文化创意产业经过多年的发展，已形成一定的优势。但与发达城市相比，设计服务业发展相对滞后，文化创意、设计服务、现代服务业与相关产业融合发展较为迟缓。尤其是工业创新创意能力不强，一些产业的核心技术和零配件受制于人，比如工程机械产业的发动机、底盘、液压件和电子信息产业的集成电路芯片等基本靠进口。

二是创新平台不断完善，但领军人才仍然匮乏。我市共有国家级技术创新平台50家，省部级技术创新平台345个，科技企业孵化器28家，这些都为创新创意产业发展提供了良好的基础条件。但与创新创意产业发展的新趋势、新要求相比，我市工业设计、文化创意、研发服务、咨询策划、互联网等领域高级专业人才和创新创意团队仍然短缺。

三是产业扶持政策较多，但规划引领相对缺失。近年来，我市先后出台了《关于强化企业自主创新能力建设加速转型创新发展的意见》《关于加快科技创新大力推进创新型城市建设的意见》等三十多项政策文件，基本形成了覆盖创新主体建设、平台建设、人才队伍建设、专利保护、投融资等范围的政策体系。但我市至今还没有出台创新创意产业发展总体规划，对未来产业发展缺乏清晰的定位，产业发展仍停留在自发状态，缺乏科学的规划来引领，迫切需要加强顶层设计，引领创新创意产业健康、有序发展。

四是创新创意氛围浓厚，但创新成果保护不够。近年来，我市以推进国家

自主创新示范区建设为契机，在全社会倡导鼓励支持创新、创意、创业的良好风尚，大力保护知识产权，创业者创新创意的热情得到了有效激发，先后被评为中国十大创新城市、全国创业先进城市、全国科技进步示范城市。但总体上看，知识产权保护与发达国家以及国内发达城市相比仍有很大的提升空间，同时一些企业的知识产权意识不强，在一定程度上影响了创新创意产业的持续快速发展。

四、长沙市加快创新创意产业发展的思路与建议

创新创意产业资源消耗低、智力密集程度高、吸纳就业人数多，能有效促进产业融合、优化产业结构、转变经济发展方式。长沙要充分发挥自身优势和潜力，抓住政策先机，完善保障措施，努力将创新创意产业打造成为长沙新的经济增长极。

（一）明确总体思路

首先是指导思想。以长株潭国家自主创新示范区建设为契机，坚持“政府引导、企业主体、市场驱动”，按照立足既有产业优势和高度关注潜在产业趋向相结合的原则，进一步推进大众创业、万众创新，充分激发创业者创造力，强化人才、创意、资本、科技支撑，大力培育一批创新创意核心企业，推动创新创意产业融合化、特色化、集群化发展，将创新创意产业打造成转型创新发展新的增长极，实现“长沙制造”向“长沙创造”转变，努力将长沙打造成为中部创新创意产业基地。

其次是发展目标。大力培育和壮大创新创意产业，加快构建以现代服务业为主导、三次产业融合发展的新型产业体系，力争到2020年全市创新创意产业总产值达到2000亿元以上，占全市GDP比重30%以上，年均增速10%以上，形成“创新创意长沙”品牌。

第三是发展路径。将创新创意产业作为长沙“十三五”规划重点发展产业，

在未来的5年左右时间里，坚持三步走战略：一是规划起步阶段（2015年），主要是制定和完善支持创新创意产业发展的扶持政策，出台《长沙创新创意产业五年行动计划》；二是加快发展阶段（2016~2018年），主要是积极引进关键项目，加快骨干企业培育，打造创新创意产业集聚区；三是相对成熟阶段（2019~2020年），主要是突出品牌创建，努力使创新创意产业在全国形成一定的美誉度。

（二）把握发展重点

按照“立足既有产业优势和高度关注潜在产业趋向相结合”的原则，进一步加快我市的创新创意产业发展，建议重点突出五大支柱产业。

一是突出发展研发设计产业。研发服务。充分发挥长沙高校、科研院所集中的优势，鼓励开展技术攻关、产品研发等服务，办好长沙科交会，推动研发服务逐步商品化、产业化。工业设计。在长沙高新区成立工业设计园，引进国际国内知名的工业设计企业和团队，使工业设计成为提升产业附加值的重要手段，成为富有竞争力的新兴产业。软件设计。进一步做大做强高新区信息产业园，吸引更多的软件设计企业入园，使软件设计成为“麓谷”的一张名片。广告设计。依托长沙国家广告产业园，积极引进广告设计优秀团队和优秀企业，努力将长沙打造成为中南广告设计之都。工程设计，依托现有设计院所，大力发展建筑、水电等工程设计产业。

二是精心培育现代数据产业。大数据服务。以湘江新区为重点，建设大数据应用展示中心、交易中心、战略实验室，加快打造基础设施、系统平台、云应用平台、增值服务、配套端产品等大数据产业链。云计算服务。积极引进行业领军企业，建设先进的服务器与数据中心，提供更绿色、更智能的云端储存技术服务，构建互通互联终端平台。物联网。围绕传感器、芯片设计、电子标签与读写机具、智能终端、应用软件、系统集成、运营服务等环节，培育物联网骨干企业。

三是持续做强文化传媒产业。广播电视电影音像制作。充分发挥湖南卫视、潇湘电影制片厂等龙头带动作用，扶持天舟文化等影视节目制作公司发展，策划引进战略投资者建设湖湘影视文化基地项目，实现影视文化与旅游融合发展，打造全国著名的影视文化产业基地。新闻出版。加快传统新闻出版转型升级，充分发挥青竹湖青苹果数字出版中心的带动作用，大力发展数字出版业。适应媒体发展新趋势，加快新媒体产业发展。动漫网游。支持本土动漫企业发展，提升电视动漫、手机动漫创作水平，增强动漫生产能力，鼓励网游和手机游戏创作。依托动漫作品的品牌影响力，开发生产动漫衍生品，拉长动漫产业链。

四是大力支持互联网产业。移动互联网产业。从软件、服务平台、应用服务等着力，优化配置网络基础设施、特色载体、创新孵化、公共服务、专业人才、投融资等要素，吸引全国乃至全球高端移动互联网企业和人才在长沙高新区汇聚，打造中部地区最大的移动互联网产业“梦工厂”。跨境电子商务产业。依托金霞保税物流中心，推进跨境电商支付、出口配送、出口检验等相关制度创新，逐步实现订单、支付单据、通关单据“三单合一”，构建跨境电商一次申报、一次查验、一次放行的通关机制，提升跨境电子商务对长沙进出口总额的贡献力。

五是突出发展咨询策划产业。专业策划服务。大力发展旅游策划、营销策划业，积极引进跨国策划公司落户长沙，培育各种专业化的“点子公司”“策划公司”发展；管理咨询服务。培养一支强有力的咨询专家队伍，鼓励管理创新、问题诊断等咨询服务业发展，引进知名会计事务所、审计事务所、律师事务所，促进造价、核算、建设、审计、质量、法律等咨询服务业发展。现代会展。完善会展场馆建设，高标准建设长沙国际会展中心，加强与国际会展协会组织的联络，引进国际国内知名会展企业来长落户，促成更多国际性、全国性重大会展活动在长举办，繁荣会展市场。

（三）完善工作机制

针对目前创新创意产业发展不够、资源整合不够和扶持政策不到位等问题，抓紧研究建立分工合理、责任明确的创新创意产业推进（协调）体制。

一是强化组织领导。成立长沙市创新创意产业发展领导小组，负责统筹全市创新创意产业发展工作，制定并组织实施《长沙创新创意产业中长期发展规划》，科学谋划长沙创新创意产业发展突破方向、主要路径，突出关键领域、关键环节、关键技术，加快研究、制订或修订相关创新创意产业发展政策，认真落实国务院和省相关政策措施。

二是明确工作职责。分阶段制定行动计划，分年度明确工作任务，精心规划一批创新创意产业重大项目，将工作任务和职责分解到相关职能部门，层层明确任务和责任，严格责任追究，确保扎实有序高效推进。

三是整合基础资源。采取强有力的调控手段，整合分散在各部门的政策、资金资源，积极引导和规范创新创意产业和产业园区发展。从行业管理部门、高等院校、科研院所、龙头企业等聘请一批由在湘院士领头的专家团队，成立专家咨询委员会，为市委市政府决策、企业发展提供战略咨询和科技服务等。

四是培育创新环境。加强创新创意产业行业自律，促进市场有序发展。鼓励发明创造、创新成果产业化等一系列创新活动，举办创新创意沙龙等非正式交流平台活动，激发创新创业灵感。逐渐形成全社会尊重创新、主动创新的核心价值观，营造敢于创新、敢于创业、敢于冒险、宽容失败的创新创业氛围。

（四）强化政策保障

进一步研究完善创新创意产业发展扶持优惠政策，加紧出台《关于加快全市创新创意产业发展的若干意见》，从产业发展各方面、全链条进行大力扶持，实施“一企一议”的模式，全面落实国家、省市相关的优惠政策。

一是加大财政资金支持。设立创新创意产业发展专项引导资金，采取贷款贴息、补助资金、资本金投入等方式，重点扶植拥有核心技术、具备产业化条件的创新创意产业企业。对经认定的高新技术成果转化项目，自认定之日起三年内，所缴纳营业税、企业所得税、增值税的地方收入部分，按照一定比例用于财政安排资金支持企业的技术创新。设立高新技术企业风险防范专项资金。重点包括科技保险专项资金和知识产权质押贷款贴息。对高新技术企业投保科技保险的保费进行一定比例的补贴，同时设置补贴最高限制总额，对成功获得银行专利质押贷款的企业予以财政贴息支持。央企、大型跨国公司在我市设立研发总部、本土企业建立企业研究院，根据前三年研发费用总和给予一定奖励。针对市内企业收购国外研发机构，按收购合同金额的5%给予一次性奖励。企业引进国际一流科技创新团队，符合条件的给予一定支持。继续落实好企业开发新技术、新产品、新工艺发生的研发费用加计抵扣和费用摊销政策，对被认定的专利示范企业，给予一定补助。全面落实国家、省促进创新创意产业发展的有关增值税、所得税等优惠政策。对引进世界知名企业等具有重大影响的项目，在用地、税收等方面按有关政策给予支持。

二是加大创新创业引导。加大创新创业环境引导，通过政策支持、服务保障等形式为广大中小创业企业提供包括场地租用、办公设施、信息咨询中心、开放式实验室、会议场所等硬件环境，支持创业中介机构提供创业咨询、金融和财税会计、技术和人力资源开发、生产协作、经营管理与产品销售以及法律法规等服务，提高创业小企业的成活率。完善创新创业社会保障和保险政策，对创业者及其招聘的劳动者提供社会保障、人事管理、教育培训、职称评定等方面的便利政策。实施人才引进优惠政策。大力引进海内外优秀人才特别是高层次创新创意产业人才来长创业。对带创新创意技术成果项目来长实施转化或从事创新创意技术项目研发的留学归国人员，给予20万元创业资助。

三是破解发展要素瓶颈。一要加大金融政策支持。针对种子期有潜力的中小创新创意企业，建立风险投资引导基金、风险投资损失补偿基金，积极推进知识产权质押融资、产业链融资等信贷产品创新。针对成长期的创新创意企业，积极吸引调动民间闲置资金，建立一批专业化投资公司，不断提高创新创意企业市场配置资源效率。针对成熟期的创新创意企业，优化调整主板市场的准入机制，优先支持有一定实力的企业进入主板市场上市融资，加快推进与完善债券市场与票据市场的建设步伐，支持相关企业优先发债融资及票据融资。二要加强用地政策支持。创新创意产业园区用地优先纳入土地利用总体规划和年度计划，优先保障创新基础能力建设、重点高技术产业化、创新创意重大项目用地。建设重点创新创意项目用地审批“绿色通道”，盘活创新存量用地，实行工业项目用地供地方式供给，提高用地审批效率。

四是保障企业自主创新。支持企业面向全球制定实施品牌战略。鼓励企业通过多种方式，创建具有自主知识产权和较强市场竞争力的名牌产品。积极推广国际标准，积极支持行业协会和有实力的大型、主导企业开放式制定行业标准，强化具有自主知识产权的专利技术开发和保护，提高企业创新发展能力和国际话语权。加强完善企业知识产权奖励制度。加快创新创意专利技术产业化。企业购买大专院校、科研院所科技成果并在本地实现产业化的，给予企业科技成果实际购买费用的30%~50%专项补助。当年新获授权的国内职务发明专利每件奖励2.5万元，通过PCT途径获得其他国家发明专利授权的，每件每国奖励2.5万元，单个企业当年累计奖励总额不超过30万元。当年新获中国专利金奖或专利优秀奖的发明专利且实现成果转化的企业，分别给予一定量的补助资金。鼓励企业加强品牌建设和质量管理，当年新获中国世界名牌、中国名牌和中国驰名商标的企业，一次性予以奖励5万元，首次获欧、美、日国家注册商标的企业，一次性予以奖励3万元，当年新获省名牌产品、省著名商标的企业，一次性予以奖励1.5万元。优先采购本土企业自主创新产品。出台《长沙市政府采购自主创新产品操作规程》和《长沙市自主创新产品认定管理办法》，编制长沙市“自主创新产品目录”和“政府采购自主创新产品目录”。每年开展一次自主创新产品认定，凡获得“自主创新产品证书”的产品率先在政府采购中享受优先参与、评分优惠等特别待遇。

五是推进科研院所改革。鼓励科研院所创办科技企业，支持科技型企业根据市场需求自主选定研发项目并先行投入，支持行业龙头企业牵头组织行业关键技术攻关，充分发挥企业在技术创新决策、研发投入、科研组织和成果转化中的主体作用。开展股权奖励，奖励总额不超过该企业两年税后利润留成的30%，并在3~4年内统筹安排使用，并与约定的业绩考核目标挂钩。对有突出贡献的科技企业经营管理人员实施收益激励，自获利年度起，每年从企业净收益中提取一定资金用于分红激励。对有突出贡献的技术人员实施分红激励，从自主创新的技术或产品开始盈利年度起，每年从该技术或产品净收益中提取一定资金用分红激励。

课题组组长：唐曙光
课题组副组长：王德志
课题组成员：袁金明　王启贤　易海威　何　源

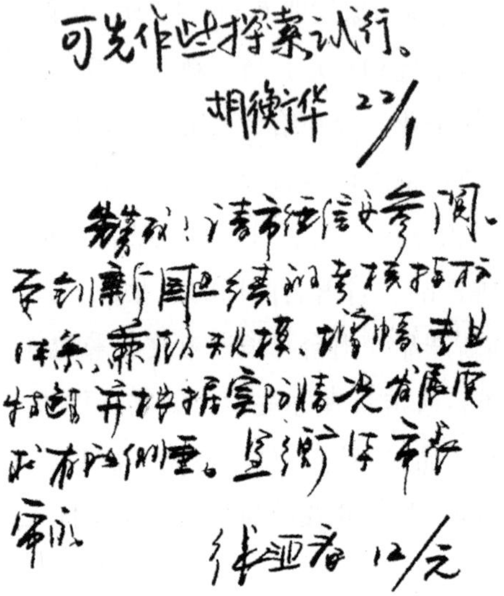

关于构建“麓谷创新指数”的思考与建议

长沙市人民政府研究室
长沙高新技术产业开发区

创新能力事关高新区的核心竞争力。建立指数化测评体系，对创新能力进行科学评价并排序，有利于引导创新行为、提升创新能力、增强创新活力、促进创新成果转化。为科学评价长沙高新区创新能力，本报告在分析研究国内外发布的创新指数的基础上，提出了构建“麓谷创新指数”的初步设想，供领导决策参考。

一、当前国际创新指数研究情况

（一）当前国际主要创新指数研究体系

1. 硅谷指数

美国硅谷自1995年起每年都向全球发布“硅谷指数”。该指数由非营利组织硅谷网络联合投资编制与发布，自1995年第一版问世以来，已在全美乃至世界产生了影响力，成为硅谷风投走向、瞪羚企业成长与新兴产业培育的重要风向标。该指标体系在2007年进行过一次调整，确定了人力资源、创新经济、多样化社区、生活场所和地区治理的主体框架，沿用至今。

2. 创新联盟记分牌（IUS）

欧盟发布，评价欧盟国家创新绩效的年度报告，源自欧洲创新记分牌（EIS）。2011年2月1日改名为创新联盟记分牌，通过25个基本指标构成的评价指标体系对欧洲28个国家进行排名，在国际上具有一定的权威性。

3. 全球创新指数（GII）

创新能力的一种定量表达，指创新能力评价中得到的分数。2007年由欧洲工商管理学院首次开始研究，随后每年发表一期全球创新指数报告，通过84个基本指标构成的评价指标体系，对全球142个经济体的创新能力进行评估和排名，为各国创新政策制定提供参考和建议。

4. 全球竞争力报告

由世界经济论坛发布，通过对一个国家进行综合因素考评，形成年度竞争力报告。从1979年开始，世界经济论坛就对每个国家的竞争力进行评判，通过114个基本指标构成的评价指标体系，对148个国家（地区）综合竞争力进行排名，是目前国际上从事竞争力评价最著名的机构之一。

5. 世界竞争力年度报告

瑞士洛桑国际管理学院发布的年度报告，始于1989年。通过333个基本指标构成的评价指标体系，对世界60个主要国家或地区的竞争力进行分析和排名。

（二）国际创新指数体系重点考量指标

上述创新指标体系采用标杆分析法、树状评价指标体系等权重方法进行分析测评，突出以科技统计指标和经济统计指标为主，包括国际上常用的R&D经费与人力、论文、专利及GDP、进出口等指标。其中，资金投入、人员数量、知识产权、创新产出和创新环境等指标均被各创新指数采用，可归纳为3类：创新基础、创新绩效和创新环境。如欧盟创新指数报告由创新推动、企业创新行为和创新产出3个指标构成，主要从创新绩效层面衡量各国创新投入和创新产出的综合表现。2005年全球竞争力报告评价指标体系主要由人力资本、知识资本、金融资本、地区经济产出和知识可持续性5个模块构成（表1），是对知识创新能力的测评。

表1　当前国际主要创新指数研究体系特点对比

名称	发布机构	指标体系	特点
硅谷指数	美国硅谷	包括人口、经济、社会、空间和地方行政五个方面，包含16个二级指标、64个三级指标	体现了硅谷地区“创新型城区”与“综合型社区”的发展趋势以及对硅谷地区不同社会群体、对人的生存发展各个方面的“关怀”与“审视”
创新联盟记分牌	欧盟委员会	包括创新动力、企业行为、创新产出3个一级指标，8个二级指标，25个三级指标	全是统计指标，均与创新有关。尤其重视中小企业创新活动和人力资源因素
全球创新指数	世界知识产权组织、欧洲工商管理学院、康奈尔大学	包括创新投入、创新产出2项一级指标、7项二级指标、21项三级指标和84项四级指标。创新投入包括 体制机制、人力资本与研究、基础设施、市场成熟度和企业成熟度5个二级指标，创新产出包括知识和技术产出、创意产出两个二级指标	评价范围超过创新联盟记分牌，指标设置有政治（价值）倾向性；创意产出的三级指标中有许多新指标，较适于西方英语国家
全球竞争力报告	世界经济论坛	包括制度、基础设施、技术准备度、创新等12个部分，114个三级指标，其中调查指标83个。基中，企业成熟度和创新两部分与创新驱动紧密相关，合计有16个基本指标	调查指标占多数，创新指标少，直接相关的指标只有7个
世界竞争力年度报告	瑞士洛桑国际管理学院	包括经注表现、政府效率、企业效率和基础设施四个模块，20个二级指标，333个三级指标，其中调查指标125个。基础设施模块又分为五个部门，其中“技术基础设施”和“科学基础设施”主要用于衡量各国的科技竞争力，共包括46个4级指标	与科技和创新相关的指标主要在“技术基础设施”和“科学基础设施”，包含了常用科技投放与产出指标。部分国家评价结果与国家创新指数比较接近

（三）国际创新指数体系的主要特点

从不同视角出发，各指标体系既有对国家层面的创新能力评价，又有对区域层面的创新能力评价。

从相似点来看，有以下几个特点。

一是目的性。有明确的评价目的，欧盟指数对欧盟成员国的创新绩效进行定量比较，分析欧盟各国的创新优势和劣势，以便形成整体竞争力。

二是科学性。指标体系层次分明，评价指标体系一般由二层或三层指标构成，每层指标间具有极强的内在逻辑联系，共同构成了完整的评价指标体系。

三是创新性。国内外的创新指数存在具有普遍重要意义的创新指标。其中，资金投入、人员数量、知识产权、创新产出和创新环境等指标占权重较大。

从不同点来看，有以下几个特点。

一是评价报告定位不同。如，创新联盟记分牌主要评价欧盟国家的技术创新能力和绩效。全球创新指数力图评价全球经济体的国家创新活动。世界竞争力年度报告主要评价经济竞争力，科技竞争力评价是其中部分内容。

二是评价指标数量不同。各指标体系竞争力评价与创新评价的一级指标差异较大，导致指标的选取范围及其数量相差很大。

三是评价对象数量不同。创新联盟记分牌评价对象仅限于欧洲国家。其他4份报告评价对象都包含了世界上的主要科技与经济大国。

四是数据来源和质量不同。虽然各创新指标体系基础数据来源一样，主要来自世界银行、经济合作与发展组织等国际机构的数据库，但各指标体系又都有自己特有的数据调查和来源渠道。由于指标和数据的选择不同，各个评价报告的排名结果实际上没有可比性。

二、国内创新指数体系特点及实施情况

（一）中关村指数

1. 主要指标

2005年1月首次发布，2008年进行改版设计和编制研究。2012年，在借鉴硅谷指数编制经验的基础上，首次对“中关村综合指数”进行合成，并纳入相关“即时性指标”，及时反映中关村发展的新情况、新变化。目前，“中关村指数”指标体系为创新环境、创新能力、产业发展、企业成长、辐射带动、国际化6个一级指标、14个二级指标以及38个三级指标（表2）。

表2　中关村指数指标体系框架

一级指标	二级指标	三级指标
创新环境	人才资源	9个
	科技金融	
	创新服务	
创新能力	创新投入	7个
	创新产出	
	创新协作	
产业发展	产业规模	7个
	产业效益	
企业成长	活力型企业	4个
	领军型企业	
辐射带动	技术辐射	3个
	产业辐射	
国际化	资源引入	8个
	国际拓展	

2. 实施情况

2004年开始，中关村科技园区每年向外公布，并提供分析报告，为企业和政府及时掌握科技园区的发展动态，为企业投资和政府决策提供重要依据。2014年中关村综合指数达285.8（图1），同比提升43.7个基点，其中创新环境指数为357.8、创新能力指数为290.1、产业发展指数为245.9、辐射带动指数为290.1、企业成长指数为250.7、国际化指数为281.6（图2）。

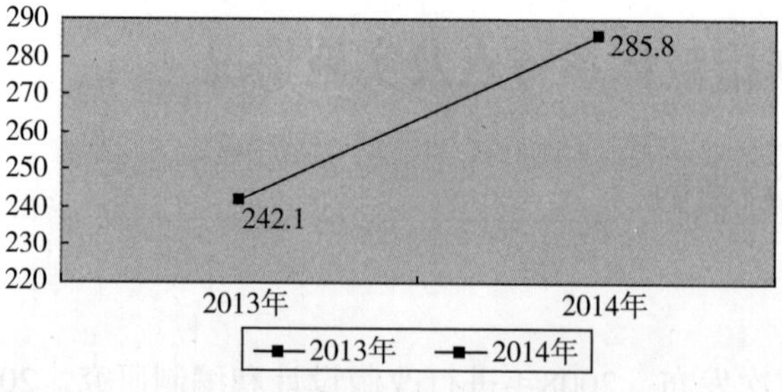

图1　中关村综合指数增长情况

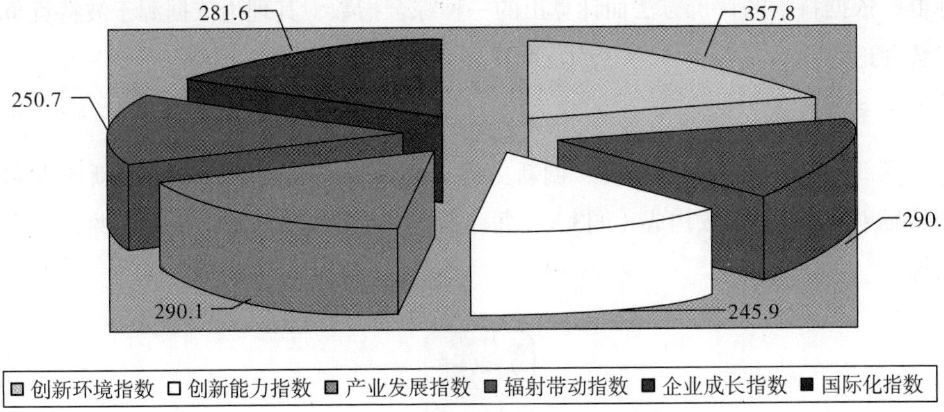

图2 2014年中关村综合指数实施情况

3. 特点和不足

特点主要体现在三个方面。

一是指标体系更完整。运用该指标体系对科技园区进行评价，避免了传统评价过程中仅包括产值、出口创汇值等简单指标的做法，将反映园区整体能力的一些发展指标考虑进来，不仅注重产业发展的近期目标，还考虑未来发展能力，对于指导我国科技园区长期可持续发展具有重要的参考价值。

二是趋势反映更真实。该指标体系的技术创新指数、企业发展指数和人力资本指数等一些反映科技园区未来发展能力的指标均被考虑，较为真实地反映园区高新技术产业的发展态势，为园区掌握产业发展状况和未来态势以及制定相应的发展政策提供重要的分析依据。

三是动态监测更及时。通过分析分类指数的变动，可以找出影响高新技术产业及园区发展的主要因素，并监测行业的发展变化情况。

不足方面：尽管“中关村指数”为我国科技园区的发展提供了新的评价视角，但局限性也比较明显，主要表现为过度关注技术创新，对服务业、软件和物流等非技术创新活动关注不够，导致指数指导意义缺乏实效性。

（二）滨江指数

“滨江创新指数”是借鉴美国“硅谷指数”、北京“中关村指数”等国内外先进评价体系，从众多统计指标中选择具有代表性、可比性和内在逻辑联系的指标群，依据科学的评价方法而计算出的一种综合指数，其理论依据源于波特竞争优势理论。

1. 主要指标

滨江创新指数由创新环境、创新主体、创新投入、创新人才、创新成果和创新辐射6个分类指数构成（图3），每个分类指数各有5个量化指标，共计30个指标。

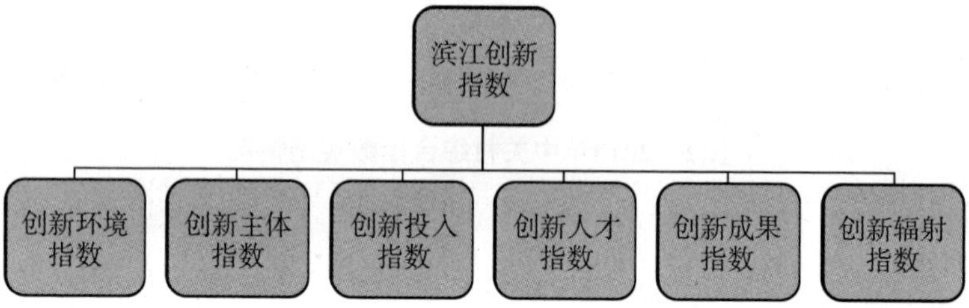

图3　滨江创新指数指标体系

2. 实施情况

2007年，杭州成立“滨江指数”课题组，研究建立区域创新可量化评价指标体系，使创新能力从抽象的定性描述变成可量化的指标，通过指标的变化来找出创新体系的薄弱环节，并形成《关于建立“滨江指数”，实施“聚焦滨江”战略的报告》。2008年，滨江创新指数评价体系试运行，发布第一份《滨江创新指数报告》。2009～2011年，结合国家高新区定位，对评价体系进行完善，进一步强化创新指数对实际工作的指导性。

3. 特点和不足

这套创新指数除采用可量化、有长期统计数据支撑的指标和突出可操作性外，又从实用出发，强化了比值型指标，弱化了规模型指标，以消除片面追求总量、规模大小等由区域大小及其他偶然因素引起的差异性影响。“滨江创新指数”向外界展现了实施“创新杭州、聚焦滨江”战略的种种举措，展现了高新区成为带动全市高新技术产业发展、提升城市竞争力的强大引擎和前景。

不足之处主要有三个方面：一是项目创新难。由于现行的政府考核机制和管理体制等原因，对“滨江创新指数”评价监测中发现的矛盾和问题如土地要素制约等难以根本解决。二是体系构建难。各项指标较难按支撑性、投入性和产出性以及政策角度等不同维度选取，形成具有既相对独立，又具有内在逻辑关系的指标体系。三是组织实施难。资料收集时间紧、涉及部门多，工作量很大。部分指标还须从一些数据中“分离”或“归并”，在现有的国家统计体系下，统计数据的统分整合较难。

（三）张江指数

1. 主要指标

采用指数统计的方法，来反映科教兴市总体变动方向和程度。指数由反映原始创新、二次创新、集成创新的16项指标构成（表3）。通过分别对园区、重点产业和重点领域进行评估，并采用系统指数方法合成的指标，综合反映上海园区和企业的科技创新能力。张江创新指数类似于美国的“硅谷指数”，在某种程度上也相当于“上证180指数”。

表3　“张江园区创新指数”指标体系表

一级指标	细化情况
创新环境	在孵企业数（家）
	公共平台服务次数（次）
	风险投资机构数（家）
	风险资金占实收资本比重（%）
创新主体	高等院校数（家）
	高新技术企业数（家）
	研发机构集聚能级
创新人才	R&D活动人员所占比重（%）
	大学及以上学历人员所占比重（%）
	归国留学人员人数（人）
	园区R&D投入相当于增加值的比例（%）
	政府对科技创新的投入（亿元）
	引进和购买技术经费支出（亿元）
	企业与大学和研发机构的互动（亿元）

续表

一级指标	细化情况
创新成果	四技合同成交金额（亿元）
	每千名科技活动人员拥有发明专利数（件/千人）
	高新技术成果转化实现产值（亿元）
	主导产业增加值增长率（%）
创新水平	万元工业增加值综合能耗（吨标准煤/万元）
	高技术产业产值占工业总产值的比重（%）
	高技术产品出口比重（%）
	知识服务业增加值占服务业增加值的比重（%）

2. 实施情况

张江园区经过10多年的发展，正在成为上海“科教兴市”的主战场和重要窗口，成为提高自主创新能力、体现核心竞争力的重要载体。2005年，上海制定《上海市科教兴市指标体系》，把“张江创新指数”作为十个核心指标中的一个指标。但“张江创新指数”的统计指标体系还只是初步的概念和设想，需要通过包括张江园区在内的多方统计试点、测算研究和模拟运算，探索出一套理论上站得住脚、实践上切实可行的指数测算方案。

3. 特点和不足

张江指数主要运用专家咨询法（德尔菲法）对相应的一级指标和二级指标进行权重分配，即通过对10多位上海市以及新区有关部门科技创新研究专家的问卷咨询调查，并将专家根据自己经验和主观判断的数据结果经过计算处理后，确定了各级指标的权重。在研究设计《张江园区创新指数》指标体系时，着重考虑了4个方面的因素：一是吸收国内外尤其是上海市“科教兴市”指标体系的精华，去掉指标体系中相对宏观、不适合张江园区采集和统计的部分；二是确定的指标既反映张江园区的实际情况，又具有一定的可比性；三是在选择指标时力求具有代表性、动态性和可操作性；四是设计的指标体系要能比较全面地评价、测算和反映张江园区科技创新的总体情况。总的来讲，张江创新指数是系统合成的指标，不仅能反映张江高科技园区的高新技术企业数量，还能反映它们的创新情况。但合成指数评价也有其弱点，主要包括赋权加总的方法上主观随意性太强，缺乏坚实的统计方法，容易被操纵；计算方法复杂多样，不同的计算方法可能导致矛盾，产生误导决策者的结果；基于指数给出的政策建议过于简单、操作性差。

总体来看，中关村指数、张江指数、滨江指数等着重体现科技创新、产业发展的水平，其中“中关村指数”强调了首都经济对国内其他地区的辐射和国际上的交流合作，突出了自主创新示范区的建设使命，而“滨江创新指数”更加注重对于和谐社会和可持续发展方面的评价，是表征区域经济社会科学发展的综合性指标。就不足之处来看，国内的几个指数都属于区域创新指数，虽各具特色，但不具有国际比较性，也不能横向比较。

三、构建“麓谷创新指数”的思考与建议

（一）构建“麓谷创新指数”的重要意义

1. 落实创新驱动战略、形成试点示范的需要

创新驱动是区域发展的关键。“国家高新区战略提升行动”提出，国家高新区的发展要实现“四个跨越”，要“从前期探索、自我发展向肩负起创新示范和战略引领使命跨越”。长沙高新区作为国家级高新区和国家自主创新示范区的核心园区，经过二十多年的发展，综合排名居全国高新区第15位，自主创新能力居全国高新区第10位。在新常态下，构建“麓谷创新指数”，强化创新驱动，对推进长株潭国家自主创新示范区建设，充分发挥长沙高新区龙头作用，打造全省乃至中部地区新的增长极具有重大意义。

2. 担当率先发展重任、增强园区实力的需要

国家级高新区是先进创新区域的典型代表，是国家创新体系的重要组成部分，肩负深化科技体制改革、探索科技与经济紧密结合的重任。构建“麓谷创新指数”，旨在量化自主创新能力，综合描述区域创新体系状况，科学评价全区高新技术产业发展水平，有利于高新区对外展示创新实力和水平，宣传创新优势和

合作重点，紧紧抓住长株潭国家自主创新示范区建设契机，扩大与省内外园区的战略合作，创新合作模式，辐射带动全省创新发展，探索形成成熟的新机制、新模式，在全省甚至中部地区提供可学习、可借鉴、可复制的发展模式，扩大示范效应，增强园区实力。

3. 应对园区激烈竞争、强化创新引领的需要

长沙高新区作为长沙科技创新的高地，也是创新驱动发展的核心动力源、科技创新资源的核心聚集区。从长沙高新区自身的情况看，经过二十多年的发展，产业结构不断优化，创新创业氛围进一步浓厚，但“创新资源集聚度不高、科技型新兴企业成长缓慢、中小企业融资难、创业资本不活跃、中介服务体系不完善、创业文化较缺乏”等不足仍然存在。随着区域经济竞争的加剧，迫切需要加快自主创新步伐、强化创新引领。构建“麓谷创新指数”，有利于进一步打开长株潭城市群特别是长沙高新区面向全球聚集高端科技要素的通道，在项目投资、产业布局、创新资源聚集、政策先行先试等方面获得国家更多政策倾斜和重点支持，对强化创新引领、推进协同创新、促进转型升级具有重大而深远的意义。

（二）构建“麓谷创新指数”的总体原则

1. 全面性原则

指标体系要综合、客观、概括地反映长沙高新区创新发展的主要特征。要关注社会需求，使长沙高新区成为高层次人才的“宜居社区”。

2. 特色性原则

指标体系要有长沙高新区特点，体现差异性，重点体现产业特色，有利于新兴产业培育和内生动能增长。

3. 指导性原则

指标体系要通过定量测评后得到比较客观的结果，能正确反映评价时长沙高新区创新发展的优势和劣势，从而为未来的创新发展起到指导作用。

4. 实践性原则

指标体系需具有较强的可操作性，即要满足可采集性、可测性和可靠性。特别

是要立足于园区实际，科学筛选出能反映创新动态的关键指标，以便于统计核算。

5. 科学性原则

指标体现既要反映规模和总量，又要反映质量和效益。要能有效反映园区在经济发展、技术创新等方面的动态。从传统的创新评价角度分创新投入、创新产出、创新效率等方面，测度长沙高新区的创新能力。

6. 动态性原则

指标体系不是封闭的，而是在保持关键指标稳定性的同时，随着园区发展变化适时调整相关指标，以便指标体系能始终准确反映园区创新趋势，实现稳定性与动态性的统一。

（三）构建“麓谷创新指数”的基本目标

通过构建“麓谷创新指数”，加强创新引导，力争经过五年时间努力，着力实现“四大目标”。

1. 创新驱动模式初步建立

高新技术产业销售收入占高新区技工贸总收入的比例不低于75%；高新产业增加值率不低于30%；高技术服务业等知识服务形态的经济在高新区技工贸总收入中所占比重在“十三五”期间要每年提高至少一个百分点。

2. 创新发展环境有效优化

科技型中小企业每年至少保持10%以上的创业诞生速度。园区至少有一个国内领先的优势产业集群，形成对该产业的创新支撑。风险投资的投资规模每年至少保持5%的年递增比例。上市企业数量递增在“十三五”期间不低于国内A股上市的递增比例。

3. 企业创新能力大幅提高

高新区研发总投入占技工贸总收入的比例达到5%以上；经认定的高新技术企业研发投入占销售收入的比例达到8%以上；每万人拥有的专利授权数不低于200件。

4. 高端创新人才有效集聚

全区人才总量达到15万人左右，其中科技创新创业人才8万人以上；每万名从业人员中本科及以上学历人数高于2000名；形成一套完善的人才工作体制机制，人才服务体系更加完善，政务环境更加优化，人文环境更加浓厚。

（四）构建“麓谷创新指数”的对策建议

1. 科学设置指标

本着最大限度地体现《国家高新区评价指标体系》和《建设创新型科技园区》中指标体系的内容，同时结合长沙高新区的实际情况和区域之间可比性的要求，建议把“麓谷创新指数”指标体系分成创新创业环境指数、创新能力指数、国际化和参与全球竞争能力指数、经济发展质量与社会贡献能力指数、科技新城发展指数5个方面17项具体指标（表4）。

表4　麓谷创新指数指标体系构成

一级指标	二级指标	三级指标
创新创业环境指数	1.1人才资源	1.1.1 大学本科以上学历人员数
		1.1.2 留学归国人员数
		1.1.3 国家“千人计划”、省“百人计划”、市“3635人才”、区“555人才”数
		1.1.4 人均劳动报酬
	1.2科技金融	1.2.1 当年获得风险投资额
		1.2.2 当年新增融资额
		1.2.3 当年科技银行贷款额
	1.3创新创业服务及政策	1.3.1 国家级孵化器在孵企业数
		1.3.2 国家、省、市级创新平台数
		1.3.3 区域的创新型政策
	1.4社会环境	1.4.1 商品房租售价格
		1.4.2 新增中小学校数量
		1.4.3 公共安全事件发生率
创新能力指数	2.1创新投入	2.1.1 当年争取各项科技经费
		2.1.2 科技活动经费支出
	2.2创新产出	2.2.1 当年发明专利授权数
		2.2.2 当年主导创制的国际、国家标准数

续表

一级指标	二级指标	三级指标
创新能力指数	2.3创新协作	2.3.1 产业技术联盟数
		2.3.2 企业委托外单位开展科技活动经费支出
	2.4创新效率	2.4.1 万人拥有有效发明专利数
		2.4.2 万人拥有发明专利申请和授权数
		2.4.3 每百亿元增加值发明专利数
国际化和参与全球竞争能力指数	3.1资源引入	3.1.1 外商实际投资额
		3.1.2 在示范区设立子公司的世界500强企业数
	3.2国际拓展	3.2.1 出口总额
		3.2.2 欧美日专利授权数
		3.2.3 欧美日注册商标数
	3.3国际合作	3.3.1 建立国际技术交流中心数
		3.3.2 对境外直接投资额
经济发展质量与社会贡献能力指数	4.1产业规模	4.1.1 总收入
		4.1.2 战略性新兴产业集群收入
		4.1.3 移动互联网产业收入
	4.2产业效益	4.2.1 人均实现税收
		4.2.2 人均创造利润
		4.2.3 万元增加值能耗
	4.3活力型企业	4.3.1 当年新创办科技型企业数
		4.3.2 收入倍增企业数
		4.3.3 当年新认定高新技术企业数
		4.3.4 当年新增军民融合企业数
		4.3.5 当年新增文化创意企业数
	4.4领军型企业	4.4.1 年收入亿元以上企业数
		4.4.2 上市企业数
科技新城发展指数	5.1基础设施建设	5.1.1 当年新建公路里程数
		5.1.2 当年新增公共交通线路
		5.1.3 当年新增污水处理能力
	5.2城市功能	5.2.1 当年新增商用房屋面积
		5.2.2 当年新增公共文化、体育等设施面积
		5.2.3 当年新增医院等公共卫生设施面积

2. 加强协同创新

建议成立麓谷创新发展研究院，对高新区创新发展的理论与实践进行系统研究，为高新区创新发展和长沙市建设创新型城市提供智力支持。借鉴“中关村指数”委托北京方迪经济发展研究院进行编制及后期服务、“滨海高新指数”主要由天津市科学学研究所编制等经验，采取政府购买服务的方式引入第三方专门研究机构，增强“麓谷创新指数”项目研究力量。

3. 开展实效评估

指数的生命力在于评价结果的客观性，要根据发展变化情况，对指数及时加以修正和完善，既保证一级指标的相对稳定性，又体现高新区新的现实发展需要。“麓谷创新指数”的编制和发布要形成常态机制，参考“中关村指数”模式，形成年度发布制度，由市政府研究室联合高新区管委会等部门进行权威发布，强化“麓谷创新指数”对创新发展的导向性作用。加强与国内外其他园区的创新指数的对比分析，并依据创新指数中相关指数的变动对高新区的创新发展进行监测和预测，提出针对性的措施加以改善。

4. 强化数据采集

编制“麓谷创新指数”是一项系统工程，需要高新区管委会、长沙市统计局、相关研究机构、高校及各大企业齐心协力、通力合作。要强化数据采集的科学系、精准性，建议参考北京市统计局专门设立“中关村处”的模式，在长沙市统计局增设“自主创新示范区处”，加强对高新区统计工作的指导。加强对企业相关指标数据的动态采集，鼓励企业参与“麓谷创新指数”编制，共享关乎企业发展的信息和数据。

5. 做好工作保障

加强信息网络保障，建立园区企业大数据库，组建企业数据直连直报系统，加强对园区重要发展指标的科学分析，及时完善和调整指数指标体系。着力强化机构、人员、财政保障，加强投入力度，确保各项工作有序开展，高效运转。

课题组顾问：李晓宏　周庆年
课题组组长：唐曙光
课题组副组长：彭文滋　宋　捷
课题组成员：李荣裕　罗缅顺　叶步林　黄国亮　危亚武

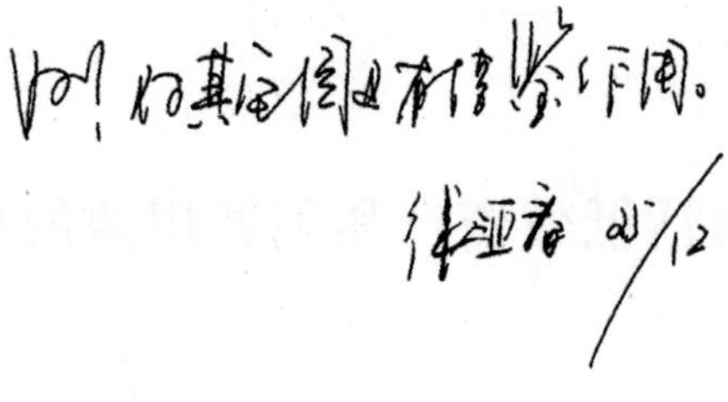

立足存量要空间　优化资产促发展

——宁乡经开区盘活低效资产和闲置用地的调查与启示

长沙市人民政府研究室

宁乡经济技术开发区

土地是不可再生资源，随着国家土地政策的日益趋紧，园区用地指标日趋紧缺。如何有效盘活低效资产和闲置用地，是推进园区转型升级和创新发展的现实课题。宁乡经开区始终秉承“环境友好、资源节约”的发展理念，坚持将高效用地作为园区发展之本，积极探索土地循环利用方式，创造性做好节约集约用地文章。从2005年起，全面启动盘活低效资产和闲置用地工作，2014年，专门成立了低效闲置资产处置领导小组及办公室，进一步增强资产处置的专业化能力。通过近十年的努力，探索总结出了“协商回购、腾笼换鸟、战略并购、依法维权、整改提升、借窝下蛋”等具有宁乡经开区特色的处置低效资产和闲置用地“六法”，累计处置托普、振邦、世宁电器等二十多个项目，盘活近2000亩用地，为园区的提质跨越发展提供了广阔的发展空间，促进了园区的快速发展。园区成立来，已先后引进企业二百九十多家，拥有规模企业一百七十多家，其中高新技术企业四十余家、中国驰名商标33个，基本形成了以“3+1”（食品饮料、先进装备制造、新材料+现代服务业）为主导的产业格局，园区竞争力快速提升，并于2010年跃升为国家级经济技术开发区。2015年，园区预计完成工业总产值870亿元，同比增长12.5%；工业增加值220亿元，同比增长14%；完成财政总收入20亿元，同比增长19%。

一、宁乡经开区盘活低效资产和闲置用地的现实背景

节约集约用地，是建设“两型”社会的内在要求，也是园区可持续发展的现实需要。宁乡经开区致力于下好“盘活低效资产和闲置用地”这局棋，主要基于三点考虑。

（一）政策有要求，必须主动作为

近年来，随着资源环境等要素不断趋紧，对园区集约节约用地提出了新的更高要求。2008年，国务院下发了《关于促进节约集约用地的通知》（国发〔2008〕3号）；2011年，湖南省人民政府下发了《关于节约集约用地的若干意见》（湘政发〔2011〕42号）；2014年，长沙市人民政府下发了《关于印发〈长沙市开发园区低效用地再开发管理办法〉的通知》（长政发〔2014〕14号），对集约节约用地提出明确要求。宁乡经开区坚持超前谋划、主动作为，早在2005年底就着手启动了低效资产处置工作，并结合实际出台《宁乡经开区低效闲置资产处置实施办法》，不断创新处置方式，在处置低效资产和闲置土地上率先开展探索，同时把各级政策法规要求落在了实处。

（二）现实有需求，必须破解瓶颈

土地资源利用状况直接影响招商项目的落户、规划布局的优化和园区空间的可持续发展。从园区来看，规划土地面积为60平方公里，目前已开发面积达22平方公里。随着园区一大批重点项目的引进，未来3年内需供地约六千多亩，而每年批复可供的土地仅约一千亩，用地矛盾十分突出。要有效保障项目落地的需

求，必须转变思路，坚持两条腿走路，在争取土地指标的同时，加大内部挖潜力度，向存量土地要空间。宁乡经开区通过适时调整、清退、淘汰、整合落后产能，开展“二次招商”，将有限的土地和空间资源用来承接最应该承接的项目，实现了空间有限、发展无限。

（三）企业有诉求，必须及时回应

盘活低效资产和闲置土地，不仅仅是园区发展的需要，也是企业转型升级的需求。部分传统企业因受金融危机和外部经济形势的影响，市场萎缩、资金链断裂，希望园区牵线搭桥、当好红媒，引进行业龙头对其进行整合并购、兼并重组或引进高品质中小企业租赁其厂房和资产，尽量减小损失、摆脱困境、保存实力；有的中小企业由于实力问题，遭遇发展瓶颈，走又走不出、等也等不起，非常希望园区能收回资产和用地，以期回笼现金，另谋出路。因此，园区从落实“服务创造奇迹、服务永无止境”的理念出发，及时回应企业诉求，加快了低效资产和闲置土地的处置力度。

二、宁乡经开区盘活低效资产和闲置用地的主要做法

通过十年的探索，园区目前已形成了系列低效资产和闲置土地处置的成熟模式，摸索出了一条可供借鉴推广的路子，主要有六种方式。

（一）协商回购型

处置办法：园区对存在闲置用地的企业送达闲置土地处置函件，并进行友好协商。双方对补偿标准、补偿物、付款方式等进行核定与确认，如有重大分歧事项，再共同指定第三方咨询、评估机构予以确认。在算好总账的基础上，坚持换位思考、以诚换心，适当考虑企业实际困难并予以解决。如一两轮协商不成，则多轮次谈判和多方面协商，确保土地有效回购。

经典案例：1999年大连振邦氟涂料生产基地项目落户园区，该项目系宁乡县

实施对外开放后引进的第一批重大项目之一，一期用地72亩，二期预留用地210亩，项目一期如期建成并实现良好经济效益，但受母公司大连振邦集团债务危机影响，一期投产后项目二期一直未能启动建设，造成项目用地闲置长达十年之久。为发挥土地效益，2010年6月，园区通过协商回购的形式从土地抵押银行工商银行宁乡支行回购了该宗土地。

主要成效：通过二次招商，引进了全球空调制造行业排名第一的珠海格力电器废旧家电再制造基地项目，项目总投资5亿元，一期用地100亩，设计年处理废旧家电200万台，2012年已建成投产，年产值达到3亿元，税收达到1100万元；2014年又签订二期项目协议，建设废旧汽车再制造基地项目，设计年拆解处理废旧汽车3万台，年产值5亿元，年税收贡献约3000万元，目前正在建设中。

近年来，通过协商回购的方式，还成功处置了湘潭兆基新材料、台湾宏全、海大铝材、凯钜集团、聚擘玻璃、丰茂植保等项目的闲置用地，累计达五百多亩。

（二）腾笼换鸟型

处置办法：园区根据项目的行业发展趋势，对单位产出比极低、科技含量低、环境污染大、能源消耗大的低效企业，及时介入、果断出击，通过申请破产等方式收回土地使用权，将土地和资产腾给最需用、最具发展潜力和成长性的产业项目，以发挥土地的最大效益。

经典案例：长沙雨时超微粉磨机械有限公司超细粉末机械项目是2003年引进的一个高新项目，项目用地70亩。但由于公司只有技术，无资金实力，项目建设时断时续，历经五年时间才建成1栋简易的办公楼和两栋生产厂房，并长期拖欠园区土地预付款、基建工程款，根本无力实现既定的投资目的，土地利用效益得不到释放。为此，园区主动要求该企业的债权人起诉，通过法律手段成功处置该笔资产。

主要成效：2010年1月，园区引进湖南倍康落户此地。目前，湖南倍康卫生用品有限公司已成长为一家集研发、生产、销售为一体的国内规模最大的婴幼儿卫生用品的内资企业之一，2014年公司年产值达到6亿元，实现税收2321万元。2014年园区以湖南倍康为龙头企业成功申报湖南孕婴童产业示范园区。这也是中西部首家孕婴童产业示范园。

通过腾笼换鸟的方式，还先后成功处置杭超新材料的低效资产引进德鑫人防，处置长沙建工物业的低效资产引进建益新材料，处置世宁电器的低效资产引进固松文化，有力提高了低效资产的二次开发能力和土地的节约集约利用水平。

（三）战略并购型

处置办法：由于腾龙引凤属于跨界盘活，虽然对低效资产中的土地、厂房等基础设施进行二次开发利用，但生产设备未能有效利用。为减少原企业直接经济损失，园区牵线搭桥，引导原企业与行业龙头企业或产业关联度大的企业对接，对其进行整体并购，最大化盘活低效资产。

经典案例：盛隆机械项目是园区引进的项目，2010年至2012年期间，公司因自身原因发展陷入困境，基本处于停产状态。为有效解决企业的问题，园区通过精准招商，积极引进行业龙头企业进行并购，让企业重焕生机，有效盘活了低效资产。

主要成效：通过招商，引进了国内工程机械龙头企业中联重科对其包括生产设备在内的资产进行整体并购，并增产扩建机制砂、混凝土拖泵等新项目，目前企业起死回生，生产正常。

通过战略并购，园区还引进全球第三大铝业企业日本东洋铝业整体并购吉唯信，引进国内最大的管道天然气运营商新奥燃气整体并购原湖南中油燃气资产与特许经营权等。

（四）依法维权型

处置办法：园区常年聘用法律顾问，针对多轮协商不成的，园区以法开路、以法破局。通过梳理对方违反投资合同和土地出让合同中的违约行为，下达《解除合同通知书》，并依法向法院提起诉讼，请求法院公正判决。同时，针对对方在生产经营过程中出现的行政违法问题，主动提请行政执法部门开展行政执法，进一步加大依法维权力度。

经典案例：2008年1月，园区引进长沙荣星贵金属有限公司钯金属精加工项目，拟总投资1亿元建设年产100吨钯金属精加工项目，由于该司不能及时支付土地款。鉴于此，园区于2010年11月向荣星公司下达了解除合同函件，并于2011年2月向宁乡县人民法院提起诉讼，请求解除园区与荣星公司签订的合同及相关补充协议，并责令荣星公司限期腾空其所占用的项目用地31.97亩，通过一审和二审判决，最终成功地实现了诉讼请求，并顺利执行到位。

主要成效：2012年6月，园区将该地块作为湖南松井新材料有限公司新建年产1万吨级高分子材料生产基地及国家级工程技术研究中心。松井新材专业研究和生产UV涂料、外观涂料、油墨等高分子材料，是中国最具影响力的消费电子类产品外观用涂料品牌的企业。2014年，实现总产值3.6亿元，税收4440万元，亩均税收超110万元。二期建成投产后，预计未来5年，公司整体产值将达到30亿元，年税收两亿元以上。

通过这种方式，园区还成功处置了托普软件园的案例，依法收回土地247亩，现该项目已由香港上市公司威胜集团整体收购并布局集团微型变压器项目。

（五）整改提升型

处置办法：处置低效资产和闲置用地，收回只是手段，开发才是目的。对于部分已签约落地且出现问题的项目，园区会根据该企业的发展思路、建设规划、投资实力以及项目发展潜力等因素进行综合考虑，符合条件的，园区以限期整改通知书的形式，敦促原企业在规定时限内完成开发建设，双方以补充协议的方式对建设内容、建设期限、投资强度和投入产出比等指标重新进行约定，以提高处置效率。

经典案例：2007年12月，园区与长沙恒佳铝业有限公司签订年产5万吨铝合金及铝合金复合板带箔项目合同，约定投资总额为2.5亿元，占地150亩，于2009年全部建成投产。 但受金融危机影响，公司一度完全停产，至2010年仅建成1.1万平方米厂房，大部分土地均在闲置。2014年上半年，园区根据相关政策法规，与该公司协商收回闲置的土地用于再次开发，该公司根据新的市场定位，与开发区签订年产5万吨工业铝合金材料项目合同，同意园区收回23.8亩闲置土地进行二次招商，剩余项目用地由公司进行再开发。

主要成效：2015年6月，开发区对已收回地块完成了二次招商，引进新项目进行开发，恒佳铝业同时对项目用地内闲置土地进行了再开发，截至目前已投入

4500万元，建成12000平方米热轧铝板生产线，年产能将达到3万吨铝合金板。

通过这种方式，还成功完成了烨星锑业和巨星股份的整改提升。烨星锑业新建年产4000吨乙二醇锑项目，预计新增税收400万元；巨星股份新建锂电池项目，预计新增税收4000万元。

（六）借窝下蛋型

处置办法：针对已无主营业务的传统型中小企业，园区及时帮助他们调整思路，鼓励支持其将所有权与使用权分离，以所有权证融资开展转型和二次创业，以闲置厂房出租增加直接收益。同时，园区主动做好中介服务，把有实际需求的中小优质项目引进来，并从政策上对符合条件的原企业和新企业给予租金补贴，进一步提高了闲置厂房的实际利用率。

经典案例：恒丰实业是建园之初引进的第一家规模较大的制造企业，占地一百二十余亩，建设标准厂房面积近8万平方米，曾经是一派欣欣向荣的景象，但随着服装和制鞋产业没落，该公司市场严重萎缩，资金链断裂，不得已关门停产。为此，园区及时帮助公司调整思路，通过招商引进优质中小企业，租赁该公司标准厂房生产，并不断发展壮大。

主要成效：通过权用分离，园区先后成功帮助其引进广和化工、海格塑胶、格林沃特生物、亿佳电子、瑞正涂料等十多家高品质中小企业租赁其标准厂房生产经营，目前发展势头良好。

通过“权用分离”“借窝下蛋”的做法，成功帮助中南散热器、湘军置业、凯迪鞋服等企业起死回生，不仅帮助传统企业提高了收入、走出了困境，更缓解了园区招商项目的用地压力，提高了土地循环利用质效。

三、宁乡经开区盘活低效资产和闲置用地的有益启示

宁乡经开区通过盘活低效资产和闲置用地拓展发展空间，走出了一条约束条件下推进园区提质升级的新路，为全市园区盘活存量、节约集约利用土地和资产提供了很好的借鉴和有益的启示。

（一）盘活低效资产和闲置用地必须坚持主动作为

园区发展空间是有限的，任何时候都必须要把土地作为园区发展之本，节约集约用地，这样才能保障以有限的空间支撑无限的发展。宁乡经开区从2005年起就着眼园区发展需要，围绕存量要增量，率先开展盘活低效资产和闲置用地工作，并明确将低效资产处置工作交由招商合作局负责，纳入年度工作铺排，并进行绩效考核，形成目标清晰、责任明确的工作格局。同时，适时设立园区低效闲置资产处置领导小组及办公室，由党工委委员兼任资产办主任，党工委进行集体决策审定处置方案，将此项工作上升为园区全局性中心工作，大大提升了工作力度和效能，并探索出了系列经验。盘活低效资产和闲置用地是一项没有先例可遵循的工作，只有站在园区发展全局的高度主动作为、超前谋划，才能把握工作主动权，在有限的空间里保障园区的快速发展。

（二）盘活低效资产和闲置用地必须坚持有效沟通

盘活低效资产和闲置用地牵涉各方利益，必须要以协商为先，在充分沟通的基础上形成兼顾各方利益的最合理方案，才能有效减少工作阻力。在多次盘活低效资产和闲置土地工作中，宁乡经开区始终坚持以理服人，有情操作。在对具体宗地的处理时，主动与用地单位友好协商、宣传政策，体现公平、公开、公正的原则。特别注重搞好与外来投资者的沟通，争取理解，最大限度地保护投资者的利益。由于坚持做到了以理服人，所以大部分用地单位或个人都能主动配合管委会对闲置土地的处置工作，避免了不必要的诉讼和纠纷，为工作的顺利开展铺平了道路。

（三）盘活低效资产和闲置用地必须坚持市场手段

盘活低效资产和低效土地，根本的目的是让土地的效益得到充分发挥，实现企业与园区的双赢。因此，在处置的过程中必须要始终遵循市场规律，以企业的现实需求为工作出发点与落脚点，根据市场与企业的实际情况，最大限度调整盘活、促进资产高效利用，由追求资产处置的高效率向效益最大化转变。宁乡经开区在处置过程中，始终把提升土地效益放在第一位，充分运用市场手段来整合土地资源，以此带动企业转型升级，激发内生动力，达到了多方共赢。事实说明，只要坚持用市场规律办事，让市场法则在盘活资产中发挥作用，让企业在土地资源整合中赢得发展，就会使企业的积极性得到充分激发，再难的事也会迎刃而解。

（四）盘活低效资产和闲置用地必须坚持分类处置

企业土地闲置和低效利用的原因十分复杂，且各个企业在股权结构、市场前景、发展理念等方面各有不同，因此，处置低效资产和闲置用地不能简单“一刀切”，而是要结合企业和园区实际，因地制宜，分类施策。宁乡经开区从提高土地利用效益，兼顾社会效益出发，制订了一系列操作性强、实用性强的配套措施，灵活处置闲置的工业用地。通过多年探索，实现由协商谈判等单一处置途径向司法手段、战略并购、权用分离等多条腿走路的综合型处置方式转变；由单枪匹马的各个击破向各部门联动配合的合力攻坚转变。园区处置工作的突破和推进，就是因为精准地把握了各个企业、各宗地块的特殊性，针对不同情况精准施策，从而保障了工作的有序推进，实现了多方共赢。

（五）盘活低效资产和闲置用地必须坚持依法推进

每一宗土地企业都与园区签订了合约，因此，在解除合同时，必须严格依照合同法及相关法律规定，依法履行法定程序，这样才能在有效盘活的同时，确保依法依规。宁乡经开区在处置步骤上，一般遵循“协商谈判—行政执法—依法诉讼—庭前调解—法律判决”的原则进行。在协商谈判不成的前提下，以行政执法作为必要补充手段；把依法诉讼作为协商谈判进入僵局时主动破局的最重要措施；把庭前调解作为依法诉讼和协商谈判的重要补充方式；把法律判决作为最后的“杀手锏”。通过司法诉讼，依法维护各自权益，彰显法治公平，也确保了低效资产和闲置土地处置工作的强力推进。

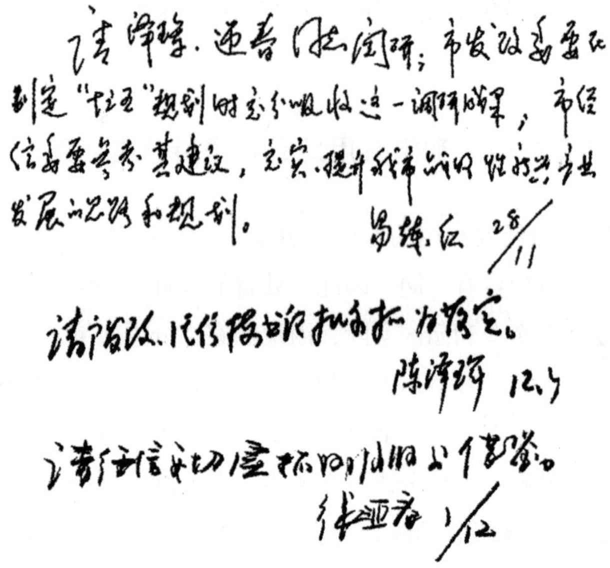

关于长沙市战略性新兴产业发展的调查与建议

长沙市人民政府研究室
长　沙　市　科　协

2011年，长沙明确将高端制造、新材料、新能源与节能环保、新能源汽车、生物产业、文化创意、信息网络产业作为重点发展的战略性新兴产业。新常态下，长沙战略性新兴产业发展面临新挑战和新机遇，为全面、深入掌握全市战略性新兴产业发展情况，更好地助力长沙转型创新发展，课题组进行了两个月的深入调研，就加速全市战略性新兴产业发展提出对策建议，供决策参考。

一、当前战略性新兴产业发展的总体趋势

（一）从国际层面看，战略性新兴产业进入激烈竞争阶段

后金融危机时代，战略性新兴产业成为引领新一轮产业变革的着力点。互联网、绿色能源和3D打印技术等正在引发新的产业革命。在新一轮产业革命浪潮来临之际，美国、欧盟、韩国及部分发展中国家竞相出台相关政策，加大对战略性新兴产业发展的扶持力度，以期在新一轮经济格局调整中抢占制高点。金融危机后，全美主要风险投资都投向了以计算机和生物技术为主的战略性新兴产业，其中，近一半的风险投资额集中在软件领域，12.9%的风险投资额投向了生物技术。德国出台了中小企业创新计划、数字德国2015计划等系列措施，2012年德国大约有3.4万家研究型企业和超过11万家创新型企业，中小企业已经成为德国战略性新兴产业发展的主体力量。

（二）从国家层面看，战略性新兴产业成为新的重大战略

2010年10月，国务院出台《关于加快培育和发展战略性新兴产业的决定》，确定了节能环保、新一代信息技术、生物、高端装备制造、新能源、新材料和新能源汽车七大产业作为发展重点，并出台了系列扶持政策。2015年，国家又实施《中国制造2025战略》和“互联网+”计划，加快在集成电路、智能制造、增材制造、机器人、新能源汽车等方面布局，通过专项规划、产业基金、兼并重组、政策扶持等措施加快推进产业发展。“十二五”期间，全国战略性新兴产业保持高速增长，产业规模显著扩大，支撑作用逐步凸现。去年我国战略性新兴产业领域27个重点行业企业主营业务收入达17万亿元，实现利润近1.3万亿元，同比分别增长13.7%和16.6%，比工业同期增速高6.7和13.3个百分点。

（三）从区域层面看，战略性新兴产业呈现竞相发力格局

重庆市2015年按照“政府引导、市场运作、科学决策、防范风险”的原则设立了战略性新兴产业股权投资基金，由市政府产业引导股权投资基金和市属国有

企业共同出资设立，引入社会资本共同参与，基金采取母子基金结构设立，总规模约800亿，基金以股权或股权+债权等方式将资金投向重庆市十大重点发展的战略性新兴产业。宁波市按照功能协调互动、产业相对集聚、要素集约利用、生态环境和谐的布局原则，以现有交通信息网络为纽带，以国家级基地为引领，形成“一核两翼40专业园（基地）”的战略性新兴产业总体发展框架，促进了战略性新兴产业合理布局，快速发展。深圳市围绕重点发展的六大战略性新兴产业，相继出台了互联网、生物产业、新能源产业振兴计划等系列规划和配套政策，建立新兴高技术产业发展领导小组和新兴产业发展联席会议制度，每年投入15亿元，支持战略性新兴产业形成规模。

二、长沙战略性新兴产业发展现状

（一）长沙战略性新兴产业发展总体情况

1. 对经济发展的贡献更加突出

从全市来看，战略性新兴产业呈现蓬勃发展趋势，对经济的贡献率逐年提升。2012年，全市战略性新兴产业实现增加值814.3亿元；2013年实现增加值931.0亿元，增长14.9%；2014年实现增加值1129.2亿元，增长13.5%；增速均高于全市同期GDP的增速（2013年12%、2014年10%），为全市经济平稳较快发展提供了强力支撑。

2. 在全省的领跑作用更加突出

长沙作为全省战略性新兴产业发展的核心增长极，无论规模、产值，还是质量、效益，都在全省领跑，辐射和拉动效应不断增强。2014年，长沙市战略性新兴产业营业收入3804.37亿元，占全省的37.4%。实现增加值1129.15亿元，占全省的35.5%。长沙战略性新兴产业在不断发展的同时，也带动了全省战略性新兴产业发展的提速与提质（表1）。

表1　　2014年全省各市州战略性新兴产业主要情况

市州	营业收入（亿元）	占全省比重（%）	利润总额（亿元）	营业收入利润率（%）	增加值（亿元）	占GDP比重（%）
全省合计	10177.24	100	430.99	4.23	3088.39	11.4
长沙市	3804.37	37.4	172	4.52	1129.15	15.5
株洲市	949.65	9.3	66.34	6.99	356.86	16.5
湘潭市	918.74	9	20.92	2.28	302.41	19.3
衡阳市	827.14	8.1	23.1	2.79	245.03	10.2
邵阳市	264.85	2.6	13.13	4.96	82.41	6.5
岳阳市	1084.04	10.7	25.13	2.32	274.41	10.3
常德市	322.16	3.2	23.76	7.37	83.92	3.3
张家界市	16.54	0.2	1.34	8.13	6.43	1.6
益阳市	395.76	3.9	19.58	4.95	127.99	10.2
郴州市	902.24	8.9	40.68	4.51	303.38	16.2
永州市	151.21	1.5	5.99	3.96	44.12	3.4
怀化市	132.88	1.3	3.16	2.38	43.21	3.7
娄底市	362.22	3.6	13.53	3.73	81.55	6.7
湘西州	45.45	0.4	2.33	5.14	16.09	3.5

3. 高端发展的特征更加突出

创新向高端突破、资源向高端集聚、产业向高端发展的趋势明显（表2）。全市在智能制造、新材料、生物医药等方面集聚着诸多自主创新的科技成果。在先进装备制造方面，以3D打印、工业机器人为代表的智能制造关键技术国内领先，具有较好的发展潜力。新材料行业在先进储能和永磁材料的技术攻关和产业化上实现重大突破。汽车和零部件产业发展异军突起，形成了以六大整车为核心的汽车产业集群。电子信息产业涌现出蓝思科技等高新企业，形成新的增长点。

表2　　长沙市战略性新兴产业主要企业及主要产品列表

产业类别	重点行业	主要企业	主要产品
高端制造	工程机械	三一重工	混凝土机械、筑路机械、挖掘机械、桩工机械、起重机械
		中联重科	混凝土机械、起重机械系列产品
		山河智能	大型桩工机械、全系列挖掘机、现代凿岩设备、起重机械、路面机械、军用工程机械和通用航空设备
	汽车及零部件	广汽菲亚特	菲翔、致悦
		广汽三菱	广汽三菱劲炫，劲畅
		上海大众	朗逸
		比亚迪	6B、M6、F0

续表

产业类别	重点行业	主要企业	主要产品
新材料	金属新材料	晟通集团	高纯电解铝、高端铝箔、高端轨道车体铝材、高级铝托盘、高精铝铸棒等
		金龙铜业	电工用光亮铜杆、铝杆等有色金属新材料
	复合材料	博云新材	碳/碳复合材料制品、粉末冶金材料
	先进储能材料	杉杉新材	钴酸锂、镍钴锰三元系、锰酸锂、磷酸铁锂等新型锂离子电池正极材料
	永磁材料	航天磁电	高性能永磁铁氧体器件、高性能粘结钕铁硼稀土磁和高性能烧结钕铁硼稀土磁器件
新能源与节能环保	新能源设备	中电48所	硅材料研制生产、光伏设备、电池片、蓄电池、LED半导体照明
	新能源	中和能源	生物柴油
	环保设备	永清环保	重金属离子矿化稳定剂、湿式静电除尘器、垃圾焚烧发电炉排设备、污泥干化一体化设备
	污染治理	凯天环保	工业厂房治理、大气治理、重金属治理、污水治理、固废治理
新能源汽车	新能源汽车	比亚迪	K9、K8
		众泰汽车	云100
生物医药	生物制药	尔康制药	淀粉植物胶囊，其他药用辅料
		九芝堂	六味地黄丸系列产品，驴胶补血颗粒，中药特色饮片等
		方盛制药	以血塞通分散片为主的心脑血管科药物、以藤黄健骨片骨伤科、以头孢克肟片为主的抗生素和儿科、妇科等药品
	制药机械	楚天科技	安瓿瓶联动线、西林瓶联动线、口服液瓶联动线、玻瓶大输液联动线、软袋大输液线、配液系统、冻干集成系统、自动灯检机、胶塞（铝盖）清洗机等制药机械
文化创意	影视传媒	湖南广电	电视、电影、广播、网络、影视艺术等综合性传媒
	数字出版	湖南出版投资	图书、报纸、期刊、音像、电子、网络等传媒产业
		青苹果数据	互联网及数据制作
	文化创意	华凯文化	文化主题馆创意设计，数字多媒体展示，影视动画制作
	动漫卡通	山猫卡通	动漫节目及动漫衍生产品
		拓维信息	手机动漫

续表

产业类别	重点行业	主要企业	主要产品
电子信息产业	信息设备制造	蓝思科技	光学镜片，玻璃制品，金属配件，平板显示屏、3D显示屏及显示屏材料等
		介面光电	触控显示屏、触控系统、触控组件、触控屏幕、触控技术应用软件、硬件、触控相关外围配件、触控产品相关塑料组件
		基伍通讯	智能手机
		威胜集团	电、水、气、热各类先进能源计量产品、系统与服务
	信息服务	长城信息	金融电子、高新电子、医疗电子等

（二）长沙推进战略性新兴产业发展的主要举措

1. 明确七大重点产业

2011年11月市政府下发了《关于加快培育发展战略性新兴产业的意见》，明确将高端制造、新材料、新能源与节能环保、新能源汽车、生物医药、文化创意、信息网络等七大产业作为发展重点。

2. 推进十大载体建设

加快全市战略性新兴产业布局，着力推进人才创业示范区、国家综合性高技术产业基地、国际性工程机械制造基地、光伏及节能环保产业基地、新能源汽车产业基地、航空航天产业基地、国家生物产业基地、信息产业园区、“数字长沙”“一廊一圈”文化创意产业聚集区等载体，为战略性新兴产业发展提供支撑。

3. 强化三项保障措施

加大政策扶持。设立总额1亿元的战略性新兴产业发展专项支持资金，同时设立了移动互联网、新能源汽车、电子商务、工业机器人、文化产业等专项发展基金。制定战略性新兴产业重点支持产品目录和技术目录，列入目录的产品和技术享受财税、项目报建、土地、人才、科技等方面的扶持政策（表3）。优化产业环境。启动有利于培育战略性新兴产业市场的新产品示范应用和推广工程，示范工程采购列入重点支持目录产品的给予专项补贴；围绕战略性新产业发展需求，大力发展现代物流、金融保险等生产性服务业；依托产业园区建设一批战略性新兴产业特色产业基地。强化要素支撑。以自主创新示范区获批为契机，健全鼓励自主创新的支持政策体系。加速构建多层次资本市场，拓宽融资渠道。继续实施“3635人才计划”，围绕战略性新兴产业发展引进领军人物、高级经营管理和研发人才、专业技术骨干人才，强化人才保障。

表3　　长沙市支持战略性新兴产业发展部分政策汇总

文　号	发文部门	文件名称	发文时间
长政发〔2011〕23号	市政府	关于加快培育发展战略性新兴产业的意见	2011年11月
长政发〔2014〕33号	市政府	关于进一步加强知识产权保护工作的意见	2014年8月
长政发〔2014〕29号	市政府	关于加快推进两型住宅产业化的意见	2014年7月
长政发〔2014〕28号	市政府	关于进一步加快工业园区发展的意见	2014年7月
长政发〔2014〕27号	市政府	关于加快北斗卫星导航应用产业发展的意见	2014年7月
长政办发〔2015〕24号	政府办公厅	关于加快分布式光伏发电应用的实施意见	2015年7月
长政办发〔2014〕42号	政府办公厅	关于印发《长沙市移动互联网产业发展专项资金管理暂行办法》的通知	2014年12月
长政办发〔2014〕31号	政府办公厅	关于新能源汽车推广应用的实施意见	2014年10月
长政办发〔2014〕28号	政府办公厅	关于促进电子商务产业发展有关事项的通知	2014年10月
长政办函〔2014〕150号	政府办公厅	关于印发《工业机器人产业发展三年行动计划（2015—2017年）》的通知	2014年9月
长政办发〔2013〕36号	政府办公厅	关于促进电子商务产业发展有关事项的通知	2013年9月
长政办发〔2011〕93号	政府办公厅	关于印发《长沙市工业发展专项资金管理办法》的通知	2011年8月
长科发〔2011〕26号	科技局	关于印发《长沙市产业技术创新战略联盟管理办法（试行）》的通知	2011年10月
长科发〔2012〕43号	科技局	关于印发《长沙市科技创新平台建设管理办法》的通知	2012年12月
长科发〔2014〕50号	科技局	长沙市技术先进型服务企业认定管理办法	2014年12月
高新管发〔2011〕36号	长沙高新区	关于促进服务外包、电子商务、动漫游戏产业发展暂行办法	2011年4月
长政办函〔2015〕101号	政府办公厅	《长沙智能制造三年（2015—2018年）行动计划》	2015年8月
长政办函〔2015〕98号	政府办公厅	长沙市新材料产业发展三年（2015—2018年）行动计划	2015年8月
长政办发〔2015〕26号	政府办公厅	长沙市关于支持发展创客空间的若干意见	2015年8月
长政办函〔2015〕1号	政府办公厅	关于做好全市两型产品推广使用工作的通知	2015年8月

（三）长沙主要战略性新兴产业发展情况

1. 高端制造

工程机械产业方面，2014年完成规模工业总产值1807亿元，占全市规模工业总产值的19.1%；完成增加值476.3亿元，占全市规模工业增加值的15.7%。全市混凝土机械、液压静力压桩机、汽车起重机国内市场占有率分别达到80%、70%、30%以上；中联、三一、山河位居全球工程机械50强；三一的混凝土泵车和中联的塔式起重机、轮式起重机在全球处于领先地位（图1）。汽车及零部件产业方面，集聚了大众汽车、广汽三菱、广汽菲亚特等3家世界知名汽车企业，比亚迪等4家中国汽车20强企业。2014年，实现总产值600.5亿元，增速达到31%，高于全市规模工业增速17.7个百分点。长沙已经成为全国第六大汽车生产基地、全国首个具备完整车系制造能力的城市，整车产能120余万辆，形成了以六大整车为核心的汽车产业集群（图2）。智能制造方面，工业机器人发展迅

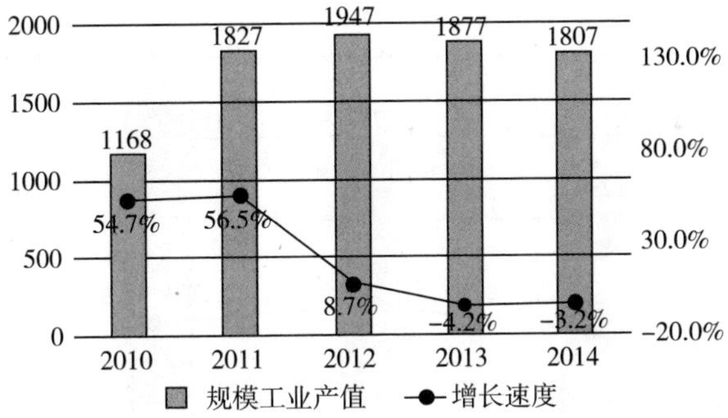

图1 工程机械规模工业产值及增速

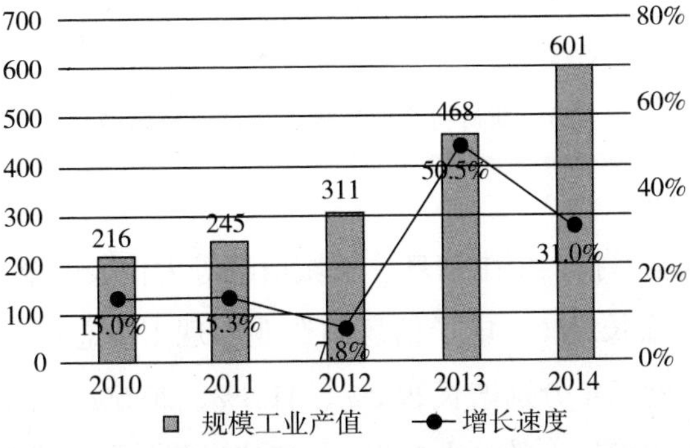

图2 汽车及零部件产业规模工业产值及增速

速，长沙从事机器人应用技术及核心部件开发的企业达到30多家。拥有长泰机器人、三一智能、爱威科技等5家企业产值过亿的龙头企业。3D打印实现突破，2014年国内首个集装备与材料于一体的研发及产业化基地——华曙高科增材制造园区正式启用，长沙成为国内3D打印技术新高地。

2. 新材料

材料产业已步入快速发展通道，2011年产值规模首次突破千亿元，2014年，以晟通、杉杉、博云为代表的新材料产业完成规模工业总产值1900亿元，比上年增长20.9%，占全市规模工业总产值的20.1%。目前已经形成了先进储能材料、先进复合材料、金属新材料、先进硬质材料四大特色优势的新材料产业集群。先进储能材料、先进硬质材料在全国处于领先地位，先进复合材料、金属新材料进入全国第一方阵。拥有以黄伯云、刘业翔、钟掘院士等为代表的一批国内外享有盛名的科技精英与领军人才和一大批新材料方向的国家级、省级创新平台（图3）。

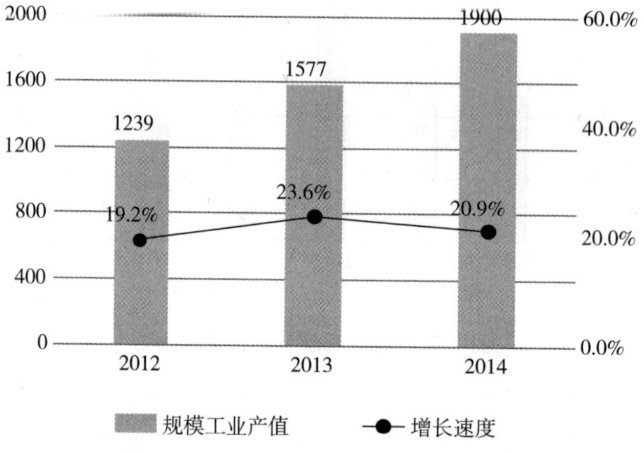

图3　新材料产业规模工业产值及增速

3. 电子信息产业

2014年，以蓝思科技、拓维信息、长城信息等为代表的全市电子信息产业收入突破1500亿元，增长26%。电子信息制造业实现工业总产值1174.57亿元，首次突破1000亿元，近三年分别增长29.2%、41.4%、20.6%。全市拥有电子信息企业1800多家，其中规模以上的企业218家，产值过亿元的企业87家，过50亿元和过100亿元的企业各1家。形成了长沙高新区、浏阳经开区、长沙经开区三大产业集聚区，电子信息制造业、太阳能光伏产业、软件产业、信息服务业四大优势板块。特别是移动互联网、电子商务和北斗导航产业快速发展，成为全市产业中最具活力的板块。2014年移动互联网产业实现经营收入一百二十余亿元，同比增长120%以上。2014年全市电子商务相关交易总额超过2550亿元，同比增长70%，建成初具规模的B2C类交易平台约有五十余个，B2B类专业交易平台约十多家。北斗导航产业化提速，长沙目前已拥有国内领先的北斗导航系统核心技术的研发能力和建设运营能力，培育了长城信息、湘邮科技等骨干企业。高新区已聚集十多家北斗信息产业企业，基本形成以芯片、设计到封装、主机、运营服务为主的产业链条（图4）。

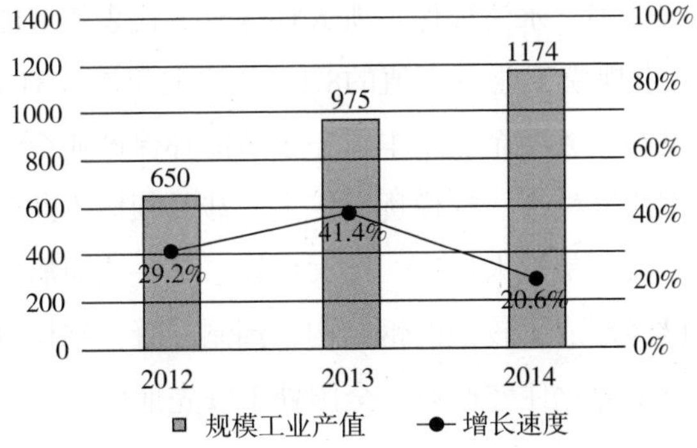

图4 电子信息规模工业产值及增速

4. 生物医药产业

2014年，以尔康、方盛为代表的生物医药企业完成产值305亿元，增长30.4%。现全市拥有生物医药领域国家级工程（技术）中心6家、省部级企业工程（技术）中心41家，累计获专利授权792项，发明专利授权217项，各类高技术要素和科研资源在长沙扎堆，现代中药和现代种苗技术处于全国领先水平，基因工程处于中部领先水平。培育和引进了九芝堂、九典、安邦等一大批市场前景好、科技含量高、发展后劲足的成长型企业，浏阳经开区、长沙高新区、金霞经济开发区成了主要集聚区，产业承载能力较强（图5）。

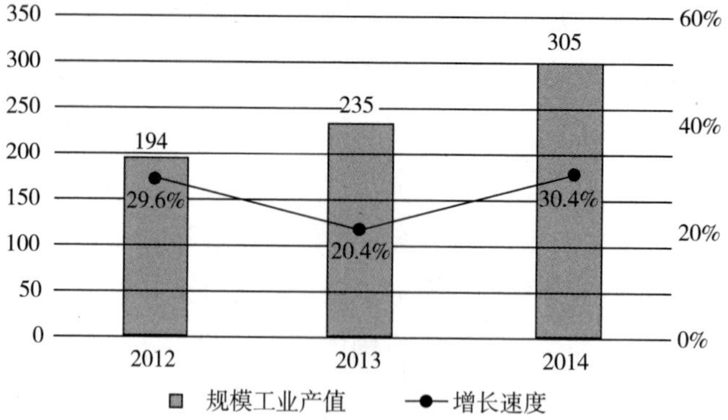

图5 生物医药规模工业产值及增速

5. 节能环保产业

2014年，以远大住工、永清环保、凯天环保等为代表的节能环保产业完成总产值765亿元，占全市规模工业总产值的8.1%，比上年增长31.2%。我市现有的节能环保生产、研发与服务型企业基本覆盖了节能环保产业全领域，初步形成了掌握核心技术、自主研发生产、规模逐渐扩大、涉及领域不断延伸、技术水平逐步提高的发展态势。特别是远大住工、远大可建、三一快而居等企业的住宅产业化市场不断拓展，已经形成了较强的钢结构、预制混凝土结构以及生产装配等生产供应能力，长沙的工业化住宅产业在全国处于领先地位。

6. 新能源汽车

新能源汽车异军突起。在电动汽车动力电池、控制系统等技术方面占据优势。目前，全市新能源汽车生产企业主要为比亚迪、众泰和中联重科。比亚迪目前正在推进电动大巴、乘用车、卡车等全系车型电动化，并实现了电动巴士1500辆的产销。众泰云100推出市场后深受欢迎，2013年以来，已销售9278辆，特别是2015年6至7月，完成销售3901辆，市场行情看好。中联重科推出了新能源环保车，目前市场反响也较好。

7. 文化创意产业

2014年，以湖南广电、湖南出版、长沙广电等为代表的文化创意产业总产出1818亿元，增加值达689亿元，占全市GDP的8.8%。基本形成以影视传媒、动漫游戏、数字出版等为载体的文化创意产业体系，在全国具有广泛影响和较大优势，文化创意产业品牌效应持续扩大。目前，全市已有国家级文化产业园区和基地11家，省级13家（图6）。

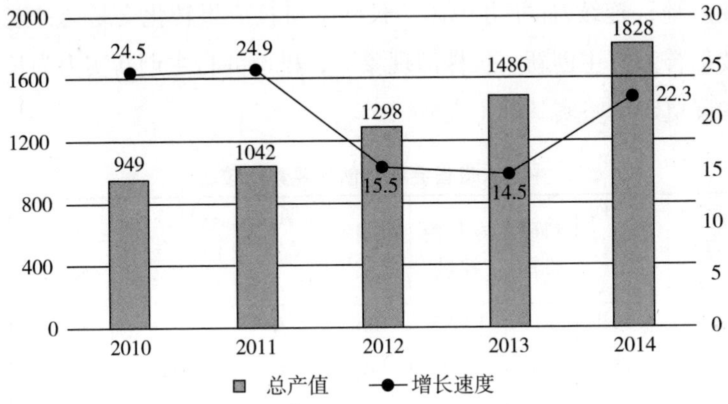

图6　文化产业总产值与增速

三、长沙战略性新兴产业发展的机遇与问题

（一）机遇分析

1. 国家战略带来的宏观政策优势

长沙是"一带一路"重要节点城市，也是长江中游城市群中心城市，拥有湘江新区、自主创新示范区、两型社会建设综合配套改革试验区3个国家级战略平台，是全国少有的政策洼地。当前，国家大力实施创新驱动战略，出台《中国制造2025》行动纲领，制定"互联网+"行动的指导意见、促进大数据发展的行动纲领等政策，长沙作为制造强市和移动互联网发展高地，发展战略性新兴产业具备良好的优势。

2. 科技资源带来的自主创新优势

长沙创新体系相对完备，有高等院校55所、科研机构97家、两院院士55名、各类科技人员50万人，建成国家工程（技术）研究中心17家、国家重点（工程）实验室16个。近三年共获国家级科技奖励50项。2014年累计申请专利17763件、获专利授权11448件，连续三年居全国城市前10强，是全国知识产权示范城市（表4）。科技成果转化较快，市场化程度较高，国家级和省级园区是科技成果转化的重要阵地；连续7届举办中国（长沙）科技成果转化交易会；连同株洲、湘潭被科技部誉为自主创新“长株潭现象”，雄厚的自主创新实力为长沙战略性新兴产业发展奠定了坚实基础（表5）。

表4　　中部六省省会城市创新要素比较表

指标 城市	国家级重点实验室	国家级企业技术中心	科研机构	专利授权量	获国家奖成果	两院院士（人）	从事科技活动专业技术人员	R&D（亿元）	R&D占当年GDP比重
武汉	20	19	104	13698	35	58	—	212.9	2.66%
长沙	15	12	97	10382	16	55	420000	142	2.22%
郑州	3	13	1300	9065	4	28	—	99	1.7%
合肥	7	18	562	9639	6	60	30000	88.14	2.2%
太原	6	8	109	3900	3	5	320000	70	3.03%
南昌	4	3	92	3002	0	4	—	—	—

表5　　中部六省省会城市创新能力综合测评结果

城市	城市类别	创新能力综合得分	排名
武汉市	副省级、省会城市	74.8534	13
长沙市	省会城市	91.7159	5
郑州市	省会城市	83.8023	14
合肥市	省会城市	81.9369	17
太原市	省会城市	76.4288	24
南昌市	省会城市	72.8777	30

3. 省会区位带来的协同发展优势

长沙是全国重要高铁枢纽城市和国家级综合交通枢纽城市，京广、沪昆和规划中的厦渝高铁在此交汇，与珠三角和长三角经济带及成渝经济圈和京津冀经济圈的联系日趋紧密。以长沙为圆心500公里为半径画一个圆，有5亿多人口的集聚，独特的区位优势为战略性新兴产业发展带来良好机遇。此外，长沙作为湖南省会，经济首位度达28.9%，在区位、人才、资源、要素等各方面优势十分突出，有很强的产业集聚能力和资源整合能力，在全省协同发展战略中，可在产业布局上获得重点倾斜，在政策实施上实现先行先试。这些因素为长沙战略性新兴产业快速发展提供有力保障。

4. 产业升级带来的集聚吸纳优势

近年来，长沙推动产业高端发展，工业总量快速壮大。2014年全市完成规模工业总产值9496.2亿元，居全国省会城市第六位（图7）。产业结构深刻变化，产业集群效应逐步显现，优势产业的发展带动产业链的延伸，如围绕工程机械、新能源汽车等产业形成了配套产业集群，终端产品不断涌现，工业向高端化、轻质化发展，战略性新兴产业占工业的比重达31.6%，高新技术产业增加值占GDP的比重28.5%，为战略性新兴产业进一步集聚发展提供有力支撑。

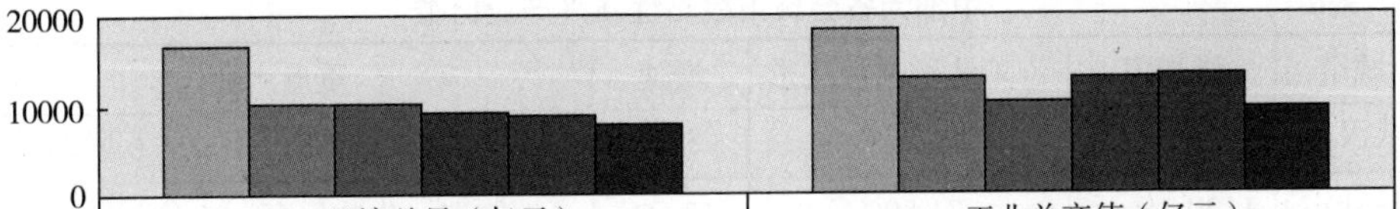

	经济总量（亿元）	工业总产值（亿元）
广州	16700	18184.92
武汉	10069.48	13000
成都	10056.59	10201
杭州	9201.16	12945.28

图7　长沙工业总产值在全国省会城市排名情况

（二）问题分析

1. 有基础，但产业的层次还不高

近年来，长沙市按照“扶持壮大特色支柱产业、精心培育新兴产业、提质改造传统产业”的思路，大力推进新型工业化进程，全市战略性新兴产业增加值占工业的比重不断加大，2014年为31.6%，比2011年提升14.5个百分点。但总的来看，发展层次偏低，产业发展还不成熟，有的还处在初级创业阶段，产品中“大路货”较多。产业集聚度不够，同质化严重，企业规模小，核心竞争力不强。以生物医药产业为例，2014年产值占全市工业总产值的比重仅为3%左右，约为武汉的40%，不足南京的30%；且现有制药企业以传统制药为主，真正的生物医药生产企业不多。

2. 有优势，但产业竞争力还不强

我市在高端制造、生物医药、文化创意、新材料等战略性新兴产业领域有一定的优势，这些产业成为全市经济最活跃的增长点，但与国际先进城市相比仍存在较大差距，缺乏核心竞争力，一些产业关键技术和核心零部件受制于人，自主知识创新能力有待提升（表6）。即便是三一、中联这样的大企业，其发动机、液压件、底盘等核心部件仍主要依赖进口。尤其是缺乏自己的终端产品和知名品牌，像蓝思科技、晟通集团等一些企业虽然发展较快，但仍是以产业配套为主，依附性很强，缺乏市场主导权，易受市场波动影响。

表6　中部六省会城市战略性新兴产业比较

城市	增加值	占工业增加值比重	增速	重点产业
武汉市	6725亿元	51.73%	31%	智能制造、新能源汽车、“互联网+”
长沙市	1129.2亿元	31.59%	13.5%	高端制造、生物医药、文化创意
郑州市	1447.3亿元	46.8%	2.9%	汽车及装备制造、电子信息、新材料、生物及医药
合肥市	681亿元	60%	29.7%	电子信息、新能源、新能源汽车、公共安全
太原市	482.56亿元	28%	21.4%	新能源、节能环保、新材料
南昌市	450亿元	35.8%	17.43%	航空、光电、新材料

3. 有成果，但产业转化率还不够

长沙在超级计算、先进储能材料、碳碳复合材料、杂交水稻等领域具有较强的技术优势，但科技成果转化率不高。据统计，长沙每年有省部级以上科技成果约600件、授权专利1万多件，但转化为商品并取得规模效益的比例不到15%，转化率远低于先进城市水平，且80%以上为异地转化。湖南大学每年有近300项发明专利，能够在长沙就地转化的不到10项。目前，全市科技进步贡献率仅54%左右，研发投入占GDP比重只有2.15 %，居省会城市第13位，特别是企业自主研发投入严重滞后，只占企业主营业务收入1.3%，离创新型城市“十二五”目标还有一定差距（表7），全市战略性新兴产业的整体竞争力有待进一步提升。

表7　　长沙创新型城市部分指标完成情况

序号	项　目	目标（2015年）	完成情况（2014年）	差距
1	科学研究与试验发展（R&D）经费占GDP比重	2.5%	2.15%	0.35个百分点
2	国家级创新平台	35个	41个	已达到
3	企业设有科技机构占比	40%	32%	8个百分点
4	专业技术人员	700人/万人	600人/万人	100人/万人
5	引进创业及管理团队	150个	137个	13个团队
6	高新技术工业总产值占规模工业总产值	60%	58%	2个百分点
7	现代服务业增加值占GDP比重	30%	40%	已达到
8	文化创意产业产值	1500亿元	1818亿元	已达到
9	战略性新兴产业集群产值	4000亿元	3800亿元	200亿元
10	科技进步贡献率	60%	54%	6个百分点

4. 有特色，但产业的链条还不长

近年来，长沙市着力突破产业链关键环节，促进战略性新兴产业高端、集聚、跨越发展，工程机械、新材料、电子信息、汽车及零部件等产业快速兴起，形成了长沙特色的优势产业集群。但从整体看，大多数企业的产业链和盈利模式仍在探索之中，市场前景光明但企业发展尚需突破瓶颈。特别是产业链还不长，本地配套能力不强，支柱产业和主导产业在本地配套率较低，关键原材料、零部件主要从省外、国外购买，其中工程机械主导产品、新材料、电子信息产业本地配套率低于30%，汽车关键零部件产品90%以上依赖进口或从其他区域购买；新能源汽车虽然拥有较完整的电池、电机和电控技术体系，但整车产业化处于起步阶段，产业链结构矛盾仍然突出。

5. 有支持，但助推的力度还不大

近年来，长沙围绕战略性新兴产业发展出台了系列政策措施，在用地、用房、财税、贴息、贷款及基础设施配套等方面提供支持，对加快全市战略性新兴产业发展起到了积极的促进作用，但相对战略性新兴产业的发展需求来说，扶持力度还不够。由于战略性新兴产业普遍存在产品研发周期长、市场培育和推广难度系数大、企业盈利周期相对较长等问题，如果缺少专门针对具体产业发展的产业政策，则不利于相关企业的健康发展。例如，据有关资料显示，目前，全市二维原创动漫制造成本每分钟3000元以上，三维原创动漫每分钟4000～6000元，但电视媒体播出补助最高仅为每分钟500元左右，即使衍生产品授权经营，但由于知识产权保护不力原因，远远达不到预期效果，85%的动漫企业处于亏损状态，并造成了动漫人才的严重流失。此外，扶持政策的系统性、精准性亟待提升，例如，由于尚未建立完善的扶持政策效益评估机制，一些高新技术领域因属新兴事物往往关注不够，资金往往投入不足，而一些低端技术领域则因为惯性大量重复投入，致使产业的扩张混乱，财政扶持政策的实际作用被大打折扣。

四、推进长沙战略型新兴产业发展的对策建议

（一）做好顶层设计，完善产业发展规划

一是建立健全战略性新兴产业总体规划。从长沙现有产业基础和比较优势出发，进一步突出产业发展重点，把智能制造、新材料、创新创意、移动互联网、节能环保、生物制药、新能源汽车、增材制造等作为主攻方向。坚持差异发展原则，优化全市战略性新兴产业布局，引导各园区形成富有特色的支柱性战略性新兴产业，避免重复建设、恶性竞争。力争通过5～10年的努力，形成创新能力突出、产业特色鲜明、空间布局合理的战略性新兴产业体系，努力培育世界级的战略性新兴产业集群，将长沙打造成为中西部地区战略性新兴产业集聚基地。

二是出台和落实战略性新兴产业专门行动计划。根据战略性新兴产业发展总体规划，抓好已出台的工业机器人、新材料、移动互联网、电子商务、智能制造等行动计划的落实，同时，抓紧制定其他产业专门行动计划，分年度明确计划目标、行动重点、工作要求，扎实推进产业发展。力争“十三五”期间，长沙战略性新兴产业增加值年均增长12%以上，到2020年，预期战略性新兴产业营业收入12000亿元左右，培育形成3～5个销售收入千亿级产业，长沙高新区、两个两千亿级园区，10个左右五百亿级企业集团和一批具有创新活力的中小企业。

三是加快建立战略性新兴产业重大项目库。建立全市专门的战略性新兴产业项目储备库，加强对重大项目的调度和协调，做到动态管理、滚动实施，通过一个一个重大项目的推进，真正把战略性新兴产业发展的目标落到实处。

（二）加强创新驱动，提升自主创新能力

一是实施战略性新兴产业核心技术攻关。立足产业的智能化、高端化、两型化，充分利用国家基础研究成果，整合国内外高校、科研院所科研力量，开展战略性新兴产业和重大研发专项，对战略性新兴产业发展的前沿性、关键性技术、高端共性技术和瓶颈技术进行重点突破，形成自主知识产权。同时，通过组建长沙智能制造研究院等方式，大力发展产学研政一体化的新型混合组织，加快技术研发和产业化步伐。

二是完善科技创新载体。培育和壮大一批科技企业孵化器和科技创业园，对战略性新兴产业领域初创企业进行孵化。支持重点企业和科研院所建设一批以前瞻性应用基础研究为主的工程实验室、重点实验室，以重大产业关键共性技术开发和工程化验证为主的工程（技术）研究中心，以新产品新工艺研发为主的企业技术中心。对企业新组建的国家级工程（重点）实验室、工程（技术）研究中心、企业技术中心，给予配套支持。

三是加强战略性新兴产业人才培育。深入实施“3635”工程，着力引进培养一批紧缺急需和战略型科学、工程、技术、管理人才，实行人才柔性服务，为产业高端人才和团队提供优越的干事创业平台。支持科研人员在新兴领域开展创新创业，鼓励大学和科研机构的科研技术及管理人员在企业兼职进行技术开发和指导，支持企业对高级管理科技人才实行股权奖励、优惠购股和期权激励。

（三）破解制约瓶颈，增强园区承载功能

一是坚持产业向园区集聚。强化园区主战场地位，以长沙高新区为核心大力发展电子信息产业、新能源产业，以长沙经开区为重点积极培育高端先进制造业，以浏阳生物医药园为载体发展壮大电子信息和生物医药产业，以金霞物流园和青竹湖服务外包基地为平台精心扶持现代物流、服务外包业，形成园区功能完

善、发展重点突出、产业特色鲜明的战略性新兴产业发展格局。

二是完善园区配套协作。进一步优化产业空间布局，提升产业配套能力。依托产业园区和产业基地，重点提升先进装备制造业、信息产业、节能环保产业等产业的配套能力，特别是加大对新能源汽车制造、电子信息设备制造、高端工程机械等战略性新兴产业的关键零部件和核心配套体系的培育支持，大力推动自主研发，积极引资促进吸收利用，提高重点产业的本土配套率。

三是建设产业示范园区。高起点规划建设战略性新兴产业示范园区，依托现有产业基地，扶持发展一批新兴产业集聚的“园中园”，培育一批科技企业孵化器和科技创业园，打造若干重要的战略性新兴产业创新基地和生产制造基地，推动产业集群发展。同时，加强示范园区发展战略性新兴产业的引导，切实解决产业发展过程中“散、乱、小、弱”问题。

（四）坚持重点突破，打造优势产业集群

一是突出重点产业发展。围绕重点产业领域，集中各类创新资源，选择一批技术含量高、市场前景好的产品，组织实施一批科技重大专项和重点项目。重点做强智能制造、新材料、节能环保、电子信息、生物医药、新能源、工业机器人、文化创意等产业集群，提升产业综合竞争力。

二是突出重点企业培育。加大扶持力度，培育一批市场带动力强的龙头企业和拳头产品，打造精品名牌。引导中小企业进入以重点龙头企业为核心的分工协作网络，向“专精特新”方向发展，延长和完善产业链，不断加强重点新兴产业配套，形成新兴产业发展的聚积效应。

三是突出重点领域招商。优化产业布局，避免招商引资过程中的“内耗”和产业布局上的“雷同”；抓住“两型”社会和国家自主创新示范区建设的机遇，主动出击，力争吸引国内外大资金、大公司在长沙进行大规模新兴产业投资，整体推进传统产业“两型”化进程。

四是突出企业孵化服务。根据产业发展的趋势，面向处于“窗口期”的产业，成立产业研究院，由产业研究院提供相关的技术、信息、融资等服务，帮助初创企业解决实际困难，推动初创企业加快孵化。同时，完善产业公共服务

平台建设，努力实现资源共享，降低初创企业成本。

（五）加速产业融合，强化产业竞争能力

一是推动信息化与工业化融合发展。积极对接《制造业强省五年行动计划》，认真落实好长沙智能制造三年（2015—2018年）行动计划》等政策，以智能制造为主攻方向，推进两化深度融合。积极开展以数字化车间、智能工厂为代表的离散制造试点示范，以信息技术深度嵌入为代表的智能装备和产品试点示范，以个性化定制、网络协同开发、电子商务为代表的智能制造新业态新模式试点示范，以物流信息化、能源管理智慧化为代表的智能化管理试点示范等。通过以各类试点示范为突破口，加快提升制造业产品、装备及生产、管理、服务的信息化、智能化水平。

二是推进新兴产业与传统产业融合发展。充分运用高新技术改造提升传统产业。采取企业购买、租赁和政府主导等多种模式，实施战略性新兴产业技改行动，转化、催生一批新兴产业。大力推广传统产业新兴技术，培育传统产业新兴业态，促进传统产业新转型，推动产业优化升级和向高端化发展，加快传统产业重点领域产业化和规模化进程，形成战略性新兴产业和传统产业有机结合、相互促进、共同发展的良好局面。

三是推进服务业与制造业融合发展。围绕长沙市现有产业集群，延伸制造业产业链条，配套发展生产性服务业，打造研发、生产、销售、维修、测试、物流、金融服务等为一体的产业链。加快创新成果产业化，使研发设计、信息技术等服务业成为制造业升级的主动力。大力实施集群化战略，提高集群内制造业与服务业的相互协同、配套服务水平，使集群成为集成制造与服务功能的产业链集合。

（六）加大引导力度，构建政策支持体系

一是成立战略性新兴产业引导基金。整合发改、经信、科技等部门的资金，成立市战略性新兴产业引导基金，按照一定的比例吸引社会资本参与，以母基金+子基金的方式运作，每个子基金对应一个具体产业，组建市场化的战略性新兴产业发展公司，支持一批有潜力的战略性新兴产业企业，待企业发展到一定程度

后财政资金逐步退出，再转投新的企业，实现基金与战略性新兴产业的共同发展壮大。

二是强化配套扶持政策。建立规范、长效的财政投入增长机制，明确财政政策支持重点，对初创期、早中期创新型企业实行市级税收全额返还。转变财政资金支持方式，采取政府股权投资、财政贴息、投资补贴、政府奖励、融资担保等方式，努力实现由直接支持企业向重点支持园区建设转变；由分散支持企业向重点支持产业转变；由无偿拨款向有偿投资转变；由支持研发向促成果转化转变。

三是健全考核评价政策。统筹协调部门、地区、行业关系，促进新技术的应用推广和战略性新产业的发展壮大。加强组织领导，建立健全推动战略性新兴产业发展的领导体制和工作机制，明确责任分工，制定推进措施，完善统计考核评价，形成推动战略性新兴产业发展的强大合力。

此稿建议有操作性、借鉴性。请文清同志结合近期赴成都市调研会要求提出规划布局、建设模式、运营方面的意见和建设建议。

张湘涛
5/4

国内城市新能源汽车充电设施建设模式及其对长沙的借鉴与建议

长沙市人民政府研究室

充电设施是新能源汽车大规模使用的基础。国务院办公厅2014年7月14日发布《关于加快新能源汽车推广应用的指导意见》（国办发〔2014〕35号），就加快新能源汽车推广应用提出了6个方面25条具体政策措施，并明确提出“加快充电设施的建设，将充电设施纳入到城市总体规划，完善充电设施用地政策和用电价格政策”。为此，各地也加快了与新能源汽车相配套的充换电站（桩）等基础设施的建设步伐，以打通新能源汽车产业化的“最后一公里”。我们认真梳理了国内新能源汽车充电设施建设与运营模式，对各种模式进行仔细比较，并就各地充电设施建设情况进行了总结，现将相关情况报告如下，供领导决策参考。

一、国内新能源汽车充电设施建设与运营模式

（一）政府主导模式

即政府作为电动汽车充电设施建设的主体，负责电动汽车充电站的建设与运营。按照政府建设与运营方式不同，此种模式可以有两种具体操作方式：一是直接主导方式，即由政府直接出资建设电动汽车充电站，建成后由政府相关部门负责经营管理；二是间接主导方式，即由政府出资建设电动汽车充电站，建成后移交给国有企业经营管理，或者委托专业机构经营管理。北京市对推进电动汽车基础设施建设实施“双轮驱动”，即政府主导建设布局合理的公用充电服务网络，政策引导建设自用充电设施，推进单位及个人自用充电桩建设。

表1　政府主导模式优缺点对比

优点	1. 政府投资电动汽车充电站，主要目标是推动电动汽车产业发展，而不是以盈利为主要目标，能引领和推动电动汽车及其充电站建设有序发展。 2. 为市场主体提供积极信号，有助于引导市场主体的投资方向和行为。 3. 有利于实现电动汽车充电站与电动汽车产业的发展同步，避免电动汽车充电站投资过热或投资不足。 4. 可以实现电动汽车充电站建设与城市土地利用规划、城市电网规划等方面的有机协调，从而有序推动电动汽车充电站建设。
缺点	1. 需要投入巨额资金，且由于充电站建成后的较长时间无法实现盈利，政府还需要增加相应的财政支出以维持充电站的正常运转。 2. 随着电动汽车的增加、运行区域的扩大，政府还需要不断扩大充电站的规模，由此导致投资不断增加，经营难以为继。 3. 由政府投资电动汽车充电站，政府往往过于关注政治目标而忽视经济目标。在这种模式下，充电站经营者由于没有实现经营效益最大化的压力，也就缺乏提高相应经营能力的动力，由此导致经营管理效率低下。 4. 由于政府投资与运营电动汽车充电站，受政府特殊庇护，其他市场主体投资的充电站难以与其展开公平竞争和有效竞争，长此下去，将会阻碍电动汽车充电站市场化和商业化的步伐。

（二）企业主导模式

即由作为市场主体的企业投资与运营电动汽车充电站。企业投资充电站建设

的主要目的是基于以下几点。

1. 看好盈利前景

电动汽车是新能源利用的重要组成部分，是战略性新兴产业发展方向，与电动汽车发展相适应，充电站也将随着电动汽车的进一步发展而获得相应的社会效益和企业效益。

2. 占领新兴市场

充电站在一定时期特定区域内是作为稀缺资源而存在的，换言之，在特定时期和区域内电动汽车充电站不能无限制地建设和扩张，由此，企业提前建设充电站，就提前占有了相应的资源并获得了相关市场。

3. 转变发展方式

如石化（石油）企业投资电动汽车充电站，可以实现传统能源企业逐步向新型能源企业转变。电网企业将电动汽车充电站建设纳入智能电网有机组成部分，既可催生储能技术，又可促进清洁能源发展，实现电力资源的节约高效利用。深圳采用的是这种模式，充电站主要由普天集团和南方电网建设。

表2　　企业主导模式优缺点对比

优点	1. 资金优势。投资充电站的企业主体，主要集中在国家能源企业层面，具有人、财、物等资源优势以及商业化运作经验，能够集聚充电站建设与运营所需要的宝贵资源； 2. 管理优势。在企业主导模式下，企业投资充电站是围绕企业可以将充电站一并纳入智能电网储能技术进行科技攻关，从而大大提升充电站的科技含量和提高储能技术水平； 3. 技术优势。由于充电站与电力系统专业技术知识密切相连，由电网企业投资与运营电动汽车充电站，可以充分发挥电网企业的专业技术优势，提升充电站的服务能力和服务水平
缺点	1. 容易导致充电站建设无序发展。作为市场主体，企业基于自身固有的局限性和盲目性，往往会以自身利益最大化出发考量投资行为，而不是从全社会资源优化配置的角度出发，这样就可能出现充电站建设投资过热或投资不足； 2. 影响或制约电动汽车产业发展。企业本质是追求积极利益，以充电站实际运行成本确定充电服务收费，这样会带来充电成本过高，从而不利于电动汽车的推广运用； 3. 与相关领域的协调性不足。作为市场主体，企业依靠自身力量难以实现充电站建设与城市土地利用规划、输配电网规划有效衔接，也难以完全做到充电站与电动汽车发展与消费使用等同步

（三）用户主导模式

即电动汽车用户为满足自身车辆运行需要，投资建设电动汽车充电站。电动汽车用户投资充电站，是将其视为电动汽车的一项配套设施，避免受制于外部充电站以及由此给电动汽车运行带来不利和不便影响。该模式的优点是电动汽车用户可以根据自身需要建设充电设施，实现充电设施与其自身的电动汽车有效衔接，其缺点是电动汽车用户不仅需承担高额的充电设施建设和运行费用，更为重要的是会导致充电设施利用效率低和造成重复建设。上海虽然在《上海市鼓励电动汽车充换电设施发展暂行办法》中提出，为私人安装充电桩提供不超过30%费用的补贴，但是单纯由用户自主投资建设仍较少。

（四）混合建设模式

“政府+企业”的混合模式，即政府参与和扶持下的企业主导模式。该模式可以克服单纯的政府主导模式和单纯的企业主导模式的缺点，能较好地满足现阶段充电站建设与运营的需要。目前，我国电动汽车正处于蓬勃兴起阶段，与此相适应，充电站建设与运营也在迅速发展，在此阶段，经营充电站企业难以实现盈利目标。同时，在充电站建设与运营初期，存在着企业自身不能解决的诸如充电站布局规划、建设标准、服务价格等问题，只有在政府参与和扶持下，企业才有动力和能力建设与运营充电站。关于充电设施建设，长春、杭州、合肥等很多城市的普遍做法是，政府以划拨、出让、租赁或合作等方式提供场地，由承建方投资建设，也就是这种混合模式，但这种模式效果仍并不理想。

（五）众筹建桩模式

江苏省常州市采用众筹的方式建设充电桩，以完善新能源汽车配套措施，推动新能源汽车发展，这种建桩方式在全国属首次。“众筹建桩”一般要经过招商、选商、上报、规划、建设充电桩五个步骤，即拥有五个以上自有停车位、拥有富裕电容等符合条件的合作伙伴自行申请，由运营商收集信息、筛选后报规划部门，最终确定合理地点建桩。常州在各种条件不具备的情况下，采用“众筹建桩”模式，由于在整个过程中申请者只需提供场地而不需承担建设成本，且建成后申请者将会永久分得一半的充电服务费，“众筹建桩”初期就收到了超过3000个加盟申请，仅3个月的时间建设了1160个充电桩。目前，常州已完整规划了1500个充电桩项目，涵盖常州主要行政区、交通枢纽、景区、商业区、社区等公共场所。

二、国内部分城市充电设施建设情况及主要做法

（一）上海

已建成充换电站12座、充电桩1460个、充电架142个、加氢站3座（其中移动加氢站2座），建成了初步的充电监控网络。到2015年，上海将初步形成与城市交通容量相匹配的电动汽车智能充换电服务网络。主要做法如下。

1. 出台具体实施方案

出台了《上海市新能源汽车推广应用实施方案（2013—2015年）》，对新能源汽车推广目标、基础设施建设等做了规定。此外，还将出台充电桩建设、新能源汽车通行便利等政策。

2. 建立联席会议制度

成立了公共充电桩建设推进联席会议，加快推进公共充电网络建设。目前，上海市电力公司正积极加快城市公共充电网络建设，以中心城区与重点示范区相结合，逐步形成覆盖全市主要功能区域的电动汽车公共快充及服务网络。

3. 推进配套设施建设

编制全市充电桩建设规划，对居民小区的充电设备和停车场、高速公路的补电设备建设做出相应的规划安排，采取新建小区商场等预留建设面积、现有物业明确物权增建设备等形式推进新能源汽车充电问题的解决。到2015年，上海预计示范及配套基础设施建设投资10亿元左右，力争累计建设5000个左右道路、P+R等社会停车场所的公共充电桩、若干个单位/私人自用充电桩和50个公共充换电站，结合现有加氢站改建或新建5座加氢站。

（二）杭州

2014年在原有2个“微公交”站点的基础上，新增17个“微公交”站点，其中16个在西湖区，1个在滨江区，未来还将规划更多站点。主要做法如下。

1. 完善充电网络布局

编制完成了《杭州市电动汽车充电站近期建设布点规划》，计划做到在方圆1公里范围内，新能源汽车均能找到快速能源补充点，甚至电动汽车车主在家里也可以配送电池。

2. 加大财政补助力度

杭州市汽车产业发展专项资金管理办法（试行）的通知（杭政办函〔2009〕171号）提出：“建立电动汽车快速充电网络，加快停车场等公共场所公用充电设施建设，市及有关区（县、市）财政对相关配套设施建设及维护保养给予一定额度的补助。”

3. 加快建设充电网络

制订充电网络建设计划，在市区范围建设1座大型换电站，5座中小型充电站，50～100个电池更换服务网点，130个充电桩，分别位于古翠路、西溪、滨江、钱江新城、西湖南、西湖北。

4. 引导上市公司参与

在加大建设充电网络的过程中，积极引导上市公司参与核心建设，当地企业如中恒电气、万向集团等多家公司参与筹建工作。

表3　　国内部分城市充电设施建设情况

城市	已有充电设施	到2015年年底完成充电设施
北京	建成电动汽车充换电站69座，包含充电桩1112台，零散桩235台，充电桩1347台	加气站294座、充换电站107座、充电桩18.8万个、变电站34座、双源无轨线网151公里
深圳	已有81座充电站，3000个充电桩	168座公交充电站，50座出租车充电站，526个快速充电桩，39000个慢速充电桩
天津	已运行节能与新能源汽车共1304辆，建成充、换电站7座，充电桩471个	66个充、换电站和6700个充电桩，形成电动车快充网络

续表

城市	已有充电设施	到2015年底完成充电设施
重庆	200个交流充电桩，3座综合充电站，9座快速充电站	5座综合充电站11座快速直流充电站，275个慢充充电桩
合肥	已建成8座充电站，2000个充电桩，10座维保服务站	到2015年将建6座充电桩，5000个交流充电桩，1个电池循环利用点，1个电池回收处理站
太原	已有充电站7座、300个充电桩	将在小店区、万柏林区和杏花岭区建设3座大型充换电站，在全市范围主要交通节点建设11座乘用车充换电站和 1750台充电桩，为新能源出租车、公交车和其他新能源车辆提供服务
广州	已有52个充电站	各类充电站105个，各类充电桩（机）9970个，形成网络化、智能化的充电服务体系
海口	纯电动公交车充电站拥有20个充电柜，可同时满足20辆公交车同时充电	建成3个充电站，3个换电站，4100个充电桩
成都	已建成14个充电站、201套直流充电桩，679个分布式交流充电桩，每天能为804台大型电动公交车和2800余辆小型电动汽车提供充电服务	建 16座充电站（平均每个站配30个以上直流充电桩），3000个交流充电桩
西安	先后在曲江国际会展中心附近、世园会、锦业路附近、西部大道投建了五处充电站，60个充电桩，5个售后服务点	建成4座充电塔，32座地面充电站，480个充电桩，16个服务网点
昆明	已建设完成1个充电站、150个充电桩	建成2座充电换电站及300个充电桩

三、长沙电动汽车充电站建设情况

（一）项目的基本情况

电动汽车充电站项目是我市积极响应国家节能减排号召、实施推动电动汽车产业发展的重要基础项目。该项目2010年正式启动，2010至2013年年底，国网公司作为建设主体，相继投入9438万元，先后建设汽车东站、汽车西站、大托充电站、三汉矶桥西一期充电站等4座电动大巴充电站（表4）。2014年7月，国网公司同意我市建设9处站、300个桩的建设方案。2014年8月，因政策调整国网公司全面退出充电站建设，由湖南星电集团公司继续负责9处站点的建设工作（表5）。至2014年年底，全市完成建设的充电站13座，充电桩415个（表6）。

表4　　建成或投运充电站站点分布　　（单位：台）

站场名称	建设规模	投运数量	开工时间	投运时间
汽车东站充电站	60	60	2012.10	2013.7
汽车西站充电站	10	10	2010.6	2011.4
大托铺充电站	5	5	2010.7	2011.8
三汉矶桥西一期电动大巴充电站	40	40	2013.12	2014.12
合　计	115			

表5　　9处站场建设计划

工程名称	充电规模	配变规模（kVA）		10kV进线		无功补偿装置（kvar）		电气主接线		总占地（m^2）
	充电桩	远期	本期	远期	本期	远期	本期	10kV	0.4kV	
圭塘停保场电动大巴充电站	10台×80kW（交流充电机）		2×400		1		80	单母线	单母线	1207
长沙东方红公交首末站电动大巴充电站	20×80kW		2×630 1×400		1		160	单母线	单母线	2414
望城汽车站电动大巴充电站	30×80kW		1×2500		1		240	单母线	单母线	3621
三汉矶桥西二期电动大巴充电站	50×50kW		2×2000		1	200	400	单母线	单母线分段	6035
桃花岭公交首末站电动大巴充电站	10×80kW		2×400		1		80	单母线	单母线	1207
三汉矶桥东电动大巴充电站	20×80kW		2×630 1×400		1		160	单母线	单母线	2414
洋湖垸电动大巴充电站	60×50kW		2×2500		1	200	480	单母线	单母线分段	7242
比亚迪厂电动大巴充电站	50×80kW		2×2000		1		400	单母线	单母线分段	6035

续表

工程名称	充电规模	配变规模（kVA）		10kV进线		无功补偿装置（kvar）		电气主接线		总占地（m^2）
	充电桩	远期	本期	远期	本期	远期	本期	10kV	0.4kV	
东升路停保场电动大巴充电站	50×80kW		2×2000		1		400	单母线	单母线分段	6035

表6　完成投运及在建站场（单位：台）

站场名称	建设规模	开工时间	投运时间	投运数量
已建成或投运的充电站场				
站场名称	建设规模	开工时间	投运时间	投运数量
汽车东站充电站	60	2012.10	2013.7	60
汽车西站充电站	10	2010.6	2011.4	10
大托铺充电站	5	2010.7	2011.8	5
合　计	75			75
已完成主体建设即将投运的充电站场				
站场名称	建设规模	开工时间	投运时间	投运数量
三汊矶桥西一期电动大巴充电站	40	2014.10	2014.12	40
望城汽车站电动大巴充电站	30	2014.11	2015.2	30
合　计	70			70
正在建设中的充电站场				
站场名称	建设规模	开工时间	投运时间	投运数量
三汊矶桥西二期电动大巴充电站	34	2014.12		34
比亚迪厂电动大巴充电站	50	2015.1		50
合　计	84			84

（二）存在的主要问题

1. 建设进度慢

表现为用于施工图纸编制的各类基础资料不全，导致无法按节点出具施工图，如：东升路和三汊矶桥东充电站缺少场地红线图；东升路等6个站点缺少场内地下管网图纸；东升路、三汊矶桥东、洋湖垸3个站点缺少进站道路坐标及标高数据等；部分待建站点前期硬件基础设施无法到位，导致后期建设难以跟进，如：东升路、洋湖垸站点目前仍未完成场地的场平和硬化及移交等工作，影响各站施工进度。

2. 推进难度大

三汊矶桥西一期、二期项目分别于2013年12月和2014年12月进场施工，外线施工区域分别跨岳麓、望城两个区，由于对电力施工方案存在不同意见，目前施工单位仍未进场施工。由于三汊矶桥西二期充电站外线路径与一期为同一线路路径，如果一期项目的外线通道未形成，将直接造成二期工程无进线电源，无法投运。

四、加快长沙充电设施建设的建议

（一）加强组织领导

成立长沙市电动汽车充电设施建设协调小组，负责全市电动汽车充电设施建设的部署、协调、指挥、督导工作，研究、协调和解决充电设施建设、运行维护中的有关问题。参照上海市的做法，成立公共充电桩建设推进联席会议，加快推进公共充电网络建设。

（二）强化规划管理

将电动汽车充电设施建设纳入城乡总体规划，对充电设施用地、配套道路和电力线路走廊、电缆通道等作好规划、预留，及时完成充电设施站址和线路通道的规划、建设审查等工作。及时办理公路沿线所涉及的充电设施建设的预审、报批等手续，将电动汽车充电设施建设纳入交通枢纽、大型公共建筑、停车场等建设管理相关规定，作为硬性条件给予规范；已建成的停车场根据电动汽车充电设施建设专项规划和发展需要，补建电动汽车充电设施。

（三）保障用地需求

在土地利用总体规划修编中将电动汽车充电设施建设项目用地纳入土地利用总体规划确定的建设用地范围内，保障电动汽车充电设施建设的顺利实施。对电动汽车充电设施建设用地，在用地指标、土地预留、土地供应等方面给予政策保障，及时落实土地预审、办结用地审批等手续。目前，我市停保场用地及公交枢纽站仍显不足，若按照省政府下达我市2015年1000台纯电动公交车的目标任务，仍有600台电动大巴500个充电桩的建设场地无法落地。建议新增划拨公交站场用地，便于公交电动车充电站（桩）的建设和布点。

（四）加大推广应用

认真贯彻落实国家电动汽车及配套产业扶持政策，积极研究、制订电动汽车研发、销售、购置和运营保障等方面的相关配套措施，加快电动汽车的推广应用；对电动汽车充电设施建设及运营单位，在充电设施运营许可、手续办理、后期管理、资金补贴、贷款贴息、税收优惠等方面给予政策支持。可参照杭州的做法，建立电动汽车快速充电网络，加快停车场等公共场所公用充电设施建设，明确市及有关区（县、市）财政对相关配套设施建设及维护保养给予一定额度的补助。鼓励公共单位加快内部停车场充电设施建设，具备条件的政府机关、公共机构及企事业等单位新建或改造停车场，应当结合新能源汽车配备更新计划，充分考虑职工购买新能源汽车的需要，按照适度超前的原则，规划设置新能源汽车专用停车位、配建充电桩。鼓励用户自主建设，可参照上海市做法，为私人安装充电桩提供适当费用补贴。

（五）创新建设模式

我市已建和在建的一些充电站项目，主要由国网公司及所属星电公司负责建设和维护运营，由于国网公司因政策性调整已全部退出在全国的充电站建设计划，因此长沙供电公司已明确表示对于以后的充电站建设项目（包括下半年500台充电桩），公司将不再参与投资建设。鉴于目前这种情况，建议参考常州“众筹建桩”建设经验，积极引导上市公司及其他有实力的社会资本参与核心建设，探索寻求一些新的建设模式来共同推动充电站项目建设。

课 题 组 组 长： 唐曙光

课题组副组长： 周海毅

课 题 组 成 员： 叶步林

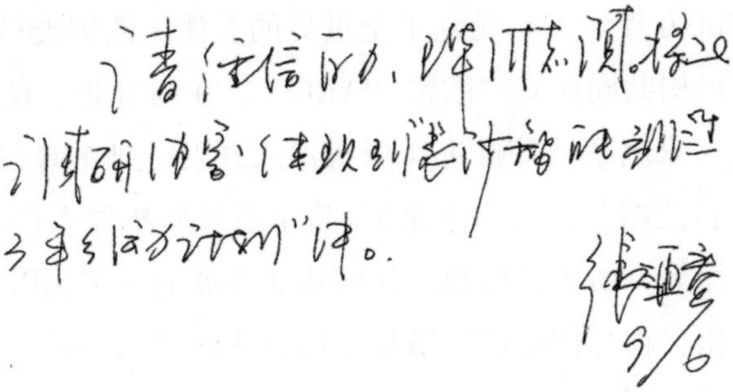

国内外机器人产业发展情况及其对长沙的借鉴与建议

长沙市人民政府研究室

机器人是新工业革命的重要代表，世界各主要先进国家都把以机器人产业为代表的智能装备制造作为重大战略产业来推进，“机器人+智能制造”正在深刻影响全球制造业格局。为深入了解机器人产业发展情况，我们梳理了国内外机器人产业发展基本趋势，重点分析了东莞市和沈阳新松公司关于机器人产业发展的相关情况，并对长沙工业机器人产业发展进行探析、提出了建议，供领导决策参考。

一、国内外机器人产业发展基本情况及趋势

（一）国外机器人产业发展情况

近年来，欧美、日本等国纷纷将机器人视为经济增长的推动力。美国政府

在2011年公布了《国家机器人计划（National Robotics Initiative）》，每年对以人工智能、识别（语音、图像等）等领域为主的机器人基础研究提供数千万美元的支持；2013年12月，美国互联网巨头Google相继收购了7家机器人高科技企业（总额6000万美元），受到了全世界的关注。欧洲委员会2014年与180多家企业或研究机构共同成立“欧盟SPARC”，在制造业、农业、卫生保健、运输、社会安全、家庭领域等推进实用机器人开发。日本政府2015年1月23日公布了《机器人新战略》，决定未来5年将重点发展机器人产业，将在财政、税收、教育和法律等方面予以扶植。伴随快速发展的数字化以及网络技术、云计算技术的高级化，物与物通过网络相连接的物联网社会正在不断现实化，欧美、日本等发达国家正在超前谋划，抢占新一轮科技变革的先机，掌控新机器人应用的主导权。

（二）国内机器人产业发展情况

随着我国制造业劳动力成本的大幅提升，以及国外机器人等新兴产业的快速更新换代，发展“机器人”产业已成为国内多数城市推进“工业4.0”的关键切入点和重要增长点，并成为加快制造业产业转型升级的一个重要途径。但和国外相比，起步较晚，差距还较大。目前国内的机器人密度（每万名工人所拥有的工业机器人数量）较低，“机器人”市场仍以外资品牌为主导，80%～90%的核心部件需要进口。在韩国、日本、德国等机器人使用比较普遍的国家，每万名工人所拥有的工业机器人数量为300台左右，在美国、意大利、中国台湾，这一数量为150台左右，而中国大陆每万名工人拥有机器人只有21台，和发达国家和地区相差8～10倍，距离全球55台的平均水平也存在较大差距（图1）。

近年来，随着创新创业和转型升级的步伐加快，国内机器人产业发展也快速起跑。北京、上海、天津、重庆、浙江、广东等地纷纷出台机器人产业发展规划，从加强顶层设计，强化保障措施等入手，为机器人产业长远发展拿出了具体的“时间表”和“路线图”（表1）。

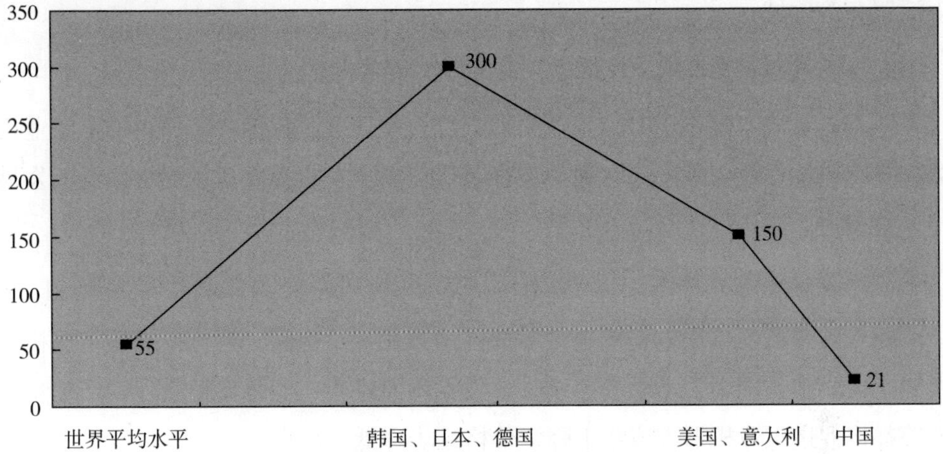

图1　每万名工人拥有机器人情况（单位：台）

表1　国内部分城市加快布局“机器人”产业发展情况

城市	主要举措
北京	正在起草制定推动北京智能机器人工作意见，并支持机器人科技项目30多项，投入科技经费1亿元，带动社会投资潮近3亿元
上海	将工业机器人列为战略性新兴产业发展的重点，并成立了上海机器人产业联盟及上海机器人行业协会，提出2020年争取达到600亿~800亿元规模的目标
重庆	出台的《重庆市人民政府关于推进机器人产业发展的指导意见》提出到2020年，机器人产业销售收入达到1000亿元，形成新的支柱产业
天津	滨海新区成立了智能制造产业技术创新战略联盟，并规划建设滨海新区智能制造装备产业园
浙江	未来5年每年实施5000个机器换人项目，实现5000亿元机器换人投资，以推动工业生产方式由“制造”向“智造”转变
佛山	在5年内打造规模超万亿元的机械装备产业带，其中智能制造、工业机器人等新兴装备制造业的产值要在3至5年内达到1000亿元

（三）未来机器人产业发展趋势

1. 产品设计更加智能

伴随技术的创新、商业模式的变化，机器人自身将不断地发生变化，将从单体作业向自律行动、从单向控制向自主存储、从独立单体向协调合作发展，能开展图像与语音识别、深度学习等人工智能技术，并广泛应用于日常通信、家政等生活服务等领域。

2. 市场规模迅速扩大

随着人工成本逐步上升，工业机器人综合使用成本逐渐降低，再加上工业机器人具有连续作业、效率高、适应性强等优势，工业机器人运用更加广泛，发展步入快车道。

3. 产品价格逐渐降低

随着减速机、伺服电机等关键零部件国产化水平提高，将直接降低工业机器人的生产成本。同时，需求高速增长、技术不断进步、竞争日益激烈、产销量增大等都将促进工业机器人成本下降，价格逐步降低。

4. 应用领域不断拓宽

随着产业转型升级加快，更多的工业领域需要提高自动化水平，实现产业升级。此外，制造技术不断进步、可靠性逐步提高、环境适应性更强等将促进工业机器人在更宽的领域应用。

二、东莞市和沈阳新松公司发展机器人产业的主要做法

东莞市和沈阳新松公司发展机器人产业的主要做法东莞是世界闻名的制造业基地，沈阳新松公司是国内著名的机器人生产商。我们对这“一城一企”机器人产业发展做法进行了梳理和分析，以期对长沙机器人产业发展提供借鉴。

（一）东莞市

该市把科技创新作为促进产业结构调整和转型升级的核心环节，大力发展机器人产业，推动东莞乃至珠三角传统产业的转型升级。主要做法如下。

1. 以“一号政策文件”为主支撑

在智能制造的背景下，东莞市近年来主动适应制造业的发展潮流，从传统“制造大市”向“制造强市”转变。东莞市政府从2014年开始每年拿出2亿元扶

持企业“机器换人”。2015年东莞市政府一号文“东莞制造2025”战略还提出要强化金融服务支撑，通过事后奖励、拨贷联动、租赁补贴等方式，解决企业“机器换人”资金难题，把东莞建设成为全国领先的工业机器人智能装备应用示范城市。出台了《关于加快推动工业机器人智能装备产业发展的实施意见》《东莞市推进企业“机器换人”行动计划》（图2）等一批产业政策，将连续三年从“科技东莞”工程专项里支出3500万元支持机器人产业。

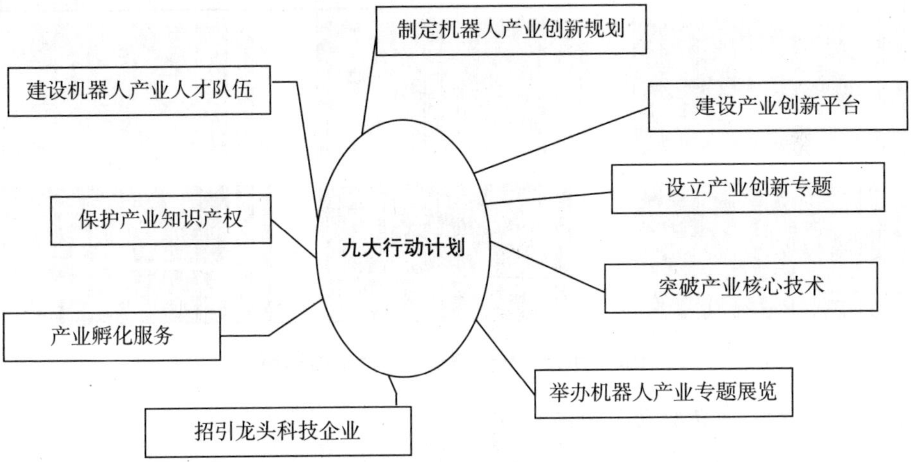

图2　东莞市推进企业“机器换人”九大行动计划

2. 以“三个企业集群”为主阵地

目前在松山湖聚集的数十家机器人产业中，既包括核心零部件企业，又包括机器人系统集成商和智能装备企业，初步形成机器人产业集聚效应，产业链日趋完善。未来，对于机器人产业的发展定位，松山湖将以国际机器人产业基地为核心，大力培育运动控制与高端装备制造企业群、工业与服务机器人企业群和高端消费产品企业群三大企业群，助力东莞企业自动化改造和传统产业转型升级（图3）。

3. 以“四项发展举措”为主抓手

“创业、引进、联盟、推动”四措并举，加快园区建设发展。“创业”主要是吸引并引导美国、新加坡以及国内等地顶尖人才来园区创新创业；“引进”主要是进一步引进机器人系统厂商、本体制造商、零部件厂商等产业配套企业；“联盟”主要是吸收借鉴日本、美国的先进经验，建立有效的机制，在园区形成机器人产业联盟，通过联盟上下互动合作，推动企业发展壮大；“推动”主要是吸引并推动制造业企业运用机器人产品，提高企业的竞争优势，促进企业转型升级。

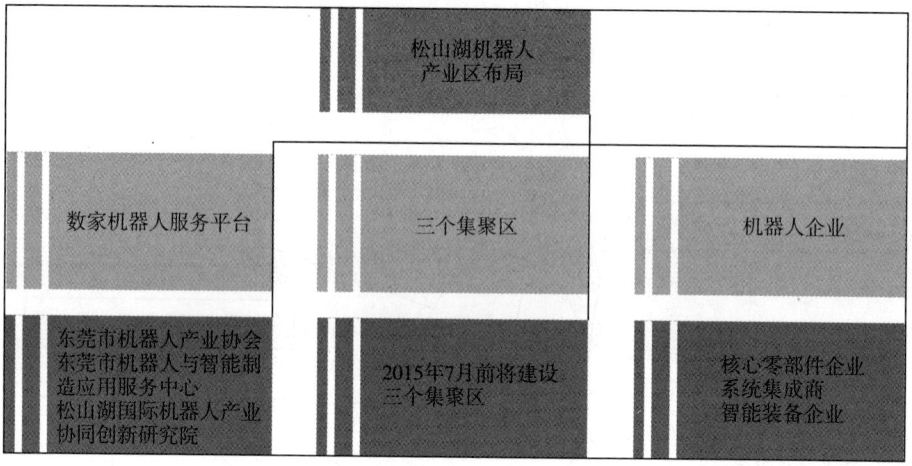

图3 东莞市松山湖机器人产业区布局

4. 以“五大创新驱动”为主动力

东莞市实施科技创新驱动发展战略的五大举措。一是争创国家自主创新示范区。通过此举争取国家先行先试的政策措施，深化行政审批体制改革，培育发展新经济增长点，构建区域创新体系，加快科技金融产业融合，培育引进创新创业人才。二是加快集聚研发服务机构。推进北京大学光电研究院、华南协同创新研究院的建设，加快建设空间科技城、广东省智能机器人研究院；制定园区科技服务体系总体规划，引导新型研发机构与企业建立产业联盟、行业协会和研发中介，引进市场化科技服务专业机构，构建科技成果转化服务链条。三是促进科技金融产业融合。设立产业发展基金，大力引进机器人产业基金等，推动更多基金、风投、天使等金融机构落户园区；与深创投、高新投合作搭建科技金融产业合作平台，吸引各类科技资源和创新资源入驻园区；组建科技成果转化中心和担保公司，设立创投母基金。四是发展众创空间推进大众创新创业。建设构建“众创空间”载体，按照“创客空间+创业苗圃+孵化器+加速器+产业化基地”的思路发展科技孵化服务，启动1~2个异地孵化器建设。五是加大科技人才引进力度。打造政产学研组团联合招才活动品牌；与华中科技大学、广东省物联网中心等合作，建立留创园分园、博创园分园；筹办建设美国、英国两个海外人才工作站，运用以商聚才、海外招才、以才引才等多种方式，延揽海外高层次人才。

（二）沈阳新松公司

沈阳新松公司以“中国机器人之父”蒋新松院士名字命名，近年来，新松公司取得了中国机器人发展史上的88项第一，同时推出了不同的机器人产品，其中40吨“重载双移动”机器人系统等达到世界领先水平，20公斤大负载真空机器人领先全球。目前新松公司形成了五大系列、世界最全的机器人产品，产品2/3应用于外资外企，出口15个国家。其主要做法如下。

1. 不拼“数量”拼“质量”

重载智能移动机器人广泛应用于铁路机车、飞机等领域的制造维修，是智能移动机器人技术研究领域的制高点。一直以来，由于国外企业技术封锁，这种机器人设备价格昂贵，且国内厂家很少能采购到这类产品。为此，新松公司进行技术攻关，研制出40吨重载智能移动机器人产品。研发的混合式充电新技术，使移动机器人能有效应对突发断电和意外跑偏，同时新增电磁导航、激光导航等功能。

2. 不追“共性”追“个性”

该公司目前形成了以自主核心技术、关键零部件、领先产品及行业系统解决方案为一体的完整产业链，并将产业战略提升到涵盖产品全生命周期的数字化、智能化制造全过程。技术研发人员占全体员工80%以上，新产品占总销售额80%以上，每年研发投入超过销售额12%。对不擅长的硬件制造环境，通过两化融合平台，向国内配套企业转移。

3. 不问“供应”问“需求”

在布局产品线时，从社会、市场需要什么“机器人”开始着手，加大真空机械手、洁净镀膜机械手、洁净搬运机械手、洁净物流自动输送设备等市场亟须的先进技术研发力度，为国家拿出了全套“交钥匙”工程。在半导体、LED、光伏、核电、医药、金融等行业首次提供了具有中国话语权的解决方案。

三、长沙机器人产业发展的基本情况及主要问题

长沙机器人产业主要分布在长沙高新区、长沙经开区、雨花经开区和浏阳经开区，其中，雨花经开区布点最多，2015年3月雨花经开区获批“机器人产业集聚区”。主要有以下特点。

（一）企业数量多，但产值普遍偏少

目前，拥有华恒机器人、长泰机器人、科达建设机械、艾博特机器人、蓝天焊接、宇环智能、腾远智能、祥瑞智能、博胜机械等主要机器人研发、集成企业。虽然长沙机器人企业数量众多，但普遍存在规模偏小、产值不大、竞争力不强的共性问题。在15家机器人产业重点企业中，年产值只有5.6亿，产值最高的湖南五新重型装备有限公司只有1.6亿，产值最低的只有388万（表2）。

表2　机器人产业重点企业情况

企业名称	企业所在地	主营产品	2014年产值（万元）
湖南五新重型装备有限公司	长沙经开区	混凝土喷浆机器人	16000
湖南宇环智能装备有限公司		机械设备加工自动化生产线、工业电子加工监测自动化、包装自动化及垛码设备	5850
湖南蓝天机器人科技有限公司		铝模板双工位焊接机器人系统、S管焊接机器人工作站、双工位九轴联动焊接机器人工作站、11轴联动焊接机器人工作站	5700
长沙科达建设机械制造有限公司	雨花经开区	混凝土喷浆机器人、混凝土喷射机械手	9100
长沙长泰机器人有限公司		危险品智能制造成套设备、机器人汽车车身焊接多功能系统、白色家电行业机器人系统、机器人铸铁毛坯件自动化清理系统	8500
湖南省拓野机器人自动化有限公司		机器人打磨抛光系统、机器人CNC上下料系统、机器人3C装配系统、AGV小车	1020
湖南大捷智能装备有限公司		机械手、激光切割机	—

续表

企业名称	企业所在地	主营产品	2014年产值（万元）
湖南科瑞特科技股份有限公司	长沙高新区	—	800
长沙市博胜机械设计有限责任公司		机器人系统集成、助力机械手	500
湖南祥瑞智能机器有限公司		机器人系统设备、智能部件	388
湖南桥康智能科技有限公司		桥梁检测机器人	—
长沙华恒机器人系统有限公司	浏阳制造业基地	焊接机器人	4193
长沙赫雷克勒智能装备有限公司		机器人应用系统集成、智能仓存系统、槟榔自动化包装设备	—
湖南艾博特机器人系统有限公司	长沙县同心产业园	自动化焊接线	3000
湖南腾远智能设备有限公司	隆平高科技园	智能检测设备、智能高速取放系统	450

（二）财政补贴多，但精尖人才偏少

2014年出台了《长沙市工业机器人产业发展三年行动计划（2015—2015年）》，提出通过政策扶持、租金优惠、招商奖励等方式鼓励企业发展工业机器人。三年拿出1亿元补贴本地机器人使用企业，对企业给予租金补贴。但是，智能系统集成解决方案等高精尖人才奇缺，需要加快引进。同时，由于企业需要一次性投入太大，企业资金压力过大，应用企业启动自动化改造积极性普遍不高。

（三）研究成果多，但本体制造偏少

湖南大学获批“国家机器人重点实验室”、库卡在长沙设立了“华中研发工程中心”，龙头企业长泰机器人公司生产的产业机器人广泛应用于汽车制造、航空船舶、工程机械、轻工食品等行业，活跃在海内外与“洋品牌”同台竞争，2014年将国际机器人行业最高荣誉“IERA Award发明与创业奖”银奖囊入怀中。但是，机器人本体制造仍受制于人，长沙集成商的机器人本体主要来自德国库卡和日本发那科，是国产本体价格的三倍以上。

四、加快推进长沙机器人产业发展的建议

机器人产业是国家重点布局的“十三五”新兴产业之一，国家将于2020年基本建成以市场为导向，以企业为主体，推进服务机器人产业快速发展，促进产学研紧密结合的机器人产业体系。特别是国务院日前印发的《中国制造2025》，部署全面推进实施制造强国战略。在这份行动纲领中，明确了9项战略任务和重点，其中，机器人作为十个重点领域之一，迎来了战略性的发展契机。我们认为，这一轮机器人产业布局的窗口期只有1～2年，如果长沙错失时机，将失去这一战略新兴产业的发展机遇。为此，我们从五个方面建议如下。

（一）立足统筹谋划抓顶层设计

工业机器人是智能制造的高级形态，也是长沙先进制造业发展的重大机遇。当前，我市工业机器人发展已初具规模，来势良好，但缺乏宏观层面的设计和引导。建议积极抢抓国家机器人产业布局的历史机遇，将工业机器人发展列入“十三五”规划的重点产业，并作为“长沙制造2025”的主要内容。同时，建议由分管副市长亲自挂帅，市工信委牵头，在规划、政策、人才、机制等方面进行总体布局和系统研究，并建立定期调度机制，以推进我市工业机器人产业快速发展。

（二）立足高端研发抓人才集聚

要将机器人优秀人才纳入全市优秀人才引进计划，通过全球招聘的方式，吸引海外人才来长工作。要创新培养方式，通过校企合作，对学生采取定点培养，减少人才培训时间。围绕工业制造重点领域的用户需要，开展工业机器人及智能装备系统集成、设计、制造、试验检测等核心技术研究，攻克精密减速器、伺服驱动器、传感器等关键零部件技术，为工业机器人发展提供有效支撑。鼓励企业、科研机构积极参与国内工业机器人相关行业标准制定，提升技术标准话语权。

（三）立足知名品牌抓招商选商

针对产业链的薄弱环节和缺失环节，瞄准国际国内工业机器人本体、机器人精密减速器、传感器等重点领域的龙头企业，大力开展招商选商。要继续聚焦和锁定库卡、安川两大全球知名品牌，按库卡上海工厂2万平方米规模，提前订制厂房，一旦上海工厂饱和，即可通过租赁等方式供其使用，争取在第二轮布局中抢占先机。突出分析上市公司的产品线，针对不同行业产品特点，一企一策，有针对性的制作招商方案，确保优质上市公司落户。

（四）立足孵化研究抓载体建设

加强对“机器人产业集聚区”这一平台的规划引导，提升信息网络、公共服务平台等基础设施水平，推动以产业链为纽带、资源要素集聚的工业机器人产业集群建设，完善产业链协作配套体系。突出机器人研究院和孵化器建设，确保2015年机器人研究院建成交付使用。鼓励发展机器人再制造业务，建立机器人再制造过程中评估、交易平台，形成拆解、维修、再应用的产业链，探索推进二手机器人市场建设。通过机器人联盟秘书处，对拥有核心技术、市场前景广阔的工业机器人企业，优先提供金融、人才、专家咨询等服务。

（五）立足率先发展抓扶持引导

建立以政府投入为引导、企业投入为主体、金融投入为支撑的多元化投资体系。对于有资金需求的机器人企业，可提供政府创投基金加以引导，通过协议约定股权退出的价格和方式，约定以三年为期，到期后创投资金以溢价10%退出。在可用财政专项预算经费额度内，对机器人企业贷款贴息，可享受贴息的贷款额度应不超过企业注册资本金的50%，按照不超过实际贷款额银行基准利息的50%给予贴息补助，享受期三年。加大税收补贴力度，自企业盈利年度开始，以企业上年对市财政的实际贡献为基准，每年增加部分的50%，用于支持企业加大产业投资、提升技术创新能力、开拓国内外市场和引进新项目等，享受期三年。发挥政策对社会资金的引导作用，吸引各方资金投入，分担企业的资金压力和创新风险，实现供需两端双向引导。围绕机器人研究院、孵化器，搭建融资担保和金融租赁平台，发挥金融杠杆作用，支持企业使用机器人。

课 题 组 组 长：唐曙光

课题组副组长：周海毅

课 题 组 成 员：叶步林

改革“视点”篇

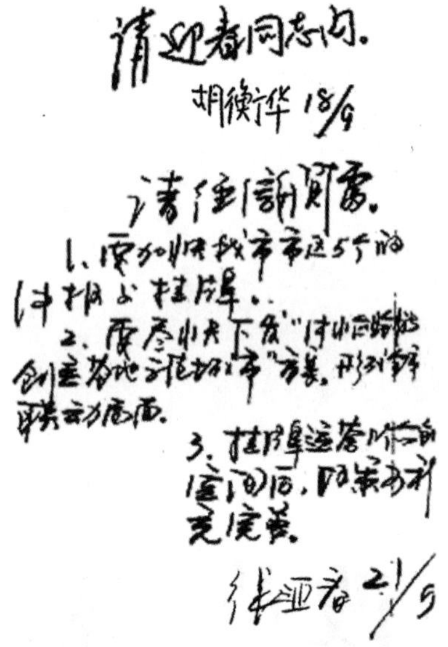
请迎春同志阅。
胡衡华 18/9

长沙与外地创客空间支持政策比较分析及建议

长沙市人民政府研究室

目前，全国掀起了以众创空间为主要载体的“大众创业、万众创新”热潮。除5个自治区外，全国有19个重大城市出台了相关政策，两个省会城市正在制定中（另有沈阳、合肥、福州等5个省会用的是当地省政府制定的政策，暂未出台新的政策）。为学习借鉴其他城市的经验，我室对我市《关于支持发展创客空间的若干意见》（长政办发〔2015〕26号）与全国主要城市支持众创空间的政策进行了比较分析，提出完善改进建议，供领导参考。

一、长沙与十大城市支持众创空间发展政策比较

地区	政策对象	最高补贴额度	主要内容
长沙	众创空间	200万元	给予每家200万元的一次性场地装修及设施设备购置费用补贴
		360万元	连续3年给予每家50%租金补贴（1万平方米以内，60元/平方月）
		30万元	连续3年每年给予每家运营费用30万元补贴
			每年对创业创意比赛、技能培训等公共服务项目给予一定的费用补贴
		20万元	连续3年每年给予每个创客空间运营主体20万元奖励
天津	众创空间	500万元	对经认定的众创空间，分级分类给予100万至500万元的一次性财政补助，用于初期开办费用，高校众创空间补助资金由市财政负担，区县及滨海新区各功能区众创空间补助资金由市和区县财政按7：3的比例负担
		300万元	引导众创空间运营商设立不少于300万元的种子基金，主要用于对初创项目给予额度不超过5万元、期限不超过2年的借款，以及收购创业者的初创成果，市财政按30%比例参股，不分享基金收益
广州	众创空间	300万元	按照众创空间实际场地面积以每年每平方米1000元的标准，给予众创空间运营机构连续三年的场地租用进行补贴。同时，对众创空间配套建设并主要为创客服务的公共技术平台，按照其建设投资额（主要指相关设备器材费用）的30%给予一次性补贴，补贴额最高不超过300万元
		30万元 150万元	鼓励众创空间聘用创业导师并吸纳大学生入驻；创业导师服务满一年、考核合格和经市科技创新主管部门核准的，按照每一位导师每年3万元的标准给予众创空间运营机构补贴，最高不超过30万元。众创空间新接纳大学生（含高校及科研院所在册或毕业不超过两年的大专生、本科生及研究生）创新创业，且在该众创空间创新创业满一年的，按照每人3万元的标准给予众创空间运营机构补贴，专项用于为大学生提供创新创业指导服务，年度补贴最高可达150万元
		20万元	每一年度，广州都会对众创空间进行绩效评价，得分80分（含）以上的众创空间可获得20万元奖励
		500万元	具有示范性、在全国有较强影响力的特色众创空间，纳入示范建设的特色众创空间，可享受最高500万元资助
	创客	300万元	为创客开展的创新创业交流及培训活动、区域性/全国性/国际性创业大赛等公益性活动，按实际发生合理费用给予事后补贴，补贴额最高可达300万元
		300万元	从众创空间入手，支付宝众创空间年度最多发放科技创新券300万元，创客向高校、科研机构和科技服务机构购买技术创新服务，可从众创空间申领科技创新券，创客购买工商、财税、金融、法律、专利、知识产权等中介服务的，按照实际支付中介服务费用给予全额补贴
		20万元	创客可以依托众创空间申报广州市科技计划项目，如获立项可获得20万元科技经费支持
		100万元	创客项目引入创业投资或众筹平台股权投资，可按实际到位引资额的10%，最高不超过100万元给予一次性补助，同时也为投资者按照实际投资的10%，最高不超过100万元给予一次性补助

续表

地区	政策对象	最高补贴额度	主要内容
深圳	众创空间	500万元	对新建、改造提升创客空间，或引进国际创客实验室的，予以最高500万元资助
		100万元	支持创客空间减免租金为创客提供创新创业场所，对符合条件的单个创客空间予以最高100万元资助
		300万元	支持创客空间完善软件、硬件环境，提升服务功能服务能力，对创客空间用于创客服务的公共软件、开发工具和公共设备等，予以不超过购置费用、最高300万元资助
	创客	50万元	建立创客自由探索支持机制，对符合条件的创客个人、团队项目予以最高50万元资助
		100万元	举办中国（深圳）创新创业大赛，对竞赛优胜者按本市人才引进相关规定办理入户，对其在深圳实施竞赛优胜项目或创办企业予以最高100万元资助，并可优先入住创新型产业用房
		100万元	对符合条件的创客实践室予以最高100万元资助
杭州	众创空间	100万元	对新认定为国家级、省级、市级众创空间，分别给予100万元、50万元、30万元奖励，其中对获得高一级认定的进行补差
		100万元	给予连续三年每年最高50%房租补贴，年补贴额最高100万元
		100万元	给予最高300元/平方米的装修、办公设施购置、宽带接入等基础性设施一次性补助，补助额最高100万元
		100万元	对经备案并通过审核的全国性创业创新服务活动给予实际支出50%的资助，最高100万元
	创客	100万元	企业在孵期间获得社会投资机构投资的，按实际到位投资额的1%予以奖励，年总奖励额最高100万元；优先推荐众创空间的企业申报区级种子资金等各类科技计划项目；优先推荐众创空间内的创业企业申请“钱江时代”债权基金贷款，给予企业50%的贴息，并给予担保费全额补贴，单家企业贷款额最高1000万元；鼓励投资类基金重点对众创空间内企业开展股权投资，区科技投资基金可采取创投引导基金或蒲公英天使投资引导基金模式开展合作
苏州	众创空间	50万元	对市级认定的众创空间和对获得省级、国家级认定的众创空间等新型孵化机构给予最高50万元奖励
	创客	50万元	给予5万～10万元创业补助和20万～50万元项目资助
		50万元	新增市级创业贷款担保基金8000万元，为创业者提供最高30万元贷款额度，并给予贴息。其中，对众创空间推荐企业优先给予最高500万元的信贷风险补偿专项资金贷款、30万元的科技保险费补贴和50万元的贴息资助 对年应纳税所得额低于20万元（含）的小型微利企业，其所得减按50%计入应纳税所得额，按20%的税率缴纳企业所得税

续表

地区	政策对象	最高补贴额度	主要内容
苏州	创客	1亿元	市级每年安排1亿元左右的科技创新券支持中小科技企业购买研发过程中的检验检测、科技保险等服务。改革工商登记注册制度，超500家金融机构服务众创空间工商登记可“一址多照”、集群注册
郑州	众创空间	200万元	对利用老校区校舍等存量资源改扩建孵化器的，由所在县（市、区）按照改建扩建孵化面积50元/平方米的标准给予一次性补贴，每个孵化器最高200万元。给予公共技术服务平台不超过50%的建设成本（不包含基建）资助
		5万元	县（市、区）对年度输送5家以上经认定的科技型企业落地郑州的创新型孵化器，每输出一家企业给予5万元奖励。经认定的创新型孵化器，由所在县（市、区）连续三年给予50%的房租补贴
		100万元	一次性给予市级、省级、国家级技术交易服务平台分别一次性给予30万元、50万元、100万元的资金支持
郑州	创客	100万元 100万元 5000万	科技成果转化中介补贴可达技术交易额的2%，金额不超过100万元；企业购买科技成果和发明专利，可按交易额的10%给予补贴，金额不超过100万元。在郑研发机构向我市转移转化科技成果和发明专利，可按技术交易额10%、单个项目最高给予100万元的补贴
			科研人员奖励（或入股）比例不低70%
			经所在单位批准离岗创业的，3年内保留其原有身份和职称，档案工资正常晋升。注册科技型企业的，知识产权等无形资产的出资比例不受限制。允许在校大学生保留学籍2年从事自主创业
			对获得社会创投机构投资的科技创新创业项目，按照年度实际到位投资额的10%、最高100万元给予创新创业补助 在市级财政技术研究开发经费中，先期设立5000万元科技创新券
大连	众创空间	2000万元	对高新区、生态科技创新城和金普新区建设的综合性创业孵化平台，正式投入使用时市政府给予2000万元的一次性资金补助
		200万元	对认定为AAA级、AA级、A级的创业孵化平台，市政府每年分别给予200万元、150万元、100万元的资金补贴
		1万元	对认定的市级创业孵化平台，每孵化成功1户创业企业且该企业退出创业孵化平台后正常纳税经营6个月以上的，市政府一次性给予创业孵化平台1万元补助
石家庄	创客		市属高校、科研院所科技人员要求离岗创业的，三年内保留其原有身份和职称，档案工资正常晋升，符合条件的可正常申报晋升相应专业技术职务。毕业2年内的高校毕业生，初次创业创办小微型科技企业的，给予3年的社会保险补贴

续表

地区	政策对象	最高补贴额度	主要内容
石家庄	创客	300万元	对拥有先进技术和自主知识产权的人才或团队来实施科技成果项目转化的，经评审后分别给予100万元至300万元的科研经费支持
		1000万元	对掌握国际领先技术、生成重大项目并带动新兴产业的，经评审后分别给予1000万元至5000万元的项目支持资金
		500万元	对入选国家“千人计划”“长江学者”和河北省“百人计划”的人才带项目来我市创业工作，在国内首次落地的，经评审后分别给予300万元至500万元的科研经费支持
		100万元	国家级、省级孵化载体分给予 100 万元、 30 万元的奖励
贵阳	创客空间	50万元	创业活动给予40%的活动经费补贴。每年每家机构资助额度可达50万元
			鼓励企业使用科技创新券向高校、科研院所、科服务机构等单位或其他企业购买科技创新服务和技术成果
贵阳	创客	5万元	首件发明专资助 2 万元；获省级资助 5 万元
		100万元	给予 10% 的风险补贴，单笔补贴可达 50 万；给予 50%款利息及担保费用补贴，单年可达 100 万元
			创办人给予 3 年免租金或低租金的青年才公寓入驻支持
		1000元/月	引进博士 5 年内按每月 1000 元的标准发放生活津贴
		30万元	按每位导师 3 万元给予孵化机构工作补贴，每年补贴额可达 30 万元
		50万元	项目落地给予10万～50万启动资金支持；项目运营前3年分别给予100%、70%、30%场地租金补贴

二、长沙支持发展创客空间的政策有待完善

经过比较，我们认为，长沙市支持发展创客空间政策的优点十分明显，主要是操作性强，明确易行，扶持力度适当，实行市、区两级联动。但相对于其他城市，长沙的政策也有不足，主要有以下几点。

（一）重创客空间建设，轻创客激励引导

没有对创客成果评价、转化和对创客的支持引导。广州、深圳、郑州、贵阳等10大城市中有7大城市对创客有激励机制。如郑州对在郑研发机构向本市转移转化科技成果和发明专利，可按技术交易额10%、单个项目最高给予100万元的补

贴；对获得社会创投机构投资的科技创新创业项目，按照年度实际到位投资额的10%、最高100万元给予创新创业补助。

（二）方法需要创新，市场化手段运用不多

上海等城市不再认定市级孵化器，把孵化器的认定和评判权交给市场，而政府则发挥引导作用；利用市场化机制，采取补助、创投引导、跟投、购买服务等方式，支持众创空间和创业项目。北京、广州、苏州、郑州、贵阳等城市对创客提供5000万～1亿元的创新券资助，支持创客和中小科技企业购买研发过程中的检验检测、技术服务、技能培训等服务。

（三）激发创新创业主体的积极性不够

人才是创新创业最关键的因素。我们没有支持高校、科研院所和科技人员创新创业的突破性政策。建议加快科技管理制度改革，充分激发科技人员和大学生的创业热情。郑州、石家庄等城市对科技人员经所在单位批准离岗创业的，3年内保留其原有身份和职称，档案工资正常晋升。注册科技型企业的，知识产权等无形资产的出资比例不受限制。允许在校大学生保留学籍2年从事自主创业。科研人员奖励（或入股）比例不低70%。科技成果转化中介补贴可达技术交易额的2%，金额不超过100万元；企业购买科技成果和发明专利，可按交易额的10%给予补贴，金额不超过100万元。天津要求2016年全市每所普通本科高校、独立设置的高职学院、独立学院至少建设1个众创空间。北京、上海、苏州等城市改革工商登记注册制度，众创空间工商登记可“一址多照”、集群注册。

三、加快发展创客空间促进创新创业的政策建议

（一）充分调动各方面的积极性

将创新载体服务创业企业的情况作为年度绩效考评的重要依据。除5个区

外，全市每个国家级园区必须建设1个示范众创空间，鼓励引导在长一本（含）以上高校每校建设1个众创空间。申请的创客空间可自主支配的场地面积不少于300平方米，注册资本不少于30万元人民币，入驻创客或项目不少于20个。市财政给予验收达标的创客空间（除5区建的外）30万元/个的奖励。众创空间与全市大量的科技成果对接，创业者可以用较小成本在既有科研基础上突破，同时促进科技成果转化。众创空间要与政府、高校、大企业的专家团队对接，帮助创业者找到适合不同领域的创业导师。建立科学的众创空间考核标准，主要以培育毕业的团队注册的企业销售额、是否上市、是否入选科技型种子企业、小巨人（成长）企业、高新技术企业等为指标，给予2万～50万元奖励补助支持。

（二）充分发挥科研人员的作用

创客的主体是科研人员和大学生。要加快科技管理体制改革，出台创新性政策。科技成果转移转化所得收入全部留归单位；科技成果转化所获收益可按不少于90%的比例用于对成果完成人员和成果转化突出贡献人员进行奖励；职务发明成果转让收益用于奖励科研负责人、骨干技术人员等重要贡献人员和团队的收益比例由现行不低20%提高到不低于50%；科技成果入股比例不设上线。促进科技成果在我市转移转化为现实生产力。科技成果转化中介补贴可达技术交易额的2%，金额不超过100万元；企业购买科技成果和发明专利，可按交易额的10%给予补贴，金额不超过100万元。在长研发机构向我市转移转化科技成果和发明专利，可按技术交易额10%、单个项目最高给予100万元的补贴。对众创空间内企业招用高校毕业生，给予1年岗位补贴和3年社会保险补贴。大学生创业且租赁房屋的，据实给予补贴，最高不超过每月1800元，补助期为2年。

（三）充分运用市场原则进行激励

建立以风险投资基金、创新券、风险补偿等金融手段支持研发和产业化的财政支持机制。在市级财政技术研究开发经费中，先期设立5000万元科技创新券。创客、中小微企业按一定比例配套自有资金，依照部门确定的程序持券购买技术服务、技术成果、使用大型科技仪器设备以及接受管理、技能等职业培训，高校科研院所、科技人员、培训机构等在提供服务后由发券部门兑付资金。支持社会资金购买的大型科学仪器设备以合理收费方式向创业个人和企业提供服务等。市财政对获得社会创投机构投资的科技创新创业项目，按照年度实际到位投资额的10%、最高100万元给予创新创业补助。政府入股或补贴的担保公司对小微企业融资担保金额要占全部融资担保金额的60%以上。

（四）进一步优化创业创新环境

积极举办各种促进“大众创业、万众创新”的活动，完善创业培训体系，强化舆论导向，使连续创业成为工作方式，树立以创业为荣的观念，营造创新创业文化氛围。充分利用现有的闲置办公楼、商业设施、老旧厂房等资源进行整合和改造提升，为众创空间提供专门场所。落实集中登记、一址多照，采取单一窗口、网上申报、三证合一等措施，方便工商登记。年度政府采购项目预算总额的20%专门面向小微企业采购。在制定招标文件时，对小微企业产品可视不同行业情况给予6%～10%的价格扣除。鼓励大中型企业与小微企业组成联合体共同参加政府采购，小微企业占联合体份额达到30%以上的，可给予联合体2%～3%的价格扣除。

课 题 组 组 长： 唐曙光

课题组副组长： 周海毅

课 题 组 成 员： 黄熊飞

取得国家级试点试验示范不容易，它是我们工作的抓手和重要工作的切入点，要高度重视，持续推进。各分管领导加强指导和调度，牵头部门要主动作为，按要求抓进度推进，相关部门要积极支持配合。年底前可对此项工作专项督查。请泽厚、迎春、寄华、正秋、春秋、励健、勤杰、谭勇同志阅示。

胡衡华 6/9

长沙国家级试点试验（示范）工作情况分析

长沙市人民政府研究室

国家级试点试验（示范）既是改革创新的重要载体，也是区域发展的重大机遇。一个城市能否列入国家级试点试验（示范），客观上反映了其战略地位、发展潜力和工作水平。根据市政府主要领导的要求，近期，我室组织对全市国家级试点试验（示范）情况进行了汇总分析。现将有关情况简要报告如下，供领导决策参考。

一、试点试验（示范）有力促进了我市经济社会发展

2012年以来，我市共有34项工作列入国家级试点试验（示范）范畴，其中

“湘江新区”等综合平台类4个，“创新创业”“现代服务业”等经济转型类18个，“公共文化标准化”“促进职业教育发展”等管理创新类12个。从总体上看，国家级试点试验（示范）有力推动了我市经济社会的持续快速健康发展。

（一）形成了良好的政策传导

试点试验（示范）工作都是国家政策支持鼓励发展的方向，也是地方政府落实中央精神的有力抓手。如“两型社会综合配套改革”“长株潭自主创新示范区”“湘江新区”等国家级平台和“国家新型城镇化综合试点”等重大战略举措，为两型发展、创新发展、转型发展明确了方向、树立了标杆，拓展了先行先试、探索发展的实践空间。同时，试点试验工作作为国家鼓励探索、积累经验的手段，也为地方经济社会发展授予了一定的实验特权。如“公立医院改革试点”，允许试点城市出台以市为单位药品“量价挂钩”的采购办法，这为降低虚高药价、增进民生福祉创造了条件。

（二）争取了宝贵的财力支持

初步统计，2012～2015年，34项试点（试验）工作中有12项上级财政有明确的支持，其中9项已到位资金23.48亿元，资金量最大的是节能减排和现代服务业综合试点，两项分别支持奖励我市资金12亿元、9亿元。2015年起上级有明确财政支持的试点3项，其中小微企业创业创新基地示范和地下综合管廊试点均可连续三年获中央财政支持，每年分别为3亿元、4亿元。同时，对企业发展符合国家政策导向的产业和社会事业也给予了有力的资金支持。如我市国家电子商务示范基地的15家企业2014年直接申报国家奖励扶助资金1000多万元；国家和省发改委在中央预算内资金和省预算内资金中留出专项支持社会资本办医项目。

（三）增强了部委的专业指导

如“长沙国家节能环保新材料高新技术产业化基地”建设方面，国家工信委优先支持产业化基地承担国家科技计划项目，择机在高新技术领域的项目推荐中单列指标；结合火炬计划、科技型中小企业创新基金等，支持产业化基地的公共服务平台建设、科技中介体系完善和创新型企业培育。“国家新型工业化产业示范基地”建设方面，国家工信委在产业规划布局、技术改造、重大专项、公共服务平台建设及有关资金安排等方面，对产业示范基地予以重点支持。“公交都市建设”建设方面，交通运输部从城市综合客运枢纽建设、城市智能公交系统建设、城市快速公交运行监测系统建设、清洁能源公交车辆推广应用等4个方面给予支持指导。通过国家部委的督查、考核、评估等压力传导，促进了我市公益事业、公共设施、生态环境、经济转型升级等取得丰硕成果。

（四）带动了工作的创新突破

市委、市政府对试点试验高度重视，每项试点试验都成立了领导机构，制定了实施方案，出台了政策文件，召开了专门会议，并抽调专业人员设立了试点试验工作办公室。同时，以牵头部门为主体，相关部门积极参与，形成了全市试点试验一盘棋的工作格局。责任单位和相关部门团结协作、开拓创新，发挥主动性、积极性和创造性，圆满完成了试点（试验）工作任务。如“现代服务业综合试点”，长沙连续三年在全国现代服务业综合试点年度绩效评价中被评为“优秀”等级，在同批试点城市中排名第一。

二、试点试验（示范）工作存在的困难问题不容忽视

在全面总结和客观估价我市试点试验（示范）工作成效的同时，工作推进中存在的困难和问题也应引起高度重视。

（一）从资金层面看，市级配套压力较大

试点试验工作都是具有开创性的难点工作，工作要求高、时间紧、任务重，特别是资金需求量大，而当前政府性融资平台受阻，园区融资渠道收紧，建设资金筹措更加艰难。如“城市综合管廊建设试点”，虽然明确有12亿奖励扶助资

金，但3年内要完成试点范围的综合管廊建设，总里程达62.62公里，总投资约55.95亿元。凡有资金支持的试点试验（示范）工作，国家要求我市至少1∶1的资金配套。如“国家战略性新兴产业区域集聚发展试点”，今年中央财政已拨付6250万元启动资金，需我市专项配套资金不少于6250万元。同时，约六成的试点只下任务没有资金支持或只有少量事后补助资金。据统计，34项试点（试验）中，有“国家新型城镇化综合试点”“全国水生态文明城市建设试点”等14项没有明确政策支持和资金支持，占41%；有“国家公共文化服务标准化试点”“国家下一代互联网示范”等8项只有不明确的少量的事后补助或政策支持，占23.5%。

（二）从推进层面看，统筹协调任务艰巨

试点试验（示范）就是改革，必然涉及利益调整。如我市“国家新型城镇化综合试点”，面临着观念错位、体制落后、规划混乱、质量低下、资源耗费、生态污染、文化破坏、融资瓶颈等八大问题，统筹协调难度大，推进速度不快。又如“公立医院改革试点”，政府投入的压力很大，而医院又不愿让利，老百姓又要减轻医疗负担，找到利益均衡点十分不易。还有“水生态文明城市建设试点”“养老服务业综合改革试点”等，上级没有资金支持，责任全在市、县（区）政府，涉及政府、企业、社会各个方面，任务十分艰巨。同时，国家部委的要求重在探索创新、试出经验，市里主旨是立足市情、务求实效，省里则力求平衡、注重兼顾，加之区县（市）优先考虑本级利益，企业则把经济利益摆在第一位、不愿尽过多社会责任，所以上下各方协调难度大，落地见效程度不一，有的甚至争个牌子就没有多少动静了，没有发挥应有的作用。

（三）从落实层面看，创新能力有待增强

在推进试点试验（示范）工作过程中，全市各级各相关职能部门主动作为，创造性开展工作，试点试验（示范）的落实总体上是有力的。但客观地看，也还存在一些问题。如有的存在“等、靠、要”的思想，“上头热，下头冷”，个别地方和部门甚至以试点试验（示范）为由，行争职级、争经费、争编制之实；有的对试点试验（示范）工作办法不多、方法不新、措施不力，虎头蛇尾，不能如

期如质完成试点试验任务。同时，有的反应迟钝，没有提前谋划、主动对接，致使含金量高的国家试点试验（示范）项目花落他家。

三、加强和改进试点试验（示范）工作的建议

改革是最大的红利，创新是最大的动力。对国家级试点试验（示范）工作的成效和问题进行分析评估，最终目的是要更好地推动试点试验（示范）工作取得实效。为此，我们建议从四个方面进一步加强和改进试点试验（示范）工作。

（一）加强组织领导

全局性的试点试验（示范）工作由市长任领导小组组长，分管副市长任常务副组长；牵涉多个副市长分管的，市长根据试点试验（示范）责任大小、任务多少确定常务副组长。只涉及同一部门或同一系统的试点试验（示范）工作，由分管副市长任组长，协管副秘书长任常务副组长。同时，建议将全局性的试点试验（示范）工作纳入绩效考核，由市政府督查室每年开展一次以上的督导评估。领导小组定期召开会议，统筹研究解决试点试验（示范）中存在的困难和问题。试点试验（示范）期结束之后，牵头单位要将工作情况及时向市委、市政府报告。

（二）抓好工作统筹

长期以来，由于没有统一的归口管理，全市试点试验（示范）工作存在各自为政、缺乏统筹的现象，从质量上看也良莠不齐，极个别试点（试验）与长沙市情实际、发展需求不相适应，实用价值有限。建议将全市试点试验（示范）工作归口由市发改委统一协调。同时，对试点试验（示范）工作实行项目化管理，需市本级财政列支的支持引导资金，原则上在分线切块资金中调剂；争取到位的上级资金，归口对应块线但要统筹使用。试点试验（示范）工作原则上不新增编制，在本单位、本系统中调剂，确有需要并履行相关程序，可临时抽调相关部门、单位人员在试点试验（示范）工作办公室集中办公。

（三）突出改革创新

要集中各方智慧，提前研究谋划。工作申报之前要作充分的调查研究，广泛吸纳专家学者、政商精英和人民群众的意见和建议，使试点试验（示范）既符合上级的要求，又切合长沙的实际，花最少的钱，办最多的事，让最广大的人民群众受益。要加强与国家部委，特别是财政部、住建部、工信部、发改委等主要经济职能部门的主动对接，争取更多更好试点试验（示范）项目落户长沙。同时，主动向先进发达城市学习，借鉴他们的成功经验并结合我市实际加以改进。

（四）创新筹资模式

坚持分类指导，区别对待。经济发展类的试点试验（示范），资金筹措以“政府主导、市场运作”为原则，充分发挥各级政府、各类市场主体的积极性和创造性。如“城市综合管廊建设试点”，市本级政府主要是搞好规划设计、统筹协调、监督管理，建立成本分担机制。例如，56亿元的建设成本，中央财政12亿元，市财政6亿元，所在区、园区财政出资6亿元，其他32亿元由将要使用该管廊的设施企业承担。如果今后有新增企业要使用该管廊或新增管线量，必须缴费。新增收费按原成本分担比例返回给原出资单位、企业。市以上的财政投入、收益，由长沙城市发展基金管理。社会事业类试点试验（示范），资金筹措以“政府为主、吸纳民资”为原则，充分调动部门单位的工作积极性，激发企业的社会责任心，发挥社会中介组织、公益组织的社会治理补充作用。市政府对社会事业类试点试验（示范）工作的主要任务是搞好项层设计、制定规划、明确责任、健全制度机制、购买服务。社会事业类试点试验（示范）的责任和权利下放到牵头部门，经费由本部门、本系统自筹为主，试点试验（示范）成功后按中央或部委的奖励补贴给予等量的奖励补贴。上级无资金支持的试点试验（示范）项目，试点试验期满验收达标后市财政给予适当补贴。

课题组组长： 唐曙光
课题组副组长： 周海毅
课题组成员： 黄熊飞

附：长沙市国家级试点试验（示范）工作汇总一览表

全市国家级试点试验（示范）工作汇总表

序号	名称、批准文号、牵头单位	任务要求	支持政策	进展情况	存在问题	工作建议
1	湖南湘江新区 《关于同意设立湖南湘江新区的批复》（国函〔2015〕66号）（国务院） 湘江新区管委会	2025年新区综合实力大幅提升，城镇化率80%，地区生产总值年均增速明显高于全省，战略性新兴产业增加值年均增速20%以上，全方位对内对外开放格局基本形成，成为带动湖南和长江中游地区经济社会发展的重要引擎、长江经济带建设重要支撑点、全国“两型”社会建设先行区	国家部委无明确支持政策 省委、省政府正在制定相关支持政策	1. 新区建设谋篇开局。正加快编制《湖南湘江新区发展规划纲要》（规划至2025年）等规划。 2. 项目建设强力推进。年度投资增加38%。 3. 高端产业集聚提升。 5. 要素保障较好。低成本落实了200亿元城市发展基金	1. 具体支持政策未出台。 2. 内部机构未明确	1. 尽快出台支持政策。充分赋予新区省级和市级经济社会管理权限； 2. 加快明确三定方案。尽快出台湘江新区三定方案，尽快配齐配强新区领导班子和干部队伍； 3. 优先布局重大项目。将国家和省、市重大项目和改革试点优先布局湘江新区； 4. 营造良好创业环境。召开湘江新区建设动员大会，鼓励湘江新区先行先试
2	国家战略性新兴产业区域集聚发展试点（长沙市智能成套装备产业区域集聚发展试点） （发改办高技〔2015〕1522号） 市发改委	重点突破高精度传感器、高端液气密元件、无人值守管控系统、智能柔性化施工技术等领域，强化智能系统集成技术优势。到2017年实现产值950亿元，到2020年突破2800亿元，智能成套装备产业规模达到全国1/10	试点期（2015～2017年）。 中央财政对试点方案采取滚动支持方式予以支持。 2015年中央财政已拨付6250万元启动资金	现正在针对2015年实施项目基本情况表中遴选技术水平高、建设条件成熟的项目，编制项目建设实施方案	资金需求多，技术难度大	1. 加强与国家、省发改委的汇报和对接； 2. 将责任进行分解； 3. 与我市相关的类似工作有机结合。统筹考虑、联动推进； 4. 加大投入。市本级试点建设专项配套资金不少于6250万元

续表

序号	名称、批准文号、牵头单位	任务要求	支持政策	进展情况	存在问题	工作建议
3	小微企业创业创新基地城市示范 财建〔2015〕317号 市财政局、市经信委	示范期（2015～2017年） 1. 创业：2017年长沙市小微企业营业收入增长比例为47%； 2. 就业：2017年小微企业就业人数三年累计增长30%； 3. 创新：2017年小微企业技术合同成交额增长52%，小微企业拥有专利增长68%	（一）中央财政给予示范城市奖励支持。示范期内，省会城市奖励总额为9亿元。分3年拨付； （二）对示范城市实行绩效考核，建立退出机制。成绩突出的城市，加奖10%	1. 加强组织保障。成立长沙市小微企业创业创新工作领导小组，统筹制定小微企业创业创新工作相关政策措施，并督促检查相关政策措施贯彻落实； 2. 做好顶层设计。按照国家五部委要求，市经信委和市财政局牵头撰写了长沙市小微企业创业创新基地城市示范三年行动计划（2015—2017）（初稿）		1. 尽快将成立“两创”领导小组议题上会，成立小微企业创业创新工作办公室； 2. 各区县（市）成立相应的组织领导机构，统筹辖区内小微企业创业创新活动的开展
4	国家住宅产业现代化综合试点城市 建房函〔2015〕151号 市住建委	落实好《长沙市创建国家住宅产业现代化综合试点城市可行性研究报告》中提出的工作目标、任务和实施计划，探索在制度建设、管理创新、技术创新等方面在全国起到示范作用	一是政策法规、技术标准、技术研发方面赋予我市更大的管理职责与权限； 二是在技术途径、发展平台上给予我市更多更大的支持	一是开展专题研究。组织赴济南市调研考察； 二是加强机制建设，草拟了《关于强化两型住宅产业化推进机制措施的通知》，拟从建立我市两型住宅产业化工作实行联席会议制度，理顺全流程监管机制、构建发展平台、应用信息化监管技术、编制专项规划、优化扶持政策、完善技术标准等方面强力推进	1. 项目落实难。未纳入对区县（市）的绩效考核，宣传引导力度不够； 2. 产业整合难； 3. 质安监管难； 4. 产能控制难	1. 尽快编制产业规划； 2. 尽快优化发展政策； 3. 尽快完善规范标准； 4. 尽快健全推进机制； 5. 尽快实施信息化技术； 6. 打造高端示范园区； 7. 着力推进转型创新； 8. 形成良好发展氛围

续表

序号	名称、批准文号、牵头单位	任务要求	支持政策	进展情况	存在问题	工作建议
5	地下综合管廊试点城市 4月公示，暂未下文 市住建委	3年内完成试点范围（高铁新城、湘府路及梅溪湖国际新城三个片区）的综合管廊建设，包括18个道路管廊和3个控制中心项目，建设里程62.62公里，投资估算约55.95亿元，且至少一个项目必须有一年的实际运营期	中央财政将连续三年给予长沙每年4个亿的专项补助，共计12亿元，同时对采用PPP建设模式达到一定比例的还将额外给予10%的补助	1. 优化并上报了综合管廊试点方案； 2. 加强了工作对接和沟通； 3. 启动了试点项目建设前期工作。完成了劳动东路、高塘坪路综合管廊的初步设计审查。加快推进高铁新城范围内的综合管廊试点项目建设各项前期工作	1. 整体推进机制需加快建立； 2. 管廊试点项目需加快进度； 3. 市级管廊平台公司及PPP项目公司需加快组建	1. 尽快完成试点工作方案和建设计划审批； 2. 加强工作机制建设。定期召开综合管廊试点工作联席会议进行调度； 3. 在市城投集团成立国有独资的管廊公司。明确PPP项目公司的组建原则和PPP项目招标原则
6	农村宅基地制度改革试点 全国人民代表大会常务委员会人大常会字〔2015〕1号； 《国土资源部关于湖南省浏阳市农村宅基地制度改革试点实施方案的批复》（国土资函〔2015〕406号）。 浏阳市国土局	完善宅基地权益保障和取得方式，探索宅基地有偿使用制度和宅基地自愿有偿退出机制，完善宅基地管理制度，建立健全依法公平取得、节约集约使用、自愿有偿退出的农村宅基地制度。探索形成可复制、可推广的改革成果，为科学立法修法提供支撑	1. 完善了农民建房分户标准和宅基地面积标准； 2. 通过有偿使用进行确权，对宅基地有偿收益进行收缴、管理、分配和使用； 3. 鼓励进城落户农民自愿有偿退出宅基地； 4. 推行“建新拆旧”保证金和协议制度，杜绝一户多宅	1. 按部要求组建了领导机构； 2. 对全市宅基地情况开展了初步摸底； 3. 编印、报审了试点方案并由国土资源部批复； 4. 与四川泸县、郫县、湖北宜城、江苏武进、新疆伊宁、江西余江等地开展了学习交流	1. 观念更新难。农民不太配合宅基地发证； 2. 有偿使用和有偿退出标准制定难； 3. 管理难。村级管理较为松散，在管理宅基地和分配土地收益、调处利益矛盾纠纷的能力不足； 4. 确权难。2000年以前的档案无从查证。非法建房不能确权	1. 加大确权登记经费支持。按照每户200元的调查测量费用，加上相关配套经费，预计超亿元，本级财政全部负担难度很大，请求对试点工作予以资金支持； 2. 试点期间对农民易址建房通过收取“拆旧保证金”方式强化“一户一宅”管理，希望得到上级政府及省、市减负办的支持

续表

序号	名称、批准文号、牵头单位	任务要求	支持政策	进展情况	存在问题	工作建议
7	第三批公立医院改革国家联系试点城市 《关于确定第三批公立医院改革国家联系试点城市及有关工作的通知》（国卫体改发〔2015〕62号） 《关于城市公立医院综合改革试点的指导意见》（国办发〔2015〕38号） 市卫计委	试点期（2015～2017年） 2015年全市公立医院综合改革试点全面推开。2017年现代医院管理制度初步建立。总体上，个人卫生支出占卫生总费用的比例降低到30%以下，公立医院药占比总体降到30%左右，百元医疗收入中消耗的卫生材料降到20元以下	2015年12月底，按要求实行医院药品零差旅销售，国家补助2000万元；允许试点城市出台以市为单位药品“量价挂钩”的采购办法	1. 出台了《长沙市公立医院改革指导意见》（长政办发[2014]41号） 2. 正式启动市三医院改革试点。患者及社会各界对医院综合满意度均在85%以上，初步达到了患者“吃药少花钱、看病多报销”的目标。实施了药品零差率销售；逐步构建新的补偿机制；降低了大型医用设备检查费；实行预拨医保周转金制度；完善了内部绩效考核管理机制	1. 药品、耗材价格虚高未解决。药品流通环节利润大； 2. 医保支付方式改革未同步推进； 3. 医院用人自主权有待落实。公立医院的人员招聘由人社部门牵头负责，录取人员与医院实际需求不相符的情况时有发生	1. 积极向省医改办汇报，出台我省新的药品招标采购和监督管理办法； 2. 合理调整医疗服务价格调整； 3. 制定医疗服务价格调整、医保支付方式改革等相关配套文件； 4. 组织实施城市公立医院综合改革，所有试点医院正式实施药品零差率
8	国家特殊教育改革实验区 《关于公布国家特殊教育改革实验区名单的通知》（教基二厅函〔2015〕1号 市教育局	整合高校和医院资源，全面实施“医教结合”实验工作，构建以特殊教育学校为主体“医教结合 教育康复”课程体系、师资培养培训模式和多部门协同办学模式，提升特殊教育质量，使特殊儿童享受优质的康复教育，促进其身心健康和谐发展	教育部拟给予经费支持，但暂时没有到位	1. 成立了领导小组。组建长沙市“医教结合”改革实验研究专家团队； 2. 制定了工作方案； 3. 加强了部门协调。已与市财政局协调，为实验申请专项配套经费，用于仪器设备添置、功能教室配套建设、名师工作室建设以及师资培训、课程建设、教材开发等；市编办已受理申请成立市特殊教育资源中心一事	1. 2014年年底出台了三年提升方案，但政策落实不到位； 2. 协调会没有开，职责未明确，工作拖后； 3. 区县工作不平衡，各县要加大支持的力度，如学校教师编制、配套资金等	1. 召开联席会议。明确各自职责，分工协调完成实验相关任务； 2. 组织专家论证。组织专家组成员与研究小组成员召开研讨会，对实施方案的可行性进行再论证，并提出实施建议； 3. 增列专项经费。长沙县、浏阳市、宁乡县财政应每年提供不低于60万专项经费

续表

序号	名称、批准文号、牵头单位	任务要求	支持政策	进展情况	存在问题	工作建议
9	全国就业质量监测试点城市（湘发改函〔2015〕94号）市发改委	由市发改委牵头，与人社、统计、财政等部门合作，对纳入就业质量监测的各项指标以季度为周期进行定期监测	本试点主要是协助国家对整体就业形势预判，暂未有实质性的支持政策	召开了协调会，制定了《长沙市就业质量监测试点工作方案》，形成了长效工作机制，已经完成一、二季度就业质量监测数据的报送	本试点工作主要是上报季度数据，各部门协作非常得力，暂未有问题出现	本试点工作主要是上报季度数据，且各部门协作非常得力，无相关建议
10	国家新型工业化产业示范基地暨长沙国家节能环保新材料高新技术产业化基地 1. 国家新型工业化产业示范基地·电池材料——工信部规〔2015〕62号（国家工信委） 2. 长沙国家节能环保新材料高新技术产业化基地（国家科技部） 宁乡高新技术产业园区管理委员会	当地政府支持，设立每年原则上不低于1000万元的专项资金； 在主导产业领域，综合实力应处于国内领先地位，产品销售额占国内同类产品的比重不低于10%，企业销售收入总额30亿元以上，规模以上工业企业不少于30家，经认定的高新技术企业不少于5家；省级以上研发机构和科技中介机构均不少于3家	1. 进一步加强管理和支持，加大支持力度； 2. 优先支持产业化基地承担国家科技计划项目，择机在高新技术领域的项目推荐中单列指标； 3. 结合火炬计划、科技型中小企业创新基金等支持产业化基地建设	宁乡高新区工业总产值从2007年的5亿元到2014年的560亿元，年均增长率96.22%；财政收入从2007年0.5亿元至2014年15亿元，年均增长率62.56%。 1. 节能环保新材料产业链条日趋完善； 2. 龙头企业逐步壮大。杉杉新材产销规模位居全球第一。星城石墨在锂电池负极材料全国前三。红宇新材为国内耐磨铸件行业第一股。族兴新材为亚洲规模最大、产品最齐全、技术最先进的铝颜料生产企业； 3. 校企合作日趋深化。由高校大学教授创办、参股或者提供技术支持的项目有30家，其中新材料企业17家，培育出3家上市公司	1. 资金紧张和融资成本偏高。商业银行放贷利率上浮15%～20%，担保贷款利率是银行贷款利率的1.5倍、并且需要收取10%的保证金，企业融资成本居高不下； 2. 配套能力亟待增强。物流欠发达，公交配套不足，医院、商场、娱乐场所较少，难以满足广大年轻员工对品质生活的要求	1. 支持宁乡高新区融入湘江新区，实施“同城工程”。大力支持宁乡高新区纳入长株潭国家自主创新示范区。重点推进交通设施、公交线路、电力设施等重要配套与湘江新区的对接。建立高效的统筹协调机制，分享国家相关政策； 2. 尽快出台贷款贴息政策，请求市政府考虑给予符合条件的中小企业贷款金额1%～2%的贴息支持； 3. 支持建立新材料公共服务平台。请求市政府每年支持1000万元专项资金，连续三年，用于宁乡高新区建设新材料公共服务平台

续表

序号	名称、批准文号、牵头单位	任务要求	支持政策	进展情况	存在问题	工作建议
11	电子商务示范城市 发改高技〔2014〕469号 市发改委	建立健全电子商务相关法规政策，建立与完善电子商务相关基础设施和支撑体系，普及电子商务应用，发展电子商务网服务，将长沙建成中部特色电子商务示范城市	暂无具体支持政策	1. 成立了由市长任组长的电子商务示范城市创建工作领导小组，办公室设在长沙市发改委； 2. 正编制《长沙市国家电子商务示范城市创建工作责任分解方案》	国家到目前为止还未对示范城市建设有任何的政策、资金支持，对于示范城市的建设带来了一定的被动	协调相关部门，进一步细化实施方案，明确责任和考核措施，全力推进这些重大布局落到实处，促进相关产业发展
12	国家公共文化服务标准化试点地区 （办公共发〔2014〕22号） （文化部） 市文广新局	试点期（2014年10月～2015年） 推动建立以国家标准为基础、地方标准和行业标准为补充的标准体系，探索制度化、系统化的标准实施模式，形成运转顺畅、协调高效的标准化工作机制	2015年年底，文化部将会同有关部委及省级文化行政部门进行评估验收，对验收合格的试点地区将给予资金支持（未明确资金数额）	1. 市委、市政府召开了国家公共文化服务标准化试点工作会议； 2. 制定了《长沙市国家公共文化服务标准化试点工作方案》等三个配套文件； 3. 注重工作实践标准化； 4. 考核评价的标准化。建立了联席会议制度；引入第三方评估。评估注重群众满意度	资金不足	1. 进一步加强组织协调。领导小组适时召开一次协调会； 2. 进一步加大财政投入。市级要尽快落实长沙文化馆中心馆—总分馆服务体系建设和长沙市全民艺术普及工程所需资金
13	养老服务业综合改革试点城市 （民办发〔2014〕24号） （民政部） 市民政局	重点围绕健全养老服务体系、引导社会力量参与养老服务、完善养老服务发展政策、强化城市养老服务设施布局、创新养老服务供给方式、培育养老服务产业集群、加强养老服务队伍建设、强化养老服务市场监管8个方面开展试点	无明确支持政策	1. 出台了《关于加快发展养老服务业的实施意见》《长沙市养老机构管理办法（试行）》等制度； 2. 成立了市长任组长的养老服务业工作领导小组； 3. 制定了《长沙市养老服务业综合改革试点实施方案》； 4. 将日间照料中心建设列入重大民生实事项目，2015年要建28家，已建成16家	1. 配套政策有待完善。用地、规划、配套设施建设、“医养融合”、养老机构投融资等缺乏可操作性的地方配套政策； 2. 合法资质难以取得。改建而成的养老机构无法通过住建和消防部门验收	1. 建立定期联席会议机制； 2. 完善相关配套政策； 3. 大力促进社会养老机构发展

续表

序号	名称、批准文号、牵头单位	任务要求	支持政策	进展情况	存在问题	工作建议
14	国家新型城镇化综合试点地区 发改规划〔2014〕2960号（发改委等11部委） 市住建委	到2017年，常住人口城镇化率达到76%，户籍人口城镇化率达到44.3%；到2020年，常住人口城镇化率达到80%，户籍人口城镇化率达到50.1%。建立农业转移人口成本分担机制；建立多元化可持续的城镇化投融资机制；创新行政模式降低行政成本；综合推进体制机制改革创新	试点期（2014～2020年） 暂无具体支持政策	1. 成立长沙市新型城镇化工作领导小组，市长任组长； 2. 下发了《关于开展长沙市国家新型城镇化综合试点有关事项的通知》，各区县（市）全面启动新型城镇化综合试点； 3. 做好试点前期工作。完成了《长沙市国家新型城镇化综合试点实施方案》等4个征求意见稿； 4. 开展了专题调研。正在起草《长沙市国家新型城镇化综合试点2015年工作要点》及考核办法	1. 思想认识还不统一； 2. 工作力量相对有限。未相应增加人员编制，未明确试点专项工作经费与项目推进经费； 3. 工作统筹协调不畅通。试点工作任务点多面广，涉及部门多，协调难度大	1. 统一思想认识。召开一次领导小组成员会议，纳入绩效考核。召开推进大会； 2. 加快政策制定。加快《长沙市国家新型城镇化综合试点工作实施方案》等政策出台步伐； 3. 完善工作机制。市政府在每季度进行跟踪监督和考核评估。用市场化的理念谋划试点工作，以项目化的思路推进试点工作
15	国家跨境电子商务服务试点城市 署科函〔2014〕4号 市商务局（口岸办）		国家部委无明确支持政策	已正式打通出口通关，取得突破性进展。平台建设稳步推进；招商引资成效明显；跨境业务逐步开展；人才培养基地筹备顺利；专项支持政策正在研究	省级层面高位协调力度不够，海关、商检部门的支持力度有待提高	建立高规格的协调领导机制；以市人民政府的名义出台《关于加快推进跨境贸易电子商务发展三年行动计划》
16	小微企业信用体系建设试验区 银发〔2014〕37号 长沙国家生物产业基地	1. 完善信用信息征集体系； 2. 建立信用评价机制； 3. 健全信息通报与应用制度； 4. 推进试验区建设； 5. 健全政策支持体系； 6. 发挥宣传引导作用	国家无明确支持政策	1. 成立信用体系试验区创建领导小组； 2. 召开了信用体系度验区建设动员大会； 3. 建立企业信息数据库； 4. 制定了信用信息评价初步方案		1. 2016年年底前，开发区企业全部建立信用档案。信用等级在A级以上的企业贷款满足率超过90%； 2. 2020年底前建成企业信用信息定期更新、信用等级逐年评定的机制。信用等级在A级以上的企业不低于80%，定制化、特色化金融和信用服务产品丰富

续表

序号	名称、批准文号、牵头单位	任务要求	支持政策	进展情况	存在问题	工作建议
17	流动人口基本公共卫生计生服务均等化重点联系城市 《关于做好流动人口基本公共卫生计生服务的指导意见》（国卫流管发〔2014〕82号） 市卫计委	试点期（2014～2020年） 1. 将流动人口纳入社区卫生计生服务对象； 2. 建立与统一城乡户口登记制度相适应的卫生计生机制； 3. 建立健全流动人口信息共享机制； 4. 调动社会力量，创新服务模式	国家安排每年经费300万元	现居长沙流动人口94.5%喜欢这个城市，87.4%愿意融入长沙。 1. 明确了试点内容。确定了“四个统一”，即：“统一部署协调、统一组织网络、统一信息资源、统一技术服务”； 2. 出台了相关政策。下发了《推进卫生计生均等化服务的实施意见》。开展以健康教育、预防接种等六个重点的卫生均等化服务； 3. 推出了“套餐式”卫生计生均等化服务模式	1. 顶层政策设计需进一步完善，部门间协调工作徐进一步加强； 2. 国家按常住人口拨付资金，但常住人口数据与实际相差较大； 3. 补助资金标准较低，承担工作任务较多，工作开展困难大	1. 强化组织领导。充分利用领导小组协调机制，研究解决示范试点工作的重点难点问题，加强内外工作的统筹协调； 2. 落实示范试点方案，及时总结并适时推广试点工作经验； 3. 加强宣传引导，争取社会各界的支持配合
18	流动人口社会融合示范试点城市 《关于开展提高流动人口家庭发展能力促进流动人口社会融合示范试点工作的通知》（国卫办流管函〔2014〕931号） 市卫计委	以人人享有基本医疗卫生服务为目标，通过流动人口社会融合试点，创新工作机制，推广试点经验，加强流动人口卫生计生基层服务管理工作，努力实现城镇基本医疗卫生和计划生育服务常住人口全覆盖，促进流动人口融入城市社会	试点期（2014～2020年） 国家无明确支持政策	1. 全市推广运用社区人口网格化系统，全省“一盘棋”； 2. 实施了两批流动人口计划生育重点协同治理工作； 3. 打造了四级联动的流动人口服务网络； 4. 出台了《关于进一步加强流动人口服务和管理工作的意见》《长沙市流动人口居住登记管理办法（试行）》等专项文件； 5. 将免费孕前优生健康检查、流动人口爱心助孕等重大项目纳入均等化内容	1. 流动人口流动性强，摸底工作任务重，管理难度大； 2. 基层社区流动人口的教育、卫生、社保、社保、民政、计生的系统未实现信息共享； 3. 流动人口文化融入、心理认同城市难度较大	结合实际，坚持由易到难的原则，从流动人口最迫切的问题做起，积极、稳妥、有序地按步骤、分阶段推进，通过打造一批效果明显、群众满意的示范点，探索建立流动人口社会融合的新模式

续表

序号	名称、批准文号、牵头单位	任务要求	支持政策	进展情况	存在问题	工作建议
19	信息惠民国家试点城市 （发改高技〔2014〕1274号） 市发改委	通过创新跨层级、跨部门的信息共享和业务协同模式，完善信息惠民基础设施，强化已有信息惠民基础架构，激化市场化创新能力，推动民生领域信息化应用可持续发展，拉动信息消费业态发展，形成广覆盖、多层次、差异化、高品质的信息惠民服务体系，全面提升惠民领域政府行政服务效能和信息化服务水平，推动长沙市民生信息化跻身国内一流队伍	国家将根据试点示范工作成效，采取后补助方式支持信息惠民国家试点城市建设	1. 以人口数据库、自然和空间地理数据库、法人数据库三大基础数据库为中心，初步实现了信息资源的共享与利用； 2. 实现90%的行政审批和公共事务的在线办理，具有行政审批权的职能单位100%接入审批系统； 3. 推动跨层级、跨部门信息共享和业务协同，在社保、社区、就业、公共安全等主要领域均形成了特色应用； 4. 项目完成较好。实施了“政务服务和电子监察系统”“天网工程”“一卡通”等6个重大项目，市政府批复投资估算为8.3个亿	资金压力大。正抓紧推进“智慧城市”等重大部署。预计还需政府投资9000万元	1. 加大与国家、省发改委的对接、汇报力度，及时掌握相关信息动态，针对性的开展工作； 2. 加快我市相关重点项目建设，确保完成目标任务； 3. 请市政府出面统筹协调相关部门，举全市之力，进一步细化实施方案，明确责任和考核措施，推动示范城市建设
20	全国水生态文明城市建设试点市 （水资源函〔2013〕233号） （水利部） 市水务局	以城区为核心、兼顾城乡，以“一江六河”为重点波及全流域，以解决试点期主要问题为重点，组织水生态文明建设试点。 创建阶段（2017~2020年）：总结经验，向全市范围内推广	试点期（2014~2016年） 国家无明确支持政策	1. 编制了“长沙市水生态文明城市建设试点实施方案”； 2. 成立了市长任组长的领导小组，进行了责任分解； 3. 召开了动员大会； 4. 正按《方案》有序进行	任务重，建设周期长，需要的资金量大	1. 加快项目建设； 2. 强化资金保障。积极争取上级资金支持；完善投融资平台与政策，鼓励社会资金参与；有效整合地方财政资金； 3. 加强宣传教育； 4. 完善制度机制

续表

序号	名称、批准文号、牵头单位	任务要求	支持政策	进展情况	存在问题	工作建议
21	社会办医（国家）联系点 （发改办社会〔2013〕3231号） （发改委） 市发改委	做好社会办医的统筹谋划和组织实施工作。鼓励在人才流动、市场准入、规划布局、医保定点、财税价格、投资补助、土地等方面，大胆探索创新，创造和积累经验	国家和省发改委将在中央预算内资金和省预算内资金中留出专项支持社会资本办医项目	出台《关于进一步鼓励和引导社会资本举办医疗机构的实施意见》。在意见中结合长沙实际，提出了一系列的举措，受到国家和省发改委的高度评价	相关政策落地不实，或政策的具体实施细则尚未出台，影响社会办医的推进进程	1. 进一步完善政策体系； 2. 进一步规范政策落地，及时把改革任务落实到位，加快改革细则的出台； 3. 突出实施大项目、推广大品牌，吸引国际医疗实体、精品项目落地长沙
22	国家再制造产业示范基地（宁乡、浏阳） （发改办环资〔2013〕2614号） 市发改委	长沙按“一体两翼”、资源互补、差异化发展的模式发展再制造产业。再制造产业示范基地力争五年内实现基地再制造工业总产值突破90亿元，聚集68家再制造企业，打造成产业优势明显、技术含量高配套环境优、特色鲜明的国家再制造示范基地	宁乡已获取中央财政补助资金4025万，实际拨付至项目建设单位1791万，占比44.5%	1. 国家级平台项目建设运行良好； 2. 宁乡县3.2平方公里再制造专区规划基本成型； 3. 再制造骨干企业招商取得突破。中联重科混凝土输送泵生产基地项目和绿色再生资源有限公司拆解中心项目建设已经启动；格力集团成功落户，压缩机再制造项目投资意向明显； 4. 项目建设稳步推进	1. 再制造旧件“回不来”。旧件来源渠道面窄、量小； 2. 再制造产品“卖不去”； 3. 第三方再制造产品还属于知识产权的灰色地带； 4. 再制造企业投资信心不足； 5. 平台建设缺乏产业支撑	1. 加速再制造专区建设。专区与园区整体建设与拆迁同部署、同安排； 2. 加大再制造招商力度； 3. 加快项目建设进度。再制造产业创业孵化中心和再制造技术研发中心投入使用；能源监控中心拓宽覆盖面；加快再制造表面处理工程技术中心推进步伐； 4. 加强与其他再制造专区的交流学习

续表

序号	名称、批准文号、牵头单位	任务要求	支持政策	进展情况	存在问题	工作建议
23	国家下一代互联网示范城市 （发改办高技〔2013〕3017号） 市发改委	长沙、株洲、湘潭3个城市联合开展国家下一代互联网示范城市群建设，并建立相关工作机制，统筹协调推进	按照成熟一批、批复一批的原则，对已形成一定工作量的相关重点项目给予资金支持	2015年4月通过了2014年重点项目的检查评估； 6月份国家发改委对湖南红网新闻网络传播有限责任公司红网网站系统IPv6升级改造、湖南伊宅购购物股份有限公司基于IPv6的e宅购智慧商圈建设项目等两个项目国家资金补助计划1600万元	由于市场规模、用户需求不大的原因，IPv6的推广、应用效果不佳，解决此问题需要过程	1. 统筹全市之力，会同相关部门和单位，加大IPv6的推广应用力度； 2. 切实加强对国家支持的两个重点项目建设的监管，确保项目验收； 3. 争取圆满完成示范城市建设的有关目标任务
24	国家中小学教育质量综合评价改革实验区 《教育部办公厅关于做好中小学教育质量综合评价改革实验工作的通知》（教基二厅函〔2013〕22号） 市教育局	构建体现素质教育要求、以学生发展为核心、科学多元的中小学教育质量评价体系，进一步完善中小学教育质量综合评价指标框架、评价标准和相关配套政策，研制开发评价工具，建立健全保障机制和工作机制，为全国其他地区提供经验，发挥示范带动作用	暂无具体支持政策	1. 成立了教育质量综合评价改革实验工作领导小组，分管教育副市长担任组长。组建了长沙市教育质量监测与评价中心，分学段成立了项目科研组； 2. 下发了《长沙市普通中小学教育质量发展性评价方案》； 3. 组织初一新生分班考试。初一新生分班考试成绩作为初中学校发展性评价的“起点”； 4. 开发了部分非学业水平评价工具。组织7次专题研讨会，制定了发展性评价测评工具体系	1. 专业化评价队伍不足。教育质量评价是一项学术性高、技术性强的工作，目前地方专业评价人才稀缺； 2. 教育质量评价专业工具缺乏。如调查问卷、测量问卷、统计模型等需要学科专家和教育评价专业人员共同设计，难度大、耗时长	1. 建立学业质量评价模型； 2. 研制综合评价改革实施指南； 3. 研制教育质量综合评价管理软件； 4. 培养教育质量综合评价专业队伍； 5. 开发教育质量综合评价工具。组织专家团队开发系列有信度和有效度的教育评价测评工具

续表

序号	名称、批准文号、牵头单位	任务要求	支持政策	进展情况	存在问题	工作建议
25	第三批国家新型工业化产业示范基地（工信部规〔2012〕74号） 雨花经开区	按照新型工业化道路和构建现代化产业体系的要求，完成创建工作方案和产业发展规划确定的目标与任务；同时在产业发展、行业地位及影响力等方面取得明显进步，发挥示范引导作用	落实《关于进一步做好国家新型工业化产业示范基地创建工作的指导意见》有关配套支持政策，在产业规划布局、技术改造、重大专项、公共服务平台建设及有关资金安排等方面重点支持	1. 新能源汽车发展快。比亚迪汽车投资高达58亿元。2015年预计投资达10亿元； 2. 智能制造产业初具规模。成功引进了库卡等6家机器人厂商和项目达31个。园区成为“湖南省工业机器人产业示范园”“湖南机器人产业集聚区”； 3. 节能环保产业持续增长。园区有环境监测仪器设备的开发应用企业5家，环保工程运营管理企业8家，检测技术服务公司3家	人才短缺，尤其缺乏技工和中下层管理人员。据初步测算，今后5年内本地汽车制造领域有数以万计的技工和管理人员的缺口	1. 优化经济发展环境。权责归位缩短流程，削减审批名目简化流程，实行整体下放，推行一站式服务，建立省、市、区资源共享数据库，实现市区的建设项目审批服务资源共享； 2. 进一步精准施策，加大产业扶持力度； 3. 进一步创新融资服务。协调长沙银行等金融机构，设立产业资金
26	国家电子商务示范基地 （商电函〔2012〕279号） （国家商务部） 市商务局	试点期（2012～2015年）结合城市经济发展战略，突出区域产业特色，探索符合本地发展实际的、健康、快速的发展新路径，推动电子商务在重点区域和特色领域的创新发展，真正发挥基地的示范和带动作用	2013年中央补助1000万元。 2014年由基地的15家企业直接申报	1. 成立了“长沙国家电子商务示范基地创建工作领导小组”。 2. 实施了《长沙市国家电子商务示范基地创建工作推进方案》。 3. 电子商务产业规模持续扩大。2014年，我市电子商务相关企业已超过1500余家，交易总额超过2550亿元，同比增长70%；全市重点电子商务企业相关交易额同比增长20%，达到624亿元以上	1. 电子商务产业缺乏龙头企业和全国知名的品牌企业； 2. 电子商务企业特别是中小企业融资困难； 3. 电子商务交易环境建设、公共平台建设等方面相对滞后	2015年基地年交易额达到2000亿元，同比增长25%； 推进集聚发展；抓好招商引资；加大政策扶持；推进平台建设；做好人才激励

续表

序号	名称、批准文号、牵头单位	任务要求	支持政策	进展情况	存在问题	工作建议
27	全国第二批现代服务业综合试点城市 《财政部 商务部关于批复湖南省长沙市现代服务业综合试点方案的通知》（财建〔2012〕476号） 市商务局	试点期（2012～2015年）建设具体有全国领先水平和较强引领带动效应的农产品物流示范城市； 三年全市社会物流总额年均增长20%以上。2014年全市社会物流总额达2.75万亿元，社会物流总成本占GDP的比重由18.3%降至16.5%	2012～2014年，每年3亿，共9亿元的支持	长沙连续三年在两部组织的全国现代服务业综合试点年度绩效评价中被评为“优秀”等级，在同批试点城市中排名第一； 审核实施了133个项目，总投资214亿元。2014年长沙服务业增加值3261.09亿元，同比增长了9.7%	“马王堆、高桥、红星”三大市场搬迁速度要加快	1. 充分发挥试点领跑示范作用，大力推动全省现代服务业发展； 2. 切实加强试点项目建设，努力打造优势龙头产业； 3. 认真做好试点结项验收，全力宣传扩大试点影响，不断完善扶持政策，倾力促进产业倍增
28	公交都市建设示范工程第一批创建城市 （交运发〔2012〕550号） 市交通运输局	试点期（2012～2017年）实施场站建设、路网建设改造、轨道交通建设、快速公交、常规公交优化、智能公交、城乡公交发展、低碳公交、交通需求管理、优质服务等10项工程	交通运输部从城市综合客运枢纽建设、城市智能公交系统建设、城市快速公交运行监测系统建设、清洁能源公交车辆推广应用等4个方面给予支持 （交运函〔2014〕412号） （已申报2000万元到交通运输部，暂未明文批复）	1. 市委市政府高度重视。明确增加1.875亿元用于支持发展公共交通，2015年起纳入绩效考核； 2. 公共交通机动化出行分担率由33.6%提升至36.9%； 3. 30万平方米的大河西综合交通枢纽主体外装竣工。2014年新增公交站场面积10万平方米； 4. 地铁日均客运量约20万人次。轨道交通4条线正在施工建设。万家丽路快速公交于年底运营； 5. 淘汰黄标车辆570台，新增运力499台，采购了400台纯电动大巴。绿色公交车占比80.2%； 6. 政府每年3500万元用于公交行业服务质量考评	公交首末站建设仍面临着巨大的资金、用地等方面的压力	1. 强化工作调度； 2. 狠抓站场建设。今年投入4.9亿元用于13处公交站场建设； 3. 拓宽融资渠道； 4. 加大政策支持。出台《加快城乡客运一体化实施意见》； 5. 实施公交路权优先。2015年在全市实行交叉路口公交专用通道的试点。加强公交专用道的管理，确保公交路权优先

续表

序号	名称、批准文号、牵头单位	任务要求	支持政策	进展情况	存在问题	工作建议
29	第三批肉类蔬菜流通追溯体系试点市市政府与商务部签约 （财建〔2012〕290号） 市商务局	建立完善的来源可追溯、去向可查证、责任可追究的肉类蔬菜流通追溯体系，实现肉类蔬菜流通的信息链、追溯链和责任链的信息控制，解决肉类蔬菜流通的溯源问题	试点期（2012~2015） 商务部已支持4057万元，如搞得好可奖励增加资金	1. 创新的理念设计和新技术研发应用获上级领导和专家的充分肯定； 2. 2014年获评为民办实事优秀项目； 3. 市本级投入1000万元；每个区县（市）投入200万元以上	个别区县不够重视；部分单位配合力度不够；超市追溯体系建设技术难对接；农贸市场的基础条件有待提高；新马王堆市场追溯工作任务重	1. 完成追溯节点建设； 2. 加强部门工作配合； 3. 制定相关管理制度； 4. 开展宣传培训工作
30	中小商贸流通企业公共服务平台建设试点商务部办公厅关于做好2012年中小商贸流通企业公共服务平台建设试点工作的通知（商办流通函〔2012〕820号） 市商务局	建设公共服务平台，完善公共服务内容，组建服务联盟，健全服务支撑体系，把帮助中小商贸流通企业解决融资难、市场开拓、科技应用服务、做好管理提升、经营创新企业指导服务等作为突破口和工作重点，促进提升中小商贸流通企业竞争力	2012年中央资金750万、2014年90万的支持	2013年“长沙经验”在全国推广； 2014年，省商务厅将品牌认定工作作为先进经验在全省推广。融资平台破解融资难成效显著，发展了3家金融服务机构，成立了17家城市商业合作社。省市平台拓展共建资源共享；举办第六、第七届“福满星城”购物消费节	暂无	重点在公共服务、创业辅导、服务创优、市场拓展和解决融资困难等方面开展项目服务

续表

序号	名称、批准文号、牵头单位	任务要求	支持政策	进展情况	存在问题	工作建议
31	节能减排财政政策综合示范第一批建设城市 （财建〔2011〕383号） 市节能减排财政政策综合示范办公室	试点期（2012~2014年）围绕产业低碳化加大产业结构调整力度、交通清洁化改造城市交通体系、建筑绿色化推动建筑节能、集约化加快发展服务业、主要污染物减量化促进城市环境治理改善、可再生能源利用规模化优化城市能源结构等6类工程	三年获财政部奖励资金10.87亿元，省级配套资金1.13亿元，共12亿元。市支持项目147个，安排奖励资金和省配套资金10.01亿元财建〔2012〕245号；财建〔2013〕926号；财建〔2013〕924号	1. 提前一年完成“十二五”节能减排目标任务； 2. 低碳产业体系加速形成，2014年全市规模工业万元增加值能耗下降14.9%； 3、清洁交通体系加快完善； 4. 绿色建筑规模不断扩大。审批绿色建筑试点项目占新建建筑34.5%； 5. 可再生能源利用稳步扩大。2014年全市可再生能源与新能源开发应用及相关企业超过300家	由于资金拨付滞后，导致项目进度滞后，预计在2015年年底能达到预期目标	1. 创新实施配套政策，实施差别化电价、阶梯式水价政策，配合实施用地政策及不断加大政策创新力度； 2. 着力推进机制创新，完善流域生态补偿机制，建立大气污染联防联控机制，推行环境污染责任保险与年审制度； 3. 切实加强能力建设。优化节能减排行政审批程序，完善考核统计等相关制度
32	“地方政府促进高等职业教育发展综合改革试点”城市 《国务院办公厅关于开展国家教育体制改革试点的通知》（国办发〔2010〕48号）（国务院办公厅） 市教育局	贯彻落实《国务院关于大力发展职业教育的决定》《国家中长期教育改革和发展规划纲要（2010—2020年）》》等文件精神，坚持“对接产业（行业）、工学结合、提升质量，推动职业教育深度融入产业链，有效服务经济社会发展”，建设具有长沙特色的现代职业教育体系	国家部委无明确支持政策	于2014年通过省级验收。 1. 出台了相关政策文件。实施了《长沙市人民政府关于促进高等职业教育改革和发展的意见》等政策。创新了职业院校教师薪酬制度，激活了用人机制； 2. 推进了集中集约办学。投资14.5亿元建好了长沙职教城。市本级投入两亿多元专用于高职实习实训设备的添置和改善； 3. 出台了《长沙市服务外包人才培养实习实训基地认定管理办法（试行）》《关于建立预备员工制度深化校企合作的意见》； 4. 建立了中高衔接、专本贯通的职业教育体系建设	1. 管理体制的突破问题。高等教育是三级办学两级管理模式，对引导长沙市辖区内高职院校差异化发展方面缺抓手； 2. 改革试点工作的统筹推进不强； 3. 专项经费的落实问题。市州教育部门高等教育工作专项经费偏低； 4. 高职教育的持续发展问题。高职院校的招生工作紧张	1. 搭建中高等职业教育立交桥的政策支持。我市高等职业院校与本科院校合作开办本科专业，培养本科层次职业人才，还缺乏政策支持； 2. 推行学分制，实现学分互认、学历互通机制，探索相应学分的认定工作； 3. 协调省、部在职业院校申办本科院校、创建省级、国家级示范性（骨干）院校等职业教育重点建设项目更多的支持，在专业建设上给以更多的指导

续表

序号	名称、批准文号、牵头单位	任务要求	支持政策	进展情况	存在问题	工作建议
33	长沙黎托片节约集约用地试点 《关于长沙黎托片节约集约用地试点的复函》（国土资函〔2007〕544号）（国土资源部） 市国土局	充分体现节约集约用地的原则，科学考虑试点区域在整个城市建设中的功能定位，合理安排建设内容，优化用地结构和布局，不仅在整体上要统筹规划，通过实行项目立体组合来实现节约集约，在具体项目的规划设计和建设中也要按照有关项目建设用地指标和土地使用标准的规定，从来控制用地规模，避免建设宽马路、大广场。在土地供应上，要符合国家产业政策和供地政策，尤其要避免大规模的房地产开发	国家无明确支持政策	1. 成立了由市长任组长的领导小组。实施了《长沙市地下空间开发利用管理办法》等新举措； 2. 保障了片区供地。国务院一次性批准我市黎托试点片区征用、转用土地总面积1113.7392公顷，新增建设用地891.9677公顷； 3. 规划引领节地建设。研究制定了《黎托片区节约集约用地专项规划》和《黎托片区控制性详细规划》，并形成了系列成果； 4. 完成拆迁腾地14818亩； 5. 片区项目用地严格按照规划用途和空间布局实施。重点核心商业区的容积率达到4.5～6.0，劳动路以北，香樟路以南的居住区容积率达到2.5～3.5	1. 拆迁难度大。没有按要求在试点片区范围内80%以上的拆迁腾地任务； 2. 政策要更细化更配套	1. 全面完成拆迁腾地工作。严格执行“三公告一登记”“三榜公示”制度，坚持拆迁与安置“三同步”，力争年底完成拆迁腾地任务； 2. 确保节地规划实施到位。加强审查，将节约集约用地审查贯穿于试点工作的各部门、环节； 3. 加大宣传推介。根据《专项规划》，将节地模式和理念贯穿到片区开发建设，推进七种节地模式的完全落实到位； 4. 完善政策措施。建立片区项目开发建设的奖惩措施，制定节约集约用地优惠政策
34	可再生能源建筑应用示范城市 财建〔2010〕342号 市住建委	2015年年底前完成350万平方米可再生能源建筑应用面积，类型包括：太阳能热水建筑一体化、土壤源热泵空调系统、地表水源热泵空调系统、污水源热泵空调系统等几类	共获中央财政补助资金8000万元。 2010年4800万元； 2012年2800万元； 2014年400万	已评审的可再生能源建筑应用示范项目158个，折合可再生能源建筑应用面积382万平方米。其中，已完工98个，折合可再生能源建筑应用面积235万平方米；正在施工的53个，折合可再生能源建筑应用面积137万平方米；未开工项目6个，折合可再生能源建筑应用面积9万平方米	1. 部分项目由于建设周期长，预计今年年底可完工320万平方米，与任务差30万平方米； 2. 地源热泵可再生能源建筑应用形式推广难度很大，达不到《长沙市民用建筑节能管理办法》要求	1. 严格按照《长沙市民用建筑节能管理办法》，加大示范项目推广力度； 2. 督查督促示范项目加快建设进度。争取年底完成350万平方米示范任务； 3. 加快示范项目验收和加强能效测评工作； 4. 加快资金拨付进度； 5. 支持大型能源站建设

化解地方债务　促进科学发展

——对我市区划调整涉及乡镇、村地方债务情况的调查与建议

长沙市人民政府研究室
长　沙　市　财　政　局
长　沙　市　农　业　委

根据市政府主要领导的批示要求，为全面准确掌握我市即将撤并乡镇、村的债权债务情况，有效防控地方债务风险，提出切实可行的化解办法，保障区划调整有序进行，推动乡镇、村持续健康发展。近期，市人民政府研究室会同市财政局、市农业委就此进行了专题调研，现将相关情况报告如下，供领导决策参考。

一、区划调整涉及乡镇、村地方债务情况

（一）区划调整情况

我市新一轮乡镇区划调整改革，涉及长沙县、浏阳市、宁乡县、岳麓区、开福区、望城区6个区、县（市），共撤并减少乡镇20个、建制村410个，减少幅度分别为10.64%、21.88%。撤并乡镇长沙县3个，浏阳市5个，宁乡县4个，岳

麓区、开福区各1个，望城区6个（附表1）。撤并后新组建的20个乡镇平均面积126.97平方公里，最大的永和镇达234.5平方公里；平均人口6.08万人，最多的灰汤镇达9.6万人；平均管辖村（社区）18.1个，最多的双江口镇达34个。

（二）区划调整涉及乡镇债务情况

一是负债金额大。截至2015年10月，涉及撤和并的39个乡镇、街道总负债达228130.11万元，平均负债5849.49万元。负债过亿元的有4个：灰汤镇、高塘岭街道、靖港镇、铜官镇，分别负债85109.07万元、27184万元、25088万元、12430.93万元；拟撤销的20个乡镇负债29920.96万元，最多负债4500万元，平均负债1496.05万元；拟并入的19个乡镇、街道负债198209.15万元，最多负债85109.07万元，平均负债10432.06万元（附表2、附表3）。按全市乡镇区划调整改革总体部署，拟撤销乡镇的所有债务将转入拟并入乡镇、街道，直接导致拟并入乡镇债务急剧增加。除乌山街道外，最多的将增加债务4500万元，最少的也将增加债务81.95万元，平均增加债务1574.79万元。

二是债务结构复杂。区划调整所涉及的39个乡镇中，除少数乡镇、街道自身发展较好、经济实力雄厚以及上级支持保障有力外，共有35个乡镇、街道均不同程度存在负债，负债面高达89.74%。其中19个乡镇、街道有银行贷款，6个乡镇、街道有非金融机构贷款，20个乡镇、街道有财政借款，20个乡镇、街道有单位借款，14个乡镇、街道有个人借款，尤其是其他应付未付款成为乡镇、街道的主体债务，涉及28个乡镇、街道，总额达89401.94万元。

三是债务存续期长。有的乡镇、街道债务陈压陈、新压新，时间跨度大，一直没有偿还，变成了糊涂账。39个乡镇、街道的债务中，5年以上的老账旧账多达55979.96万元，占总负债的24.53%，有的债务时间、内容都无法再查对。如坝塘镇1991年向信用社借款40万元（现已转入国资公司），已欠债24年；靖港镇5年前向银行贷款5400万元，滚存利息高达2337万元。四是偿债能力差。近年来，各乡镇、街道财政收支呈逐年增加态势，财政运转情况逐渐向好。但大部分乡镇、街道仍只能维持日常运转和有限的基础设施建设，根本没有多余的财力还债。如39个涉及区划调整的乡镇、街道，2014年有30个实现收支平衡，新港街道、双江镇、七宝山乡、朱良桥乡、青竹湖街道、永和镇等6个乡镇、街道结余1212.56万元，仍有枫木桥乡、南田坪乡、坝塘镇3个乡镇出现财政赤字563.66万元（附表4）。

（三）区划调整涉及村债务情况

考虑到建制村的合并工作需等到乡镇行政区划调整到位后才开始实施，目前尚未启动建制村合并工作，因此本次调研仅对涉及区划调整的39个乡镇所辖村债务情况进行了调查摸底，341个建制村负债总额为132807.85万元，平均负债389.47万元。其中，望城区负债100万元以上的村就达42个，占区划调整涉及村的49%（附表5）。

（四）各地积极化解债务情况

一是加强日常管理严控增债。宁乡县于2013年出台《村级财务管理办法》，有效规范了村级财务管理，并于2014年对132个村（社区）进行财务检查。浏阳市2013年试编政府性债务预算，对项目资金和融资平台资金实行“双控”管理，共有17家国有公司、43家项目单位纳入管理范围。长沙县明确提出，乡镇、村不允许新增债务，黄兴、开慧等镇近五年来未新增债务。

二是增加预算确保正常运转。望城区在年度预算中安排日常事务专项经费220万元/镇/年，并负担乡镇民生事业建设工程预算的90%，2015年区财政安排村级补助经费5186万元，比2014年的3152万元增加2034万元，增长率高达64.53%。浏阳市共享地方收入超基数部分按3：7分成，乡镇得大头；市财政在2015年度预算中补助乡镇基本财力2.2亿元，预算安排村级运转经费7218万元。宁乡县2015年为乡镇安排预算2.56亿元、体制结算返还款1.66亿元，安排村级运转经费8862万元。

三是创新举措着力化解旧债。宁乡县制定《化解乡镇债务考核奖励办法（试行）》，要求2015～2019年，各乡镇每年净化债不能低于2015年初债务余额的20%，县财政每年安排1000万元用于奖励化债的乡镇。截至今年6月底，已对2014年完成化债目标的沩山、道林、资福、坝塘等乡镇奖励125万元。长沙县即将出台《政府性债务管理办法》，明确各债务管理相关部门的职能职责，建立绩效考评机制和责任追究机制，严控新增债务，积极化解旧债。望城区设立化债专项基金，实行专户管理、专款专用、封闭运行，农村"普九"债务2995万元已全部偿还。

二、乡镇、村债务形成的原因分析

据区划调整涉及的39个乡镇（街道）及部分村负责人介绍，各乡镇（街道）、村债务形成主要有五个方面的原因。

（一）发展不够形成负债

此次区划调整涉及的乡镇大多数是农业型乡镇，经济发展模式单一，发展水平不高，收入来源主要依靠上级财政拨款，自身缺乏造血功能。如2014年，39个乡镇（街道）中，上级财政拨款占本级财政收入90%以上的达21个，80%以上的达28个，仅16个乡镇（街道）有土地出让收入，1个乡镇有自办企业收入，大部分乡镇都是"吃饭财政"。一些乡镇通过成立平台公司来融资建设，如高塘岭城建公司负债1.8亿元，靖港古镇开发公司贷款5900万元，虽然有土地作为抵押，但没有其他偿债来源。各村的资金来源更少，财政拨付资金仅能维持基本运转，大部分建设、管理费用还得靠村里自身想方设法筹措，争取不到资金就举债，形成负债。

（二）财政体制形成负债

一方面，财权与事权不对等。各乡镇都承担了部分基础设施建设、城镇管理、民生改善等经济社会事务，尤其是近年来新型城镇化、新农村建设和为民办实事投入增多，相关配套支出逐步增加，但却没有赋予相应的财权和财力，这给本来就捉襟见肘的乡镇财政带来了巨大压力，负债成为无奈之举。如为建设"美丽乡村"，全市大多数乡镇、村的环境卫生整治费用翻了番，其中宁乡县枫木桥乡2014年环境卫生整治费用实际开支达150万元，上级拨款约70万元。另一方面，经费与人员不对等。大部分乡镇（街道）不仅正式职工超编，还聘请了部分临时工作人员，其工资、津补贴、奖金全部由乡镇负担，且待遇逐年增长，大大增加了人员经费的刚性支出。

（三）基础建设形成负债

近年来，各乡镇（街道）、村纷纷加快道路、水利等基础设施建设，以及学校、医院、敬老院等社会事业发展，大大改善了乡村生活生产条件，但同时也带来了新的负债。

一是项目建设配套任务过重。按上级规定，大部分基础设施和民生建设项目都要求层层配套，有的配套率高达60%以上，下面不配套，上面就不立项和拨款。如浏阳市杨花乡建设敬老院，省、市下拨资金为290万元，但按150个床位的验收标准建设至少需配套资金500万元。中小学校教学楼、教师周转房建设的“三通一平”工作，需要乡镇、村自行完成，这就直接导致各地小建设小负债、大建设大负债。以前各地纷纷向上跑项目、争项目，现在变成了推项目，来了项目不敢上，怕配套负债。如乌山镇2014年一个“渡改桥”的省民生实事工程，上级只拨款60万元，实际造价近200万元，项目推又推不掉，导致该镇负债100多万元。

二是项目补助经费滞后。按“以奖代补”等规定，补助经费需在项目竣工并通过检查、验收、考核后才能兑现，大致需要1～2年时间，各乡镇、村只能先负债建设，并承担相应的利息。

三是社会资金筹措难度大。村民投工投劳建设基础设施在历史上起过积极作用，但目前农村青壮劳力大多外出打工，各地缺乏行之有效的办法调动社会力量，不搞建设村民对镇、村干部又有意见，但搞了建设镇、村就要负债。如市财政对修建农村公路补助10万元/公里，区县补4万～10万元/公里，但实际造价却高达35万～40万元/公里，每修1公里公路，乡镇、村需负债15万～26万元。

四是开发建设前期投入大。如宁乡县灰汤镇近年来加快创建国家级旅游度假区，前期征地拆迁、配套设施建设资金需求量很大。该镇通过向银行贷款2.3亿元，向财政借款1.5亿元，拖欠工程单位近4亿元，撬动社会资本投入近100亿元，促进了项目建设和基础设施完善，加快了经济社会发展，但也形成高达数亿元的负债。

（四）管理不到位形成负债

近年来，虽然各区县加强了农村基层财务管理，但仍存在薄弱环节。

一是超前开发建设。一些乡镇（街道）、村没有量力而行、科学规划，存在急于求成、贪大图快的想法，如39个乡镇（街道）中有15个政府机关建筑面积超5000平方米。村民之间也有攀比风，看到其他村修了柏油路、装了路灯，自己村也要有，哪怕负债也要搞，出现超前建设、超规格建设。个别乡镇（街道）、村主职干部没有树立正确的政绩观，为了升迁和选票不惜举债搞政绩工程、形象工程，留下了债务。

二是政策存在漏洞。《长沙市征地补偿安置条例实施办法》（60号令）于2000年3月16日实施后，出现拆迁安置资金收入与重建安置建设成本之间有5万元/人的硬性资金缺口的问题，加上征拆后的生产发展用地盘活不够，土地收益较少，有征拆任务的村只能负债建设安置房。如开福区涉及区划调整的村先后向财政借款达1.4亿元，向个人借款1500万元。

三是日常管理不到位。个别乡镇、村还存在财务管理不规范的问题，导致了债务的增加。如个别村级负责人财务管理意识不强，财务人员业务水平不高，不能有效控制财务收支。2013年至今，全市各县级财政部门先后对157起违反财经纪律的行为进行督促改进，涉及资金477.9万元。

四是偿债意识不强。部分乡镇、村负责干部搞建设时，只想着到处融资、快上项目、干出成绩，根本没有考虑还债。有的干部面对一时难以偿还的债务存在畏难情绪，有“等一等、拖一拖”的想法。个别乡镇、村主要领导变更后，出现新官不理旧账、压债不还等现象，导致债务越积越多。

（五）历史原因形成负债

39个乡镇（街道）中有30个存在历史债务，究其原因，一是上一轮乡镇撤并形成债务。1995～2013年，我市先后撤销乡镇45个，添置办公设施、完善阵地建设等支出较多，造成7个乡镇遗留历史债务754.2万元。如高新区托管的东方红镇，近十年经历四次管理体制调整，虽然目前仅600多万元的工程款未结算，但所辖村反映，每分合一次都会新增债务。二是农业税未收缴到位形成债务。2006年农业税改革后，尚有9个乡镇遗留1136.95万元未收缴到位。三是兴办乡镇企业形成债务。1993年前乡镇贷款兴办企业盛行，企业倒闭后债务仍挂靠乡镇，总计达15137.64万元，涉及15个乡镇。四是农村合作基金会解散后形成债务。1996年开始，各地农合基金会逐步解散，部分债务转移给了乡镇，共计848.78万元，涉及13个乡镇。

三、乡镇、村债务可能存在的风险

各乡镇、村债务总额较大、时间跨度长、构成复杂，而有效收入较少，偿债能力有限，已经成为制约乡镇、村发展的沉重包袱，长此以往可能引发系列社会问题，务必引起高度重视。

（一）影响基层正常运转

沉重的乡镇、村债务，导致部分基层主要负责人不得不将大部分时间和精力用于跑部门、要经费，很多工作只能应付了事，直接造成了工作执行力下降，所承担的社会管理与公共服务水平降低。巨额债务长期没有偿还，不仅影响到乡镇、村的正常运转，而且还损害了地方政府和村集体的信誉。如开福区新港街道新安寺社区负债6000余万元，除书记、主任坚守岗位外，其余干部因拿不到工资而没上班，还发生了债权人锁社区大门讨债事件，在群众中造成了负面影响。

（二）影响经济社会发展

负债较多的乡镇、村一时难以还清债务，而机关日常运转还得保障，因此在公益事业建设方面无能为力，发展产业更是难上加难。短期困难还可以克服，但长远来看，如果不先举债建设好基础设施，发展好民生事业，好项目就难引进来，人民群众就不满意，发展就会滞后。但欠债太多又会影响发展，借新还旧会导致债台高筑，从而陷入“发展与负债”的恶性循环，严重制约当地发展。

（三）影响党群干群关系

乡镇、村处于和人民群众直接打交道的前沿，债务中工程欠款和个人借款过多，拖欠时间过长，不利于乡镇、村干部和相关企业主、村民等债权人打交道，不利于团结社会各界开展工作。尤其是当个别债务形成经济纠纷、影响到社会事业发展后，还将进一步损害党和政府的形象。座谈中个别乡镇、村主职干部反映，逢年过节自己走到哪，追债的人就跟到哪、电话打到哪等现象时有发生，只好躲起来。

（四）影响社会大局稳定

乡镇、村债务涉及面广，既有上级财政和银行债务，又有企业和个人欠款，债权人构成复杂，形成了一个不稳定的群体，如果债务长期得不到有效化解，债权人有可能采取过激行为讨债维权，发生企业主及群众因讨债而堵门、堵路、集体上访等现象。尤其是近期乡镇区划调整方案公布后，各债权人对今后的债务归属、债务主体、偿债能力等心存顾虑，到相关乡镇、村讨债频率增加，给乡镇、村造成了不小的压力。

四、化解乡镇、村债务的对策建议

化解乡镇、村债务的总体思路是：按照“锁定旧债、严控新债、明确责任、防范风险、积极化解”的原则，坚持自身努力和上级帮助相结合、维护债权人利益和减轻乡镇财政负担相结合、稳当前和利长远相结合，综合运用法律、行政、经济和市场等手段，采取清算债务、剥离主体、盘活资产、增收节支、政策扶持等举措，积极有效化解乡镇、村债务，维护社会大局稳定，促进农村经济社会持续稳定健康发展。

（一）严明财经纪律，防止资产流失

一是加强领导。各县（市）区要成立由政府分管领导和财政、农业、发改、审计等部门负责同志组成的化债工作领导小组，研究制定债务化解办法，细化目标任务，明确责任主体，切实抓好落实。二是规范管理。立即对涉及区划调整乡镇、村的人事、财务、资产、档案、印鉴等实行“五冻结”，封存账务账册，全面暂停报账。进一步规范建账管理、收入管理、支出管理、资产管理和票据管理。三是严明纪律。各乡镇、村必须严守各项纪律要求，不得滥发奖金、补助、津贴和实物，不准巧立名目突击花钱和用公款大吃大喝、请客送礼，严禁欠账花钱，严禁坐支挪用，一经发现立即严肃处理。

（二）加强财务管理，防范债务风险

一是摸清底数。抓紧对相关乡镇、村债权、债务情况进行全面摸底清查，尤其要重点对各乡镇的政府平台公司融资、银行贷款、土地抵押、工程建设以及其他未入账的财政收支情况进行审计，全面掌握隐形债权债务情况。建立债务风险预警机制，杜绝因债务引发大的社会事件。二是严控新债。原则上各乡镇、村不得以任何名义举借新债。对确有必要的公益事业举债，必须严格履行报批手续，确定可靠的资金来源，报上级部门审批后方可适度举债建设。三是剥离旧债。对历史原因形成的债务，由各县（市）区财政、审计部门严格审计确认后从乡镇、村予以剥离，分类统筹解决。各乡镇、村要尽快支付基础设施建设等应付未付款。

（三）加大转移支付，保障必要支出

一是科学规划项目。各县（市）区要科学制定乡镇、村基础设施建设规划，建立项目库，有序铺排项目，避免不必要的负债。二是统筹使用资金。统筹各级发改、财政、农业、水利、国土、城镇建设、环境治理等专项资金，优先保障重点地区、重点项目建设需求。三是减少配套要求。减少乡镇、村对基础设施建设和公益事业项目配套比例，减轻乡镇、村财政负担，杜绝乡镇、村不顾财力举债

建设。四是加大转移支付。加大市、县（市）区财政一般性转移支付规模，逐步提高乡镇、村运行经费保障水平，帮助化解历史债务。

（四）着力培育财源，增强造血功能

一是科学制定产业发展规划。引导各乡镇立足自身特色，重点发展农村电商、文化创意、休闲旅游、养老保健、都市农业、高端种养等产业，推动持续发展。二是加大招商引资力度。全面盘活、科学包装乡镇、村各项资源，广泛吸引社会资本参与乡镇、村经济建设，不断提升基层经济实力。盘活“60号令”生产发展用地，倡导发展“飞地工业”。三是优先扶持重点产业。深化农村综合改革，为农村产业发展提供便利。按照“一镇一品”“一村一品”规划，支持特种产业做大做强，打造特色乡镇。加大对农村重点产业发展的扶持力度，增强乡镇、村的自我“造血”功能。

（五）出台偿债办法，统筹化解债务

一是落实偿债责任。对不应该由乡镇、村承担的债务，应坚决剥离出来，找准责任主体。对因历史原因、专项工作遗留下来的债务，要分类专项研究解决。对个别确实没有偿债能力的乡镇、村，各区、县（市）财政部门要对相关债务进行认真甄别、统筹考虑。要重点优先化解“60号令”安置遗留债务。二是以奖代补化债。设立专项化债奖励资金，建议出台《长沙市专项化债奖励资金考核管理办法》，对各区、县（市）年度化债工作进行专项考核并给予一定奖励支持。三是利用市场化债。对撤并后闲置的乡镇、村办公楼及建设用地等闲置资产进行公开拍卖或租赁，所得资金用于还债。对现有集体资产、资源，可在政策允许范围内变现偿债。加快基层信用等级制度建设，鼓励银行等机构与乡镇、村开展金融合作。对部分基础设施建设，考虑吸纳社会资本参与建设管理缓解资金压力。

（六）稳步推进开发，防止过度负债

一是有序开发。坚持短期举措和长远规划相结合，注重乡镇、村开发建设时序，对于群众急需的、投资见效快的项目优先开发，避免重复建设，增加不必要的负债。二是量力开发。坚持量体裁衣，有多少钱办多少事，防止过度负债。尤其在乡镇、村撤并后，要积极引导当地群众正确对待基础设施的完善和提质，不搞脱离实际的建设。三是高效开发。牢固树立投入产出理念，用好每一分钱，实现资金、资源效益最大化。严禁搞劳民伤财的“政绩工程”“形象工程”。

（七）健全管理机制，实现有序运转

一是健全日常管理。加强预算管理，尽量减少预算外开支。加强时效管理，尽量帮乡镇减少融资利息等财务成本。严格财经管理制度，认真落实村账乡镇代管制度。二是加强离任审计。建立健全监督约束机制、新债责任追究和乡镇、村干部离任债务审计制度，杜绝“举债越多越光荣”的不良思想在乡镇、村蔓延。加强对乡镇、村投资项目的立项和投资管理，推行财务公开，防止新的不良债务发生。三是严格绩效考评。加强对乡镇、村财政支出的绩效考评，坚决杜绝过度举债及铺张浪费。坚决落实乡镇、村主职干部任期内不能新增债务的硬指标，督促各乡镇、村尽量不增新债、尽快化解老债。在“十强十快”乡镇等考评中增加对化债工作的考评分值。

课题组组长： 唐曙光
课题组副组长： 彭文滋　张学锋　郭志强
课题组成员： 李　末　徐友军　杜　渐　潘焱炎
李柏松　陈　风　邹金成

附表1 **各区县（市）乡镇区划调整改革方案**

（单位：个、个、平方公里、万人、个）

	现有乡镇	撤并乡镇	撤并乡镇名称	合并后名称	合并后规模		
					面积	人口	村（社区）
岳麓区	19	1	东方红镇、麓谷街道	麓谷街道	37.2	4.8	11
开福区	17	1	青竹湖镇、新港街道	青竹湖街道	34.5	4.2	15
望城区	21	6	靖港镇、格塘镇	靖港镇	92.5	6.5	16
			新康乡、高塘岭街道	高塘岭街道	69	9	21
			茶亭镇、东城镇	茶亭镇	116.4	4.8	18
			铜官镇、书堂山街道	铜官街道	90.3	5.6	14
			乌山镇、喻家坡街道	乌山街道	97.7	8.2	16
			雷锋镇、廖家坪街道	雷锋街道	79.8	4.8	10
长沙县	21	3	金井镇、双江镇	金井镇	204	6.5	27
			开慧镇、白沙镇	开慧镇	122	4.2	18
			黄兴镇、干杉镇	黄兴镇	157	8.1	22
浏阳市	37	5	杨花乡、大瑶镇	大瑶镇	149.3	9.1	19
			七宝山乡、永和镇	永和镇	234.5	4	15
			三口镇、古港镇	古港镇	210	6.3	20
			太平桥镇、集里街道	集里街道	153.8	5.7	18
			溪江乡、关口街道	关口街道	161.8	5	16
宁乡县	33	4	枫木桥乡、偕乐桥镇、灰汤镇	灰汤镇	210.9	9.6	28
			坝塘镇、南田坪乡	坝塘镇	163.7	7	24
			双江口镇、朱良桥乡	双江口镇	155	8.2	34

附表2　　拟撤销乡镇（街道）债务情况

（单位：万元）

	国内银行贷款	非金融机构贷款	财政借款	单位借款	个人借款	其他应付未付款	债务合计
东方红镇	—	—	—	—	—	635.34	635.34
新港街道	—	—	800	100	—	—	900
格塘镇	134.5	—	455.3	99.12	24.21	2619	3332
新康乡	247.00	—	425.73	—	—	1193.79	1866.52
东城镇	246.65	—	—	—	52.32	1704.9	2003.82
书堂山街道	—	—	—	—	—	4500	4500
喻家坡街道	—	—	—	—	—	—	—
廖家坪街道	—	—	—	—	—	1600	1600
双江镇	—	813	650	—	—	—	1463
白沙镇	—	—	653.4	—	—	611.3	1264.7
干杉镇	—	627.2	2010	—	—	—	2637.2
杨花乡	150	—	—	—	—	—	150
七宝山乡	60	—	—	120	245	791.26	1216.26
三口镇	140	—	—	14.77	5.2	664.04	824.01
太平桥镇	—	—	—	—	68	523.7	591.7
溪江乡	63.45	—	5	13.5	—	—	81.95
枫木桥乡	—	—	—	422	43.7	133	598.7
偕乐桥镇	—	397.53	110	780	506.22	478.81	2272.56
南田坪乡	—	4.3	220	420.6	—	497.26	1142.2
朱良桥乡	10	—	1652	491	268	420	2841
合 计	1051.6	1842.03	6981.43	2460.99	1212.65	16372.4	29920.96

附表3 **拟并入乡镇（街道）债务情况**

（单位：万元、%）

	国内银行贷款	非金融机构贷款	财政借款	单位借款	个人借款	其他应付未付款	现有债务	将新增债务	增幅
麓谷街道	—	—	5758	927	—	—	6685	635.34	9.50
青竹湖街道	—	—	—	50	—	—	50	900	1800
靖港镇	5400	—	13038	2841	51.04	3758	25088	3332	13.28
高塘岭街道	1390	—	6325	4551	—	14918	27184	1866.52	6.87
茶亭镇	—	—	750	984.7	471.7	3138	5344	2003.82	37.50
铜官镇	1600	—	5806	—	—	5024.93	12430.93	4500	36.20
乌山镇	400	—	—	—	—	2904	3304	—	0
雷锋镇	—	—	4575	430	—	300	5305	1600	30.16
金井镇	2586	—	516	1125	157	1418	5802	1463	25.22
开慧镇	604	—	954	—	—	—	1558	1264.7	81.17
黄兴镇	90	5856	—	—	—	144	6090	2637.2	43.30
大瑶镇	2200	—	—	319.21	—	708.78	3227.99	150	4.65
永和镇	100	—	—	100	31.42	673.82	905.24	1216.26	134.36
古港镇	210	—	—	—	—	872.32	1082.32	824.01	76.13
集里街道	—	—	—	—	—	—	—	591.7	—
关口街道	—	—	—	—	—	—	—	81.95	—
灰汤镇	23200	—	15270.26	8177.46	840.4	37620.95	85109.07	2871.26	3.37
坝塘镇	14	509	55	69	11	173	831	1142.2	137.45
双江口镇	600	—	2460	701.45	234.41	1375.74	5371.6	2841	52.8
合 计	38394	6365	55507.26	20275.82	1796.97	73029.54	195368.2	29920.96	—

注：集里街道、关口街道无债务，没有比较基数。表中“将新增债务”是指拟撤销乡镇并入后所带来的债务。

附表4　　各涉及区划调整乡镇（街道）2014年度财政收支情况表

（单位：万元）

	财政收入			财政支出		
	财政拨款收入	其他收入	合 计	基本支出	项目支出	合 计
东方红镇	3183.57	—	3183.57	1366.15	1817.42	3183.57
新港街道	1519	273	1792	714	808	1522
格塘镇	5924	838	6762	2425	4338	6762
新康乡	4796.54	173.09	4969.63	1258.49	3711.14	4969.63
东城镇	3989.97	3585.24	7575.21	1096.43	6478.78	7575.21
书堂山街道	8014.36	222.53	8237	860.77	7376.13	8237
喻家坡街道	5325	1143	6468	1218	5250	6468
廖家坪街道	5122.5	—	5122.5	2303.6	2818.9	5122.5
双江镇	1086.3	0.1	1086.4	983.95	—	983.95
白沙镇	3377.58	—	3377.58	1122.69	2254.89	3377.58
干杉镇	1951.8	—	1951.8	1299.54	652.26	1951.8
杨花乡	1978.77	344.3	2323.07	382.99	1940.08	2323.07
七宝山乡	1138.5	516.6	1655.1	707.57	888.52	1596.09
三口镇	2049.86	—	2049.86	588.57	1461.29	2049.86
太平桥镇	1871.48	355.27	2226.75	874.63	1352.12	2226.75
溪江乡	1647.22	319.52	1966.74	606.32	1360.42	1966.74
枫木桥乡	1688	1508	3196	1411	1955	3366
偕乐桥镇	1479.88	2097.52	3577.4	2172.8	1404.6	3577.4
南田坪乡	1586.2	2042	3628.04	1590.87	2360.83	3951.7
朱良桥乡	1954	2036	3990	1452	2300	3752
麓谷街道	7611	124	7735	1329	6406	7735
青竹湖街道	2374	54	2428	1261	1089	2350
靖港镇	6433	200	6633	919.8	5713	6633
高塘岭街道	32109	397	32506	815	31691	32506
茶亭镇	6132	1556	7688	2117	5571	7688
铜官镇	15324.5	1156.5	16481	1946.5	14534.5	16481
乌山镇	8808	881	9689	1650	8039	9689
雷锋镇	6979	559	7538	4000	3538	7538
金井镇	3057.3	174	3231.3	1396.9	1824.4	3231.3
开慧镇	2618	—	2618	681	1937	2618
黄兴镇	16124	—	16124	1273	14851	16124

续表

	财政收入			财政支出		
	财政拨款收入	其他收入	合 计	基本支出	项目支出	合 计
大瑶镇	20497.35	2022.15	22519.5	1062.47	21457.03	22519.5
永和镇	2216.7	1587.7	3804.4	1340.3	1999	3339.3
古港镇	2453.14	356.33	2809.47	764.25	2045.22	2809.47
集里街道	5138.86	134.51	5273.37	995.47	4277.9	5273.37
关口街道	2686.9	673.5	3360.4	1505.1	1855.3	3360.4
灰汤镇	39024.35	21696.93	60721.28	1805.61	58915.66	60721.27
坝塘镇	2082	2022	4104	1848	2326	4174
双江口镇	8554.32	949.78	9504.1	2257.96	7246.14	9504.1

附表5　　乡镇区划调整所辖建制村债务情况

（单位：个、万元）

	辖村个数	国内银行贷款	非金融机构贷款	财政借款	单位借款	个人借款	其他应付未付款	债务合计
东方红镇	3	—	—	563.27	19.44	2.18	15477.33	16062.22
新港街道	6	—	—	7828	424	1513	9235	18999
格塘镇	8	—	—	—	—	2.54	258.78	261.32
新康乡	10	—	—	—	—	—	815.1	815.1
东城镇	8	—	—	—	—	—	761.40	761.40
书堂山街道	5	—	—	—	—	—	3575	3575
喻家坡街道	5	—	—	—	—	—	1352.5	1352.5
廖家坪街道	3	9.35	—	—	558.59	198.85	739.08	1505.87
双江镇	11	—	—	122.2	9.3	0.15	233.02	364.67
白沙镇	11	6.3	—	32	7	19.3	1275.5	1340.1
干杉镇	10	112.1	—	10	90	36.83	893	1141.93
杨花乡	9	—	—	2	—	29	492.08	523.08
七宝山乡	8	—	—	—	63	—	1432	1495
三口镇	10	—	—	—	—	—	297.3	297.3
太平桥镇	6	—	—	—	—	—	209.09	209.09
溪江乡	9	—	—	—	15	114.3	421.4	550.7
枫木桥乡	11	6.7	—	—	—	179.2	550.8	736.7
偕乐桥镇	10	4.2	—	32.9	19.5	46.9	208.7	312.2
南田坪乡	10	—	—	2.53	—	—	442.34	444.87
朱良桥乡	10	59	—	—	—	95.3	864.4	1018.7

续表

	辖村个数	国内银行贷款	非金融机构贷款	财政借款	单位借款	个人借款	其他应付未付款	债务合计
麓谷街道	4	—	—	—	—	—	2014	2014
青竹湖街道	9	—	—	7057	—	—	26539	33596
靖港镇	8	2.05	—	15	—	79.48	1116.2	1212.7
高塘岭街道	4	—	—	—	—	—	—	—
茶亭镇	10	—	—	—	—	35	2761.59	2796.59
铜官镇	9	—	—	—	—	—	—	—
乌山镇	11	—	—	—	—	—	1393.52	1393.52
雷锋镇	5	—	—	302	—	—	31243	31545
金井镇	16	289.4	—	169.7	8.7	40.8	392.5	901.1
开慧镇	7	—	—	606	—	—	—	606
黄兴镇	12	—	—	114	—	238	973	1325
大瑶镇	10	—	—	—	—	226	1301.9	1527.9
永和镇	7	125.3	—	—	9.6	18.5	103.2	256.6
古港镇	13	—	—	14	162.92	677.11	334.46	1188.49
集里街道	12	—	—	—	169	—	—	169
关口街道	7	—	—	—	—	—	—	—
灰汤镇	6	—	—	25	3	—	392	420
坝塘镇	14	2	2	30	10	442	757	1243
双江口镇	14	44.9	4.7	126	1	119.9	560.9	846.2
合 计	341	661.3	6.7	17051.6	1570.05	4114.34	109416.09	132807.85

注：高塘岭街道、铜官镇、关口街道所辖村目前无债务。

设立产业引导基金
推动转型创新发展

——关于设立长沙市产业投资引导基金的调查与思考

长沙市人民政府研究室
长 沙 市 财 政 局

为深化财政预算管理改革，创新产业资金支持方式，以有限的公共项目资金撬动更多的社会投资，促进产业结构优化和升级，推动长沙转型创新发展，根据市政府主要领导要求，市政府研究室、市财政局组成专门调研小组赴重庆、武汉、广州、东莞等城市考察，经过认真的分析、讨论和研究，形成此报告供决策参考。

一、设立产业投资引导基金势在必行

（一）适应经济发展新常态，深化财政预算改革的需要

当前，我国经济发展进入新常态，迫切需要全面深化改革，创新思维方式和工作方式，以适应新常态、引领新常态。党的十八届三中全会提出资源配置的市场化改革方向，明确财政资金分配要通过市场化运作模式，引导带动社会资本，发挥财政资金放大功能。同时，国家、省对财政预算改革提出了具体要求，国务院《关于深化中央财政科技计划（专项、基金等）管理改革的方案》（国发〔2014〕64号）要求："政府各部门不再直接管理具体项目，充分发挥专家和专

业机构在科技计划（专项、基金等）具体项目管理中的作用”，“通过市场机制引导社会资金和金融资本进入技术创新领域，形成天使投资、创业投资、风险补偿等政府引导的支持方式”。湖南省人民政府《关于进一步加快发展资本市场的若干意见》（湘政发〔2010〕1号）中提出，“鼓励和支持各级政府设立各类创业投资引导基金”。我市也曾尝试设立产业基金，但由于种种原因，一直未成型。可以说，设立产业投资基金是落实党的十八届三中全会精神、推进我市预算改革的具体举措，也是适应经济发展新常态、提高市场化运作水平的客观需要。

（二）提高专项资金效益，杜绝公共权力寻租的需要

一直以来，我市产业专项资金对企业的扶持实行无偿拨付，存在“撒胡椒面”“多头申报”“拨人情钱”等现象，资金管理不规范，资金使用效益不高，甚至存在权力寻租现象，容易滋生腐败，迫切需要创新财政资金投入方式。通过设立产业投资基金，有利于实现财政资金由无偿扶持向有偿使用转变、由分散一般投入向集中重点投入转变、由直接资金补助向间接资金投资转变，同时财政资金的“拨改投”，有利于完善企业法人治理结构，加强资金监管，规避财政资金风险，提高财政资金使用绩效。

（三）撬动更多社会资本，引领新兴产业发展的需要

从先进国家的经验来看，产业发展资金一般不采取补贴审批方式下达，而是通过专业基金公司来运作。比如美国1958年推出小企业投资公司计划，撬动630多亿美元资本为10多万家中小企业股权融资，苹果、英特尔、惠普等全球顶级企业都曾受益于此。韩国政府2005年设立1万亿韩元投资母基金，2008年又启动新增长引擎投资基金，2014年规模达到3万亿韩元。从长沙实践来看，发展高新技术产业、战略性新兴产业需要大量的资金支持，仅仅靠财政的引导投入是远远不够的。通过产业投资引导基金放大基金规模，有利于激活民间资本，加大对高新技术产业和战略性新兴产业的投入，特别是通过对高风险、高科技初创企业的投入，将促进科技成果转化，以自主创新能力引领新兴产业发展，培育新的经济增长点。

（四）破解企业融资瓶颈，降低企业融资成本的需要

近年来，我市企业“融资难、融资贵”问题日益凸显，严重制约了企业的健康发展。通过设立长沙产业投资引导基金，能有效融通资金，缓解企业发展和新兴产业发展的资金短缺问题。同时，产业投资引导基金融资不同于企业债务性融资，不需支付高额利息，也无还贷风险，有利于降低企业的融资成本和风险，减轻企业负担，促进企业长远、可持续发展。

二、外地产业投资引导基金设立与运作经验

（一）重庆模式：大刀阔斧改革，全面整合部门资金

2014年5月，重庆按照“政府引导、市场运作、科学决策、防范风险”的原则，设立产业引导股权投资基金，2014年首期募集20亿元，提出力争5年总规模达到100亿元。基金的资金来源包括产业发展资金（整合其中的30%约15亿元）、财政预算增量资金、其他政府性资金。由市财政局履行出资人的职责，出资成立重庆市产业引导股权投资基金公司，负责引导基金运作。在部门分工上，财政负责出资、牵头协调，金融办负责行业管理，其他相关职能部门负责联系行业和产业项目库建设、政策指导。2014年已设立涉及工业、农业、科技、现代服务业、文化、旅游等10个行业性子基金，签约68亿元，财政出资17亿元，实际放大3倍，目前还未正式投入项目运作或正在拨付项目资金。

（二）武汉、东莞模式：不改变现有部门资金管理格局，集中已整合的部分产业专项资金

2013年11月，武汉市设立战略性新兴产业发展引导基金，按照“1+N”（1即市本级，N即区、县、园区及各行业口）模式，从2013年至2016年逐年筹集引导基金规模102亿元，同时设立引导基金19个，其中市战略性新兴产业引导基金49.5亿元。市财政局负责参与市级理事会，制定引导基金管理办法；市发改委负

责管理市战略性新兴产业专项引导基金，选聘专业管理机构，负责引导基金运作；市经信、科技等部门负责各自归口管理的战略性新兴产业专项引导基金。市本级2014年财政到位资金2.7亿元，参与设立子基金5个，募集14亿元，目前尚未正式投入项目运作或只有少量项目投入。引导基金主要采取“阶段参股、跟进投资、风险补偿”方式，重点扶持光电子与新一代信息技术、高端装备制造、新材料、高技术服务、生物技术与新医药、节能环保、新能源与新能源汽车、文化创意、现代农业等战略性新兴产业及优势产业。

2012年7月，东莞市设立产业转型升级及创业投资引导基金，首期5亿元由市财政根据参股情况逐步到位，提出力争4年总规模达到20亿元。资金来源于科技东莞专项资金（原已整合的产业资金）。由市财政局会同市金融工作局共同监管，财政负责出资、参加基金管理委员会；金融工作局负责日常协调；市发改、经信、科技对设立子基金有否决权。目前已批复4家子基金，实际成立2家综合性子基金，合同规模10.9亿元，募集到位资金7.97亿元，财政到位资金1.2亿元。截至2014年年底，两个基金已审议项目20个，批准投资金额4.9亿元，已对外完成投资11个，投资3.6亿元，其中投资本市项目6个、占44%，重点支持新型电子元器件产业、集成电路产业、物联网产业、光伏产业、LED产业、装备制造业、生物医药业、高新技术服务业及传统产业高技术改造。

（三）广州模式：仅发改委拿出一定的资金成立基金，力图通过示范向其他部门推广

2014年12月，广州市按照“政府引导、规范管理、市场运作、支持产业”的原则，设立了战略性新兴产业创投引导资金参股创业投资基金，每年8亿元，筹集基金总规模达到50亿元，创投引导资金参股创业投资基金由市发改委、市财政局共同组织实施，市发改委为主确定参股基金的产业领域和方案；市财政负责资金安排和监督。2012～2014年安排引导基金14亿元，正在筹建两个子基金，还未正式投入项目运作或正在拟定项目，通过参股（1：4放大）投资，重点支持新一代信息技术、生物与健康、新材料与高端制造、时尚创意、新能源与节能环保、新能源汽车等战略性新兴产业。

表1 三种模式的比较分析

项目	重庆模式	武汉、东莞模式	广州模式
资金来源	产业发展资金（40亿左右拿出30%约15亿元）、其他政府性资金	发改、工信、科技等各部门专项资金存量部分管理体制不变，按一定的比例整合增量资金	发改委主管的战略性主导产业发展资金
基金规模	5年总规模100亿元，2014年首期20亿元	武汉2013～2016年逐年募集基金规模102亿元；东莞总规模20亿元，首期5亿元	每年8亿元，总规模达到50亿元
牵头部门	市财政局	武汉市为市发改委；东莞为市财政局、金融工作局	市发改委
部门职责	财政负责出资、协调；金融办负责行业管理；其他部门负责联系行业和产业项目库建设，政策指导	武汉市由财政参与基金理事会，制定管理办法；发改委选聘专业管理机构；相关部门归口管理各自专项资金。东莞由财政出资、参加基金管理委员会，金融办负责日常协调，相关部门对设立子基金有否决权	市发改委确定产业领域；市财政安排资金
可行性	触及过多部门利益，推行难度较大	不触动部门利益，推行阻力较小	仅涉及一个部门，容易推进，但效果有限

三、对我市设立产业投资引导基金的建议

（一）把握设立原则

一是政府引导原则。政府负责产业投资引导基金的设立、运行、监管，确定基金投向的产业领域，不以逐利为目标。实施“拨改投”，对产业的扶持由无偿拨款改为有偿投资，利息、收益可通过绩效目标约束让利于创投企业和其他社会投资人，吸引更多的社会资本加入，扩大产业资金投入。

二是市场运作原则。产业投资引导基金公司实行市场化运作、专业化管理，创投企业根据其对市场的把握，成立相应的子基金，选择具有市场前景的企业进行投资，防范资金风险。当资金出现损失时，政府、创投企业及其他社会投资人按出资比例共担风险。

三是产业导向原则。产业投资引导基金主要用于支持新兴产业发展和优势传统产业升级改造，引导社会资本投资符合我市经济社会发展规划、产业政策的成长型企业以及有转型升级潜能的企业，促进优质创业资本、项目、技术、人才向我市聚集，加快长沙转型创新发展。

四是试点先行原则。产业投资引导基金筹集先从工业发展、科技发展专项中整合部分资金进行试点，积累经验后再推广扩大规模和范围，既保留部门部分资金分配权，又保证统筹集中部分资金创新投入方式，尽量不对现有资金管理格局进行大的改变，确保产业投资引导基金设立稳妥推进。

（二）保障资金来源

一是从现有部分专项资金中整合。主要从现有的工业发展专项、科技发展专项等产业专项资金中整合出来一部分资金。考虑到资金整合的难度和部门的接受程度，可先从工业、科技专项资金中整合30%～40%进行试点，然后逐步向其他专项资金铺开。

二是从财政增量资金中安排。每年根据财政收入增长情况和产业资金发展需求，按财政收入增量的一定比例安排相应的预算资金。

三是从产业基金收益中留存。产业投资引导基金设立后，根据运行情况，从产业投资引导基金利息及投资收益中按一定的比例留存使用。

（三）明确基金规模

从长沙产业专项资金规模和产业发展实际需求出发，逐年扩大产业投资引导基金规模。建议2016年筹集两亿元，2017年筹集6亿元，2018年筹集12亿元，力争2018年产业投资引导基金总规模达到20亿元。

（四）突出支持重点

明确产业投资引导基金创投的子基金的80%用于支持长沙市企业，重点支持战略性新兴产业发展，包括高端装备制造、新材料、工业机器人、移动互联网、节能环保、新能源汽车、集成电路、北斗导航、文化创意等产业。同时，支持具有市场前景的传统优势产业技术改造和转型升级企业。

（五）明确组织架构

一是明确牵头部门。为便于资金的统一管理和运作的统一调度，由市财政局负责牵头，并作为产业投资引导基金出资人。

二是成立产业投资引导基金公司。组建长沙市产业投资引导基金有限公司，性质为国有独资企业。建立健全公司法人治理结构，由市财政局履行出资人职责，公司设立董事会、监事会，董事会实行董事长负责制，设立若干独立董事（含外部董事），监事会以外部监事为主。参照重庆市做法，从市财政局、市金融办等部门选派合适人员担任基金公司董事长、总经理。通过市场化的方式，面向全国选聘优秀专业人才加盟，负责整个基金的运作与管理。同时，由产业投资引导基金公司选择国内知名的创投公司，按照1：4的比例，设立子基金，以撬动更多社会资本。子基金按投资方向进行分类，如工业机器人、移动互联网、集成电路、新能源汽车、新材料等产业，促进子基金的专业化、特色化。

三是加强行业部门管理。由工信、科技等原来的资金分配部门参与行业指导和项目推荐。

四是严格基金运行监管。由市金融办负责对基金（包括母基金、子基金）运行全程进行监管。

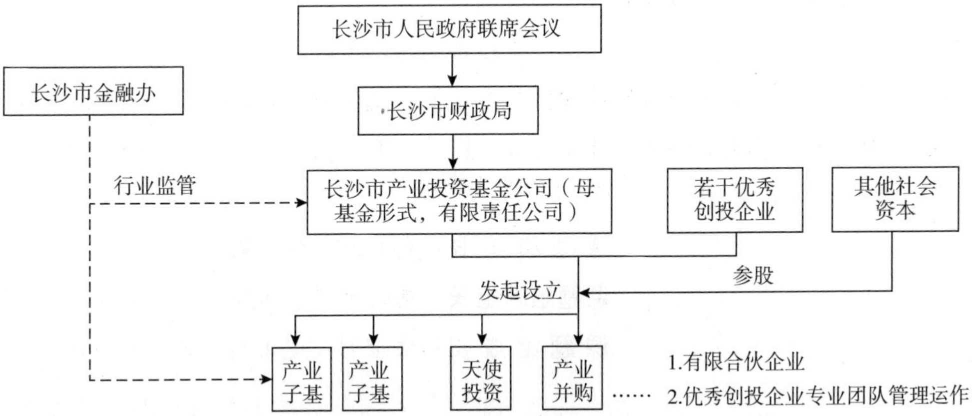

图1 基金运作组织框架图

（六）完善运作机制

一是建立联席会议制度。联席会议由市委常委、常务副市长任总召集人，市财政局、市发改委、市工信委、市科技局、市金融办等部门主要负责人为成员，负责产业投资引导基金重大事项的决策和协调，确立基金委托机构、经营方针、发展规划和投资政策，审议批准基金的使用、收益分配方案和投资风险控制、引导退出机制、业绩考核等重大事项。联席会下设办公室（设市财政局），负责日常工作。

二是健全决策机制。设立投资决策委员会，由政府有关部门人员、基金受托管理机构代表、资深创投行业专家、行业自律组织代表、高校或相关研究机构专家组成，决策产业投资引导基金投资方案；部门负责行业指导和项目推荐，对投资项目进行合规性审查，可行使一票否决权。

三是目标约束和绩效评价。年初由联席会议确定年度计划目标，年中检查投资运行情况，年末进行综合考核，纳入财政资金绩效评价范围，重点估评基金产业投资结构、引导放大功能、资金使用效益等，由第三方评审机构出具独立评价报告。

（七）制定相关政策

尽快研究制定产业投资引导基金设立、运行、管理等办法，为基金筹建和运作提供政策保障。以市政府办公厅名义出台《长沙市产业投资引导基金管理暂行办法》，在此基础上制定《长沙市产业投资引导基金联席会议制度》《长沙市产业投资引导基金财政出资资金管理暂行办法》，基金成立后根据运行情况，完善配套制度，实现基金的科学管理和高效运作。

课题组组长：蒋集政　张　敏
课题组副组长：唐曙光　李玮玮
课题组成员：袁金明　赵文明　姚　安　严　波

让公共资源在阳光下交易

——对长沙市公共资源交易体制机制的调查

长沙市人民政府研究室
长沙市公共资源交易中心

建立公正透明有序的公共资源交易体系，对于规范公共资源交易行为、提高财政资金使用效率、加快政府职能转变、从源头上预防和遏制腐败具有十分重要的意义。为推进我市公共资源交易的透明化、规范化、信息化，根据市政府领导的要求，课题组采取实地调查、部门座谈、考察交流等方式，对我市公共资源交易体制机制进行了深入调研。现将调研情况报告如下。

一、长沙公共资源交易取得明显成效

近年来，市委、市政府将公共资源交易作为打造阳光、高效、廉洁政府的重要抓手，坚持完善平台打基础、强化服务提效能、完善监督树形象，取得了良好的社会效益和经济效益。

（一）交易总量逐年增加，资金使用效益明显提升

自2008年7月成立至2015年4月，通过规范公共资源的交易行为，高效有序地做好了公共资源交易保障和见证性服务工作，从技术层面提升了效率、降低了成本，避免了不必要的支出，真正将财政资金花在了“刀刃”上。市公共资源交易中心累计完成各类交易12162宗，实现进场交易额2104.34亿元（图1），其中

建设工程项目8357宗，交易额2050.1亿元；政府采购项目3805宗，交易额54.24亿元；通过交易竞争累计为国家节约资金98.31亿元（图2）。

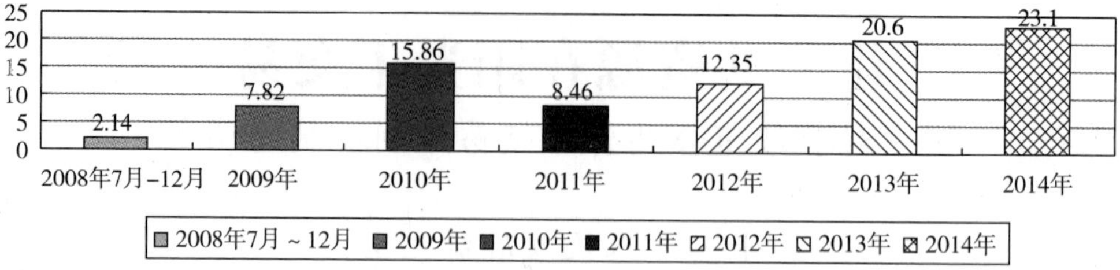

图1　长沙市公共资源交易中心交易宗数和交易额统计表

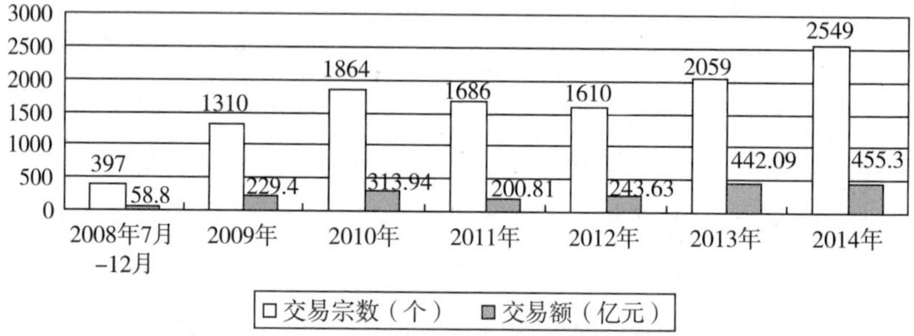

图2　长沙市公共资源交易节约资金统计表

（二）交易制度不断完善，资源交易秩序更加规范

2008年以来，我市相继出台《关于进一步加强和规范招标投标监管工作的若干意见》《长沙公共资源交易监督管理暂行办法》《关于规范政府投资项目招标投标行为的实施意见》等文件，重拳治理围标、串标等违法行为，实行投标人资格后审、无业主评委评标、围标串标联动查处及不良行为记录等创新制度，理顺了交易监管体制，堵塞了交易管理漏洞，从源头上规范了交易行为，构建了公正透明的市场秩序。市公共资源交易建立“三统一分”交易监管模式，即统一招标投标政策法规、统一公共资源交易平台、统一评标专家库和监委库，依法分行业监管，有效实现了公共资源交易从分散到集中、从隐蔽到公开、从无序到规范的“三个转变”，最大限度地减少了人为因素的影响和干扰，从根本上预防和遏制了腐败，全市进入市资源交易中心的交易实现了“零违纪”。

（三）机构职能不断强化，资源交易平台日益完善

2008年7月，我市以长沙建设工程交易中心为基础，率先全国成立市公共资源交易中心，为副处级事业单位，主要承担建设工程、政府采购等交易，内设8个科室、职工80人（在编33人、聘用47名）。2015年3月，机构升格为市政府直属正县级事业单位。公共资源交易大楼于2013年10月建成，面积达两万平方米，构建了“一厅、一网、六区”格局，开标区、评标区、监督区独立封闭，安装了标书运送、投标人、评委专用电梯，配备12间分监控室、过夜评标客房、见证服务室。充分运用现代信息新技术，加强招投标各个环节监督，实行全程视频监控，评标专家随机抽取，开评标实况无声直播，实现可视对讲答疑及语音自动通知，从硬件设施上有效保障了交易工作的规范性和公正性。市公共资源交易中心一直致力于抓建设、优服务、强管理，推行ISO9001质量管理体系建设，把程序严谨、交易规范落实到每个环节，打造了“行为规范、运转协调、公开透明、廉洁高效”的“长沙窗口”。同时，以群众满意为最高标准，及时回复群众质疑，2012年至2015年4月，协助行政部门处理因质疑投诉而开展的标书调阅、复评活动217次，其中建设工程项目167次，政府采购项目50次，赢得了企业和社会的广泛好评，先后荣获全国、省市殊荣21项。

二、当前公共资源交易亟待解决的问题

我市推行公共资源集中交易时间不长，作为行政体制改革和市场经济不断发展的新兴事物，许多工作仍处于摸索和尝试阶段，加上新形势下公共资源交易面临许多新问题，长沙公共资源交易也还存在一些有待破解的难题。

（一）平台定位有待明晰

从制度设计层面看，公共资源交易中心升格后，应该是操作平台、管理平台、监督平台“三合一”的公共资源交易平台，通过建立固定的交易场所、交易

信息发布及监控平台，对公共资源交易进行见证，对现场交易行为进行管理。然而，目前公共资源交易中心平台建设从形式上进行了整合，职能定位、市场主体功能却不甚清晰，局限于提供场地、技术和信息等服务功能，并未有效参与交易管理和规则制订。同时，现有分行业监管的模式也无法充分发挥公共资源交易中心的监督平台作用，实现“三合一”的最大功效。

（二）管理体制有待完善

目前，长沙公共资源交易实行的是“一委一办一中心”的管理体制。在决策管理层面，公共资源交易管理委员会是决策议事的非常设机构，虽然明确了相关成员单位，但决策具体事项较少。机构改革前，市公共资源交易管理委员会办公室设在市发改委，须统筹协调其他市直成员单位，但由于缺乏代表政府进行高位协调的常设部门或机构，导致已决策事项贯彻落实不到位。

在执行层面，长沙公共资源交易统一平台已经搭建，但本质上仅是将不同性质的公共资源交易集中，“三统一分”管理机制没有实质性落实到位，特别是统一发布政策法规文件方面，在业务开展上没有统一的法律法规作为支撑，各类项目的交易规则、工作流程、信息发布要求等各不相同，项目进场交易标准不一，无法有效规范交易行为，难以在监管上形成合力。

在监督层面，现行的分行业监管优点是能充分发挥各行政职能部门专业化管理优势，不足则在于管理过于分散，政出多门，容易导致条块分割、同体监督，甚至可能出现“看得见的管不着、管得着的看不见”的现象。同时，行业部门监管制度建设步伐不一致，监督方式不统一，如行业主管部门是否需要对交易操作过程行为进行监管把关，对交易过程监管及投诉处理的程序和方法步骤，各行业部门标准和做法不一，也不利于实施有效监督。

（三）交易平台有待整合

当前，全市公共资源交易平台建设还比较分散，整合和规范力度不够，信息和资源共享程度不高。

一是公共资源交易项目未依规全部纳入统一平台。《国务院机构改革和职能转变方案》中明文规定："整合工程建设项目招标投标、土地使用权和矿业权出让、国有产权交易、政府采购等平台，建立统一规范的公共资源交易平台。"但目前我市除建设工程、政府采购、医药设备采购等资源交易纳入统一平台外，土地使用权和矿业权出让、国有产权交易未纳入平台，特许经营权拍卖、罚没物资处置、排污权交易、知识产权交易等平台也相对分散，没有形成集中统一、资源共享的平台，交易范围、交易量与广州、成都等先进城市还有较大差距（图3、表1）。

二是县域交易平台未完全依法整合至市统一平台。《招标投标法实施条例》规定"设区的市级以上地方人民政府可以根据实际需要，建立统一规范的招标投标交易场所"。目前，湘江新区、内五区、各开发区的工程建设、政府采购项目已统一纳入长沙公共资源交易中心交易，但县域一级（含长、望、浏、宁）都设立了招投标交易场所，造成重复建设、资源闲置浪费，特别是县一级招投标的评审专家人数较少、为投标人熟悉的程度高，难以保证招投标的公平公正。

三是全市统一交易平台未得到充分利用。长沙公共资源交易中心设施设备先进、功能完善，在全国处于领先水平，但目前利用率还不足设计容量的50%，市场化程度不高，平台服务有待拓展。

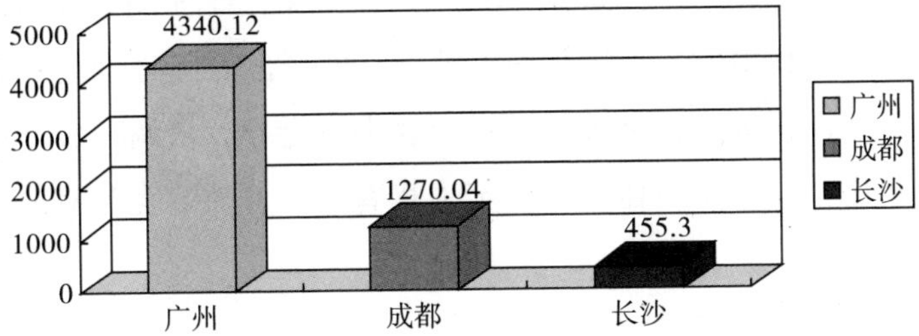

图3　2014年长沙、广州、成都公共资源中心交易额比较

表1　长沙、广州、成都公共资源中心交易类别比较

城市	类　别
广州	政府采购、建设工程交易、国土使用权交易、碳排放权、大宗商品、企业综合产权、涉诉资产、行政事业单位资产等产权交易
成都	政府采购、建设工程交易、国土使用权交易、知识产权交易、罚没物品处置、国有自然资源权属交易、特许经营权出让、排放权转让
长沙	建设工程交易、政府采购、医药设备采购

三、健全完善我市公共资源交易平台体系的对策建议

2012年中央就明确提出，到2015年底前要初步形成省、市级统一规范的公共资源交易平台体系，2017年底在全国范围内基本形成规则统一、公开透明、服务高效、监督规范的公共资源交易平台体系。建议市委、市政府以本轮机构改革为契机，进一步理顺公共资源管理体制机制，加快构建全市规范统一的公共资源交易平台，助推行政体制改革和政府职能转变。

（一）明确发展方向

公共资源交易中心既是政府公共资源的交易服务者，又是社会资源交易的市场提供者，在积极参与市场竞争的同时，必须切实强化其公共服务职能。一方面，大力提升服务水平。对公共资源交易实行目录制、动态化管理，以市场需求为导向，以政府投资类项目为主体，根据国家公共资源交易项目基本目录和湖南地区统一的项目目录，协调完善交易目录；创新服务手段，逐步推广电子招投标，实现全流程电子化交易服务，制定标准文本，降低交易成本，提升服务层次。另一方面，不断拓展服务领域，借鉴广州、成都、合肥等城市公共资源交易中心的做法，充分利用公共资源交易大市场、大平台的优势，逐步放宽社会投资项目交易范围，积极为社会项目进场交易提供指导、协调和服务保障，提高平台资源的利用率和自身造血功能，努力培育统一开放、竞争有序的现代资源交易体系。

（二）理顺管理体制

完善“一委一办一中心、分行业监管”公共资源交易管理模式，强化职能职责，逐步建立职能管理服务、市场交易和执法监督相对独立、相互衔接的管理体制。加强公共资源交易管理委员会（简称“公管委”）的决策和协调，及时决策公共资源交易重大事项、解决公共资源交易过程中的重大问题，实现“公管委”由“物理整合”向“化学整合”转变。强化公共资源交易管理委员会办公室（简称“公管办”）职能，承担公管委的日常事务，对全市公共资源交易活动进行

综合协调，切实增强高位协调、开展议事能力，及时协调汇报、帮助解决公共资源交易难题。可考虑将其作为政府常设机构，设在市发改委，由市政府分管副秘书长任主任，市发改委、长沙公共资源交易中心负责人任副主任，机构相关工作纳入绩效考核。充实公共资源交易中心职责，由其承担落实有关公共资源交易法律法规及省市政策规定，建立和完善内部管理制度；按照《长沙公共资源交易目录》，依法组织各类公共资源交易，见证交易全过程，确认交易结果；公共资源交易平台、公共资源交易信息化系统的建设、维护和管理工作；完善评审专家现场评审管理办法；反馈监管对象在现场交易过程中的违规行为等职能。完善分行业监管，各行业主管部门要按照法定权限，依法对公共资源交易项目进行审批、核准或备案；制定并统一发布相关行业管理办法；对相关中介机构进行管理；对交易现场进行监督管理；处理公共资源交易投诉，查处违法违规行为等，切实加强公共资源交易行政监督和管理，优化工作流程，完善工作体系，确保监督管理到位。

（三）构筑统一平台

建议按照全市统一、横向监管、上下联动、资源共享的思路，进一步建立健全长沙公共资源交易平台。横向统一。《长沙人民政府职能转变和机构改革方案的实施意见》（长发〔2015〕6号）明确提出：“要理顺公共资源交易管理体制，整合工程建设项目招投标、土地使用权和矿业权出让、国有产权交易、政府采购等平台，建立健全统一规范、上下衔接的公共资源交易平台。”建议由市编委办统筹协调，按照“分步实施、逐步整合”的思路，对各部门分散的交易平台依法逐步整合，不断细化交易项目、种类，逐步实现各项公共资源配置进入统一交易平台，开展集中交易。纵向统一。建议参照广州等外地城市的做法，逐步整合现有区级公共资源交易平台，同时，将县级交易场所统一纳入市级统一公共资源交易平台，现有的县域交易机构更名为市公共资源交易中心分中心，管理模式实行双重领导，行政管理由县（区）负责，业务工作接受长沙公共资源交易中心的指导。运行标准统一。整合服务要素资源，规范交易平台运行，统一信息发布，统一交易流程，统一服务标准，所有交易按照全市统一的公共资源交易平台运行和服务指导性标准运作，按照“公开征集、行业审查、集中使用、资源共享”的原则，建立全市统一的招投标评委和监委系统，形成“大平台、大交易”格局。

（四）加强综合监管

探索建立决策权、执行权、监督权相互制约又相互协调，决策、管理、操作相分离的公共资源交易综合监管一体化体系，特别是按照“统一进场、规则主导、全程监管”的原则，实行监管职能与市场职能分离、管理部门与交易部门分设，各行业行政主管部门逐步将其交易职能委托公共资源交易平台行使，参与规则执行情况监管，不直接介入市场操作，交易机构严格按规则和程序办事。在此基础上，加强资源交易的纪检监察监督、审计监督、内部监督，邀请市人大代表、市政协委员参与交易监督，强化部门监管职责和交易合法性审查，拓展公众监督渠道，实现事前、事中、事后全方位多层次监管。构建信息公开共享系统，实施电子交易监察和全流程信息化操作，每个环节设置风险防控点，并与各类专业交易网络系统实时对接，实现公共资源网上集中监管、阳光交易。加强诚信体系建设，制定公共资源交易信用体系建设办法，完善信用调查、信用评级、信用记录、失信惩戒等信用体系管理规定，规范公共资源交易行为。

（五）完善政策配套

根据国家法律法规政策和长沙实际，由公管办拟定《长沙市公共资源交易管理办法》，各有关部门根据职责范围研究起草完善公共资源交易的配套办法，强化公共资源交易的政策保障。完善交易平台内部管理，由公共资源交易中心拟定《长沙市公共资源交易平台管理办法》，明确场内交易制度、规则和工作流程，编制服务事项目录，并向社会公开。同时，严格公共资金支出管理，真正将公共资源交易纳入法治化、制度化、阳光化的轨道。

课 题 组 组 长： 唐曙光　周宏兆
课题组副组长： 周海毅　朱红亮
课 题 组 成 员： 袁金明　向敏娜　唐承燕
何　源　胡　丹

城乡“视点”篇

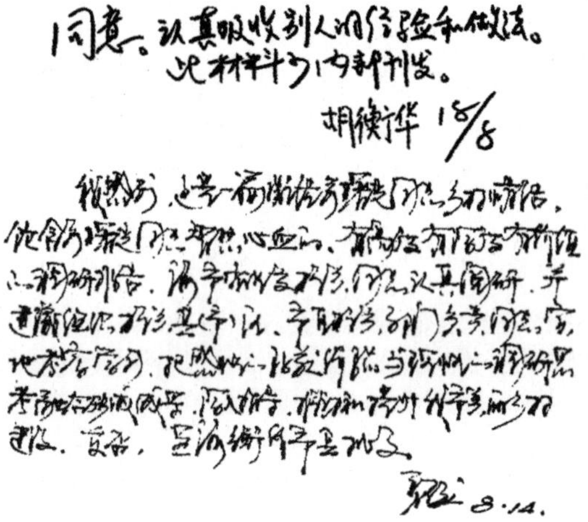
同意。认真吸收别人的经验和做法。此材料可以内部刊发。

胡衡华 18/8

把农村建设得更像“农村”

——河南省信阳市平桥区郝堂村考察报告

唐曙光

一

“前30年看小岗，后30年看郝堂。”近几年新流行的这句话很吸引人，让人有想去看一看的愿望。

郝堂村位于河南省信阳市平桥区东南部，是一个普通山区乡村，离市中心18公里，全村有18个自然村，村域面积20平方公里，耕地1900亩（人均0.9亩），620户人家、2240人，其中老人260余人、党员49人、村民代表42人。

和很多村庄一样，郝堂村在没有建设新农村之前，几近“空心”——一半劳力外出打工，剩下留守的多是老人小孩。这个城郊山区的村子，村民对山林和土地一直看得很重，过去的土地宁可荒着，也很少转包。不少村民认为，这是祖上留下来的祖业，都不愿转包，因而土地撂荒严重。村里的主要农作物除水稻外，有茶叶、板栗，但疏于管理，即使成熟也无人采摘。村庄垃圾满地，风一刮，满树都是，环境恶劣。由于“空心化”严重，集体经济非常薄弱，村庄严重凋敝。同时，又由于交通不便而相对闭塞。2009年，郝堂村人均年收入不足4000元，低于全国平均水平20%，村民收入的七成依靠外出打工获得，三成来源于务农。

今天走进郝堂，已然没有老乡口中当年的凋敝景象，村道两旁停满了来村旅游的小车。首先映入眼帘的是随风摇曳、碧波荡漾的荷塘和粉墙黛瓦、风格迥异的民居，青山绿水，溪鸣鸟唱，令人豁然一亮，好像又回到了久违的农村老家。走进村子，随处可见狗头门楼、清水墙和瓦坡屋顶，有豫南民居的味道。走在整齐的乡村水泥小路上，时尚的DIY画室、配套齐全的幼儿园、学校、养老院、卫生院、商场，还有数十家各具特色的农家乐，整个村子像一座有品位的花园，透着一股不落俗套的田园气息，静谧、古朴、天然、闲适，没有了城市的喧嚣、华丽、刻板、紧张，俨然一个令人神往的世外桃源。郝堂环境改变了，村民腰包鼓起来了。2014年，郝堂人均年收入近万元，与全国农民人均纯收入9892元的水平不相上下，比建设之初翻了一番。

是什么让郝堂发生了翻天覆地的变化？带着这一问题，2015年7月17日，笔者趁到信阳南湾水库访友之际，在信阳市城乡规划管理局村镇科金宇峰科长（曾任职平桥区规划局、深度参与郝堂村建设）等四位当地朋友的陪同下，来到郝堂进行了“走马观花、漫无目的”的参观考察。

据了解，社会公益组织中国乡村规划设计院和北京绿十字生态文化传播中心参与了郝堂建设。中国乡村规划设计院2011年成立于北京，是一个民间组织。由“三农”问题专家李昌平（院长）、画家孙君（理事长）、王莹（执行院长，留英回国）等民间人士与组织集合组建，又称“华夏乡建院”，据称是“中国大陆第一家专门为农民做规划、设计的专业服务机构”，类似于NGO组织，由政府购买其服务。除李、孙、王等核心成员外，台湾地区建筑师谢英俊、韩国建筑师崔德基及众多高校人才是其战略合作团队。北京绿十字生态文化传播中心于2003年

12月由画家孙君创立，是在民政部门注册登记的非营利性民间环保组织，宗旨是关注生态，关爱自然，保护环境，珍爱地球家园，培育人们的环境意识和节约资源的文明行为；关注领域是城乡生态环境建设，资源循环、再生利用，青少年环境、文明、道德教育。

郝堂的新农村建设目前大致分为两个阶段：第一阶段是2009～2011年，以“夕阳红养老资金互助合作社”——内置金融为核心的村社共同体重建；第二阶段是2011年以来，以“郝堂·茶人家”建设为契机的新农村建设。

二

郝堂的新农村建设发端于成立“夕阳红养老资金互助合作社”（以下简称“合作社”），让村民“老有所养”，也解决了新农村建设“钱从哪里来”的问题。

成立合作社源于村民一个质朴的愿望：“什么时候村里可以给老人们发钱，让老人们安享晚年？”2009年9月，“三农”问题专家、中国乡村规划设计院院长李昌平带5万元“种子资金”进入郝堂，以创建“内置金融——夕阳红养老资金互助合作社”为突破口，参与郝堂的新农村建设。10月，合作社开业，资本金34万元，其中公益资金31万元，即：李昌平5万元、区政府10万元、村敬老村民7人×2万元=14万元、村委会2万元；另外，老年人社员15人×2000元=3万元。

有了养老钱，怎么运作？如何持续盈利和保障养老？社员们“吵”了两天两夜，“吵”出一套合作社章程，共七章四十七条。

关于吸收存款，章程规定：一是入社老年人可追加股金2万元，作为优先股享受银行两倍的利息；二是本村村民也可入股，享受比银行高一个百分点的利息，但入股资金最高不超过10万元；三是吸收社会上不求利润回报的慈善资金。

关于发放贷款，章程规定：一般贷款需要两个入社老年人担保，需要农户林权证进行抵押；贷款需要理事签字授权，监事负责审批，两者相互制约；贷款利率接近当期农村信用社贷款的利率。章程同时明确规定：在银行有贷款不贷，吸毒不贷，赌博不贷，家庭不和睦不贷，信誉口碑不好不贷。

关于利润分配，章程规定：李昌平、区政府、村委会和7位敬老村民的所有公益资本不支付利息、不参与分配，实行“资金互助促发展，利息收入敬老人”，即发放贷款利率与当地农村信用合作社相同，取得的利息收入15%留作风险金、15%支付管理费、30%积累公益金、40%用于老年人分红。合作社成立后，村里的沉淀资金被激活。

三个月后，村里年轻人利用合作社贷款发展的养猪项目小有成效，合作社为15位老年人社员人均分配三百多元，这批最早入社的社员拿到的养老金已超过当初入社的2000元本金；当年老年人社员扩大到48人。2010年，合作社为48位老年人人均分配570元，老年人社员扩大到98人；2011年，每位老年人社员分配720元，老年人社员扩大到一百四十多人；2012年，每位老年人社员分配800元，积累超过40万元，老年人社员接近200人。2013年，全村八成以上的老年人加入合作社，老年人社员达216名，资本金规模达230万元，人均分配逾1000元。与此同时，合作社累计发放五百多万元贷款，有力地促进了农户生产发展。

一位村民算了一笔账：2014年他达到入社年龄，夫妻俩每人享受社员分红一千元左右，加上女儿为他们两位老人各投两万元的股金，享受7%的利息，每人每年有一千四百多元收入，贫困老人通过合作社实现了比国家社保更好的保障。更为重要的是，经由合作社，林权证通过内部融通实现抵押，该村原本沉寂的两万多亩山林从资产变为资本，土地金融被激活。还有一位村民用林权证连续3年贷款发展养猪，从最开始的年出栏几十头发展到现在的两百头，规模大增。

据匡算，整个郝堂村动态贷款总需求可能超过1000万元，现在合作社约300万元资金，还有进一步发展的空间。

三

这只是第一步。接着，村两委召开村民代表会议，决定成立绿园生态旅游开发公司（以下简称“绿园公司”），法定代表人为村支书，自主建设新农村。

新农村建设需要的钱从哪里来、地从哪里来？

绿园公司这个新成立的村集体经济组织开展了土地流转金融试验，也就是负责村里的土地开发，村里所有土地流转都必须经由公司之手，外来资本若想租用土地，也必须经过绿园公司。绿园公司先后以每亩1.8万元、2.4万元的价格，从村民手中征用三百多亩耕地，市里帮郝堂村要了30公顷约450亩耕地转建设用地指标，用于村公共设施建设，新建学校、养老中心、茶馆和文学馆等。之后，绿园公司又从村民手中直接流转二百多亩耕地，在村口开凿了荷花池，租期60年，租金是每年400斤稻谷的市价。

新农村建设支出大，光是村里的征地补偿就花了约700万元；养老中心民政局补贴60万元，缺口60万元；财政补贴茶馆60万元，缺口70万元。村小学倒是几乎没花钱，一个老板捐了50万元。新农村建设最初的资金撬动来自合作社。绿园公司从合作社贷款160万元，用于最初的征地补偿。但这160万元，初步估算撬动了5000万元的建设，村里基础设施建设已经超过这个数。绿园公司一度背负600万元的负债，不过，已于2013年还清，来源于绿园公司将征转来的建设用地中的八十多亩，以每亩最低6万元、最高9万元的价格租给5个信阳市的老板在村里进行开发建设，租期60年。

土地流转金融试验最重要的一点是，通过合作社及土地开发公司运作，建立"村社共同体"的"经济基础"。短短四年，合作社资本金从34万元增加到230万元，村集体资产从不足100万元增加至两千多万元，包括学校、养老中心、大礼堂、广场等。村集体有了产权、财权，对村庄的一堆子事才有了事权。

四

回望郝堂村养老资金互助合作社的发展，有以下几个特点。

（一）形成了属于农民自己的熟人金融

郝堂养老资金互助合作社是内生于农村经济并符合合作制原则的农村合作金融组织，建立在传统农业社会血缘、亲缘、地缘关系的"熟人社会"基础之上。在农村社会里，信息较为透明，农民之间关系密切、来往频繁。农民往往会选择减少违约行为来维护自己良好的信誉记录，以避免被这个社会组织所排斥，而影响到其个人的经济利益。它有效地避免了金融机构与农户之间的信息不对称问题，管理成本较低。资金合作社的章程是由李昌平和参与发起的村民经过多轮争论共同制定出来的。从社员的权利、贷款的流程到风险的控制、治理的结构，大家都参与了讨论。章程的制定过程是合作社成员之间相互说服、统一认识的过程，也是把农民组织起来、凝聚起来的过程。

（二）建立了有效风险防控机制

郝堂村养老资金互助社的章程规定，合作社只面对本村村民和本村企业发放贷款，个人小额贷款可由加入合作社的老年人担保，一位老人认可担保贷款5000元；个人大额贷款每人每次最多贷10万元，贷款期限为一年，每三个月结息一次，期末还本付息，但要求至少取得两位老年人担保以及权属证明作为抵押。信阳是河南省农村综合改革试验区，出台农村物权抵押担保办法，开展农村土地承包经营权、集体林地承包经营权、水域滩涂养殖权、集体建设用地使用权和房屋所有权等农村“五权”确权办证，目前允许林权抵押担保。在合作社的实际运营中，合作社成员共同对章程进行了修改，主要是在原有老年人担保、权属证明抵押等程序后，贷款申请的审批还须有合作社理事5人以上通过、监事过半数以上同意方可进行。对贷款申请人资格的规定，将风险控制在村内，只有本村村民其信用状况才为合作社成员所了解；对老年人担保的规定，消除了信息不对称，只有信誉良好的村民才能取得老年人的担保许可；贷款审批时对理事、监事人数的规定，使权力得到制衡，避免了一人独大、厚此薄彼等不公平现象；对贷款数额上限的规定，将风险进一步控制在合作社可控的范围内，同时保证农民不会因投资失败、无法偿还贷款而陷入更深层次的贫困之中。合作社的会计由区里一个部门的专业人员志愿担任。多措并举之下，合作社自2009年成立至今未发生过一笔坏账。

（三）拓宽了农民增收渠道

合作社帮助农民取得发展生产的资金，农民收入也得到提高。郝堂村成立合作社的同时开展了新农村建设。大陆及台湾地区知名的画家、建筑设计师为农民设计房子，改造并没有大拆大建，而是最大限度地利用原有的房屋，保存原汁原味的乡村风情却不“千房一面”。通过新农村建设，郝堂村变得更加美丽，原本在外打工的许多年轻人回到村里开设农家乐。村民改造房屋、发展生产都可以从合作社申请贷款，年人均收入逐年快速增长。

（四）壮大了村级集体经济

郝堂村成立合作社后成立了绿园公司。绿园公司向合作社申请贷款，通过土地流转将农民的土地集中起来，一部分发展村内公共事业，如建设学校、养老中心等；一部分同企业合作开发。绿园公司得到发展，村级集体经济实力也有明显增强。

五

发展农村金融是农村经济社会发展的重要课题。郝堂村合作社的探索与实践给我们提供了诸多有益的启示。

（一）提高农民的组织化程度

合作社是内生于农村的社区互助性合作金融组织，其资金取之于农民，也应用之于农民。因信息对称，此类金融组织避免了逆向选择和道德风险问题，是农村金融体系的有益补充，有利于满足农民多层次的融资需要。

（二）有效解决农民贷款难题

合作社发起的初衷是为了解决农民养老问题，在合作社运营中，充分整合和激活了农村闲散资金，客观上为农民提供了发展生产的启动资金。

（三）要坚持不以盈利为目的

合作社是一种合作金融组织，其目的是为了满足农民生产生活中的资金需要，而不是以盈利为目的。在合作社运营中，应严格限定利率浮动范围，防止其变相吸储，脱离"三农"范畴，为追求高额利润而发放高利贷。另一方面，只有坚持资本的市场化运作，使加入合作社的农民得到金融资产的合理收益，合作社才能持续、健康的发展。加入合作社的农民，除享有和普通存款一致的利息收入，还应享有贷款利息盈余的分红收入。利率的制定方面，也可根据贷款数额和贷款期限的不同"差别定价"。对六个月以下的短期贷款，利率水平相对六个月以上的长期贷款要低。资金周转速度的加快既降低了合作社运营的风险，又满足了更多农户的融资需求。

（四）必须坚持合作制的原则

合作社的资金发起规模是合作社能否良性运转的关键问题之一。资金规模过大，风险也随之增大，对管理提出较高要求；资金规模过小，合作社则无法运行。比如一些中西部农村的合作社在运行一段时间之后便发生了无钱可贷的现象。因此，在开展合作社试点前，应在试点村详细了解农民的贷款需求、农户的存款数量、农民对合作社的认可程度等，根据需求确定资金发起规模。

（五）建立健全风险控制机制

合作社的资金都是村民的血汗钱，有的甚至是老人养老的"救命钱"，如果管理不善，就面临巨大的风险，直接影响到村民正常的生产生活，因此必须实行严格的风险管控，保障资金的安全，实现资金的持续运转，从根本上维护村民的利益。

（六）切实提高专业管理水平

合作社由村民参与发起，其管理者从社员中产生。但他们普遍缺少金融专业知识，缺乏系统的管理经验，极易造成合作社的内部管理混乱，增加运营风险。对此，合作社可面向社会公开招聘专业的财会金融人才参与合作社的日常管理工作。同时，可与当地农村金融机构合作，在金融机构的帮助下开展业务培训、完善制度建设。最后，合作社管理人员应严格遵守相关规章制度，杜绝有章不循的现象。

六

全国不少地方的乡村建设没钱、没人、没抓手，堪称“三大难”。特别是在当前加速城镇化的大背景下，一些地方容易以城市思维改造农村，动辄拆村并居。郝堂曾经贫穷落后，然而在没有大拆大建的情况下，经过向传统农耕文明寻求智慧，激发村庄内生动力，走出了一条适合自身的美丽乡村建设之路。

2009年，郝堂在信阳市平桥区委、区政府的指导下，开启可持续发展实验村建设。动工伊始，从上至下达成共识：因地制宜，避免大拆大建，杜绝劳民伤财，打造“郝堂·茶人家”。在“不搞大拆大建，不求速生快成”的原则下，郝堂村整个建设过程中没有拆除一栋房、没有砍掉一棵树、没有挖掉一座山、没有填埋一口塘，村庄原有道路、农田、沟渠一律保持不变，大家做的就是因地、就势、依山进行修复式建设。村中央那一棵几百年的银杏树、村头与沿溪几十棵上百年的老柳树，就是见证。

然而，无论是改造、拓展，还是修复，都需要动土，尤其是两百多亩的荷塘改造，小学复建及广场、礼堂、茶社、养老中心等公共空间的拓展，都需要用地。村民不涉及自己利益时都说好，一旦涉及自己，哪怕是扒个猪圈、拆个围墙，都会有很大阻力。怎么让村民解放思想？必须让村民“走出去”，去看看别村是个什么样子。郝堂先后组织村民到安徽西递村、湖北堰河村、河南郭亮村、江苏高淳等地参观学习，每次至少20人，最多时有四十多人。每次出去，村民或多或少都会有些启发，有时坐在大巴车上都会热烈讨论发言，聊着聊着，思想也慢慢跟着解放了。

村庄建设应该是全村人参与，不能单是区干部与村镇干部“一头热”。郝堂村建设，最重要的是激发了村干部的活力和村民的参与热情，因为一揽子包下来，农民不用管，政府全弄好，效果并不一定好。为了尊重农村基层组织和农民村庄建设的主体地位，从村庄规划、房屋改造、道路选线、学校选址，再到土地流转，村里都召开村民代表会议，进行民主决策，由基层组织和村民说了算。郝堂发动村民组长、优秀党员与积极分子，组建了村规民约组、财务审计组、集体经营组、产业计划组、环境保护组、公益事业组、房屋建设组、村庄治安组等8个小组。把权利与义务分解到各组，村干部负责把关，起到了事半功倍的效果。

中央美术学院毕业的生态艺术家孙君带领北京“绿十字团队”居于村内，也加入郝堂村容整治与村庄规划建设，凭借多年对乡土社会的理解和扎实的设计功底，成功设计出许多优秀作品。

为了体现农民的主体性，区财政注意控制出资。大家一致认识到：钱“砸出来”的新农村，要么不是农民的新农村而是开发商的“聚宝盆”，要么不是开放的新农村而是领导的“盆景”。为此，平桥区政府首先是每年安排90万元资金购买孙君、李昌平等人的服务——为郝堂村房屋进行规划设计。其次，区政府灵活运用政策，投入110万财政资金，利用财政补贴和贴息的方式鼓励村民参与房屋改建，让小金融带动村庄大建设，即农民建房用林权证抵押，区财政给予5万～15万元的两年贷款贴息，旧房改造每平方米补助130元，用这种办法鼓励村民，切实起到了财政资金“四两拨千斤”的作用。再次，区政府整合交通、农业、林业、水利、农业开发等项目资源，吸引社会资金三千多万元，改建和新建房屋60多户，把基础设施和公共设施也建起来了。

七

郝堂的新农村建设给人印象最深的就是把农村建设得更像“农村”。郝堂以前建房赶时髦、贴瓷砖，成本高、不实用，政府鼓励大家进行房屋改造，同时改水改厕，不仅保留了传统的建筑风格，大家住得也更舒心。经过几年的建设，郝堂的房子还是那些房子，没有拆除，但焕然一新了；田还是那些田，没有增减，但效益翻番了；水还是那水，树还是那树，但变成景观了；村还是那村，人还是那人，但更加祥和幸福了。郝堂坚持把农村建设得更像农村的理念，投入小、不折腾，又能让农民不出村享受到和城市相近的现代文明。他们的理念包括如下几点。

（一）尊重农民过小日子的理念

中国几千年的农耕文化孕育了农村的生产生活方式和田园牧歌般的生活状态。袅袅炊烟、小路弯弯、鸡鸣犬吠、溪流潺潺是多数村庄的形貌；日出而作日落而息、端着饭碗走街串巷、摇着蒲扇唠唠家常是多数农民生活的常态。这就是农民过的小日子——悠然、闲适、清净，人与自然和谐相处。这看似闲散的状态，却承载着乡愁，也承载着一个地方的风土人情。郝堂充分尊重村民的这种生活状态、这种小日子，涵养村庄文化，不但留住了好山好水，也为后人留下了一个可以安放乡愁和灵魂的地方。

（二）保持村庄原有空间格局的理念

任何有历史的村庄形态都带有其特殊的功能密码，经过历史的磨合，村落选址、布局、空间走向与山川地形相附会，村落建筑与自然生态相和谐，农民生产生活与山水环境互交融，构成了乡村特有的空间布局，也促成了乡村区别于城市的生产生活方式。郝堂在建设中道法自然，尊重村庄原有空间格局，村庄原有道路、农田、沟渠一律不变，不破坏原有的生态环境，在原有住房基础上，分别建设，分散居住，住房四周无围墙，确保农民居住环境生态优美、原汁原味，实现了村庄布局美、环境美、建筑美、生活美。

（三）保持村庄原有自然人文环境的理念

郝堂的建设是在保护当地自然环境、尊重当地历史人文脉络和尊重农民意愿的前提下推进的。在帮农民改建房子的过程中，十分重视和保护村庄的历史文脉和传统习俗，根据郝堂村依山傍水、山水相映的特色，针对每户村民居住特点，分别设计个性鲜明、新颖别致、风格迥异的原生态住房，让村民重新发现村庄的价值，增强村民对自己村庄发展的信心和认同感。村子里每一栋旧房都有价值，一栋栋旧房稍作改造，哪怕是土坯房、茅草房，增加一些传统的建筑文化元素，就是一幅好作品，确确实实比新建的房子还要美。郝堂的建设没有拆一栋房子，每座房子的设计图纸都要经过主人的同意，参与改造的公益组织只帮忙、不添乱，主人可根据房屋的功能，与专家商量修改意见，签字同意后才可动工。这样改造出的房子可以少花钱，而且房子和庭院比新建的更有味道、更加实用，显得有历史、有文化、有品位。有特色的村庄建设带动以生态休闲、观光农业为引领的近郊乡村旅游，目前已开办各具特色的农家乐、茶社、客栈等二十余家，解决45户家庭就业问题，形成区域性自然景观生态区。

（四）探索人居环境改善和能源循环利用的理念

郝堂村最初的改变是从环境卫生做起的。现在村里的生活垃圾分为两大类，一类为可处理垃圾（如菜叶、果皮等），直接倒入农田，作为肥料自然降解；另一类为不可处理垃圾（如塑料制品等），村民做饭当作燃料直接烧掉。社区内不设垃圾箱，所有垃圾由村民自己处理。通过全民参与、开展形式多样的垃圾分类活动，村子干净整洁，看不到垃圾，村民接受了绿色、低碳的生活理念，感受到了村庄的美丽变化，唤醒了对青山绿水、田园风光的美丽乡村的记忆，从而凝聚人心，提高对村庄的认同感和自信心。在基础设施建设中，郝堂坚持人与自然和谐相处，除了必需的建设之外，充分利用自然属性和生物系统的自身循环、修复功能来改善人居环境。大力推广家用沼气和家用湿地污水处理系统，建设了日处理污水150方的人工湿地污水集中处理系统，通过采用三级沉淀、湿地净化技术，既打造了亲水景观，也使老百姓像城里人一样用上了安全、洁净的自来水。

（五）开展乡村现代公民教育的理念

村民的素质决定着村庄的未来。为教育村民做好环境卫生，村里给每家每户发了两个垃圾桶，进行垃圾干湿分离，并邀请孩子出来当卫生评比员，挨家挨户查卫生。通过点滴的宣传、教育、引导，郝堂的垃圾在一个月以后开始渐渐变少。村里还邀请台湾地区的设计家为村小学设计了生态卫生间，十分适合缺水、有土、需有机肥料的农村使用。这种卫生间由上下两层组成，上层是旱厕，干湿分开。小便经碎石子过滤后通过塑料管流入下层的封闭储尿桶，大便直接掉到下层的粪堆上，由入厕人自己用小铁锹铲预备好的土壤将其适当覆盖，无需冲水。下层有1米半高，四周用百页窗内衬纱窗全封闭，以防蚊蝇滋生并通风散味，并留有门口，方便更换储尿桶和铲走覆盖的土壤或已发酵成肥的粪土。卫生间管理人员及时将尿液及粪肥归还到附近的农田再利用。郝堂村在平桥区政府和郑州大学公民教育中心的支持下，编制了教材《公民常识读本》，让孩子们从小认知“公民权利”，正视自己的公民身份，懂得如何有尊严的活着，知道自己与繁华都市的居民是一样的现代公民，确立对未来的一种预期。此外，学校还对孩子们进行文明礼仪、环保节能等方面的教育，培养他们良好的生活习性和现代公民意识。

八

乡村建设，不仅是传统民居的保护、改造和对公共空间的拓展、提升，还是一种文化与理念的传播，是农耕文明的修复，也是与现代文明的融汇。而“农耕文明的修复”，体现在郝堂村的建设中就是“土壤的修复”“水系的修复”和“精神的修复”。郝堂的新农村建设，也给我们留下诸多启示。

（一）尊重和发挥农民主体作用

2006年以来，我国开始推进新农村建设，目标是“生产发展、生活宽裕、乡风文明、村容整洁、管理民主”，由政府主导，取得了良好的效果，但也凸显了一些问题。

作为新农村建设真正主体，农民似乎还没有进入角色。一些地方政府甚至将政策扭曲，打着新农村建设的幌子，以城市人的思维和意志强行改造农村，甚至在较偏僻的山村也一味地强调撤村并居，强迫农民上楼。这种新农村建设的后果是让古老的乡村生态几乎毁于一旦，小集体的熟人社会被强制替换成大集体的陌生人社会，淳朴而深厚的乡村传统在社区化的居民楼上不复存在。在生活层面，“被上楼”的农民依然是农民，但是农民式的生活方式却被彻底改变，各种生活成本骤增，也出现农具无处堆放、家禽无处饲养、蔬菜无处种植、农作物无处保存的困扰。

与此相反，郝堂村由公益性组织策划、地方政府支持的新农村建设模式值得我们深思。韩国在20世纪70年代开始的新农村建设（韩国称为“新村建设”）一开始也是政府主导，后来韩国学者们发现这样有很多弊端，没有真正调动广大农民的积极性和创造性，通过改进逐步过渡到政府和民间共同主导，叫“官民一体”，再后来就变成“民主导”，完全由非政府组织、机构（新村运动中央协议会）负责组织、协调、宣传和评价。韩国政府在新村建设中协调农村金融制度创新，促进农民合作组织的建立，合并了农协银行和农业银行，成立农协银行，为农民提供比商业银行利息低的贷款，为新村建设提供资金和制度资源供给。

我国的新农村建设，既需要广大农民和农村基层干部的参与，发挥主体作用，也需要专家和媒体的深度参与，建立科学的组织实施、反馈、矫正和完善的运行机制。地方政府的角色应归位到建立城乡平等的制度和提供农村公共产品上来，从体制上促进和保障城乡发展一体化。

（二）新农村应与城市交相辉映

未来的新农村应是一个城市不可分割的重要组成部分，为城市分担人口的休闲、养老、科教等服务功能，同时为农村提供可持续发展的产业支撑。城市与农村形成良性的产业互动与经济往来，农村为城市提供健康的食物来源、绿色的生态环境，城市为农村提供市场资源、产业动力，构建和谐、一体的城乡关系。

郝堂村的新农村建设是有长远规划的。郝堂村表面上建成了城市人向往的田园生活，本质上正在进行着一场深刻的文明思想洗礼。在改造房屋与艺术家的沟通、交流、协商中，郝堂村的村民也正在大口地汲取着现代艺术、审美、环保等现代文化元素的营养，成为具有审美品位和科学理念的新时代农民，这些外在的保留与内在的提升都为郝堂村迎接新型城镇化的到来做着准备。如郝堂村已经开始建设并且试运营老人养老服务中心。在不远的将来，随着中国老龄化的逼近，郝堂村很可能会成为信阳市重要的提供养老服务的福地。这样一方面降低了城市人的养老成本，提高养老质量，另一方面也支撑了农村的产业，促进了农村的繁荣。

（三）着力提高农民组织化程度

农村集体组织是当下和今后很长一个时期乡村社会治理和经济建设的基本主体。新农村建设的主体是农民和农民集体，巩固和壮大农村集体经济，提高农民组织化程度，是新农村建设的重要任务。郝堂村通过合作社自主建设新农村时，通过熟人社会监管机制有效地盘活了农村资源，在集体经济壮大的同时也助推了新农村建设。据了解，郝堂村村集体资产在不到两年的时间里增加了两千多万。其实，全国各地涌现的明星村庄，如北京的韩村河村、江苏的华西村、浙江的航民村、河南的刘庄和南街村等，也说明了壮大农村集体经济、提高农民组织化程度对新农村建设的重要作用。还有不少农村地区，在分散的家庭经营基础上，引导农民自愿联合起来，发展社区性和专业性的合作经济组织，并引导这些合作经济组织把农产品产销、甚至村庄旅游服务联结起来，逐步实现产业化经营、集约化经营和规模化经营。这将成为农村集体经济发展的新的重要形式，也是适应社会主义市场经济要求，实现农业和农村经济的集约化、社会化、现代化的重要途径。

（四）着重提升农村“软实力”

农民曾一度被看作“愚、穷、弱”的代表群体，直到今天，农民的总体素质依然偏低，文化水平也不高。农民的素质教育和技能培训是促进新农村发展的持续动力，而当前我国农村劳动力素质显然不能够满足农业农村现代化的需要。

韩国的新村运动专家指出，新村运动的核心是新村教育。韩国的新村建设包括农村修路、建房、提高农民收入与福利，早已于20世纪90年代完成，但现今依然不减的就是农民培训和新村教育。在韩国新村教育中，农民参与讨论的培训，有专家、学者的授课，也有公益组织的讲课，但最重要的还是农民自己上台讲述农民成功实例和亲身感受，这样更容易引起农民之间的共鸣，通过真挚、双向讨论共同取得进步。韩国新村运动建立起来的农民培训制度将造福子孙后代。我国台湾地区也非常重视农民的培训和教育，有非常严格和完整的农民培训体系和教育体系，为农业农村源源不断输入现代化人才。

郝堂新农村建设的契机来自于各行各业的智力资源，因此懂得重视人才的培养，包括为大学生村官提供良好的事业发展机会。这一理念是难能可贵的，值得我们学习借鉴。在新的发展阶段，农民的教育与培训更应从新农村建设的战略高度，建立健全新型职业农民教育培训体系，以适应农业现代化和新农村建设的需要。

九

郝堂的成功探索与实践，一定程度上是对传统农耕文明和村落文化的再发现、再认识、再提升，对于类似村庄的建设无疑具有借鉴意义，但是，也还有许多值得深入探索和改进的地方。

（一）组织结构和体制机制需完善

郝堂“村—社共同体”集体所有的资产和集体经济已经达数千万，其事权和治权已今非昔比，传统的村支两委体制已经难以适应共同体“经济发展、社区建设、社区治理”的需要，郝堂“村—社共同体”的雏形已经自发形成，“村—社共同体”的组织结构和运行体制机制需要尽快构建和完善。

（二）关注生态，优先规划

郝堂是一个离城郊不远的山区村，虽然地广人稀，但生态还是脆弱的，进一步发展和建设需要产业规划、土地利用规划和生态规划先行。在总体控规和详细规划还没有出来之前，应该缓一缓建设的步伐，因为现在有的新建房子与原有村落风格已经开始“格格不入”。特别是在未来主导产业还不十分明确的情况下，郝堂村不宜再盲目扩大建设，不宜盲目透支资源，否则，未来的郝堂将不再是“郝堂”。

（三）合作社身份待明确，需加强监管

“夕阳红养老资金互助合作社”成立之时，开始是在工商部门登记的，后来工商部门“变脸”，又改到民政部门登记。合作社执照一年一检，万一哪天取消金融创新，连民政部门也不给登记，合作社就成了非法组织，这么多资金怎么办？现在最迫切的任务是“给合作社找个婆家”。据了解，信阳一百多个资金合作社分别登记在工商局、民政局和工信局三个部门。日常的监管归银监局，但信阳市银监局不超过10个人，平桥区银监局仅两三人。由于农村金融十分敏感，风险管控责任大，很多部门宁愿“不肯做事、做不成事，也不愿意出事”，不想承担监管责任。

当前，郝堂夕阳红养老资金互助合作社还面临多个问题：一是资产急剧膨胀，管理人员能力不匹配；二是合作社的启动资金如果缺少社会慈善资金和政府扶持资金，自身运营可能不能满足不断增加的“分红”预期和要求；三是合作社主要靠吸收存款、赚取利差，具有一定风险，除了做好内部风险防控，政府监管、服务方面的空白和缺失亟待及时填补。

那么，如何帮助合作社更好的发展？对政府而言，可以通过购买服务、资金注入等形式进行资金支持，引导带有支农性质的政策性银行给予一定利差，设计相应的金融产品，与合作社进行对接。此外，登记、监管部门亟待明确，且应培训专业人员为合作社做监理，培育相应社会化服务力量给合作社做经营目标和章程。为了规避金融风险，还可以发展更高一级的农村资金互助联合社，帮助单个分散的合作社抵御风险。

（四）土地金融制度的相关功能拓展有待进一步推进

郝堂村建立内置金融为核心的土地金融制度，使得农户的承包地（林）等抵押贷款变为现实，但是，在此基础上的承包地（林）流转、承包地（林）和房屋信托、农业保险、共同体成员权有偿退出等功能拓展的充分实现对郝堂农村农业建设发展的基础性作用则更为重要，迫切需要加大推进力度。

（五）服务能力需及时提升，关注市场

郝堂村农家乐为主要形式的乡村旅游已经形成气候，但村民从农业生产者转变为旅游业服务者需要时间学习，如果不及时提升服务能力，有可能一哄而起，却更容易一哄而散。另外，从全国旅游市场来观察，本地一日游消费在逐渐消退。虽然外来的旅游者、学习者在逐渐增多，但未来的郝堂是以农家乐为主还是以客栈为主，这应该由市场来决定。短期内都按照农家乐的消费需求新建房屋或改造房屋，有可能好心办坏事。所以，今后郝堂的新建房屋和旧房改造应该等待市场信号明确后再做出决定。

（六）增加本地元素，打造豫南特色

郝堂村的民居改造和建设一定程度上体现了豫南民居特征，但还不十分明显，可以更多地考察豫南民居风格，注入更多的豫南民居元素，让郝堂的房子更具“豫南民居”特色。

（七）污水处理系统有待完善

郝堂的家用湿地污水处理系统理念好、建设得也好，但因囿于场地限制，建设的人工湿地污水集中处理系统需要动力提水，有能源需求，且雨季可能出现污水自然外溢，还不是十分环保，可以考虑改造成为人工湿地污水无动力集中处理系统，让污水通过地势落差自然到达集中处理区域。

（八）规划设计应更精确有序

郝堂村民居的改造和建设中，大多数村民家的外立面改造只有几万元，大一点的房子要十多万元。村内设施建设支出也不多，主要是环境整治以及村道建设、河道整治、管网改造等。但村外道路、学校、旅游配套设施等花费巨大。据介绍，相关初步投入约达八千万元，主要是集中了平桥区各种项目资金，迅速取得了形象突破，产生了“爆发性效果”。但这种短时间内集中投入的方式并不可持续。新农村建设应该在规划设计的基础上，逐年投入、逐渐增加、逐步改变。

附录一：郝堂村的建筑改造

建筑立面改造，根据本土建筑的特色进行改造，改造部分坡屋顶，外墙老青砖饰面并加设门头等；院内建筑前广场重新铺设，尽量选用本地石材，采用草地与石材自然间隔，两侧绿化中的自然植被以本地野花野草为主，营造生态效果，强调乡村风貌。

大门景观小品设计，选用本土石材，表面进行简单的打磨，力求朴实整洁的效果。

街道建筑立面改造，屋顶、窗户根据本地建筑的特色进行改造。

建筑内部的改造。在不影响建筑本身的基础上，对内部进行加固、管线的规整等，力求保持整洁而不失特色的原有建筑。

建筑院子内部的铺装选用本土的青砖铺设，花坛的处理也采用自然的侧石围边，以及增设景观小品进行改造。

建筑外墙采用老工艺夯土砖进行修补加固处理。

保存原有建筑，突出原有建筑的历史感，然后在不破坏原有建筑的情况下，结合本土建筑的特色，以仿旧材料对建筑的屋顶、立面以及建筑周边的围墙进行改造。

建筑立面改造，在建筑的重点元素部位（大门、窗户、栏杆等）进行美化优化处理。造型避免现在流行的仿古街处理方式，在保持地方特色的同时增强建筑立面的趣味性。本建筑强调原有环境与改造后环境的共生及对比。白色的瓷砖部分为原有建筑贴面，其余部分为改造后。

后加设的厢房，符合本土的特色，外墙外窗两侧留出部分未处理的砖饰面，以强调改前改后建筑环境的协调及延续性。

建筑改造前后对比，左为建筑改造前，右为建筑改造后。建筑改造加设了屋顶屋檐，立面局部也进行贴砖处理，窗户更换成仿古窗户。一楼还加设的屋檐，突出了本土建筑的特色。

该建筑物为新建建筑，在突出本土建筑特色的同时，增加现代建筑的一些特色。建筑建造的时候所采用的物料都是废弃的砖石，变废为宝地作为该建筑的建造基础。建造出来的建筑既有历史感，也降低了成本。

这是信阳郝堂的原有建筑。

在尽量节约造价又能统一建筑风貌的基础上，选择重点建筑元素进行改造。建筑立面增加门头。整街的改造统一而具有特色。

附录二：郝堂村的基础设施改造

木质标识，融入周围环境。

污水处理系统：收集了全村的污水，然后统一在该处进行过滤及处理。在污水的上方种植净化水质的水生植物，既带来了美丽，也十分生态环保。

院内污水处理方法。

每户的污水改造排出井，连通至村里统一的排污管道。

附录三：郝堂村的景观改造

青石砖铺设院内园路，生态花坛边融入周边自然的生态环境。

院内大树是原有的随意种植，园路从青石砖随意过渡到石材铺路。以乡村景观为基调，采用竹栅栏制成围墙。

院内景观的改造，自然的生态花坛边与周边环境浑然一体。

此处景观花坛应是收集村内废弃的圆石墩，各种不一样的石墩拼凑在一起巧妙地围成一处花坛，圆石墩上的历史痕迹又让此处景观特色鲜明。

街道改造时，铺设水泥路的同时保留两边的青砖。注重各门各户前环境的整治及垃圾的清洁。

郝堂村把以前村内的水田统一规划连通成整体大水面，作为夏季吸引人群的农业经济景观。

采用各种不同的建筑废料进行铺装设计，节约成本又具有特色。

保留原有的围栏——原有的水泥铺装并没有全部破除，而是在原有水泥铺装的基础上，随意拼接青石砖。

河流做整体防污处理，在河流中铺上青石，既可以连通两岸，也可以过滤一部分的垃圾。

河流中石头随意摆放，植物随意生长，使得水流更加灵动，环境更加生态。

该桥在考虑本地实用性的前提下，一边走车，一边走人，围栏也分别设置，高矮不同，增强乡村景观的趣味性。

采用生态驳岸，石头自然堆砌，池塘中的树也照原样保留。

低成本的竹艺围墙，浓郁的乡村氛围。

原砖石围墙，根据环境保留一部分、去掉一部分，配合周边野花野草，形成半开半收的庭院景观界面。

（作者系长沙市人民政府研究室党组书记、主任）

筑牢基层治理的基石

——新形势下创新城市社区治理体制机制的调查

长沙市人民政府研究室

社区作为国家治理体系中最基本的单元之一，是社会构成的重要基础和社会管理的重要载体。党的十八大以来，随着全面深化改革的纵深推进，社区治理创新作为社会体制改革的基础工程和群众感受改革的民心工程，也被提到了更高层面、赋予了更多内涵、注入了更大动能，并探索形成了很多实践成果。但总体来看，各地在因地制宜改革创新的同时，也面临着许多亟待解决的问题。为全面掌握当前社区治理的现状和问题，进一步推动社区治理体制机制创新，形成有较强指导性的对策建议，近期，我们就长沙市城市社区治理情况进行了深入调研，并形成了相应的调研报告，供各级领导决策参考。

一、长沙社区治理工作的总体情况

长沙市辖6区2县1市，面积1.18万平方公里，城区人口389万，拥有城市社区540个，设党委66个、总支192个，社区工作人员4218名，组织关系在街道和城市社区的党员达7.58万人。近年来，长沙市委、市政府高度重视社区工作，不断加大政策支持和资金投入，成功探索了体制改革系统化、服务管理社会化、保障机制多元化、社区环境人本化、服务项目精细化的社区建设“五化”模式，提升了社区治理的整体水平。2014年获批首批“全国和谐社区建设示范城市”。另外，长沙内五区、9个街道、27个社区也获评了全国和谐社区示范单位。开福区、雨花区成为全国社区治理和服务创新实验区。

（一）社区组织体系不断完善

目前我国社区管理是“两级政府、三级管理、四级网络”管理体制，有效地整合了政府与社会力量，促进了政府行政管理和社区自我管理有效衔接、政府依法行政和居民依法自治良性互动。

一是优化组织架构。在全市探索实践了“选聘结合、三位一体”格局，即社区党组织作为社区领导核心，社区居委会组织居民自治、社区公共服务中心承担公共服务，社区公共服务中心主任由社区党组织书记或社区居委会主任兼任，社区两委成员实行居民化、义务化，不领取薪酬，公共服务中心工作人员实行聘用制、薪酬制。同时，推行社区兼职委员制度，一大批热心公益、号召力强、资源丰富的社会人士通过法定程序进入社区班子，503个城市社区选聘兼职委员1868人，兼职委员人数占比23%。

二是理顺职能职责。大力推进社区减负增效，全面清理规范社区居委会和公共服务中心职能职责，精简规范面向社区的各类检查、考核、评比、牌匾、台账，并在区一级建立严格的社区工作准入制度，为社区“三位一体”有效运转营造良好环境。如该市雨花区将社区事项由558项核减至149项，核减率达75%（图1）。

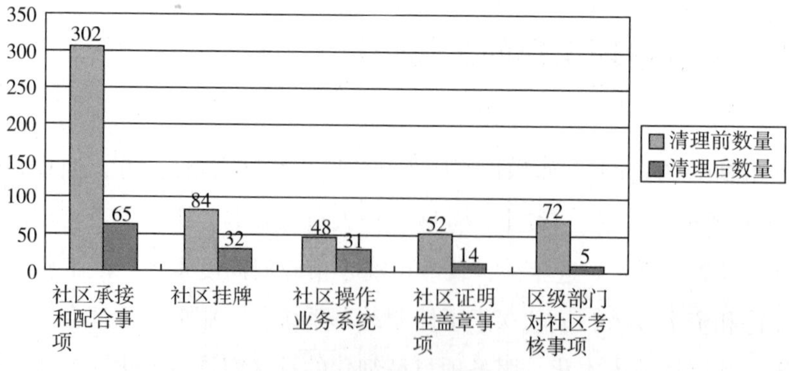

图1　长沙市雨花区社区事项清理对比表

三是强化政策保障。先后出台《关于全面推进和谐社区建设的意见》《关于进一步加强和改进社区公共服务工作的意见》《长沙市社区规范化建设实施方案》《关于规范社区专职工作人员工资福利待遇的意见》等政策，为“三位一体”运行所需经费、队伍、机制等提供了政策保障。

（二）社区综合保障不断夯实

按照《社区服务体系建设规划（2011—2015年）》（国办发〔2011〕61号）要求，“十二五”期末全国社区综合服务设施覆盖率要力争达90%，每百户居民拥有的社区服务设施面积不低于20平方米，基本建成以社区综合服务设施为主体、各类专项服务设施相配套的综合性、多功能的社区服务设施网络。长沙高度重视社区保障工作，仅2014年财政投入就达78.6亿元，特别是通过开展“一区一示范、一街一精品”的精品示范社区创建工作，全市打造了32个示范社区、141个精品社区，以点带面促进了社区综合保障能力的提升。

一是强化阵地保障。长沙市的社区办公、服务用房建设实行统筹规划设计，同步建设验收，采取“新建、购买、配套、改造、置换”等多种途径，目前已完成了社区阵地的全覆盖，全市社区办公服务用房平均面积由不足600平方米提高到700平方米。制定了全市统一的社区形象，做到社区标识、外墙装饰、机构门牌、服务窗口、宣传栏目“五统一”。同时，按照“办公区域最小化、活动场地最大化、社会效益最优化”的原则规范布局社区阵地，拓展了社区功能。

二是强化经费保障。实行“财政支持、联点扶建、费随事转、社区共建”的社区资金投入机制，社区工作经费纳入市、区两级财政预算，实行“三年一调”增长机制，社区运转经费由不到40万元提高到70万元。出台规范社区专职工作人员工资福利待遇的意见，社区工作人员主职、副职月平均收入分别达3700元、3400元，社区工作人员福利年人均将达到5万元，“五险一金”全部落实。同时，安排每个社区每年20万元惠民项目资金，专项用于为社区居民办实事、办好事。

三是强化队伍保障。健全社区专职工作人员选聘任用、教育培训、考核激励等机制，特别是注重从工作时间长、经验丰富的优秀社区主职中推选解决街道（乡镇）事业编制，先后面向社区主职定向招录街道副职、公务员、事业编制人员115人，30名社区（村）党组织书记进入街道（乡镇）领导班子，1568人获得社会工作者职称，社区干部积极性得以极大激发。目前，全市社区书记本科学历以上占49%，45岁以下达75%；社区干部平均年龄为40.6岁，党员占77.2%，大专以上文化程度占80.5%（图2）。

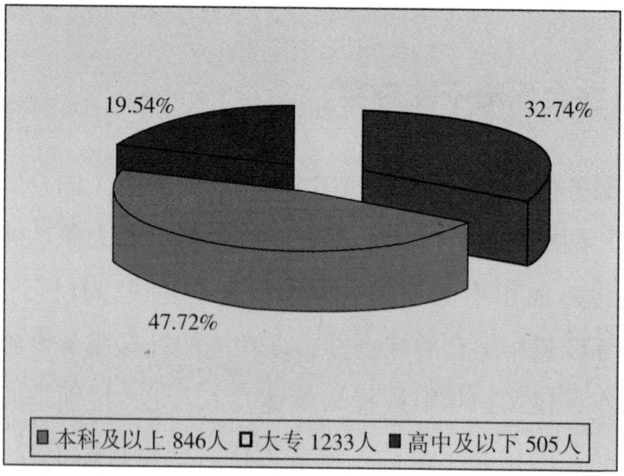

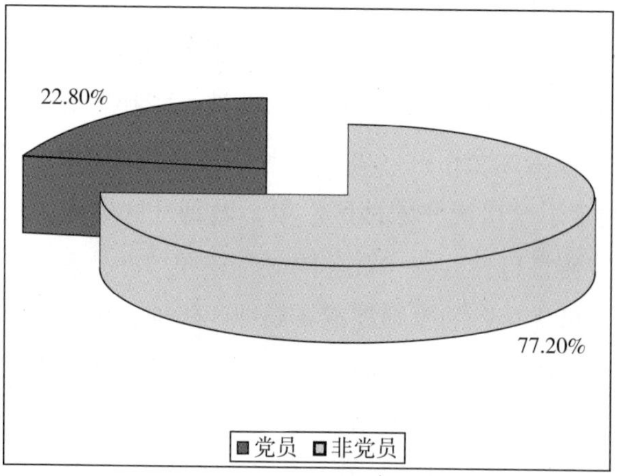

图2　长沙市社区干部文化程度和党员比例图

（三）社区服务功能不断拓展

近年来，国家先后发布《社区服务体系建设规划（2011—2015年）》等文件，引领社区服务体系发展，促进社区服务功能完善。长沙认真落实国家要求，积极拓展社区服务，推动社区服务精细化，实现了政府公共服务、市场化服务、自助互助服务的有机统一。

一是搭建社区信息平台。加强全市社区信息化建设，建成社区网站392个、微信平台183个和社区服务APP共36个，搭建起政府、居委会、物业公司、居民沟通桥梁。如雨花区高升社区，建设9个电子监控室、360个高清摄像头，开通社区网站、电子警务室、短信平台和社区服务QQ群、微信群，配备电子显示屏、触控一体机，实现了“平台信息化”。开福区、雨花区以全国社区治理和服务创新实验区试点为契机，率先推进社区公共服务综合信息平台建设，市级层面也正式启动综合信息平台建设。

二是打造社区服务品牌。加强社区居家养老服务站点、绿色网吧、“雷锋”超市建设，整合家政、养老、托幼、中介、物业管理等63个便民利民服务项目，初步覆盖城区所有社区。积极扶持由社工机构和社会组织承办，无偿或低偿向社区居民提供服务的社会公益服务项目，如长沙市天心区开展“七型家庭”“五零社区”系列活动，孕育了“社工成长学院、社工督导室、社区5分钟服务圈”等特色服务品牌。

三是加强政府购买服务。编制政府购买社区服务目录，在养老助残、病人康复、戒毒矫正等16个领域引导社会力量有序参与社区建设。开展公益创投，仅长沙市本级财政每年就投入资金一千八百余万元，用于支持社区社会组织、社工机构参与社区服务。推进两型宜居社区建设，由政府出资对三百多个社区进行了环境综合整治，充分利用拆违腾出的空地，建设公园、停车场、农贸市场等，让社区环境变得更干净优美，社区居民生活更加便利。

（四）社区共治格局不断巩固

构建和谐的社区需要基层政府、社区组织、驻区单位和社区居民等多元主体的共同呵护，共同促进社区持续发展和进步。长沙充分调动各方面的力量，努力构建社区共治大格局。

一是深化居民自治。把涉及社区重大事项和居民切身利益的知情权、参与权、决策权、监督权交给居民，建立和完善了民主议事和决策程序，定期召开座谈会、听证会、协商会，形成了“社区半月谈”“邻里帮帮团”等居民自治品牌，有力提升了社区自我服务、自我管理、自我教育的水平。尤其是一些社区在深化居民自治中，逐步形成了“政府引导、依托企业、民主参与、管理规范、群众实惠”的社区治理模式，实现集体经济股份化。如雨花区高升社区集体年收入达4000万元、人均年股份分红3.4万元。

二是加强“三社”联动。构建“以社区为平台、社区社会组织为载体、社工人才队伍为支撑”的“三社联动”社区治理模式。实行社会组织登记备案双轨制和社区持证社工职称津贴制度，全市登记社区社会组织达607家、备案1424家；志愿服务站达801个，团队达1620支，注册志愿者突破50万人，占城区人口的13%。在市、区、街道三级建立社会组织孵化基地，1488家社区社会组织和39家民办社工机构通过孵化走向社区、开展服务。

三是推进多方共建。强化机关与社区结对共建，从2013年开始，500多个社区与机关党组织进行了结对共建。开展在职党员进社区报到活动，全市报到在职党员达10万名，开展各类志愿活动8.9万场次，服务居民群众65万多人次。加强街道、社区、小区、物业公司、社区内机关、企事业单位、群众团体等多方共建机制建设，社区消防安全、环境卫生、应急管理、社区矫正、社区禁毒、特殊人群管理等工作不断加强，社区共建共享机制不断完善。

二、当前社区治理存在的突出问题

我国社区发展起步晚，“公民社会”的大环境相对不成熟，尤其是在城镇化加快推进、城乡二元结构深刻调整的新形势下，社区建设与全面深化改革的目标要求，与居民群众的现实需求还有较大差距，特别是社区治理领域存在一些亟待解决的问题，需要引起高度重视。

（一）行政事务负担过重，自治职能呈现弱化

一是政社不分带来的行政事务多。基层政府和社区组织之间权责边界不清，社区行政化趋势明显，而且很多任务来源于上级考核，仅靠市县两级无法从源头上清理杜绝。据统计，目前长沙市社区仅承担的行政性事务就多达二百多项，与2000年的五十多项、2008年的一百多项相比，成倍增长。社区80%以上的精力用

于应付行政事务，每人至少身兼6项工作，组织居民自治的时间和精力明显不够。尤其是有些部门还没完全实现“人随事走、费随事转”，更增加了社区负担。

二是职能错位导致的社会事务多。职责不明，事无巨细，过于强调“重心下移”，社区承担了大量不应承担、难以胜任的社会工作，影响了社区治理推进。如书报杂志的征订、摊派任务非常繁重，平均多达20余种，有的甚至将具有一定执法职能的事务移交给社区，比如清除“牛皮癣”等城管执法，社区根本无法完成。同时，各种名目繁多的证明都要社区开具，有的情况无从考证，也需要社区出具证明，社区印章成了“万能章”。

三是高压考核造成的检查评比多。诸如计划生育、综合治理、安全生产、拆违控违等“一票否决”的考核任务直接下到社区，导致社区耗费大量的时间和精力来应付。调查显示，社区每年要做的台账资料达30大类、82项、100多本，仅计生工作一年中省里检查2次、市里检查2次、区里检查4次。不仅如此，职能部门还将“挂牌进社区”视为“工作进基层”，并据此进行考核和经费下拨，最多时社区挂牌达83块，甚至出现根据检查时间轮换挂牌。

（二）服务设施仍不完善，平台建设相对滞后

一是社区办公用房有待规范。目前，长沙567个城市社区中依然有34个社区办公用房没有达到标准要求，132个社区的办公用房没有产权。有些开发商虽按政策配套了社区办公用房，但提供的都是“边角余料”且分散在各处，根本不适宜用于社区办公、社区服务。

二是公共服务设施有待完善。社区公共服务设施配建还比较滞后，缺乏完善的配置标准，除基础教育与社区办公用房外几乎都未明确规划建设的标准和要求，尤其是养老、医疗、文体等服务设施缺口严重。以雨花区为例，全区104个社区中有56个没有配建教育、医疗、文体、养老、行政管理设施等。农村社区公共服务设施落后，急需加以保障。

三是信息平台资源有待整合。目前，社区管理还不标准，综合性的信息平台还未普遍建立，许多部门都要求社区录入信息，信息系统多而杂，未能实现信息共用、数据共享，常导致数据重复采集和多平台录入，以雨花区为例（2014年年

底清理前），社区业务操作系统竟多达48个（表1）。

表1　　社区业务操作系统统计

所属部门	操作系统	数量（个）
区委组织部	党建信息管理、远程教育管理、服务办公、短信群发、在线互动交流、困难党员管理、党员志愿服务e平台、红星视频、在职党员进社区服务、长沙市“1+5”信息管理等系统	10
区发改局	价格公示系统	1
区教育局	中小学师生志愿者注册建立电子档案	1
区民政局	长沙市城市居民最低生活保障、长沙市居家养老信息管理、全国最低生活保障信息、长沙市精神病和医疗救助管理、长沙市居民家庭经济状况核对信息、雨花区为老服务信息平台管理中心、长沙社会保险服务网查询收入等系统	7
区人社局	长沙市城镇居民医疗保险服务、长沙市就业专项资金网上申报、湖南省就业失业登记证管理信息、湖南省未就业大学生实名登记、15分钟就业圈、长沙市离退休人员社会化管理服务、湖南省离退休人员养老金领取资格认证、多重生物识别的社会保险拍照建模认证终端、认证结果查询、长沙市劳动保障监察两网化信息管理、劳动力资源信息采集等系统	11
区环保局	节能环保社区创建系统	1
区计生局	长沙市人口网格化、湖南省人口和计划生育全员人口信息管理、国家免费孕前优生检查、长沙市计生协会、湖南省人口和计生信息综合管理系统基层职能客户端、计生政务工作、计生网上办证、湖南省计生实时通、国家计生奖扶、湖南省社会抚养费征缴信心管理、国家人口宏观管理与决策信息等系统	11
区住保局	长沙市住房保障信息系统	1
区综合治税办	综合治税平台	1
团区委	长沙市志愿者联合会志愿者注册管理、雷锋E超市、共青团基层组织数据采集等系统	3
区残联	长沙市残疾人个人电子档案数据库管理系统	1

（三）社会组织培育不足，服务能力提升有限

一是发展总量偏小。尽管全市登记的社会组织有3510家，但人均社会组织数量仅4.7个/万人，远低于发达地区人均水平，且在地区和类型分布上极不均匀，有的社区几乎没有像样的社会组织，与当前社区治理创新的要求不相适应（图3）。

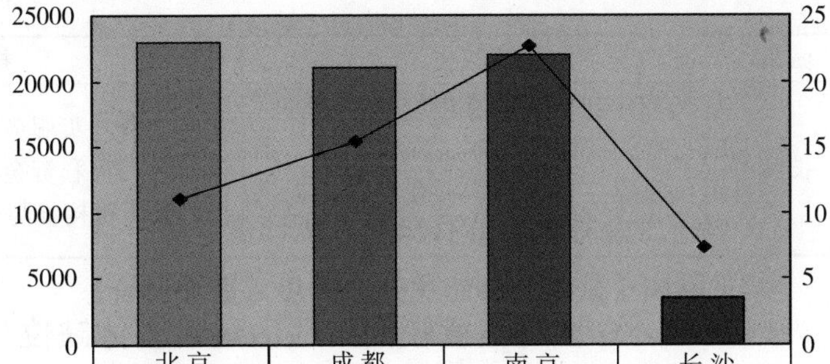

	北京	成都	南京	长沙
备案社会组织数量	23000	21000	22000	3510
每成人拥有登记备案社会组织	11.1	15.4	22.7	7.4

图3　长沙市与部分城市社会组织发展情况比较

二是服务能力偏低。现有的社区社会组织服务范围较窄，多集中在养老服务、教育服务和创业就业帮扶等服务，其他服务领域几乎空白。90%的社会组织自身发展能力不强，在资金资助、组织运转等方面过于依赖政府支持，缺乏科学的内部管理，难以吸引优秀专业人才，难以承接政府和企业转移剥离出来的社会服务职能。

三是发展支撑偏弱。社区社会组织政策支持还不配套，获得资源较少，一些地区对发展社会组织存在重视程度不够、准入门槛太高、投入管理不足，缺乏系统有效的政策引导，有的地方虽然建立了政府购买服务机制，但存在领域不宽、项目不多、总量不大、稳定性差等问题，没有为社区社会组织留足可持续发展的空间。社区社会组织普遍缺乏资金、人才保障，有的连正常运转都成问题（表2）。

表2　　长沙市与部分城市支持社会组织发展比较

城市	主要做法	投入情况
广州	成立社会组织发展基金会；出台政府向社会组织购买服务目录，向社会组织购买服务达140多项	2013年市区两级财政向社会组织购买服务经费达3.6亿元；2014年广州首届社会组织公益创投资金达到1500万元
成都	成立社会组织发展基金会；出台政府购买社会组织服务政策，明确规定政府转移20%的职能给社组织	2013年市本级财政用于购买服务的资金达到2.83亿元
南京	出台政府购买公共服务实施意见，加大社会组织发展扶持	2014年市级财政购买服务资金5亿元；各级民政直接投入9800多万元

续表

城市	主要做法	投入情况
长沙	从2013年起取消社会组织登记门槛，实行登记备案双轨制，在市、区、街道三级建立社会组织孵化基地，提供场地、资金、培训等各项支持	实施政府购买服务，开展公益创投，每年投入财政和福彩资金1800余万元，支持社会组织、社工机构参与社区服务管理项目

（四）公众参与程度较低，社区建设主体缺位

一是参与频率不高。社区居民参与社区治理的热情不高、主体不足且结构失衡（表3），主要以老年人、下岗人员和社区闲散人员为主，中青年人和单位在职人员参与较少。尤其是商品房小区，大多数居民只有在办理相关手续需要社区盖章时才发生联系。

二是参与内容单一。当前，居民参与内容有限，回报性参与、文体性参与多，而奉献性参与、政治性参与和服务性参与少，尤其是涉及全体居民切身利益的重大问题决策参与更少。比如，上一届（2012年）社区换届选举，应参选民1609719人，实参选民为1390520人，近15%的选民直接放弃选举。

三是参与方式被动。目前，居民参与的内在动力多是基于人际关系而非由公共参与精神所推动，被动参与多、主动参与少，参与的实效性不高，且缺乏制度化的参与机制和渠道保障，往往致使社区参与流于形式。

表3　长沙城市居民参与社区治理频率统计

内　容	1～5次	6～10次	10次以上	没有参加过
社区选举或投票	1164（58.2%）	382（19.1%）	0	1164（58.2%）
社区居民大会或居民代表大会	1530（76.5%）	116（5.8%）	0	354（17.7%）
社区业主大会或业主代表大会	492（24.6%）	348（17.4%）	110（5.5%）	1050（52.5%）
社区文体活动	740（37.0%）	620（31.0%）	328（16.4%）	312（15.6%）
社区公益捐助等活动	894（44.7%）	438（21.9%）	18（0.9%）	650（32.5%）
社区义务劳动	764（38.2%）	332（16.6%）	26（1.3%）	876（43.8%）
向社区提出合理化建议	364（18.2%）	0	0	1436（71.8%）

注：本次调查统计样本数为2000，即问卷调查对象为2000人。

（五）干部结构有待优化，队伍建设还需加强

一是年龄结构不优。当前，长沙市社区干部年龄普遍偏大，平均年龄为40.66岁，主要分布在35岁以上，占67.6%，30岁以下工作人员仅占16.3%（图4），年轻人不愿意到社区工作，通过组织选聘到社区工作的大学生也常把社区作为跳板。

二是专业人才匮乏。目前，一些社区工作者依然由“老、弱、妇”组成，迫切需要文化层次高、专业素养好、社区治理经验足的社会工作者充实到社区。调查显示，虽然全市社区干部本科以上文化有846人，约占三分之一，但专业对口率很低，且缺乏常态化的能力提升渠道，在岗培训、专业培训、转岗培训、集中培训等制度不健全，人才质量不高。

三是队伍不够稳定。由于劳动强度大、工资报酬低、社会认同差、上升空间窄，社区专职工作者常出现“滚动式招聘、滚动式流失”，优秀人才难以留住，社区干部常常青黄不接。再加上社区专职工作人员身份、来源、聘用关系、管理考核等复杂多样，统筹管理社区服务队伍难度大。此外，城市社区居民委员会每届任期3年，时间偏短，不利于社区干部队伍稳定和基层自治管理。

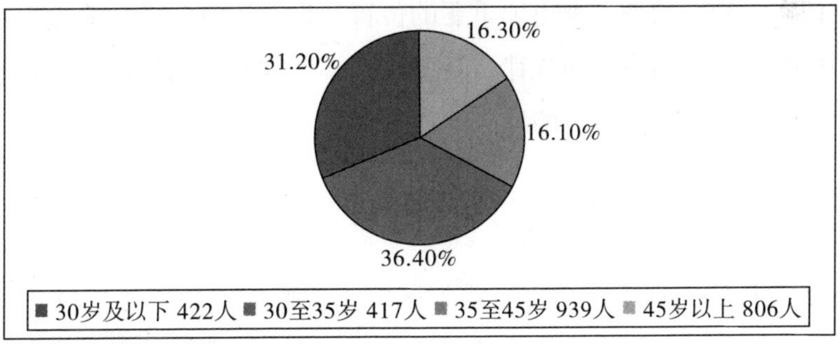

图4　社区工作人员年龄结构图

（六）社区治理立法滞后，政策体系有待完善

一是立法更新流程缓慢。《城市居民委员会组织法》是社区治理的核心法律，1990年1月1日起施行，已近30年，实施时还没有《物权法》，期间几次启动修订，最后均未获通过，目前出现较多法律真空，已明显不适应社会发展。比

如，社区社会工作立法仍是一片空白，居委会、业主委员会、物业管理公司三者之间的关系不知如何调整等。

二是立法缺乏系统性。目前，我国社区治理的法律法规分散在宪法、行政法等诸多法律中，涉及法律文件近150个、法律条款500余个，且大量法律规范要素不全、法律效力等级参差不齐、法律体系结构不完整。

三是相关政策缺乏刚性。近年来，虽然各级制定了不少与社区有关的政策，但刚性不足，许多政策在执行过程中走样。比如，商品房小区配建社区办公和服务用房政策，仅明确了新建小区按一定比例配建，但缺乏规划、建设验收、交付等方面的刚性制约措施，实际执行很难到位。

三、创新社区治理体制机制的对策建议

社区治理事关国家长治久安，事关群众切身利益。社区虽小，但小中见政治、小中见大局、小中见责任、小中见精神。习近平总书记明确指出："社会治理的重心必须落到城乡社区，社区服务和管理能力强了，社会治理的基础就实了。"要切实将社区治理摆到更加重要的位置，主动适应社区治理的新形势、新变化，积极把握社区治理的新规律、新要求，不断创新体制机制，努力走出一条契合时代要求、具有中国特色的社区治理道路。

（一）深化减负增效，促进职能归位

一是加大社区去行政化力度。将社区的主要职能定位于办好事务、协调居务、代理政务上来，开展社区职能清理和整治，推行社区公共事务准入制度，切实精简社区职能，凡不属于社区职责事项，特别是限定性事项，政府部门或街道不得随意转嫁给社区，该上收街道办事处的上收街道办事处，对确因工作需要，经批准由社区承担的工作任务，按照"费随事转"的原则进行。

二是提升社区服务精细化水平。立足于满足社区群众需求，推行社区服务网络化，及时发现、分派、上报、解决居民反映的各种问题，减少社区服务大厅坐班人员，面向特殊人群开展上门和代办服务。特别是针对近年来超大型楼盘社区

不断出现的状况，积极探索超大型楼盘社区组织建设、管理服务模式，避免资源浪费。

三是提高社区管理自治化程度。健全居民议事机构，发挥业主委员会的积极作用，完善社区民主决策程序，深化政务公开、居务公开，对涉及群众切身利益的事项，充分听取社区居民意见和建议。创造条件让社区居民开展自我服务、互帮互助，充分发挥党员、志愿者、义工和小区物业管理机构的作用，推行院落（小区）自治，切实增强社区居民的认同感、归属感、获得感和幸福感。高度关注社区农民工的需求，充分调动农民工参与社区管理的积极性。

（二）完善法律政策，提供长效保障

一是修改完善居民委员会组织法。建议根据当前社区发展中出现的新情况、新问题，对《中华人民共和国城市居民委员会组织法》进行修改完善，以更好地适应新时期社区治理的需要。重点是进一步明确居委会的组织性质、职责范围、权利与义务、运行机制，规范社区人口、面积、场地等管理，厘清社区与街道办事处、政府部门的关系，明确社区居民的权利与义务，建立社区不称职工作人员依法罢免、解聘程序，保障社区依法设立、依法自治。同时，建议将社区居委会任期由3年改为5年。

二是制定出台专门的社区治理法规。建议由国务院以行政法规的形式制定《社区治理条例》，进行科学的顶层设计，并从法律上予以明确，为社区治理提供法律依据。积极探索地方立法，把成熟的社区治理经验法制化。

三是完善社区治理政策体系。将社区治理政策体系作为国家政治体制改革的重要内容，完善社区改革转型的政策体系，完善社区党组织、社区居委会、社区公共服务中心“三位一体”体制，健全社区、社会组织、社会人才队伍“三社联动”模式。同时，健全社区治理党政部门协调配合机制，完善社区工作经费自然增长、经费项目化管理、税费支持等政策，对为社区建设提供赞助的企业给予税费支持，更好地引导社会力量参与社区治理和服务。完善农村社区培育和管理的相关政策，促进农村社区依法建立、规范管理、健康发展。在全国范围内开展社区管理先进城市创建，通过典型引导、以点带面方式，全面提升社区治理水平。

（三）夯实硬件基础，提升服务能力

一是保障社区办公用房。进一步完善社区办公、服务用房保障政策，明确新建商品房小区应按照“方便居民、满足功能、同步建设”的要求，配建一定比例的社区办公、服务用房，确保与小区主体设施同步规划、同步建设、同步交付使用，对规划不合理、建设不达标、交付不及时的开发商采取一定的惩罚措施。对于无新建商品房小区的社区，明确由区、街道负责加大投入，通过新建、改扩建、购买、共建等方式，想方设法解决社区的办公、服务用房问题，切实降低租房社区的比例，减少社区不必要的支出。

二是完善社区基础设施。加强小街小巷建设、老旧社区改造和环境综合整治，完善社区水、电、路、气、灯、环卫、园林绿化、停车场、公厕等基础设施，实现社区绿化、亮化、净化、美化。

三是推进智慧社区建设。充分利用云计算、物联网等现代技术，建设智慧便民服务系统，打造实用的便民服务手机APP，搭建让社区居民与社区工作人员沟通交流的平台。加强社区安居管理，制定出台相关指导标准，在社区统一安装可视对讲、安保监控、门禁等安全技防设备，积极探索社区消防、避险系统联动机制。同时，加强社区信息资源整合，将部署在不同层级、不同部门、分散孤立、用途单一的各类社区信息系统向社区综合信息平台迁移或集成，最大限度地精简基层业务应用系统、服务终端和管理台账。

（四）培育社会组织，拉长服务短腿

一是加强投入引导。把原来由政府或社区直接向社会公众提供的部分公共服务，通过合同外包、公私合作、政府购买等方式交由社会组织承担。对诚信度高、基础好、作用发挥明显的社区社会组织，政府适当给予激励扶持。

二是突出培育重点。重点培育志愿者协会、老年协会、残疾人协会、慈善超市、社区矫正、社工服务中心等公益慈善类社区社会组织，发挥其政策传递、权益维护、利益调节等作用。着力发展家政服务、社区老年日间照料服务、社会工作服务等社会服务类社区社会组织，满足居民多样化、个性化需求。加快培育发

展社区治安巡逻队、居民联防队等居民自助互助、行为自律类社区社会组织，使之成为社会治理的重要参与者。

三是科学监督管理。构建以区（县、市）民政局为主导、街道办事处为主管、社区居委会为主体的三级管理模式，完善社区社会组织的监督评估机制，引导社区社会组织建立以诚信为基础的自律机制，根据社会组织参与社区建设、公益服务、遵纪守法及诚信记录情况，对社会组织进行绩效评估，确保社区社会组织健康蓬勃发展。

（五）壮大社工队伍，强化人才支撑

一是编制发展规划。制定社区工作者人才发展规划，将其纳入区域人才发展战略中加以统筹规划。确定从业规范和职业标准，为推进社区工作者队伍建设提供可靠的理论和实践依据。建立社区工作人才信息库，有效开发和合理配置社区工作人才资源。建立社区工作者协会，发挥其管理、服务、监督的职能，为社区工作者提供专业化服务。

二是重视选拔培养。加大社区人才队伍的选拔、培养力度，明确社区工作者的职位晋升、职称评定、职业生涯规划，促进社区工作者队伍的良性健康发展。采取多种方式对现有社会工作从业人员进行专业教育和培训，帮助他们提高专业素质和技能，努力打造一支结构合理、素质优良、工作热情、富有爱心的社会工作人才队伍。

三是完善激励机制。改善社区工作人员工作环境、报酬、福利，充分调动社区工作人员的积极性，建立与业务、年限挂钩的待遇薪酬体系，鼓励高校社会学专业毕业生到社区工作，公务员招考和选拔干部时，优先把在社区工作、具有丰富基层实践经验的社会工作人才纳入范。加大优秀社区工作者表彰力度，给社区工作者更多荣誉，增强社会工作职业对优秀人才的吸引力，使社会工作者成为受人尊重的职业。

（六）注重社会参与，形成共治合力

一是培育主动参与意识。按照贴近实际、贴近生活、贴近群众的要求，采取多种形式加强教育引导，大力培育公民意识，让公众参与成为文化和习惯，切实履行公民义务，更多体现出公民的社会责任；大力倡导志愿者精神，激励更多的居民参与志愿活动，推动义工和志愿者工作的规范化、制度化。

二是创新公众参与机制。健全社会动员机制，鼓励更多的社会公众积极参与社会管理；健全利益激励机制，全面考虑社会公众尤其是志愿者在参与过程中的个人成长、安全和福利等需求，让公众在参与服务过程中受到尊重、支持和个人价值的肯定。切实提高公众自我教育能力，采取教育题目大家出、教育形式大家找、教育活动大家搞等方法和形式，搭建社区居民自我教育的大舞台。

三是调动社会参与热情。充分发挥社区物业公司的作用，推行社区管理物业化，允许物业公司适当收费，让其承担更多的职能，更好地管理社区、服务居民。推行“两代表一委员”联系社区工作制度，更好地收集、反映、解决社区居民诉求。充分发挥社区行政机关、事业单位、企业的作用，实行结对互联、共享共创，整合社区资源，积极为社区提供活动场所，发动社区名人开展接地气的活动，形成社区共治合力。

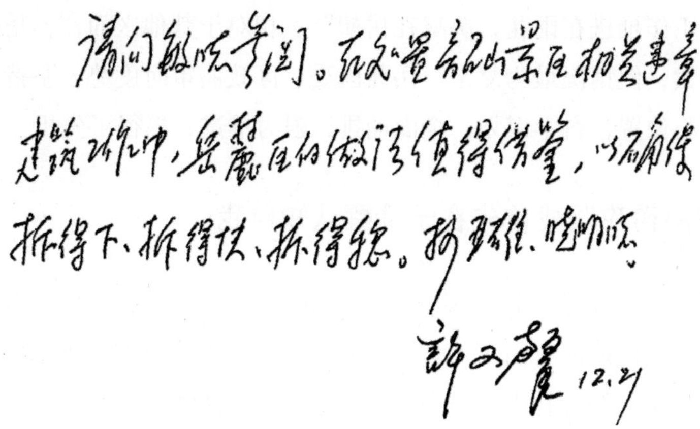

拆违控违决战在岳麓

——拆违控违工作“岳麓经验”调查

长沙市人民政府研究室

2015年3月开始，我市全面启动“史上最大规模的拆违控违攻坚战”，明确全市中心城区一千余万平方米违法违章建筑“一年内基本拆除、两年基本清零”。岳麓区坚决而迅速地落实市委、市政府的重大部署，从实际出发，积极、快速、稳妥地推进拆违控违工作，成效明显。截至8月底，全区累计拆除违建106万平方米，占全年计划的100.9%，创造了拆违控违工作的“岳麓经验”。

一

“拆违控违推进在雨花，决战在岳麓”。岳麓区立足自身实际，将着力点放在“进度、特色、稳妥”上，形成了鲜明的工作特色，在拆违控违攻坚战中走在前列。

3月25 日，省委常委、市委书记易炼红在全市拆违控违工作动员会上指出：“拆违控违工作推进在雨花，决战在岳麓”。相对于其他区而言，岳麓区违建的总量不是最大，但情况最为复杂。岳麓区委、区政府审时度势，坚持把增进民生福祉摆在核心位置，科学谋划，全面铺排，强力推进，赢得了先机。

（一）赢得攻坚战首先在于清醒认知自我

岳麓区的违法违章建筑点多、面广、阻力大，全区123万平方米左右的违法违章建筑涉及辖区内所有街镇（17个）50多平方公里的范围，既不成片，也不成块，“藏在山中、躲在林中、悬在空中、夹杂在合法建设中”。由于违建过于分散，“河东拆违像刮胡子，一刮一大片；岳麓拆违像拔钉子，只能一个个拔”，实施起来难度大，很难形成一拆一大片的震撼效果。为此，该区一方面组织各街镇集中时间、集中力量，对辖区违建情况进行全面摸底，为每一处违法违章建筑建立详细档案，做到底数实、情况细、心中有数。另一方面，坚持从区情实际出发，将着力点放在“进度、稳妥、特色”上，做到保证进度、确保稳定、彰显特色，形成了“岳麓经验”的鲜明特征。清醒的自我认知、科学的路径选择，为岳麓区打好拆违控违攻坚战奠定了坚实基础。

（二）赢得攻坚战关键在于科学顶层设计

一是科学安排比进度。紧紧围绕“一年基本拆除，两年基本清零”的总体目标，分别以3月上旬、3月中下旬、6月底、9月底、12月底为节点，科学把握时序，分阶段明确工作任务和进度，倒逼街镇快速行动、强力推进，确保在3月上旬做好宣传发动工作，3月中下旬全面启动拆违行动，6月底率先拆除部分重点违建，9月底实现辖内违法建设基本清零，12月底全面完成拆违后的提质改造工作。

二是统筹谋划比特色。坚持把拆违控违与拓展发展空间、改善人居环境、提升城市品质相结合，打造工作特色，塑造工作亮点。要求各街镇在拆违控违工作中，至少打造一个示范点，形成与众不同的鲜明亮色。如岳麓街道左家垅菜市场周边拓宽翻新现有3条通道，新修一条南北向道路，新建一座占地约6000平方米的社会停车场；中南大学西校门周边、桔子洲街道麓山南路超算中心北侧山坡统筹实施基础设施建设、环境治理提升、产业引进培育三大工程；望城坡商贸城片区进行道路优化和环境综合提质改造，均以全新面貌呈现在市民眼前，既有效推进了示范点拆违，又很好地带动周边地区拆违控违工作全面加速。

三是深思熟虑比稳妥。许多违建存续时间长，形成原因复杂，稍有不慎就可能导致矛盾冲突，引发社会事件。岳麓区深刻认识到，“萝卜快了不洗泥”的做法固然能在短期内加快进度，但却为长期发展埋下隐患，拆违首先要妥善化解多年来积累的矛盾纠纷。因此，该区坚持化解矛盾纠纷与拆违相结合、推进拆违与稳定大局相兼顾，依法依规、公开运行、和谐拆违，全区至今没有因拆违出现一起大的上访事件。

（三）赢得攻坚战核心在于增进民生福祉

拆违控违的最终目的是改善人民群众生活环境，让城市更加宜居宜业。岳麓区统筹处理拆与建、破与立、当前与长远、小利与大利的关系，将拆除违法建设与增进民生福祉深度结合，实现良性互动。

一是坚持改善人居环境。拆违过程中，岳麓区没有一拆了之，而是将拆违腾出的土地更多用于完善城市综合配套设施，大力推进农贸市场、停车场、绿化景观等惠民工程建设，对老旧设施进行提质改造，最大限度满足人民群众的生活需求，努力实现民生效益最大化。润泽园社区原望岳村三组是未拆未安的城中村，15户居民均建有违法建筑，多数为随意乱搭建的砖混房、简易的木棚，居住条件恶劣，安全隐患突出。在摸清实情后，岳麓区将其整体纳入城中村改造范围，赢得了村民的理解和支持，15处违法建设在一个月内全部拆除。

二是坚持保障群众生活。按照依法拆违、有情操作的原则，帮助解决违法建设范围内弱势群体、特困群众的生活困难问题，消除他们的后顾之忧。天顶街道尖山村杨某夫妇均为残疾人，多年来一直靠搭建的120平方米砖房经营小生意维持生活，街道为其申办了低保，给予一定的困难补助，并推荐其子担任环卫工人，解决了后顾之忧的他们主动拆除了自家的违法建筑。岳麓山风景名胜区、湘江新区（原先导区）控规先后达10年左右，辖区内居民自然分户的建房需求难以实现，工作人员认真在生产生活上落实帮扶措施，确保了稳定推进。上半年，岳麓区在拆违控违行动推进过程中，帮助解决困难群众就业72户，解决小孩入学16户，解决住房问题2户，解决生活保障35户。

三是坚持提升生态品质。岳麓区集山、水、洲、城于一域，原生态的环境资源绝无仅有。在拆违控违过程中，该区把片区开发、项目拆迁、景观提质、城中村改造与生态环境整治有机结合起来，一处处违法建设倒下去，一个个城市绿道、休闲公园、绿化景观建起来，城市的"斑斑点点"逐步修复，省会两型新区面貌进一步彰显。雷锋大道两厢违建拆除后，立即同步进行景观提质，原来脏、乱、差形象彻底改观，成为岳麓区出入城通道生态样板路。

二

"拆违控违要有钢铁般的意志、手段和身体，困难再大也不能动摇和让步"。岳麓区不断创新工作方法，实干、苦干加巧干，对照既定目标精心组织实施，小胜积成了大胜。

拆违控违是公共利益与个人利益的博弈，面临的困难多、挑战大，既是对各级党委、政府依法行政水平的考验，也是对干部意志、作风和创新能力的检阅，只有不断创新，精心组织，狠抓落实，才能赢得工作的主动权。

（一）创新工作方法

岳麓区在拆违控违工作中，坚持结合实际，探索创造出了"四五六七"工作法，有效确保违建拆得下、拆得快、拆得稳。"四"就是把好"四道关"，即把好组织领导、铺排调度、力量配备、时序节点四道关，统筹推进全区拆违控违工作。"五"就是创新五种拆违办法，即鼓励党员干部带头拆、奖励群众自己主动拆、安排专门人员帮助拆、针对困难群众柔性拆、开展联合执法强行拆，通过创新办法推动拆违控违工作落到实处。"六"就是探索六种结合模式，即实行片区推进、项目拆迁、景观提质、疏堵结合、城中村改造、综合整治相结合的模式，以系列“组合拳”保障拆违工作有序推进。“七”就是整合七个主要职能部门的力量，与拆控违直接相关的城管、公安、国土、规划、住建、消防、安监等协同用力量，形成强大的工作合力。通过“四五六七”工作法，岳麓区拆违控违工作得以快速、稳步推进。

（二）严格拆违程序

拆违难，难在利益平衡，稍有不公或程序不周，极易引发矛盾纠纷。岳麓区始终保持战略定力，不图一时之快，扎实做好各项前期准备工作，确保程序到位、证据齐全，做到依法依规、稳妥推进。一方面，由区法制办牵头，组织城管、消防等执法部门开展业务培训，由区城管执法大队制定《查处已建违法建设工作流程》，规范违建认定、文书制作、文书送达等，确保违法建设认定依法、程序合法。另一方面，严格拆违程序、规范拆除作业，做到专业拆违、安全拆违；强化综治管理、信访接待，有效化解矛盾纠纷，确保拆违控违工作“零事故”。

（三）做细群众工作

大规模拆违行动离不开群众的支持与配合。只有把道理说清、把工作做细、把好事做实，才能赢得群众的理解和信任。岳麓区始终坚持把增强思想工作的感染力作为拆违控违工作的首要内容抓紧抓实，召开区、街道（镇）、社区（村）三级动员会传达拆违控违精神和政策，在步步高广场、梅溪湖片区等6处大型电子显示屏上每天滚动播放拆违通告，发放拆违通告10万份，张贴、悬挂拆违横幅标语2200条，组织报纸、电视、网络等媒体大力报道拆违控违工作，使拆违控违工作做到家喻户晓、入心入脑。岳麓区还组织专门队伍上门入户宣传、调查，积极疏导群众情绪、纾解群众困难，使广大群众逐渐认识到，只有拆除违建、改善环境，才能推动发展、促进和谐。拆违有良法，才有好效果，全区共有994户当事人主动自拆违建，以实际行动响应支持拆违控违工作。

（四）弘扬实干精神

在拆违控违中，岳麓区上下敢于较真、敢于碰硬、敢于带头，坚持以钢铁般的意志、钢铁般的手段来推进拆违控违工作。成立了专门的工作领导小组，加强工作统筹；领导小组坚持每周六一次调度，工作队员每天都是晚上12点之前不回家，并配备100名城管特勤队员协助开展行动。严格工作纪律，不管涉及谁，不论违建面积大小，一视同仁，坚决拆除。实行党员干部“三带头三不准”：带头执行拆违各项规定，不准拖后腿；带头支持查处违建工作，不准说、不准做不利于拆违的话和事；带头做好本单位职工和亲朋好友的工作，不准为违建户讲人情、打招呼、写条子。同时，对极个别“难缠户”，坚持依法依规稳妥处理。望城坡街道一名违建户在先后十多次上门工作未果的情况下还将工作队员打伤，区公安分局对其处以行政拘留15天，并将违法建筑依法拆除，有效维护了法律尊严，该片区24户违建户半个月内就自行拆除违法建设3554平方米。

由于措施得力，截至目前，岳麓区岳麓大道、雷锋大道、金星大道等重点道路两厢近2万平方米违建全部倒地，麓山景区、望岳、银盆岭、洋湖、望城坡和莲花等六大片区违建拆除90%以上，王家湾、学士街道玉江村等重要节点违建正在“清零”。

三

“原以为拆违控违只是政府为了腾地卖地，现在我们真切感受到了这是在为广大市民谋福祉”。岳麓区坚持拆建同步，腾出土地引进新项目，建设公园、停车场、绿地，得到市民广泛点赞。

老百姓只有真正得到了实惠才会真心拥护。岳麓区坚持用拆违腾出的土地用于发展生产、提升品质、改善环境，涉拆群众由最初的强烈反对到推进时的勉强理解，再到之后的全力支持、真心点赞，实现了情感的大逆转。

（一）突出项目引进，促进经济发展

岳麓区的国土面积虽然比芙蓉、天心、开福、雨花四区总面积还多104平方公里，但因景区规划控制等因素，发展空间明显受到制约。岳麓区在拆违腾出的土地上合理布局产业发展，大力引进项目，推动产业转型升级。近年来，先后腾出土地390多亩，同步启动大小项目32个。洋湖片区是该区少数几个违建相对集中的地块之一，在全区的齐心协力和当地群众的协同配合下，从2015年1月开始，用6个月时间拆除违法违章建筑6.58万平方米，意向引进全球知名家居用品零售品牌店、欧洲知名体育用品零售品牌店各一家，为发展经济、扩大就业带来新活力，得到群众的大力支持。

（二）加强配套建设，完善城市功能

在拆违腾地后迅速启动超市、菜市场、停车场等公共配套设施建设。岳麓街道左家垅菜市场一直以来是流动摊贩集聚地，秩序混乱、垃圾遍地、污水横流。2015年3月开始，岳麓区充分利用拆违控违的机会，先后拆除过渡房41处、亭棚100处、门店71处、厂房1处、大棚3处，在腾出来的土地上进行提质改造，新建3层共1.2万平方米的左家垅农贸市场，配建停车位300个，成为河西城区最大的农贸市场。雷锋大道岳麓段是河西重要的出入城通道，岳麓区将拆除两厢违法建设腾出的土地全部用于绿化，制定了“三段五带十节点”的规划，目前全长4.68公里的景观提质改造工程已顺利完工。岳麓区还先后投入五千多万元，对岳麓街道左家垅村菜市场周边、中南大学西校门等6个拆违控违点进行提质覆绿，面貌焕然一新。

（三）扩展公共绿地，提升宜居品质

拆违增绿、拆违添景，为城市增添更多绿色。对有业主的地块，按照“谁有谁管”原则，采用交办方法，拆除一片交办一片；对暂无项目的地块，按属地管理原则，由区政府负责组织复绿；对暂不能启动项目建设、可能闲置的地块，按市政府拆墙复绿政策一律复绿。截至目前，结合拆违控违，全区计划新建公园2个，已新增绿地6.54万平立米。

四

“拆违控违到了最艰难的攻坚时期，推进拆违的同时更要构建控违长效机制”。岳麓区坚持拆控并举，在加快拆违进度的同时着眼长远抓控违，确保城市品质得到持续有效提升。

随着工作的推进，越往后面越是难啃的“硬骨头”。下阶段，岳麓区将紧紧围绕四个方面进行“全面冲刺”。

（一）目标再坚定，完成片区清零任务

近期，岳麓区按照全市“一年基本拆除，两年基本清零”的拆违目标要求，要求各街镇坚定信心，锁定目标任务不动摇，确保12月底全面完成拆违控违工作任务。目前正对照片区“基本清零”验收办法，认真落实验收标准、验收程序，加大零星地块的清理力度，加快推进片区拆违扫尾工作，坚决做到不打折扣、不留“尾巴”。要求莲花、银盆岭片区在8月底实现“基本清零”并通过初验，洋湖、望城坡片区要在9月底实现“基本清零”，望岳、麓山景区片区要在10月底实现“基本清零”。

（二）力度再升级，强化主体责任落实

岳麓区针对目前拆违控违出现的干部激情消退、力量开始分散、难度逐步增加等现象，近期组织在全区范围内就拆违控违工作进行再宣传、再动员、再鼓劲，确保拆违控违工作热度不退、力度不降、势头不减。进一步细化联片区领导、片区负责人、街镇负责人的主要责任，强化城管、公安、国土、规划、住建、消防、安监等部门工作职责，充分发挥党员干部攻坚克难、敢打硬仗、能打胜仗的良好作风，集中精力，稳步推进，一处一处“拔钉子”，一块一块腾地，一片一片“清零”，确保在规定的时间内所有违法建设全部倒地。

（三）亮点再打造，加快提质开发建设

岳麓区结合“十三五”规划，正在对腾出且适宜开发的土地进行高标准设计、高品质建设，尤其是准备在沿岳麓大道、金星路、东二环、雷锋大道等重点区域打造城市新地标和风景线，整体提升城市品质。对腾出且适宜恢复的土地，要求各街镇做到拆、清、建同步推进，因地制宜布局学校、医院、超市、菜市场、停车场等公共服务设施，建设社区公园、小憩园、绿地绿道等，确保拆除一片、清理一片、美化一片、提质一片，切实增强市民对拆违控违的获得感。

（四）工作再深入，完善控违长效机制

岳麓区要求各街镇、各片区在拆违控违工作中，认真收集整理好台账资料，做好存档工作，以便合理界定新的违建和历史违建。区委、区政府明确提出，要以“清零”为界限，健全控违长效机制，纳入年度考评，落实不到位的将启动问责机制从严追究责任。坚决杜绝新的违法建设发生，严格防止违法建设卷土重来。各街镇、各片区都组织了专门队伍，定期进行巡查，建立控违台账，对新发现的违法建设予以坚决制止并强制拆除，切实把新增违建控制在萌芽状态。

（中共湖南省委办公厅在《工作情况交流》第16期上刊发该报告，略有删减，省委常委、省委秘书长许又声对调研报告做了重要批示。）

课题组顾问：黎春秋
课题组组长：唐曙光
课题组副组长：王德志
课题组成员：李　末　李柏松　易海威

调查报告很好，很有借鉴意义

[illegible] 7/7

殊途同归的拆违拆迁实践创新

——对马王堆街道、朝正垸片区拆违拆迁的调查

长沙市人民政府研究室

2015年3月，我市全面启动“史上最大规模拆违行动”，各级各部门认真落实市委、市政府的要求，紧紧围绕“一年基本拆除、两年基本清零”的目标，强力推进拆违控违与拆迁工作，取得良好效果。其中，芙蓉区马王堆街道、开福区朝正垸片区坚持从实际出发，走出了和谐、文明拆违拆迁的路子，赢得了被征拆群众的广泛理解和支持，得到了省、市领导的肯定。近期，我们深入两地专题调研拆违拆迁工作，现将情况报告如下，供决策参考。

一、两地拆违拆迁快速推进，彰显了哪些效果

马王堆街道与朝正垸片区都是全市拆违拆迁的重点片区之一，拆违拆迁任务重、违建时间跨度长。马王堆街道违建面积37.58万平方米，朝正垸片区违建面积

多达76.37万平方米（表1），违建时间一般在10年以上，最长达20年。两地坚持从实际出发，认真落实拆违拆迁措施，取得明显成效。突出表现为四个方面：

一是拆出了城市宜居品质。拆违拆迁前，马王堆街道所在的火炬村和九道湾违法建设密布、天上管线乱穿、电力线路严重老化、地上垃圾堆积成山、地下管网堵塞排水受阻、车辆及人员出行道路严重不畅，存在诸多安全隐患，群众感叹“除了房子就是棚子，大点的树都长不成”，居住环境极为恶劣。朝正垅片区包括洪山、月湖、浏阳河、四方坪4个街道，是长沙城区面积最大、人口最多的“城中村”，部分住户至今未通自来水，仓库与民居相连，电线电缆杂乱密布，生活环境脏乱差，消防安全隐患大，犹如长沙城区“东大门”上的一块“疮疤”。随着拆违拆迁工作的强有力推进，截至6月底，马王堆街道共拆除违法建设29.1万平方米，占全部任务的77.4%；朝正垅片区共拆除违法建设35.6万平方米，占全部任务的46.6%。马王堆街道及朝正垅片区形象明显改观，人居环境有效改善，开始呈现出由“乱”向“治”的良好转变。

表1　　马王堆街道、朝正垅片区违法建设基本情况一览表（单位：平方米）

	屋带违章	独立违章门面	仓储	工棚	私设临时用房	临时搭建亭棚	合计
马王堆街道	5800	12360	335490	7800	4750	9600	37.58万
朝正垅片区	297697	22340	431372	1752	3213	7335	76.37万

二是腾出了创新发展空间。拆违拆迁后，马王堆街道预计能有效腾出850亩用地。街道加快拆违拆迁的同时，注重对腾出地的科学规划、合理设计和有效开发。计划120亩建设高层安置房32.4万平方米（其中住宅24.2万平方米），125亩建设小学、中学各一所，100亩配套建设5条支路（共2663米）和景观、绿地等，其余505亩主要用于拆迁群众的生产安置，既保障了基础建设、民生改善等用地需求，又为培育壮大产业、促进转型创新发展赢得空间。朝正垅片区预计可腾地3797.6亩，正在抓紧编制开发建设规划（图1），拟新建鸭嘴城市公园，打造文化休闲活动中心；依托浏阳河北岸滨江地带，打造创意产业带、休闲商业带；借势湖南广电集团，发展“泛广电”商业办公居住复合板块，精心打造配套优良、产业发达、生态宜居的综合性片区。

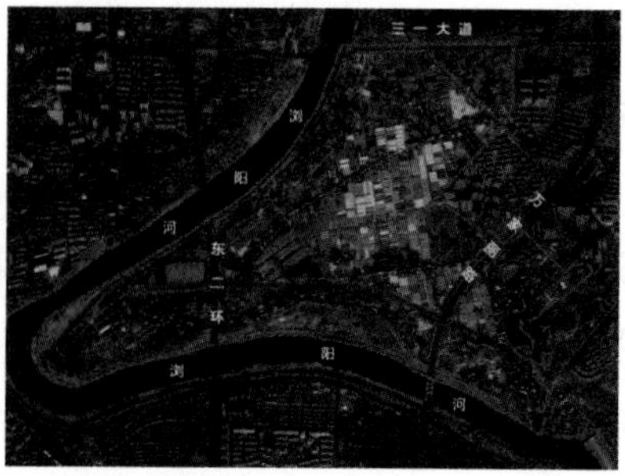

图1　朝正垅片区拆违拆迁现状及规划建设图

三是彰显了严实工作作风。征拆过程中，两地工作人员发扬“钉钉子”“连轴转”的精神，坚持“5+2”“白+黑”，“只知道上班时间、不知道下班时间”，以严格务实的工作作风有效保障了工作进度。在马王堆街道联点的芙蓉区政协主席刘建新亲自组织区城管、公安、法制、国土、规划、消防、安监等部门成立联合执法队，连续4个月对火炬村的消防、交通和生产安全及流动人口管理等进行全面整治，重点加大对违建仓库、门面的催搬力度，目前90%以上的违建仓库已搬迁，所有违建门面已停业。马王堆街道党政主要负责人除重大会议、重要工作外，始终在现场靠前指挥，组织并参与入户宣传、民情疏导、问题处置等，有效推动工作落实。朝正垅片区所在的月湖街道主要负责同志连续3个月坚守征拆指挥部，每晚10点定期总结、调度，常和工作人员一起通宵开展专项行动，拆违拆迁工作稳定有序推进。

四是重塑了干群鱼水关系。两地坚持将群众思想工作做实做细，做到以言动人、以理服人、以情感人，凭过硬的工作作风、真诚的人文关怀赢得拆迁群众的理解和支持。马王堆街道前期组织二百多名干部分成17个小组深入火炬村开展政策宣传、情况摸底，最大限度地做通群众思想工作，减少工作阻力，80%的征拆户由坚决反对变为积极配合。如汇源物流公司违建达2.6万平方米，是火炬村范围内规模最大的违法建设，也是拆违的最大阻力。工作组先后十多次上门反复进行政策宣讲、了解企业合理诉求，街道党工委书记亲自帮助联系新的仓储基地，增进了彼此间的理解、信任，业主由开始的避而不见转为积极配合，6月20日主动拆除了违法建设。朝正垅片区月湖街道在今年元旦后组织的专项行动中，一名拆违对象极力抗拒，准备4桶汽油阻止工作人员进门，谈判工作从下午4点到次日凌晨3点都没有实质性进展，但街道工作人员没有放弃，一方面妥善做好安全保障工作，另一方面反复劝导，看到绝大多数队员在寒夜的冷风中一直坚守，最后女主人坦言“被工作人员的真诚感动了”，从自己家中拿出被子等给工作人员御寒，主动做丈夫的工作，天亮前签好了拆房协议。

二、两地拆违拆迁现实迥异，把握了哪些关键

马王堆街和朝正垸片区两地违建的共性是违建面积大、情况复杂等，但又有较大的差异性，在全市具有一定的典型意义。朝正垸片区违建以成片仓储式建筑为主，占违建总面积56.5%以上，且人员结构复杂、户口性质和轨迹变化大；马王堆街道违建以屋带违章、独立违章门面、私设临时用房和临时搭建仓库为主，散落在火炬村及九道湾地带四百多户居民合法建筑边角和生产安置用地内，涉及对象95%以上为尚未拆迁安置村民。两地注重结合实际，因地制宜打好“组合拳”，促进拆违拆迁工作高效顺利推进。

（一）将依法拆违拆迁摆在首位，坚持依法依规、程序到位

依法依规、程序到位是拆违拆迁工作的底线和原则，大规模拆违拆迁最强有力的武器就是依法推进。马王堆街道火炬村注重运用“法治”这一利器，稳步有效推进拆违拆迁工作。

一是制定标准程序，确保有章可循。组建专门队伍，提前对火炬村1、2片区及九道湾的违法建设进行集中丈量和认定，摸清违建底子，建立专门台账，做到一户一档。区委常委会、区政府常务会多次就拆违拆迁工作进行专题研究，出台《马王堆火炬村综合执法行动方案》《马王堆火炬村违法建（构）筑物拆除方案》，细化工作办法，严格标准程序，指导拆违控违工作有序开展。

二是严格工作流程，确保规范有序。对照实施方案，坚持严格操作，做到每一个程序、每一个环节、每一个对象都合理合规。如工作初期向全体村民发放拆违拆迁公开信，向所有仓储业主、承租户发送拆违拆迁通告。征拆初期鼓励村民限期自拆，在规定时间内自拆的，落实相关优惠政策；征拆过程中坚持按规定操

作，对个别“钉子户”启动综合执法程序，依法依程序实行强制拆除。

三是加强司法互动，确保合法合规。依法按政策对违法建设进行分类处理：可确定当事人的，先立案调查，再审查处罚，在送达处罚决定书超过三个月而未自行拆除的实行强制拆除。无法确定当事人的，在《长沙晚报》等媒体发布公告，公示10日后再按法定程序强制拆除。

（二）将思想政治工作贯穿始终，坚持以理服人、尽职尽责

朝正垸片区坚持用群众听得懂的语言、信得过的方式、看得见的利益来做群众工作、处理问题，动之以情、晓之以理、辅之以利，以实实在在的行动赢得群众的理解和支持。

一是讲清利害关系。采取分组包片的办法，组织干部入户宣传，使征拆户认识到违法建设是城市的“斑点”，既影响市容市貌，也影响生产生活。拆违拆迁是发展所需、民心所向，长远来看有利于改善人居环境、提升城市品质、推动持续发展。动员辖区群众全力拥护、大力支持，配合做到自拆、助拆、帮拆，确保有序推进、如期完成。

二是推介发展前景。注重向征拆户介绍拆违控违后的规划建设情况，腾出来的土地将用于改善居住条件、建设公共设施、引进重大项目。朝正垸片区将地下水系遭受破坏、基础设施破损陈旧、消防隐患十分严重的情况向群众讲清楚，使群众明白只有拆违拆迁，才能重新规划建设道路、学校、医院、安置房及相关配套设施，才能让自己及周边的人都能过上舒适、安全、方便的品质生活。

三是抓好带头示范。注重发挥党组织、党员干部的先锋模范作用，做到“先拆单位违建后拆个人违建，先拆党员干部违建后拆群众违建”，示范引领其他征拆户主动拆违。如浏阳河街道双河社区带头拆除社区自建办公用房，史家坡社区带头拆除社区办公用房及木材市场，党员干部甘铁钢等率先签约，让征拆户充分认识到“晚拆不如早拆、强拆不如自拆”，主动配合拆违拆迁工作。

（三）将维护群众利益放在心中，坚持以人为本、服务到位

马王堆街道以及朝正垸片区所在街道着力走和谐拆违、文明拆迁的新路子。

一是保障合法利益。对事实清楚、权属明确的违法建设，坚持按120元/平方米的标准予以顶格补偿，不打折扣、不搞克扣。对有争议的违法建设，坚持在明晰产权之后如数予以补偿，用好用足政策，让拆违户合法利益最大化。

二是解决实际困难。重点照顾好拆迁困难群众的生活，根据家庭成员丧失劳动力、患重大疾病、重大天灾人祸、无生活来源等困难程度，合理划分三个类别，严格按照本人申请、民主评定、张榜公示的程序发放困难补助，分别补助1万元、1.5万元和2万元。将年老体弱的征拆户提前安置到益安公寓，解决生活难题。

三是加强人文关怀。坚持全程服务，协助征拆户做好户口办理、保障住房申购、“半边户”申办等工作，以人性化的服务赢得征拆户的认可和支持。如朝正垸片区征拆户张仁生妻子的户口还在老家，征拆办立即派专人专车奔波千多公里帮其办好了户口迁移手续，让拆迁对象深受感动。

（四）将严格政策制度作为保障，坚持刚性执行、公平公正

政策面前人人平等、拒绝网开一面是马王堆街道和朝正垸片区所在街道拆违拆迁的制胜法宝，两地在实际操作中坚持不乱开“口子”、不私下承诺，做到了一碗水端平、一把尺子量到底。

一是严格落实补偿标准。把坚持刚性执行政策作为首要原则，公平公正对待每位征拆户，确保拆迁政策的严肃性、公信度，维护政策权威。在每一户的协议签订过程中，坚决落实市政府103号令《长沙市征地补偿实施办法》，决不迁就个别征拆户提高补偿标准的要求，决不允许任何人违背补偿政策。

二是积极兑现安置政策。坚持就地就近安置与货币补贴有机结合的办法，征拆户签订协议后立即发放40%的补偿款，倒房之日起发放剩下的60%，不截留、不拖延。认真落实市委、市政府关于引导征拆户团购商品房作为安置房源的政策，鼓励支持征拆户购买现房，并配合做好相关协调服务工作。

三是主动接受社会监督。坚持阳光操作、公开透明，对拆违拆迁工作实行两榜公示制度，第一榜公示被征拆户的征收面积、资格凭证、家庭人员等情况，第二榜公示被征拆户的补偿金额、征拆进度等情况，接受全体征拆群众及社会各界

的全面监督，坚定已签约群众的信心，打消未签约群众的顾虑。

三、两地拆违拆迁殊途同归，带来了哪些启示

作为城乡接合部拆违拆迁的主战场，马王堆街道与朝正垸片区所在街道凝心聚力、攻坚克难，拆出了声势，拆出了效率，拆出了样板，为全市加快推进拆违拆迁工作提供了宝贵经验。

启示一：拆违拆迁是关系民生福祉的大事，只有真心实意为老百姓办事，才能得到群众的拥护和支持

客观看，拆除违法建设是对拆违对象利益的革命，是一场博弈，阻力不小；但从深层次考量，实施大规模拆违拆迁，是为了给群众创造更好的生活、生产环境，是改善民生的大事、实事、好事。只要把实现好、维护好、发展好最广泛人民群众的根本利益贯穿到拆违拆迁工作全过程，就能赢得群众的认可和点赞。必须顺应群众的迫切愿望。拆违拆迁前，马王堆街道、朝正垸片区居民生活生产条件恶劣。两地积极响应市委、市政府拆违拆迁的工作部署，全面启动拆违拆迁工作，就是为了回应人民群众的呼声，彻底改造提质片区，改善人居环境，顺应民心、惠及民生。必须保障群众的生活需求。为有效保障拆违拆迁后群众的生活，马王堆街道鼓励住户自拆，落实好自拆补助、提前代征、转户入保、困难帮扶、就业援助等政策。朝正垸片区所在街道有效保障拆迁补偿按时到位，并及时做好被拆迁户的转户、医社保、申购保障住房等工作，确保不发生临时性、突发性生活困难。必须维护群众的根本利益。马王堆街道力争在政策范围内实现群众利益最大化，特别是在建好安置房的同时，规划配套建设学校、社区、绿化带等公共设施，切实改善人居环境。朝正垸片区所在街道本着“少留一户未签，多拯救一个家庭”的思路，坚持做好每一户征拆群众的思想工作，让他们尽早拆迁，尽快过上有品质的生活。

启示二：拆违拆迁是检验干部作风的标尺，只有做到一切从实际出发，才能找到创新的路径与措施

拆违拆迁是一块难啃的硬骨头，也是一场攻坚战，是对广大党员干部能力、作风、责任的重大考验。在拆违控违中，广大党员干部只有牢固树立大局意识、服务意识、责任意识、创新意识，脚踏实地地干，才能立足自身实际找到解决难题的“钥匙”，一鼓作气完成目标任务。要勇于创新。马王堆街道根据相关法规政策确定了一套科学合理、可操作性强的分类执法工作流程，规范听证流程并采取集中听证模式，和市司法局开展支部共建，有效化解了拆违中的系列难题。朝正垸片区所在街道鼓励各村民小组之间开展有序竞争形成比超态势促进签约，运用党员干部和村民的日常情谊助推签约，使拆违拆迁工作如期推进。要狠抓落实。马王堆街道通过实施项目推进、综合整治、宣传造势、招商引资、救助帮扶“五个同步”的工作举措，每周开展5～6次拆违行动，有效保障了拆违拆迁进度。朝正垸片区所在街道坚持采用项目拆迁、分片包干模式，鼓励敢干、实干、善干、快干，每天一调度一通报，将拆违拆迁工作抓到了实处。要敢动真格。马王堆街道坚持党员干部率先垂范，所有党员干部填报了违建自报表，凡有自建或有亲属参与违建的一律带头自拆，否则一律从严、从重查处。朝正垸片区所在街道坚持一抓到底、狠抓落实，面对极少数不配合甚至扰乱拆违拆迁秩序的，坚决启动司法强拆，有效彰显工作决心，破除侥幸心理。

启示三：拆违拆迁是衡量干群关系的镜子，只有坚持不懈地深入群众，才能增进彼此的感情与情谊

相信群众、依靠群众是做好一切工作的基石。拆违拆迁工作要搞好，必须突出群众的主体地位，把群众当亲人，静下心、沉下身，与群众打成一片，为群众解决实际困难。必须充分相信群众。马王堆街道始终坚持“打开大门”做工作，将所有征拆政策印发给群众，所有需注意的问题都以公开信、告知书等形式通告群众，方便群众依法依规开展自拆。朝正垸片区所在街道坚持将各拆迁户的征收面积、补偿金额和资格凭证等予以张榜公示，发动群众开展相互监督。必须凡事依靠群众。马王堆街道通过召开村支两委会、村民代表会、党员骨干会等统一

思想，并组织他们向群众宣讲政策、协助沟通，赢得了广泛的理解和支持。朝正垙片区所在街道发动已签约、已搬迁拆迁户现身说法，以签促签，主动做好亲戚朋友的思想工作，有效带动了更多的群众支持拆违拆迁，主动开展自拆。必须有效引导群众。马王堆街道坚持在拆违拆迁的同时启动规划建设，并及时向群众公布规划建设方案，为群众描绘征拆后的家园新面貌，引导群众支持征拆、主动自拆。朝正垙片区所在街道坚持为征拆户提供贴心服务，解决实际困难，群众由抵触转为接受、由接受变为支持，有效将民心凝聚到拆违拆迁上来。

四、两地拆违拆迁后续提效，关注了哪些重点

马王堆街道及朝正垙片区所在街道深刻认识到，搞好拆违拆迁只是迈出了关键性的第一步。落实市委、市政府要求，把拆违拆迁与还路、治脏、改造、增绿、添景和产业发展结合起来，才能真正让拆违拆迁成果更多更好地惠及民生，提升城市品质，促进转型创新发展。下一步，必须坚持标本兼治、超前谋划、统筹推进，提升工作实效。重点抓好四项工作。

（一）加快整体清零

“一年基本拆除，两年基本清零”是全市拆违的大目标，对各个片区（小片、小区），要以“清零”作为具体目标，力争年内完成拆违拆迁。马王堆街道以及朝正垙片区所在街道下一步将加快片区的拆违拆迁扫尾工作，加大零星地块的清理力度，集中精力一块一块地来推，不折不扣地做到整体清零，坚决不能留“尾巴”。同时，以“清零”作为新的违建和历史违建的界限，建立健全长效机制，坚决杜绝新的违法建设，做到发现一起拆除一起，确保片区范围“零增长”，防止违法建设卷土重来。

（二）妥善安置群众

既要让违法建设拆得下、拆得快、拆得稳，又要让拆迁群众安得下、安得

好、安得及时，确保征拆户生产、生活无忧。坚持无情拆违、有情操作，认真落实安置政策，妥善解决好征拆户的就业、生活、住房和仓储业发展等实际问题，做好困难群众的帮扶工作，切实解决好老弱病残等特殊群体的生活困难，让他们更多享受到拆违拆迁带来的获得感。

（三）同步规划开发

做到拆、清、建同步考虑，把拆出来的土地用途纳入重要议事日程，提前对腾出的地块进行统一规划设计，坚持高标准设计、高品质开发，努力打造成城市新地标和风景线，避免留下新的遗憾。加快推进已落地项目的建设进度，以项目建设为抓手，避免征拆地块长期闲置“晒太阳”，让拆违控违腾出的土地尽快发挥作用。特别是对马王堆街道火炬村范围内的60号令拆迁生产安置用地，坚持科学规划，大力招商，精心培育产业发展，用好每一寸土地，实现土地效益最大化。

（四）完善基础设施

立足当前、着眼长远，为重点拆违拆迁地块配套建设好学校、医院、超市、菜市场、停车场等，贯彻实施好“四增两减”公共政策，加大综合整治力度，做到净化、硬化、绿化同步，将腾出的土地用于城市公园、绿地、绿道等建设，为城市增添更多绿色，让人民群众共享拆违成果。

课题组顾问：黎春秋
课题组组长：唐曙光
课题组副组长：王德志
课题组成员：李　末　李柏松　王其衡　易海威

民生“视点”篇

同意宏源、寄华同志意见。移动互联网+生活（O2O）是一个很好方式，我们要用互联网的思维来推动我市家庭服务业的发展，抓紧推进。

胡衡华 9/9

同意寄华同志意见。调查报告内容翔实，把脉准确，所提建议具有很强的针对性和可操作性。是一份难得的好报告。

徐宏源 9/9

建议进一步研究，加强引导，培育发展 [illegible]

[illegible] 9/9

以更务实的举措推动家庭服务业大发展

——对（长政办发〔2012〕26号）文件实施三周年的情况调查

长沙市人民政府研究室

长 沙 市 妇 联

为进一步提升家庭服务业发展水平，2012年8月9日，长沙市人民政府办公厅出台《关于大力推进家庭服务业发展的实施意见》（长政办发〔2012〕26号）。为全面了解三年来长沙家庭服务业发展现状，我们深入有关区县、部门和家庭服务行业协会、部分企业，就（长政办发〔2012〕26号）文件实施情况进行了专题调研，形成调查报告，供领导决策参考。

一、行业发展不容忽视

随着国家对家庭服务行业的重视，省市扶持政策的相继出台，尤其是（长政办发〔2012〕26号）文件颁布以后，长沙市家庭服务行业取得了长足发展。截至2014年底，在我市工商部门注册登记的家庭服务企业数量已达633家，比去年同期增长148家，拥有长沙市妇联家政服务中心、万众和、金领伟业等15个家庭服务行业龙头企业。在2014年长沙市商务局举办的首批企业认定结果中，协会共有6家企业被认定为“第一批自创知名品牌和最具成长性商贸流通企业”称号，万众和、湘女、华嫂、鼎好4家公司获得“长沙首批自创知名品牌”称号，金领伟业、特丽洁2家公司获得“长沙首批最具成长性商贸流通企业”称号。2014年，全市居民服务业实现增加值176.16亿元，占第三产业和GDP比重分别为5.4%和2.3%，对经济增长贡献率3.8 %。其中，家庭服务业约25.9亿元，增速为11.6%，行业从业人数人达142.52万人，比去年同期增长10%。尤其是58到家2015年入驻长沙，为传统的家政服务方式导入OTO家政服务模式，引领长沙家政服务业发展时代潮流。家庭服务业正在成为第三产业的重要组成部分、最具发展潜力的国民经济行业之一。但总体来看，全市家政服务业发展仍处在举步维艰的境地，存在的问题值得高度重视。

（一）产业化程度还不高

目前，长沙市家庭服务公司经营模式呈现明显的单一性特征，基本都是以中介式管理模式为主，基本没有实行员工制的企业，仅有少数企业兼有部分员工制、准员工制。“正规军”只有两类，一类是在工商部门登记注册的，一类是在民政部门登记的具有公益性的非企业。目前两类家政服务占有的市场份额不到50%。此外，受当前税制和社保政策影响，家政企业业绩无法做大，很难培育出产业化发展的家政上市企业。以一个月嫂服务收费为3000元为例，通常管理费收入为10%～20%之间，如按10%计算，其中有2700元是代收代付的家政服务员工资，企业实际收入金额应为300元。营业税金及附加按照企业收取客户的服务费全额征税6%，营业税金达180元，占企业实际收入佣金额的60%，家政公司无法承受。现在通用的办法是直接少报收入，或者采用要客户直接只支付给家政公司管理费，由家政公司代收代付的家政服务员工工资由客户直接支付给家服员工。如家政公司给家政服务员购买“五险”，需支付766元/月的社保费用，全部管理费帮家政服务员工缴社保费都不够。家政企业因为不能为家政服务员工购买社保，就只能与家政服务员工签订中介劳务合同，家政服务的标准化、职业化、规范化、产业规模化很难推行，整个行业很难实现产业化大发展。

（二）缺乏企业准入标准

家庭服务市场门槛低，行业“小、杂、散、乱、弱”的特征比较明显。据调查，目前长沙市大大小小家庭服务企业主要依托于街道、居委、社区，多数没有进行工商登记，属于“一张桌子，一部电话，一个人，一张纸”的“四个一”式中介站点，它们“灵活机动”“四处出击”，也有少数唯利是图、不守诚信，影响了长沙市家政服务业的良好形象。大部分家政公司员工流动性大，有的员工流失率高达80%，平均工作周期不超过4个月。一部分家政服务员脱离原公司，私自开非法中介，“打一枪换一个地方”，缺乏后续服务；有的受利益驱使，随意或者刻意隐瞒服务员的不良记录，用户即使遭受侵害也无法投诉。家政服务市场发展不规范，对服务质量没有衡量标准，收费标准不统一、操作不规范、给行业发展带来很大负面效益。

（三）行业收入整体较低

目前，企业利润水平普遍较低，多数中小家庭服务公司在经营上举步艰难。家庭服务企业尤其是中介性质的家政服务业，收入不稳定，利润非常低，毛利润率不足7%，有的企业甚至出现亏损。据统计，2014年全市家庭服务行业实现总利润大概在150万左右，行业年度总利润增幅不足3.2%。家庭服务人员每月毛收入约2600元左右，扣除中介管理费后只有 2300元左右，再扣除交通、餐饮等开支，每月纯收入仅约500—800元，如果缴纳社保则所剩无几，属于社会低收入弱势人群。目前，一方面是居民服务业家庭服务业发展前景看好，需要大量的劳动人员参与到该行业中；另一方面由于家庭服务业工作强度大、报酬相对较低，求职者往往不愿从事，出现了找工难和用工难并存的现象。

（四）家政人员素质不齐

从事家政服务职业“低人一等”等旧观念依然存在，被社会上一些人看不起，有些没有得到用人家庭应有的尊重，也使一些劳动者特别是下岗职工产生自卑感，不愿去从事这项工作。不少家政服务员自身素质较低，有的接受文化教育少，有的因种种原因没有参加过培训，服务质量低，甚至出现事故；有的还在职业道德上出现问题等。

二、政策落实难题不少

从目前发展态势看，（长政办发〔2012〕26号）文件提出的“到2015年，累计新增家庭服务从业人员10万人以上，形成10～20个家庭服务业知名品牌企业，培育和发展家庭服务连锁网点400家，基本形成以知名度高、信誉好的各类家庭服务业企业为骨干，服务门类和品种齐全，服务质量和管理水平较好的多层次家庭服务体系”的主要目标基本可以实现。但由于种种原因，（国办发〔2010〕43号）、（湘政办发〔2012〕2号）、（长政办发〔2012〕26号）等一系列支持家庭服务业发展的优惠政策难以落到实处，导致行业发展瓶颈问题难以突破。

（一）政府引导难推动

联席会议制度形同虚设，3年内没有召开过一次发展家庭服务业联席会议。没有成立专门工作部门或工作协调机构，联席会议成员单位基本没有履行职责，没有形成统一领导、分工负责、上下联动的工作推进机制。各区县（市）普遍没有把发展家庭服务业列入议事日程，尽管妇联积极作为，2003年成立长沙市家庭服务业协会，做了大量工作，由于妇联作为团体组织缺乏行政权利，导致工作推动困难，家政服务企业缺乏监管和指导。此外，文件提出“对做出突出成绩的家庭服务业从业人员进行表彰，并在每年的劳动模范评选中安排一定的名额支持家庭服务业从业人员”，也一直没有落到实处。

（二）扶持政策难落实

（国办发〔2010〕43号）、（湘政办发〔2012〕2号）、（长政办发〔2012〕26号）文件精神、优惠政策的落实，牵涉人社、税务、财政、工商、医疗和保险等方方面面，由于市级有关部门没有结合各自职能出台专项政策措施和实施细则，根本无法落实这些对家庭服务行业的扶持政策，导致很多扶持政策仍然是“一纸空文”。有的部门片面强调工作规则和程序，不能创造性地执行政策，甚至设置“玻璃门”“肠梗阻”，让优惠政策“看得见”却“用不上”，无法落地。比如，申报税费减免，企业资格认证、培训费用的核销、再就业证明的办理，家政服务企业感觉“很头疼”，跑了几次都搞不好，干脆不跑了。

（三）法律维权难保障

到目前为止，我国尚没有一部调整家政服务业的全国性法律或法规，长沙市没有制定相关的政策和规定，行业缺乏有效的纠纷、意外、工伤等处理机制，一旦家政公司、用户或者家政服务员之间发生纠纷，很难找到法律上的依据，家政服务员和用户即使受到侵害也很难为自己维权。尤其是家庭服务人员的权益保障机制不完善，从业人员权益缺乏有效的法律保障。主要表现为：一是劳动关系不明显；二是工作时间过长，精神压力大；三是待遇普遍偏低，社会养老参保率低。其中，社会保障参保率低最突出。从调查情况分析，有47.5%的人没有参加任何基本社会保障，参加工伤保险占28.8%，办理养老保险和医疗保险仅占15%，失业保险只占6.2%，生育保险基本没有。其原因主要有三：一是受政策制约，企业买不起；二是企业规避责任，认为一旦为员工办理了相关社保，劳动、工商、税务、民政、残联等机构就会要求企业承担相关的社会责任，增加企业负担和经营成本；三是从业人员不了解相关政策或无所谓，特别是外来从业人员要求并不很强烈。绝大多数企业都无法为家政服务员工购买社保“五险”，导致家政企业只与居民用户签订三方中介合同，无法对家政服务员工进行员工制、职业化发展管理，居民用户的权益很难得到充分保障。

（四）就业培训难普及

（长政办发〔2012〕26号）文件提出，“家庭服务专业技术人员全部持证上岗”。现有家政培训补贴政策要求中标培训学校才能享受培训补贴指标的方式进行补贴，要求每次开班人数要达到50人以上，开班上课时间要达到30天，而90%以上的家政公司没有符合职业培训资质要求的培训学校，家政企业很难一次组织50人以上的培训班，这样将90%以上的家政公司挡在了家政培训补贴政策的门外，而那些中标的职业培训学校培训出来的家政服务员又不符合家政企业的用工要求，并且绝大部分都没有从事家政服务工作。目前，长沙市约90%的家政服务员未接受过任何专业培训。此外，国家政策性培训主要以委托各地指定培训机构（企业）为家政人员提供免费培训为主，但由于参训人员本身文化水平偏低，培训时间又较短，而且每人只能接受一次免费培训，培训效果不明显；地方工会与妇联等群团组织开展的免费培训，由于规定接受培训人员的条件所限，所以能参加普及培训的数量也很难大规模开展，与市场需求相比，培训仍然不能满足市场需求。

三、长沙市家庭服务业发展亟待加快

当前经济进入新常态，随着社会分工的细化、城市家庭结构的小型化、人口的老龄化和生活的现代化，以及家庭在子女教育、个人健康、居室环境、休闲方式、社交往来等生活方式的变化，居民对包括家务、照顾老人等方面的家庭服务的需求越来越多，要求也越来越高。家政服务业是就业容量非常大的行业、是一个发展潜力巨大的市场，孕育着无限的商机。大力发展家庭服务业，既是满足社会需求、扩大服务消费的一项紧迫任务，也是促进社会就业、保持社会稳定的一项重要举措。因此，必须从加强政府引导、规范市场监管、强化政策执行、加强培训鉴定、强化法律保障、加强行业自律等方面，采取积极有效的措施加快发展。

（一）加强政府引导

行业的规范发展离不开政府的推动。建议召开全市OTO家政服务大会，明确新常态家政服务业发展重点和任务。参照国务院和省级工作模式，由市人社局牵头，尽快建立发展家庭服务业促进就业局际联席会议制度，成立长沙市家庭服务业局际联席会议办公室，由财政、发改、商务、人社、民政、妇联、工会、共青团等部门派员组成，充分发挥各成员单位的职能，协商解决家庭服务业遇到的各种难题，推动家庭服务行业健康有序快速发展。财政、发改部门给予资金和政策的引导和支持；劳动保障部门加强对家庭服务行业的引导，做好相关政策指导和培训资金支持工作；民政部门切实做好家庭服务企业的备案登记工作；工会、共青团和妇联等组织发挥各自优势，配合有关部门做好家庭服务业从业人员权益维护工作；商务部门加强监管和引导，加大扶持和支持力度，为企业保驾护航。

（二）规范市场监管

依法规范家政服务机构从业行为，开展市场清理整顿，加强市场日常监管，严肃查处违法经营行为，坚决取缔非法职业中介，维护家庭消费者合法权益。制订家政服务机构资质规范，建立家政服务机构或其他从事家政服务经营的行政准入制度。建议市商务局支持市家庭服务业协会建立家庭服务诚信平台，实现家庭服务员身份证、健康证、培训证、上岗工作证四证合一和统一家政服务合同，将家政服务诚信情况纳入社会信用体系，与其他部门诚信记录联网，便于各相关部门掌握全市家政服务业的基本状况，为全市家政市场的规范化管理奠定基础。在家政服务企业资质评级及日常监管、表彰奖励中，重点考核诚信经营情况。同时，要大力拓展家政服务消费市场。一是要推动家务劳动社会化。积极引导人们转变消费观念，扩大家庭服务消费领域和消费群体，努力营造有利于家政服务业发展的社会氛围。二是要推动单位后勤社会化，加快后勤服务的社会化改革。三是要推动社区服务市场化、网络化、社会化，逐步实现社区保安、保洁、绿化、公共设施养护等服务的社会化。

（三）强化政策执行

市级有关部门必须消除部门“壁垒”，结合各自职能，梳理（长政办发〔2012〕26号）文件实施过程中存在的瓶颈问题，全面提出落实扶持政策的相关意见，重新出台专门文件，完善支持家庭服务业发展政策及实施细则。在财政扶持方面，综合运用贷款贴息、经费补助和表彰等多种形式，在项目扶持、房租补贴、公益性岗位补贴、技能培训、社会保险补贴、小额担保贷款、信息服务网络建设、宣传推介以及品牌家庭服务企业创建等方面予以重点支持。在社保购买方面，根据家政服务业从业人员灵活就业的特点，建立与之相配套的社会保障制度并加以落实。建议参照北京市、深圳市、杭州市、合肥市等城市的做法，尽快出台家政服务员购买社保补贴政策，实行家政企业购买社保政府补贴。在补贴政策出台前，依据《国务院关于进一步做好为农民工服务工作的意见》（国发〔2014〕40号）“工伤保险要求应保尽保、其他保险鼓励购买”的要求，同意家政企业家政服务员单独购买工伤保险。具体操作由长沙市人社局授权并开放工伤保险购买端口，给长沙市家庭服务业协会的公共服务平台，让家政企业可以通过公共服务平台直接输入相关资料，完成工伤保险购买。在税收政策方面，建议家政企业按照劳务派遣企业剔除代收代付家政员工工资后的收入征税，或参照（长政发〔2015年〕1号）文件养老机构免税政策执行。同时，在税务、工商、医疗和保险等方面给予政策优惠，对规模较大、运作好、纳税高、就业人数多、信誉高的家庭服务公司给予重点扶持，拨付专项资金给予必要支持。

（四）加强职业培训

建议市人社局支持市家庭服务业协会建立家政培训公共服务平台，指定一家品牌企业如“58到家”，或一家具有人社局培训招标中标资格的协会会员单位，负责向人社局无偿为协会企业办理申报家政培训补贴，补贴指标不受名额限制，补贴资金及时到位，并由市家庭服务业协会六百多家会员单位集体众筹模式组织人员前来培训，组织师资力量并严格培训管理，确保每期的开班人数在50人以上，同意培训30天课时，其中15天为实训学习。建立家庭服务从业人员实训基地，加强家政服务、养老护理、病患陪护和高端家庭服务人才的定向培训，开展家庭服务职业技能比赛，然后按等级发证及制定行业内等级工资标准，持证上岗。鼓励从业人员参加职业技能鉴定，对鉴定合格获得证书的给予鉴定补贴。

（五）强化法律保障

建议尽早制定保护灵活就业的相关法律文件，市民一旦加入灵活就业行列，就纳入就业统计范畴。一是规范从业人员用工管理。招聘派遣的从业人员，家政服务机构均应依法与员工签订劳动合同，与家庭签订家政服务协议。以中介名义介绍家政服务员但定期收取管理费用的机构，执行员工制家政服务机构劳动管理规定。引导家庭与中介组织或自行雇用的非员工制家政服务员签订雇用协议，明确双方的权利和义务。二是提高从业人员劳动报酬。定期公布家政服务员工资指导价位，促进工资水平逐步提高。家政服务机构支付给员工制家政服务员的工资不得低于当地最低工资标准。家政服务机构向员工制家政服务员收取管理费的，不得高于规定的比例。

（六）加强行业自律

在政府主管部门指导下，在开办经费、办公场地、人员配备等方面给予扶持，支持家庭服务业协会行业协会在行业规范制定、行业交流、人才培训、行业自律等方面开展工作。推动家政服务机构开展规范化建设，开展服务质量评定、调解服务纠纷、调查处理违反行规行为，并配合有关部门开展行业统计、制订行业服务标准和行业工资指导价位。建立行业准入制和服务标准，使家政行业的发展经营更趋于专业化、规模化、规范化。建议在现有工商、民政、人社部门三家分别审批体制的基础上，明确长沙市家政行业协会的家政市场管理主体，由市家政行业协会建立行业准入标准。新进入家政市场的中介、公司和非正规劳动组织必须由市家政行业协会进行资格认定，在获得由市家政行业协会颁发的行业准入证的基础上，分别到工商、劳动和社会保障、民政部门进行注册登记。

课题组组长： 唐曙光　谭慧慧
课题组副组长： 曾　丽
课题组成员： 王启贤　邓丽霞　匡力平

打造惠泽千秋的“生态客厅”

——长株潭（长沙）绿心保护状况调查与建议

长沙市人民政府研究室
长 沙 市 两 型 办

绿心是城市的生态屏障，也是城市可持续发展的重要保障。作为长株潭城市群生态绿心区的主体，近年来，长沙生态绿心保护工作取得了较好成效，但也面临诸多困难和问题。如何进一步珍惜和呵护好绿心这个长株潭共有的“生态客厅”，实现生态环境保护与经济社会发展的良性互动，是摆在省委、省政府特别是长株潭三地决策者面前一个现实而紧迫的课题。近期，市人民政府研究室、市两型办采取实地察看、问卷调查、集中座谈、深入走访、资料查阅等方式，以长沙为重点，就长株潭绿心保护与发展进行专题调研，对进一步加强生态绿心保护与发展提出了相关建议，现将调研情况报告如下，供领导决策参考。

一、长株潭（长沙）绿心保护的现状与成效

近年来，长沙按照依法保护、全民参与、综合整治、标本兼治的思路，严格落实长株潭城市群生态绿心地区总体规划和保护条例，绿心区生态环境明显改善，转型发展步入快车道。

（一）生态环境持续改善

一是始终坚守生态绿线。根据《长株潭城市群生态绿心地区总体规划》，长沙生态绿心面积305.69平方公里，占长株潭绿心总面积的58.46%，涉及雨花区

同升街道、跳马镇和天心区暮云街道、南托街道以及浏阳柏加镇、岳麓区坪塘街道等6个乡镇（街道），49个村（社区），24.56万人口。发展过程中，绿心区所在地各级党委、政府始终坚持不逾越绿线开发建设，坚决叫停不符合绿心规划的项目，尽管在发展上作出了巨大“牺牲”，却有效保护了这一片难得的绿水青山（表1、图1）。

表1　长沙绿心区范围所涉街道（乡镇）、村（社区）

	街道（乡镇）	村（社区）
岳麓区	坪塘街道	白泉村、新塘村、双湖村、兴丰村的部分范围和鹅洲村的全部范围
雨花区	同升街道	白田社区筹委会、同升社区筹委会、新兴村社区筹委会、洪塘社区筹委会、联盟社区筹委会、桃阳社区筹委会、同升社区居委会
	跳马镇	双溪村、白竹村、金屏村、石燕湖村、田心桥村、新田村、喜雨村、冬斯港村、曙光垸村、梅怡岭村、石桥村、三仙岭村、关刀村、嵩山村、跳马村、复兴村、沙仙村、杨林村
天心区	暮云街道	高云村、西湖村、莲华村、暮云新村、许兴村、暮云、云塘、华月湖社区（筹）
	南托街道	沿江村、北塘村、三兴村（北部部分除外）、兴马村、南塘村、南托岭社区
浏阳市	柏加镇	柏岭社区、渡头村、双源村、楠洲村、仙湖村

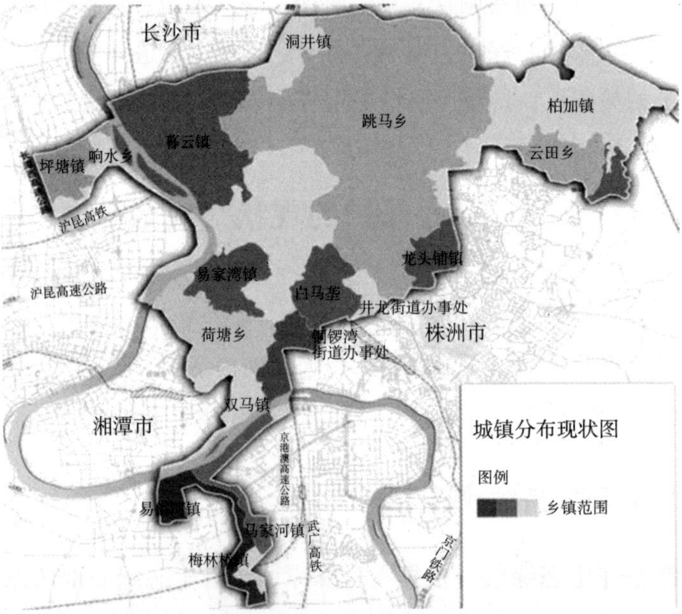

图1　长沙绿心地理空间位置

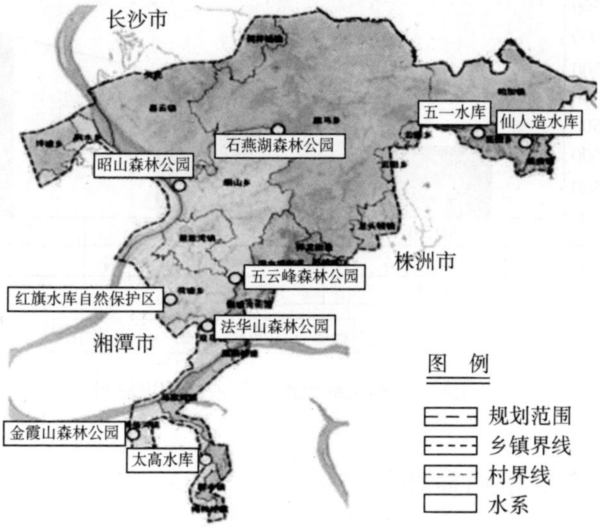

图2　绿心森林公园、旅游区空间位置

二是严格落实功能分区。长沙绿心禁止开发区129.88平方公里、限制开发区141.05平方公里、控制建设区34.76平方公里。我们严格按照功能分区定位，落实保护措施，实施保护性发展，使功能分区真正成了刚性约束。

三是不断提升森林绿量。在绿心地区重点实施植树造林、封山育林、退耕还林、低产（效）林改造等工程，完成封山育林69600亩、造林2580亩、森林抚育13400亩、低产林改造3000亩，新增市级公益林1.1万亩，新增石燕湖和北山2个省级森林公园（图2、表2），绿心区森林覆盖率达44.6%，林木绿化率66.05%，森林蓄积量66.8万立方米，特别是林地面积不断增加，占总面积近50%（图3）。

表2　　长沙绿心森林公园和旅游区

类别	名称	空间范围/地理位置	面积（公顷）
省级森林公园	石燕湖省级森林公园	雨花区跳马镇	1195.76
	嵩山寺植物园	雨花区跳马镇嵩山村、复兴村	529.8
5A级旅游区	洞井–跳马体育休闲区	跳马乡金屏村、同升街道洪塘村	111.96
4A级旅游区	芙蓉湿地公园	天心区暮云镇三兴村、沿江村	543.6
	长沙生态动物园	天心区暮云镇	290.55
3A级旅游区	白泉郊野公园	岳麓区坪塘镇	50.6
	高云郊野公园	暮云镇高云村、跳马乡田心桥村	495.25
	白竹郊野公园	雨花区跳马镇白竹村	382.42

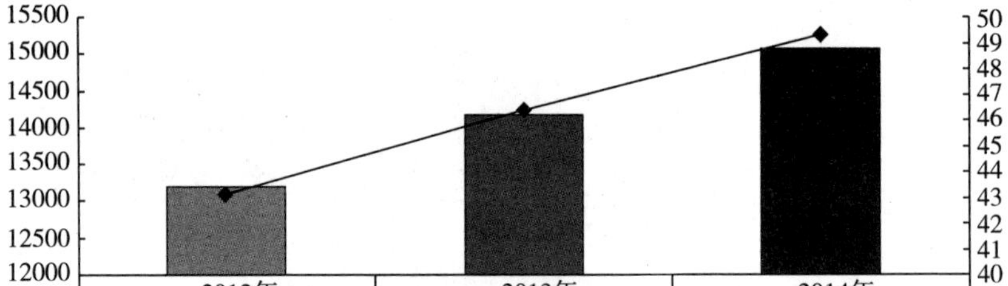

	2012年	2013年	2014年
林地面积(公顷)	13187.5	14176.5	15070.6
占比情况	43.1	46.4	49.3

图3　绿心区林地面积及占比情况统计

（二）生态保护明显加强

一是综合整治扎实推进。深入开展畜禽养殖污染和水污染治理，目前同升街道、暮云镇、跳马镇实现畜禽养殖全部退出，建成了坪塘、柏加、跳马等污水处理厂。实施垃圾分类收集、集中处理，采取以奖代补方式建成了一批乡镇（街道）垃圾中转站和村（社区）垃圾收集点。

二是补偿机制逐步建立。积极探索生态补偿机制，暮云、南托、跳马已率先建立生态补偿机制，共筹集7907万元用于生态保护。雨花区出台绿心生态补偿试行方案，补偿对象涵盖26个行政村、社区。

三是保护氛围日益浓厚。组织全市各级各有关部门认真学习“两条例两规划”，举办专题培训班98期、参训人员5700余人次。充分利用各种报纸、广播电视、网络、标语等方式加强对绿心保护的宣传，在绿心地区先后设置保护标识牌105块，进一步增强了全社会保护绿心的意识和自觉性。

（三）生态管理更加规范

一是加强规划指引。推进《长沙市城市总体规划（2003—2020年）》（2014年修订版）、46个专项规划与生态绿心规划对接。对生态绿心地区规划建设情况进行了全面梳理，编制了《长株潭城市群绿心地区（长沙境内）规划衔接研究报告》，稳步推进控规编制。

二是加快制度建设。切实完善绿心保护目标责任管理制度，分级签订生态绿心保护目标责任状，构建了从上至下、条块结合的生态绿心保护责任体系。同时，建立健全绩效考核、产业准入、联合审查等20余项制度，各项管理更加制度化、常态化。

三是加大执法力度。采取绿心地区日常巡查、联合执法、卫星图斑反馈情况现场核查等方式，先后关闭非法取土、采砂场所6个，查处违法违规行为113起，其中立刑事案件5起，刑事拘留7人。

（四）转型发展有序推进

一是产业结构加速调整。加速实施“退二进三”战略，积极优化绿心地区产业结构（表3）。实行严格的项目准入制度，先后对27个项目进行了初审准入审查，并建立两型、规划、国土、住建、林业、环保等部门项目联合审查机制，严禁高污染、高能耗、低效益工业项目进入，鼓励发展两型产业、现代服务业，从源头上保护绿心（表4）。

表3　长沙绿心范围实施“退二进三”情况

区县（市）	主要举措
天心区	重点发展低碳产业研发、科研成果孵化、数字基地、电商、地理信息等高端低碳产业，湖南地理信息产业园、中南数字产业基地、电商产业基地已落户
岳麓区	实施“两高”产业退出和生态修复工程，坪塘21家水泥化工企业和10家矿山开采企业已全部关闭到位
雨花区	依托省植物园、同升湖、清泉寺等旅游资源，大力发展特色休闲产业，跳马镇依托花木产业资源，大力发展生态农业
浏阳市	柏加镇依托花木产业资源，大力发展生态农林业

二是基础设施得到改善。优先加大绿心地区的投入，统筹推进交通、水利、电力、供水、供气、教育、医疗、环卫等公共服务设施建设，改善群众生产生活条件，其中岳麓区、雨花区、长沙县、浏阳市共计投入资金1亿多元，硬化村级道路180公里，新建、整修村级小学和幼儿园36所，埋设供水（气、电）管线11000米，改造村级卫生室17个。

三是社保水平有效提升。将生态绿心地区群众全部纳入城乡一体化居民基本养老和医疗保险覆盖范围，享受城乡一体化就业培训优惠政策，加快建立全方位、广覆盖、高质量的社会保障体系，着力解决绿心地区群众的后顾之忧。

表4　　　　长沙市生态绿心地区审批项目一览表

	项目名称	项目位置	审批时间
1	暮云镇绿心规划内一宗建设用地	暮云镇	2012.4转报
2	长株潭烟草物流园项目补征地只征不转	暮云镇	2012.11.13转报
3	红星农副产品大市场搬迁	跳马乡	2012.12.3转报
4	省康复辅具技术指导中心	暮云镇	2012.12.21
5	湖南省文化艺术中心	暮云镇	2013.1.30转报
6	浏阳金科仙人湖生态旅游项目	柏加镇	2013.2.16转报
7	濒危植物和珍稀苗木繁育科研基地建设项目	跳马镇	2013.2转报
8	暮云商业购物及总部办公建设	暮云镇	2013.4转报
9	浏阳市柏加镇园艺博览园	柏加镇	2013.8转报
10	长沙县暮云镇统征用地（十一）	暮云镇	2013.9.5转报
11	长沙县暮云镇统征用地（十七）	暮云镇	2013.9.5转报
12	黄花机场飞行区东扩工程空管工程导航台	跳马镇	2013.11.13转报
13	长沙县洞株公路道路项目建设	高铁跨线桥东	2013.12.6转报
14	长沙县暮云统征用地（十九）	暮云镇南端	2013.12.11转报
15	湖南信息职业技术学院新校区建设项目	拟选址跳马镇	2014.1.16回函建议另行选址
16	长沙县南托街道城镇建设统征用地（一）	暮云经开区	2014.4.8转报
17	长沙县第六批被征地农民生产安置用地	暮云经开区	2014.5.5转报
18	长沙县第六批被征地农民集中居住安置用地	暮云经开区	2014.5.5转报
19	长沙县许兴加油加气站	暮云街道	2014.5.22转报
20	跳马镇茶园山小学改扩建	跳马镇	2014.8.8转报
21	天赐园生态旅游产业园	跳马镇	2014.8.22转报
22	跳马镇冬斯港村胜利农贸市场	跳马镇	2014.8.22转报
23	长沙县圭白路（湘江南路-中意路）	南托街道	2014.10.10转报
24	广州军区株洲油库战备输油管线	跳马镇	2014.11.11转报
25	暮云污水处理厂三兴截污泵站	南托街道	2015.03.11转报
26	柏加镇集镇商业街	柏加镇柏	2015.03.16转报
27	机器人产业集聚区	同升街道	2015.04.07转报

二、长株潭（长沙）绿心保护的困难与问题

尽管近年来绿心保护取得了初步成效，但客观地看，保护的力度、方式、措

施和政策等与项目建设、产业培育、经济发展、群众生产生活还没有做到有机融合、科学统筹，特别是随着城市发展空间的全面拓展，绿心地区群众发展意愿十分强烈，绿心保护与发展过程中的深层次问题亟待妥善解决，保护的形势比以往更加紧迫和严峻，需要引起高度重视。

（一）规划引领作用发挥不够

一是规划体系不完善。尽管绿心地区已有总体规划和相应城市规划，但并没有形成多层次、全覆盖的规划体系，绿心总体规划属于功能性规划，与此衔接的城市控制性详细规划仍未出台，产业规划处于空白，村庄规划、乡镇规划还不完善，规划引领作用有限。

二是规划衔接不够紧密。生态绿心地区总体规划是综合性规划，涉及生态绿心地区的城市总体规划、土地利用规划、乡镇规划等，各规划之间未能完全对接、有效统一，存在诸多相互矛盾和冲突的地方，特别是绿心总体规划与城市总体规划出入较大（表5），导致实施起来无所适从。

三是规划缺乏操作性。绿心总体规划重在宏观性引导控制，比较笼统，原则性较多，具体操作中缺乏相关配套的政策和举措，落实起来存在较大困难。

表5　　长沙城市总规与长株潭（长沙）绿心总规出入比较

序号	差异内容	冲突之处
1	中心城区用地规划（2020）	城市总规中仅雨花经开区部分纳入生态绿心范围，与绿心规划建设用地相差约4.25平方公里
2	都市区用地规划（2020）	城市总规在跳马镇安排建设用地11平方公里，绿心总规控建面积3.27平方公里；在暮云镇安排建设用地24.33平方公里，绿心总规控建面积达26.5平方公里
3	规划区远景用地协调（2020后）	城市总规在暮云镇安排建设用地4.5平方公里，其中2.2平方公里位于绿心禁开区，1.43平方公里位于绿心限开区

（二）生态补偿机制仍不完善

一是补偿机制不配套。生态保护配套政策与保护的要求相比明显滞后，绿心地区群众为绿心保护做出了贡献，但没有在集体经济、产业扶持、居民收入等方面得到相应的补偿，没有真正建立全社会共建共享的生态补偿机制。目前只有少部分森林纳入生态公益林补偿，绿心区内的乡镇和群众不仅没有从保护中直接获益、分享生态绿心保护成果，还要承担因保护带来的巨大付出。比如，由于绿心区垃圾不能焚烧、无法填埋，浏阳市柏加镇每年得投入四百多万元处理全镇垃圾，占2014年财税收入的20%、财政分成的130%。由于土地开发建设被严格限制甚至禁止，土地流转成本高，引进项目十分困难，许多村集体经济非常薄弱，无力投入其他基础设施建设。

二是生态补偿投入少。生态补偿、植被恢复、资源综合利用等优惠政策落实不到位，总体投入不多。仅以目前落实较好的森林生态补偿为例，也还存在补偿标准偏低、筹资渠道单一等问题。全市仅有1.44万亩公益林纳入中央财政补偿、1.1万亩公益林纳入市级财政补偿，还有17万亩多、近80%的森林没有落实补偿政策，而且森林生态补偿的标准太低，中央财政补贴公益林标准为17元/亩·年，市级为30元/亩·年，与其他省市一般森林补偿差距较大（表6）。另外，绿心范围内的湿地等还没有列入补偿范围。

表6　长沙与国内部分省市森林生态补偿比较

省、市	补偿标准和补偿资金筹集渠道的探索创新
福建	从收取的水资源费中安排35%的资金用于生态公益林补偿，省财政另外给予7元/亩·年；对使用国家级生态公益林、省级生态公益林、重点商品区位商品林林地的法人组织，分别按照每平方米30元、60元、90元的标准收取森林资源使用费，并从涉林旅游经营收入中提取一定资金直接给予补偿
广东	2012年，将国家和地方生态公益林补偿标准统一提高到20元/亩，以后每年增加2元，并实行“按区位、分级别”分类补偿，Ⅰ-Ⅳ级生态公益林的损失补偿标准分别为80、70、50、20元/亩
辽宁	从1988年开始，每年从征收的水资源费中拿出1300万元用于森林生态补偿，2013年起直接从水资源费中提取30%用于森林生态补偿
东莞	市财政从2008年起对农村集体非经济林给予100元/亩·年森林生态补偿
长沙	落实中央、省财政补贴公益林17元/亩·年，市级公益林补贴30元/亩·年

三是群众诉求落差大。绿心保护区居民要求加快发展的愿望十分强烈，很多村级组织纷纷提出“村民变市民、村民变股民、村庄变社区”的城乡一体化发展思路，但由于用地性质和功能分区所限，项目引进受到限制，群众缺乏收入来源，经济发展与非绿心地区之间的差距持续扩大（表7），少数群众心理落差加大，甚至认为绿心保护惠及全市人民，但没有理由让他们独自承受保护之痛，

“端着金碗讨饭吃”，保护与发展的矛盾十分突出。

表7　　长沙城乡居民收入与绿心区居民收入比较

年份	城市居民可支配收入		农村居民可支配收入		绿心区居民可支配收入		周边居民可支配收入	
	（元）	增长	（元）	增长	（元）	增长	（元）	增长
2010	21900	11.5%	11367	20.5%	17712	8.7%	19559	12.59%
2011	26235	19.8%	12450	9.5%	19741	11.5%	22608	15.59%
2012	30288	15.4%	15763	26.6%	20249	2.6%	25968	14.86%
2013	33662	11.1%	19713	25.1%	22461	10.92%	29717	14.44%
2014	36826	9.4%	21723	10.2%	23625	5.2%	32397	9.02%

注：周边参考对象为绿心区跳马镇周边的景环社区、金井社区、牛头社区等5个社区（村）。

（三）产业转型升级任重道远

一是产业发展总体落后。绿心保护区产业基本上以传统农业及其衍生产业为主，主要为种植、花卉苗木、农家乐等，产业规模较小、层次偏低、效益不高，村民依靠现有产业持续增收乏力，致富比较困难，迫切需要加快产业转型步伐，构建两型产业体系。同时，由于区域内实行严格的生态保护和产业准入，新的经济增长点难以形成。

二是产业业态不够科学。绿心保护区新兴产业较少，服务业发展滞后，产业业态单一，最能体现绿心地区特色发展的生态服务业占比不到10%，生态旅游、文化创意、体育休闲产业也很少，与绿心总规确定的“以生态服务产业为主导，文化创意、体育休闲、生态旅游产业充分发展”的国家两型产业建设示范区发展目标相距甚远，特别是暮云片区等产业业态与生态绿心产业要求差距更大（图4）。

三是产业模式急需改善。产业发展模式不够合理，产业发展各自为政，同质化重复建设，资源整合不够，产业竞争力低下，特别是作为主导产业的花卉苗木业同质化、零散化，相互压价，恶性竞争，造成产业效益偏低。如桂花树2013年卖3000元/棵，2014年卖1800元/棵，2015年只有600元/棵，产业可持续发展能力不强。

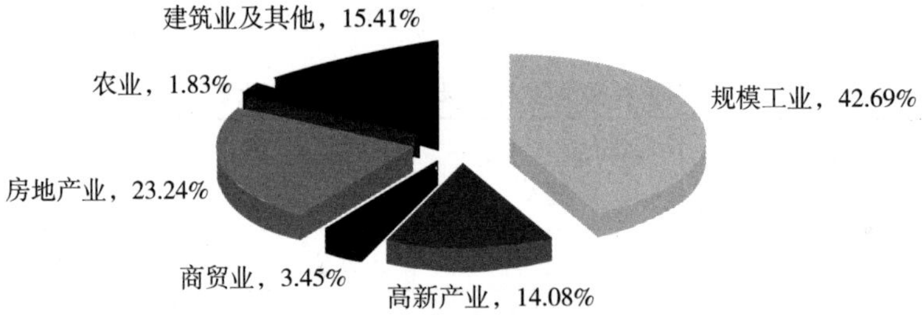

图4　绿心地区暮云片区产业占比情况

（四）历史遗留问题急需解决

一是已批在建项目无法继续实施。《长株潭城市群生态绿心地区保护条例》（以下简称《条例》）于2013年3月1日起施行，施行前已有10多个项目获批并在建（表8），随后被划入禁止开发区，项目被迫停工，而部分项目已完成土地整理、拆迁补偿、青苗补偿和分期开发，成为进退两难问题。

二是已批未建项目缺乏处置政策。在《条例》批准实施前，绿心控制范围内的19个建设项目已获批，正进行前期用地手续办理（表9），部分已经取得用地审批、完成招拍挂或者已经确定规划选址，但随着《条例》实施，这些项目类型和选址与现行绿心控制范围不符，造成项目手续难以办理，后续处置没有相关指导意见。

三是现有产业项目缺乏退出机制。由于历史的原因，绿心地区落后产能和污染企业较多，初步统计达50多家，企业退出成本高、难度大。绿心规划编制时一些情况考虑不周全，而绿心条例出台后要求彻底退出落后产业项目，但又没明确补偿的资金、标准、措施，未出台企业退出激励办法。比如黄花机场油库位于绿心禁建区内，搬迁投入非常大，短期内难以退出。

表8　长株潭（长沙）绿心已批在建遗留项目情况统计

序号	项目名称	所在区域	基本现状及遗留问题
1	金科仙人湖生态旅游新城	浏阳市柏加镇	全部位于禁开区，项目已停工。已完成土地整理、拆迁补偿、青苗补偿和一期商业房产开发一千多亩等，先后投入12亿元，只收回一期房款五千多万元，现每年财务成本上亿元
2	金屏社区两安用地	雨花区跳马镇	限开区面积约260亩，已完成土地整理、拆迁及青苗补偿，用于安置在建项目的拆迁农户

续表

序号	项目名称	所在区域	基本现状及遗留问题
3	新兴、桃阳两安用地	雨花区同升街道	新兴社区面积约82亩，桃阳社区约102亩均已完成土地整理、拆迁及青苗补偿，原计划招商建设用于安置在建项目的拆迁农户，但目前停滞状态
4	跳马实业等7个项目	雨花区跳马镇	已完成土地招拍挂，清表并有部分建设（属禁开区或限开区），因面积低于500亩部分还是工业项目难以取得绿心准入

表9　　长株潭（长沙）绿心已批未建遗留项目情况统计

区域	项目名称	基本情况及处置难点
雨花区	机器人产业园	与15家机器人企业签订招商协议，其中3家摘牌购地，3宗土地正办理挂牌手续，但都位于绿心区内，陷入产业发展与绿心保护两难境地
	政府储备用地	项目用地360亩，位于控建区、限开区，土地已经获批，待挂牌
	金鹰科工贸“智多星”项目	面积45亩，已经完成土地招拍挂，并清表，但按照绿心条例，工业项目无法取得绿心准入，暂为停滞状态
	通华投资房地产项目	面积50亩，已经完成土地招拍挂，并清表，因禁开区，按照新的绿心条例，面积低于500亩难以取得绿心准入
天心区	金光发	位于暮云街道，用地共600亩，其中200亩在禁开区，省政府发文同意对其调整，现不知如何调
	怡海星城	位于暮云街道，2007年1月通过招拍挂取得位于暮云镇高云村、月塘村范围内676693平方米土地的使用权，约有31.6亩用地在限开区范围
	幸福庄园	位于暮云街道，为长沙县2006年招商引进的投资企业，已在暮云经开区获得1629亩土地，并已陆续获得省政府、省国土厅用地的批文，办理土地使用权证，3个地块约有19公顷用地在限制开发区内
	丽发新城	位于暮云街道，2007年通过招拍挂取得高云村一宗国有出让用地，总面积765288平方米，已核发建设用地规划许可证，约318亩用地在禁开区
	湖南省实物地质资料库	位于暮云街道许兴村，占地814亩，2011年经省政府批准征地，约有100亩在限开区
	科一建材	位于暮云经开区，2009年经长沙县批准，已取得土地使用权证
	长沙力能新材料	位于暮云经开区，2008年经长沙县批准，已取得土地使用权证
	星能高分子材料	位于暮云经开区，2008年经长沙县批准，已取得土地使用权证
	衡电电缆	位于暮云经开区，2008年经长沙县批准，已取得土地使用权证
	湖南协众药品器械有限公司	位于暮云经开区，2010年经长沙县批准，已取得土地使用权证
	总部搬迁及塑钢门窗生产基地	位于暮云经开区，2009年经长沙县批准，已取得土地使用权证
	湖南中裕电力设备研发项目	位于暮云经开区，2013年经长沙县批准，已取得土地使用权证
	天云科技	位于暮云经开区，2013年经长沙县批准，已取得土地使用权证

续表

区域	项目名称	基本情况及处置难点
浏阳市	浏阳河智慧低碳产城融合示范区	总规划面积990.91公顷，一期总部经济区和展馆土地43.8亩已经省政府批准，但因地处绿心区限制开发区内，两型准入手续办理困难
	花木交易中心	项目用地面积500亩，已达成土地流转协议，已完成市场建设规划设计，是花木产业转型升级主导发展项目，在绿心区的限制开发区

（五）绿心保护合力有待加强

一是执法管护效果难保证。执法主体权责不匹配，绿心地区的执法管护由区里承担，但林业、水务等执法权限却在市一级，区级不是完全的执法主体，执法手段有限。如全市绿心区林业执法面积达496平方公里，任务越来越重，但执法管护专业队伍缺乏、人员严重不足，如雨花区管护面积由1800亩增加至18000亩，人员却只增加了4人（共7人），导致执法管护难以到位。

二是部门联动管理需强化。绿心保护执法管理涉及国土、规划、林业、环保等部门，但尚未建立有效的联合执法机制，也未成立综合执法队伍，缺乏统一的管理平台和信息收集平台，执法的常态化、规范化有待加强。

三是长效保护机制未建立。绿心保护统筹机制还不完善，缺乏区域协同保护机制、共建共享机制，省与市之间以及长株潭三市相互之间没有形成有效的联系沟通机制，存在头痛医头、脚痛医脚现象。政策性资金配套的压力比较大，比如长沙绿心区7个乡镇（街道）45个村已列入省农村环境综合整治项目，预计需资金约4500万元，而省及以上财政只补贴1000万元，区县、乡镇配套投入压力很大。

三、加强长株潭（长沙）绿心保护与发展的对策建议

长株潭绿心是长株潭城市群宝贵的财富，其生态价值、社会价值难以估量。加强绿心保护既是深化两型社会综合配套改革、推进生态文明建设的核心内容，更是加快长株潭融城步伐、实现长株潭一体化发展的重要举措。建议将长株潭（长沙）绿心保护与发展摆在更加重要的战略位置，作为一项系统工程来抓，正视问题、对症下药，远近结合、标本兼顾，增强绿心保护实效，提升绿心区持续

发展能力。

（一）创新保护理念

保护好生态绿心，修正思想上的模糊认识是前提和关键。

一是坚持保护为先的理念。正确处理好保护与发展的关系，把保护好绿心作为绿心地区首要的任务，坚守底线，任何时刻都不破坏“绿线”，对恶性毁坏绿心的违法行为实行“零容忍”，珍惜长株潭这片宝贵的生态资源，将这一绿色“财富”一代一代传承下去。

二是坚持法治为本的理念。加大法治宣传力度，认真落实长株潭城市群生态绿心地区总体规划和保护条例，提升全民依法保护意识。运用好省会城市立法权，完善绿心保护立法，将绿心保护实践过程中行之有效的举措上升为地方性法规，以法律手段强化保护。

三是坚持生态为重的理念。以生态的理念指导绿心保护区生产、生活，保护好绿心范围内的自然植被、珍稀动物和原生态文化，积极开展生态修复，擦亮绿心生态“名片”，守护好长株潭城市群的共有生态屏障。

四是坚持统筹兼顾的理念。在加强绿心保护的同时，高度重视绿心地区的发展和稳定，着力突破被动保护的局限性，积极探索在保护中发展、在发展中保护相结合的新路子，促进保护与发展协调统一，切实改善绿心地区群众的生活，形成长效保护的动力机制。

（二）加强规划衔接

一是开展规划梳理。争取省人大常委和省直相关部门的支持，开展涉及绿心保护的各类规划的梳理整合，对规划之间存在明显冲突的内容按照法定程序进行修改完善，出台《长株潭绿心规划完善说明》并及时向社会公布，实现不同规划之间的相互衔接、内在统一。同时，加强与“十三五”规划的衔接，以科学的规划引领绿心区保护发展。

二是推动多规合一。适应规划发展的新趋势和新要求，加快实现绿心规划、城镇规划、土地利用规划、产业发展规划“多规合一”，做到图文一致、表述一致、数据一致、口径一致，密切规划的内在联系，实现规划之间相互支撑、相互促进，从根本上解决编制主体间、专项规划间的衔接缺位问题。

三是严格规划执行。坚持一张规划绘到底，非经法定程序不轻易变更规划。加强规划宣传，落实规划属地责任，严格规划执行。强化规划的执行监督，加大规划执法力度，及时发现和查处违法规划的行为，坚决维护规划的权威性和严肃性，确保规划执行不走样。

（三）健全补偿机制

坚持合理补偿、奖补结合、公正公开的原则，实行生态保护补偿与生态治理补助相结合，探索建立绿心区生态补偿机制，以经济的手段加强绿心区保护。

一是加大财政转移支付力度。争取省里设立省级生态补偿基金，尽快设立市、区两级生态补偿基金，加快探索建立涵盖森林、水体、农田、湿地等在内的绿心地区综合性生态补偿机制，对长沙域内绿心区305.69平方公里范围内进行生态保护补偿。开展生态资产评估，对因保护生态绿心影响经济发展的村（社区）通过财政转移支付给予一定的经济补偿。探索完善绿心地区居民养老、医疗、教育等保障制度，优先保障和持续改善绿心地区民生。实行生态补偿费与生态保护成效挂钩，防止出现补偿与保护相脱节的现象。

二是对基础设施建设适当倾斜。加大对生态绿心保护区的生态环境建设项目、基础设施项目、公共设施建设的政策倾斜力度，市县（区）在年度项目建设铺排上优先考虑绿心保护区的乡镇（街道）和村（社区），给予更多的资金扶持，弥补绿心区因开发受限和财力紧张带来的基础设施投入不足，切实改善绿心区基础设施。

三是参照实施公益林补偿。全面实行森林生态效益补偿，增加绿心保护区域公益林补偿面积，明确除花卉苗木外其他林地同样参照省级生态公益林或市生态保护圈（30元/亩）的标准进行补偿，适时将补偿标准提高到50～100元/亩·年。实施林地国有化，逐步将林权由私有变为集体、集体变为国有，真正把具有生态功能的林地变为公共资产，实现物权统一归属政府，有效控制开发利用。

（四）深化保护治理

一是加强综合执法。建议由林业部门牵头，整合国土、住建、环保、水务、农业、两型办等部门力量，建立绿心保护联合执法队伍，完善市政府统筹、部门协同、上下联动的执法机制。畅通绿心违法行为举报渠道，加强绿心区日常巡查、重点督查、集中整治，依法严厉查处破坏绿心的违法违规行为。

二是开展环境治理。加大绿心保护区环境综合治理力度，重点开展污水处理、农村安全饮水、畜禽养殖退出、违法采砂、违法取土、重金属污染治理、采矿权清理整顿、地质灾害防治等整治，推进垃圾分类收集和集中处理，着力开展植被恢复和修复、河流渠道疏浚，切实改善绿心保护区生态和人居环境。

三是抓好生态试点。将全市两型示范创建与生态村试点结合起来，出台绿心保护地区生态村试点办法，在绿心保护区选择部分村（社区）进行生态试点，加大投入和建设力度，打造一批典型生态示范村，进而以点带面、点面结合，提升绿心保护区整体生态质量。

（五）推进绿色发展

一是探索建设用地置换机制。争取省两型办支持，在保持绿心总面积不变的前提下，按照建设用地“总量控制，适当调整”的思路，根据实际情况，对限制开发区和控制建设区的局部规划实施进行合理微调，允许个别符合土地利用规划但不符合绿心规划的项目在操作上进行用地置换，按照“一事一议”的原则由市政府向省两型办汇报对接争取特批。

二是制定产业发展准入目录。探索制定绿心地区产业投资“负面清单”，对产业投资实施“负面清单”管理，明确禁止、限制进入绿心地区的行业和项目，提高产业项目环保准入门槛，坚决杜绝高污染、高能耗、低效益项目落户，逐步淘汰落后产能。

三是加强绿色产业引导扶持。探索绿心地区产业发展新模式，积极引导调整产业结构，加快转型创新发展。通过项目布点、资金安排、税费优惠等方式，大力发展“互联网+新业态”，引导绿心地区重点发展都市农业、休闲旅游、文化创意、养老保健等产业，率先在绿心地区建立两型产业体系，实现生态保护与经济发展良性互动、相互促进。

（六）破解遗留问题

一是出台产业退出政策。争取省里尽快研究出台《长株潭绿心保护区产业退出实施办法》，明确《条例》出台前已实施的工业、房地产、畜牧养殖项目的退出和补偿政策。在省里政策基础上，对全市绿心范围内涉及产业退出的企业进行详细摸底，因企施策，周密细致地做好产业退出工作。

二是化解历史遗留难题。建议由市两型办牵头，整合国土、环保、林业、规划、住建等部门和相关区县（市）力量，全力协调处理绿心保护区历史遗留问题，妥善解决《条例》实施前已批未建或已批在建项目的问题，加强与省里的沟通协调，一个问题一个问题地妥善解决。

三是支持企业转型发展。实施差别化的供地政策，对于符合两型社会建设、有利于《条例》实施的基础设施、民生工程等项目予以优先支持，引导绿心控制范围内不符合产业发展趋势的落后产业、污染企业项目退出。引导支持已拿地的项目转型发展，由工业项目转型为第三产业项目，发展绿色环保产业，通过高位协调争取尽快完成项目准入审批，以产业转型换取发展空间。

（七）凝聚各方合力

一是加大宣传力度。充分运用报纸、广播、电视、网络、宣传车、宣传栏、横幅标语等方式，宣传绿心保护相关政策法规和常识，切实增强全民绿心保护意识，条件成熟时可专门设立绿心保护宣传月。充分发挥各级人大代表、政协委员作用，呼吁解决绿心保护过程中存在的突出问题，争取各级各部门的重视和支持，营造绿心保护与发展的良好氛围。

二是落实属地责任。加强宏观统筹，打破条块分割，落实绿心区乡镇（街道）、村（社区）保护责任，形成绿心保护和发展守土有责、整体推进的工作合力。成立绿心保护领导协调机构，加强统筹协调，建立联席会议制度，及时研究、部署、督促、推进绿心保护与发展的工作落实。加强绿心保护与发展的考核评价，健全考核评价机制，完善考核评价体系。

三是突出三市联动。加强长株潭区域间政府合作，严格控制农业开发强度，坚持依法治绿、治林，严厉打击非法罚林毁绿行为，联手建设生态安全保护区；系统推进交通沿线、旅游景区、城镇周边和河流两岸的绿化带建设，在保护好生态基底、发挥生态屏障功能的前提下，将绿心地区从三市边缘地带，建设成为城市群“空间整合关键、功能提升依托、三市联系纽带”，成为创新利用生态资本的示范窗口。

课题组组长： 唐曙光　彭鉴西
课题组副组长： 周海毅　李新华
课题组成员： 袁金明　田桂元　唐承燕　张业武　何　源

内部刊发，供大家学习借鉴。

胡衡华 1/12

调查报告写得好，可学习加以借鉴、推广。

2015.11.25.

好的经验好做法，值得借鉴与推广。

真心为民的棚改征拆“长机样本”

——对天心区长沙机床厂棚改征收工作的调查

长沙市人民政府研究室

棚户区改造既是重大民生工程，也是重大发展工程。我市新一轮棚改启动以来，全市各级各部门认真落实市委、市政府的要求，抢抓国家政策机遇，坚持以创新为动力，扎实推进棚改各项措施，取得明显成效，涌现了一批先进典型。其中，天心区新开铺街道所在的长沙机床厂及周边零星地块棚改项目，启动实施时间短、集中征收签约多、社会各界反响好，实现了稳步、和谐、快速推进，创造了可供学习借鉴的棚改征拆“长机样本”。

一、扫描：值得点赞的成绩

长沙机床厂及周边零星地块棚改项目是2015年全市第二大棚改项目，总占地面积458亩，涉及私人住房1268户、友阿公司自管产780户，单位13家，历史遗留问题较多，涉事主体复杂，推进难度较大。面对难啃的“硬骨头”，天心区委、区政府迎难而上，坚持依法征收、阳光征收、和谐征收，实现了棚改征拆高效有序稳定推进。

（一）签约进度超过预期

项目启动前期，区委、区政府要求新开铺街道提前介入，广泛宣传棚改新政策，深入征收单位和征收户进行调查摸底，认真倾听群众诉求，为征收拆迁做好准备。8月14日召开征收动员大会后，8月24日正式启动签约，当天就有301户当场签约，签约率达23.5%，接近项目总征收户数的1/4，刷新了天心区棚改首日签约纪录。截至10月底，短短两个月左右时间，该项目共完成私房签约1142户，签约率达90.1%；完成友阿公司自管产签约339户、签约率43.46%。正式签约第6天，就启动了腾房拆除工作，开创了全市棚改征收工作的推进新纪录。

（二）安居梦想得以落实

长机棚户区的房子大多建于20世纪70年代，少部分建于50年代，基础设施落后，生活条件简陋，环境卫生较差，户均面积狭小，住户们都希望尽快搬离俗称“鸳鸯楼”的筒子楼，住进宽敞明亮的新楼房。新开铺街道把棚户区改造作为帮助群众实现“安居梦”的最大民生实事来抓，按照户均100平方米的标准，精心组织房源。一方面，加强与项目单位的协调，就地配建822套回购安置房；另一方面，整合项目周边商品房源，统筹调配一百九十多套保障性住房、70多套限价商品房，提供团购商品房房源7处供征收户选择。街道还多次协调友阿公司，充分让利于民，为安置群众争取到了全产权精装配建商品房特惠价，让征拆对象以实惠的价格购买到了理想的房子。8月24日首位签约的古稀老人吴德富谈到这件事就非常激动地说："要是没有棚改，我这辈子恐怕都住不进新房了。"

（三）征收矛盾有效化解

棚改涉及的利益主体错综复杂，处置不当不仅影响征收工作，还会引发社会矛盾。新开铺街道在征收过程中，始终坚持以人为本，主动了解住户诉求，尽心帮助解决实际困难，并耐心细致地做好群众工作。项目拆迁启动之初，每天晚上都有两三百户自管产住户在社区门口集会，反对征收。街道主动邀请他们选出的代表定期进行对话，解读政策、解答疑问、纾解情绪。如今这些住户已心悦诚服、主动配合。对征收户平常反映的问题，做到了小问题不过夜、大问题不过周。项目征收拆迁以来，没有出现一起大的矛盾冲突，没有出现一起群体性事件。许多征收对象纷纷表示："这才是我们想要的征收。"

（四）干部作风更加务实

为全力以赴推进长机棚改项目，新开铺街道集中80%以上的干部和5个社区骨干共200余人，组成四个征收组，长期奋战在第一线。征拆指挥部明确要求以快捷高效的作风确保工作有序推进，"不让任何一件事掉地上"，个个急事有人担，件件难事有人管。所有工作人员坚持"5+2""白+黑"的优良作风，即便是中秋、国庆，也做到了人员不放假、工作不放松、标准不降低，并实现了假期签约"小高潮"。征拆工作坚持每天一调度，全面掌握工作进度，指挥部还对每天的签约情况进行通报讲评，在四个征收组之间横向比进度、纵向比效率，形成你追我赶、争先创优的浓厚氛围。10月5日，区委书记曾超群现场调研时，充分肯定长机棚改项目士气足、氛围浓、成效好。

二、聚焦：值得肯定的创新

棚改征收涉及征拆户的切身利益，牵一发而动全身。新开铺街道坚持一切从实际出发、从征拆户利益出发，周密安排，积极探索新常态下依法征拆、和谐征拆的新方法、新模式，形成制度化、精细化、人性化的操作办法，确保征拆工作顺利推进。

（一）坚持谋划“一盘棋”，科学制定顶层设计

新开铺街道接到长机棚改任务后，压力很大，但他们知道，再难也要推进，坚持首先把推进思路理清晰，把准备工作做充分，形成了科学、全面、管用的顶层设计。

一是先谋后动。2014年底开始，街道工作人员到长沙机床厂现场了解情况，就项目启动、规划定位、运作方式、安置房源等事项，精心设计，科学铺排。8月初，制定下发《关于加快推进长沙机床厂及周边零星地块棚改项目征收工作的实施意见》，成立征收工作指挥部，选定4家有实力的劳务公司作为第三方主体，组织全体工作人员进行了专题业务培训。

二是“粮草”先行。征收资金和安置房源是棚改征收工作的“粮草”。征收启动前，街道在区委、区政府主要领导的关心下，一方面争取友阿公司的大力支持，配套建设面积为65、80、95、119、127和140平方米等六种不同户型的安置住房，并统筹周边保障房、限价房、商品房房源，确保不同需求的征收户都能选到称心如意的住房；另一方面，落实国开行贷款资金22亿元，保障资金及时足额到位。

三是强化导向。指挥部制定了工作总任务分解表、月计划表和周推进表，将任务细化到组、具体到人。启动之初，制定了“3个月完成签约70%”的工作目标，并组织开展征拆“百日攻坚”；启动一周后，将目标拔高到“26天完成签约70%，45天完成签约80%”，实现了自我加压，倒逼任务落实。

（二）坚持上下“一条心”，形成强大工作合力

项目启动实施后，街道有效统筹各相关单位的工作人员齐心协力，整体推进征拆工作。

一是加强组织领导。区委书记曾超群、区长朱东铁经常深入项目调研指导，副区长贺国权、政协副主席皮丹丁、政府副调研员陈庆海具体负责联系项目，驻

点统筹协调。街道建立“指挥部统一领导，征收组、各科室组织实施，全街上下密切配合，依靠广大群众支持参与”的领导体系和工作机制，明确每位工作人员的职责，深入一线宣传政策、帮助拆迁、解决难题。

二是坚持党员带头。成立临时党支部，组织102名党员干部开展上户走访，积极发挥党组织战斗堡垒作用和党员先锋模范作用。如新开铺社区党支部15名涉征党员早在8月底前就全部带头签订了征收补偿协议，开创了1名党员带动20户征拆户签约的良好局面。

三是突出部门联动。健全完善多方联动、紧密协作的征收工作推进机制，定期与区民政局、住保局、法制办、征收办、天心棚改公司等单位加强沟通协调，在重大行动时积极取得区公安、城管、工商等职能部门的大力支持，形成强大的工作推进合力。该项目启动以来，共组织各相关单位开展专项行动5次，参与人员达400人次。

四是全面协同推进。片区内友阿公司自管房的征拆是整个棚改任务的关键。为争取友阿公司的支持，街道主要负责人多次前往该集团汇报协商，为自管产总体安置补偿提供指导性意见，帮助征拆户争取政策资金。街道还精选征收骨干协助友阿公司上户开展政策宣讲、协议签署等具体工作，参加与集团自管产住户的对话等，促进了自管产征收签约顺利推进。

（三）坚持政策“一个调”，严格依法依规操作

在征拆过程中，新开铺街道始终坚持“公平公正、阳光规范、始终如一”的工作理念，做到依法依规，一把尺子量到底。

一是创新模拟征收。在征收签约正式启动前，指挥部专门用1个月的时间来设定和优化工作流程，选定2户私房、2户公房以及2家单位，组织4个征收组、9个科室对整个征收过程进行“模拟征收”，反复演练签约选房、查勘房屋、审核备案、付款腾房等工作程序，就每个环节如何具体操作、各环节间如何无缝衔接等进行认真推敲，发现问题及时调整，形成了一套规范有序、操作性强的工作指南，成为征拆工作高效推进的重要支撑。

二是严格规范操作。在实施房屋勘查、公开选房、销户腾房等系列程序时，

征收工作人员与征拆户都必须在相关资料上签名，经由科室审核、责任领导把关、项目负责人验收后方能存档备案，确保每个细节、每个流程都经得起推敲和检验，确保不出任何纰漏。

三是刚性执行政策。坚持“先签先选房、先签先受益”原则，严格落实补偿标准，积极兑现安置承诺，杜绝“先签吃亏、后签得利”等不公平现象。向全体征拆户郑重承诺：如有多补行为，核实后将10倍奖励举报者。要求所有工作人员都不得突破政策，不得乱表态、开口子。由于杜绝了人情征收、关系征收，彻底打消了征拆户的顾虑，赢得了他们的信任和支持。

（四）坚持服务“一条龙”，全力做好群众工作

将实事办好、办到群众的心坎上，是新开铺街道棚改征拆的显著特征。街道始终站在征拆户的立场想问题，将优质服务融入整个征拆过程，得到征拆户的高度认同。

一是实行真诚服务。将征拆户的合理需求放在首位，以征拆户认可作为服务标准，做到接待咨询热心、调查补偿细心、听取意见耐心、核实补偿公心、善后安置关心。通过“将心比心、以心换心”，以优质服务树立了良好形象，赢得了民心。征拆户陈至言向指挥部赠送“认真负责、诚信服务”的锦旗，李惠平、聂润宜、王树仁等多名征拆户给指挥部写感谢信。

二是提高办事效率。推行一条龙服务、无缝隙对接、流水线办理和全程协办的征收工作机制，切实提高办事效率。协调区征收办、住保局等部门定期驻点现场办公，帮助征拆户集中办理协议审核备案、婚姻关系、产权关系人证明等手续，简化审批程序，让征拆户少跑路，节约时间。尤其是对年龄大、身体不好、行动不便的征拆户，进行上门服务，协助、代办各类手续。9月11日，首批143户征拆户就拿到了征收补偿款。截至10月底，完成协议备案1116份，1096户领取了征收补偿款。

三是主动帮难解困。对确有困难的征拆户，大胆实行借支政策，采取提前支付部分补偿款的办法，帮助他们凑齐首笔安置购房款，待征拆户补偿款到位后归还。启动征收以来，街道先后为19户征拆户垫付购房款825万元。在这一政策的

有效带动下，目前共有1020户私房顺利完成协议拆迁，206户征拆户完成腾房交付，683户签约居民选到了心仪的配建商品房。

三、透视：值得深思的启示

长沙机床厂及周边零星地块棚改项目征拆中面临的困难和问题在长沙棚改征拆工作中普遍存在。新开铺街道以人为本、创新举措、有序推进的做法，为全市加快推进棚改征收工作提供了宝贵经验，引人深思。

（一）棚改是民生实事，只有把群众利益摆在首要位置，绝不与民争利，才能得到群众拥护

天心区委书记曾超群说，棚户区改造征收工作只要做到换位思考，真正尊重并帮助实现征拆户的合理诉求，依法维护他们的合法利益，就能得到他们的理解和支持。新开铺街道坚持把征收补偿价格、安置政策、配建商品房品质、购房价格等事关征拆户切身利益的事项，在政策范围内想方设法予以争取和谋划。在征收补偿价格方面，街道主动协调市征收办和房产评估公司，推介该项目的地段优势，说明长沙机床厂规模较大、职工较困难的实际情况，尽力维护征拆户的合法利益；安置政策方面，坚决落实就地安置和货币安置相结合，并注重引导征拆户尽量选择货币安置，最大限度改善居住品质；配建商品房方面，街道争取到友阿公司为该项目配建高品质的商品房1596套，并以最优惠的价格用于安置征拆户。

（二）棚改是百姓大事，只有把民主协商作为重要法宝，绝不高高在上，才能顺利化解矛盾

新开铺街道注重与征拆户保持平等沟通，通过与他们进行民主协商来化解矛盾、推进工作。指挥部编排了值班表，每天都有一名街道负责人轮值，专门负责接待征拆户来访，及时有效化解他们的疑虑。对于一些政策性较强的问题，街道定期邀请区国资委、征收办、法制办的工作人员为征拆户进行现场解答，在平等

协商交流中，纾解了群众情绪。对于征拆户的合理诉求，街道总是尽量在政策范围内帮助解决。如6月份有40多户征拆户认为补偿太低要求重新评估房产，街道专门邀请评估公司人员上门解释，讲清申请复评将有可能低于现有补偿价格且必须接受，并帮助争取到合理的补偿。经过仔细对比、认真权衡后，90%的征拆户都接受了之前的评估价格并签订拆迁协议。配建安置房的质量也是征拆户非常关注的问题，街道邀请征拆户选出的代表参与配建安置房的户型设计，并公示征求意见，最终确定了6种户型，基本做到了满足住户不同的需求。

（三）棚改是一件难事，只有把公开透明原则贯穿始终，绝不暗箱操作，才能有效破解难题

征拆户最担心政策不一致、补偿分彼此，出现“先签吃亏、后签得利”等不公平现象。朱东铁区长反复要求，在征拆工作中一定要做到“全程亮底，公开透明”。新开铺街道坚持照章办事，将被征收房屋的初评结果、选房序号、资金补偿、装饰装修查勘及违建等情况在征拆指挥部公示，利用微信和广播进行实时播报，从制度设计上杜绝暗箱操作，坚决做到“保证在政策允许范围内不少补一分钱，但绝不在政策允许范围外多补一分钱”。对征拆户最关心的评估价格问题，街道将8家候选评估公司的简介、资质及相关案例上墙公示，由大家投票决定，最终以84.3%的得票率推选出2家评估公司，真正实现征拆户当家做主。征拆过程中，街道坚持实行“三榜公示”制度：第一榜公示房屋征收初步评估结果，第二榜公示选房序号和选房结果，第三榜公示房屋征收补偿结果，公示过程全面接受征拆户监督，发现问题立即整改。目前，征拆任务完成了90%，三百多名征拆工作人员没有发现违纪违规行为。征拆户对此高度认同：“征收流程我们都看得清清楚楚，心中有数，拆得很放心。”

（四）棚改是发展要事，只有把让利于民的理念落实到位，绝不只顾单位私利，才能实现互惠共赢

长机棚改项目最大的被征收单位是湖南友谊阿波罗控股股份有限公司。友阿公司主动担责、主动配合、主动让利，积极做好各项配合工作。董事长胡子敬多

次和区、街道相关负责人一起商讨项目拆迁、开发、建设等。征拆伊始，友阿公司便招聘三十多人成立专门的安置工作办公室，配合街道上门入户做工作。友阿公司主动拆除原长沙机床厂11000平方米的厂房、车间、仓库等，腾地67亩，有效保障了配建商品房的建设用地。考虑到征拆户的实际困难，友阿公司在落实各项政策的同时，先后三次调整安置政策，最大程度为征拆户让利，为每户家庭配建65平方米精装安置房，比照同地段同类型商品房给予优惠。友阿公司的系列举措，有效保障了征拆户都住得上房、住得起房，促进了项目快速推进，为其他被征收企业单位树立了积极履行社会责任的良好榜样。

课题组组长： 唐曙光

课题组副组长： 王德志

课题组成员： 李　末　李柏松　易海威